OBRA POÉTICA COMPLETA

TOMO II

COLECCIÓN FUNDADA POR
DON ANTONIO RODRÍGUEZ-MOÑINO

DIRECTOR
DON ALONSO ZAMORA VICENTE

Colaboradores de los volúmenes publicados:

Andrés Amorós. Farris Anderson. René Andioc. Joaquín Arce. Eugenio Asensio. Juan B. Avalle-Arce. Francisco Ayala. Hannah E. Bergman. Bernardo Blanco González. Alberto Blecua. José Manuel Blecua. Laureano Bonet. Carmen Bravo Villasante. María Josefa Canellada. José Luis Cano. Soledad Carrasco. José Caso González. Elena Catena. Birutė Ciplijauskaité. Evaristo Correa Calderón. Bruno Damiani. Cyrus C. de Coster, Albert Dérozier. José M. Díez Borque. Ricardo Doménech. John C. Dowling. Manuel Durán. José Durand. Rafael Ferreres. Yves-René Fonquerne. E. Inman Fox. Vicente Gaos. Salvador García. Luciano García Lorenzo. Joaquín González-Muela. F. González Ollé. Ernesto Jareño. R. O. Jones. A. David Kossoff. Teresa Labarta de Chaves. Carolyn R. Lee. Isaías Lerner. Juan M. Lope Blanch. Francisco López Estrada. Luisa López-Grigera. Leopoldo de Luis. Felipe C. R. Maldonado. Robert Marrast. Marina Mayoral Díaz. D. W. McPheeters. Guy Mercadier. Ian Michael. Miguel Mihura. José F. Montesinos. Edwin S. Morby. Marcos A. Morínigo. Luis Andrés Murillo. André Nougué. Joseph Pérez. Jean Louis Picoche. John H. R. Polt. Antonio Prieto. Arturo Ramoneda. Jean-Pierre Ressot. Francisco Rico. Dionisio Ridruejo. Elias L. Rivers. Julio Rodríguez Luis. Leonardo Romero. Juan Manuel Rozas. Fernando G. Salinero. José Sanchis-Banús. Russell P. Sebold. Dorothy S. Severin. Margarita Smerdou Altolaguirre. N. Spadaccini. Jean Testas. José Carlos de Torres. José María Valverde. Stanko B. Vranich. Frida Weber de Kurlat. Keith Whinnom. Anthony N. Zahareas.

AUSIAS MARCH

OBRA POÉTICA COMPLETA

*Edición,
introducción, traducción y notas
de*
RAFAEL FERRERES

TOMO II

FUNDACIÓN JUAN MARCH

Madrid

Copyright ©

Rafael Ferreres, 1979
Editorial Castalia
Fundación Juan March

—

Impreso en España. Printed in Spain
por Artes Gráficas Soler, S. A. Valencia

Cubierta de Víctor Sanz

I.S.B.N. 84-7039-320-0 (Obra completa)
I.S.B.N. 84-7039-322-7 (tomo II)
Depósito Legal: V. 2.365 - 1979 (II)

Estudio patrocinado por la Fundación Juan March.
La Fundación Juan March no se solidariza necesariamente
con las opiniones de los autores cuyas obras publica.

SUMARIO

TOMO II

OBRA POÉTICA (POEMAS LXXXIX AL CXXVIII)	7
VARIANTES Y MÉTRICA DE LOS CANTOS	379
ÍNDICE DE CANTOS	453
ÍNDICE DE PRIMEROS VERSOS	455
ÍNDICE DE LÁMINAS	459

OBRA POÉTICA COMPLETA
TOMO II

LXXXIX

I   Cervo ferit   no desija la font
    aytant com yo   esser a vós pressent;
    al gran repòs   de mon contentament
    passar no pusch   sinó per aquest pont.
    Molt me ve tart   lo jorn tan desijat,   5
    comprat molt car   per dolorós sospir;
    e tart o breu   só cert que deu venir,
    si per la mort   camí no m'és tancat.

II Esser no pusch   d'esperança llançat,
    car yo us desig   segons mon major bé.   10
    A vós deman;   contra mi res no us té,
    mentre ·l voler   vostre ·m sia donat.
    Si·l penssament   llunyava un sol punt
    d'imaginar   haver vostre voler,
    sens aquell tot,   no pusch delit haver;   15
    si no ·s tot sa,   tost porà ser defunt.

III Davant me veig   de grans dolors un munt,
    puys ops he tant   per a mon contentar,
    e mon voler   porà molt menyscabar
    si·l vostre ·s mou   e no mostra que munt;   20

1-2 Tanto Pagès (*Auzias March*, p. 282) como Bohigas (*Poesies*), recuerdan el Salmo XLII, 2 (equivocadamente aparece el XLI en ambos críticos) como modelo tomado por el poeta: "Como el ciervo brama por las corrientes de las aguas, / Así clama por ti, oh Dios, el alma mía" (trad. C. de Valera). Ausias March, como es habitual en él, llega al límite. En este caso sobrepasa al salmista en el deseo. Sin embargo, tal vez, Ausias March no recurrió a la *Biblia*, en cuya cita no está el *ciervo herido*. El tema del ciervo herido aparece repetidamente en la poesía gallegoportuguesa medieval y también en la provenzal. María Rosa Lida ha estudiado con mucha erudición el tema de la cierva herida en *La tradición clásica en España*, Barcelona, 1975,

LXXXIX

I. El ciervo herido no desea tanto la fuente como yo estar junto a vos. No puedo pasar al gran reposo de mi contentamiento sino por este puente. Muy tarde me viene el día tan deseado, comprado muy caro con doloroso suspiro; y estoy seguro que debe venir tarde o temprano, si el camino no me es cerrado por la muerte.

II. No puedo ser lanzado de esta esperanza porque yo os deseo como mi mayor bien. A vos ruego; nada contra mí tenéis, mientras me sea dado vuestro querer. Si el pensamiento alejaba un solo instante de imaginar tener vuestro querer, todo entero, no puedo tener deleite; si no está todo sano, pronto podrá estar difunto.

III. Delante me veo un montón de grandes dolores, pues tanta necesidad tengo para mi contentamiento, y mi querer podrá disminuir mucho si el vuestro

---

pp. 52, 53, 55-60, 63, 65, 67, 69, 70, 72-74, 76-79, 95-98, 244.
Hay que hacer una observación a M. R. Lida respecto a la cita de unos versos de Boscán de su *Historia de Leandro y Hero*:

> *y así los que necesidad tenían*
> *de aprovecharse dél hanle buscado*
> *como el herido ciervo busca el agua.*

La ilustre investigadora cree que el poeta catalán se inspira en el salmista (p. 53). Creo que aquí, Boscán, como en tantas otras ocasiones, tuvo presente los versos del poema del poeta valenciano.

e devallant, devallarà lo meu,
e, d'alt caent, no darà poch crebant,
car tot estrem altr· estrem és donant:
al poch estat no par l'ofenssa greu.

IV   Mil veus lo jorn és per mi pregat Déu 25
de ço qu·en vós està la major part:
qu·en mon voler hajau lo vostre sguart;
e prech Amor vos llanç tot poder seu.
E si hu compleix, lladonchs pendreu estrem,
si troba lloch on se prenga en vós; 30
en lloch dispost sa passió ·s en nós,
e lo contrast tenim e no volem.

V   Noves de vós saber mortalment tem,
dubtant-me fort que no hy mostreu amor;
per no saber visch en altra dolor: 35
no sé de qual costat guart que no·m crem.
No és en vós complir lo meu delit,
per bé que vós vullau complir aquell;
d'amor haveu haver forçat consell,
en vós y en ell recau mon bé complit. 40

VI   Res no temau ne prengau en despit
dels penssaments meus ab varietat
car en servey seran de fermetat;
de tals servents vol ser Amor servit.
Si punt d'enug d'est praticar sentiu, 45
sens amor sou o no sabeu què vol;
ferm lloch no·l té qui d'aquest mal se dol,
lo moviment per segurtat teniu.

VII   Si tant de vós com voleu no confiu,
mon gran voler me porta ·n aquest zel; 50
de vostre cors no tem lo pus prim pèl
qu· encontra mi res fes ne·m fos altiu.
La voluntat vull que pas tota ·n mi;
yo só celós si molt amau a Déu;
dant-vos delit sens mi, lo mal creix meu; 55
quant vos dolgués, de mal vostre ·m dolguí.

brota y no muestra que crece; y aminorando, aminorará el mío, y, cayendo de lo alto no tendrá poco quebranto pues a todo extremo se da otro extremo: a la baja condición no parece grave la ofensa.

IV. Dios es rogado por mí mil veces al día de eso que depende de vos la mayor parte: que en mi querer pongáis vuestra atención; y ruego a Amor que os envíe todo su poder. Y si lo cumple entonces tomaréis extremo si encuentra sitio donde se prenda en vos; su pasión está en nosotros en lugar dispuesto, y tenemos contraste pero no queremos.

V. Temo mortalmente saber noticias de vos, dudando mucho que mostréis amor; por no saberlo vivo en otro dolor: no sé de qué punto mirar que no me queme. No está en vos realizar mi deleite por más que queráis realizarlo; habéis de tener forzado consejo de amor, en vos y en él recae mi bien cumplido.

VI. Nada temáis ni toméis en despecho de variación de mis pensamientos, pues en el servicio estarán firmes; Amor quiere estar servido de tales servidores. Si sentís algo de enojo de este actuar no sentís amor y no sabéis qué quiere; no tiene firme lugar quien de este mal se duele, tened lo cambiante por seguro.

VII. Si tanto no confío en vos como queréis, es porque mi gran querer me lleva a este celo, no temo que el más delgado cabello de vuestro cuerpo hacia mí hiciera algo que me fuese complaciente. Quiero que vuestra voluntad pase toda a mí; yo estoy celoso de Dios, si mucho lo amáis; deleitándoos, sin mí, crece mi mal; cuando os dolisteis, de vuestro mal me dolí.

VIII Mon derrer bé, de vós yo guart la fi,
quant del present me trob ésser content,
e si·m veig trist per algun cas present,
res venidor trobar no·s pot en mi. 60

XC

I No·s maravell algú perquè·m enyor,
car tot delit és ja fora de mi;
tant com major part d'aquell yo sentí,
com és passat, se dobla ma dolor.
Car yo crech cert que lo temps és passat, 5
ab cor tot ferm, que tal en mi no torn;
plagués a Déu que·m desmembràs lo jorn
ab qui, ne on, Amor m'ha delitat.

II Sí com lo temps a plour· aparellat,
la terra ·l vent l'és a plour· avinent, 10
tota dolor d'altre m'és convinent
qu·en ma dolor sia passionat.
Tot cas estrem me port· a recordar
lo propri dan y el lunyament de bé;
mas yo·m dolch més s· algú mal d'amor té, 15
car en l'afany és companyó e par.

III Si cas semblant d'algú veig passar,
yo·m dolch pus fort, e, planyent, he delit;
planch ell e mi, e am l'oy e despit
del que jamés sentí lo mal d'amar; 20
e crech de cert ésser malventurós

Pagès (*Auzias March,* p. 298), al tratar de los vs. 25-32
del canto I y del XC, señala a Santo Tomás (*S. Th.,*
I-II, 33, 2) como fuente de influencia. Analiza cómo
uno de los más notables dolores procede de la memoria: "Si vero consideretur delectatio, prout est in
memoria, et non in actu, sic per se nata est causare
sui ipsius sitim desiderium, quando scilicet homo redit
ad illam dispositionem in qua erat sibi delectabile quod

VIII. Mi último bien, de vos yo espero el fin, cuando del presente me siento estar contento; y si me encuentro triste por alguna circunstancia presente, nada por llegar se puede encontrar en mí.

XC

I. Nadie se maraville porque me añoro, pues que todo deleite está ya fuera de mí; tanto como gran parte de él sentí, como está pasado, se dobla mi dolor. Puesto que yo estoy cierto que el tiempo está pasado, con corazón completamente seguro, que tal no vuelve para mí. Pluguiera a Dios que se me olvidase el día, con quien ni donde Amor me ha deleitado.

II. Así como el tiempo a lluvia aparejado el viento terral le es propicio para llover, todo dolor de otro me es conveniente para que en mi dolor sea doloroso. Todo caso extremo me lleva a recordar el propio daño y el alejamiento del bien; mas yo me duelo más si alguien mal de amor tiene, ya que en afán es compañero y par.

III. Si caso semejante a alguien veo pasar, yo me duelo más intensamente, y, llorando, tengo deleite: lloro por él y por mí; y amo el odio y el despecho del que jamás sintió el mal amoroso; y creo ciertamente ser desventurado quien el mayor bien de Amor

---

praeterrit; si vero immutatus sit ab illa dispositione, memoria delectationis non causat in eo delectationem, sed fastidium, sicut pleno existenti memoria cibi".
17 Los mss. D, E y las ediciones II, III, IV, V dan la variante *dalgu*, que he aceptado por creer que da sentido a lo que dice el poeta. Las ediciones de Pagès y de Bohigas siguen la de los otros mss. y ed. I: *degú*.

qui major bé   de Amor sentirà:
axí com yo,   sé que son bé perdrà,
y ab lo dolç tast   sentrà més l'amargós.

IV Lo major bé   de perdr· és perillós,   25
més que·l mijà,   y el poch és pus segur;
e si·n lo molt   havia llonch atur,
tot bé complit   seria entre nós.
Mas dintre nós   nostr· enemich portam
qui, sense nós,   lo delit nostre tol;   30
e, fora nós,   d'embarchs un gran estol;
e com lo ferm   voler de don· amam.

V Tants són los dits   deslligans lo lligam,
que no·hy ha nuu   que puga ser dit cech;
en fer contrast   vers Amor hom no ·s llech,   35
dins nós mateys   medecines trobam.
E nostr· amat,   per son mal cor o cap,
la su· amor   no pot molt envellir,
o ·n son voler   per temps ha ·nmalatir,
e cassos molts   d'on no veig hom escap.   40

VI Bé ·m maravell   on tanta dolor cap
com en aquell   qui·n temps dolent e trist
lo prosperant   ab lo recort ha vist:
l'esperiment   solament açò sab,
no esperant   ja delectació   45
per mudament   primerament de si,
e per defalt   de no trobar en qui
plaure pogués   sa carn e la raó.

---

34 *nuu...cech,* 'nudo ciego' difícil de desatar.
37 *amar.* Bohigas (*Poesies*) sigue la versión de A, B, D, E, H, I, que tiene *amat.* La aceptación de una u otra palabra cambia sustancialmente el decir del poeta. Bohigas justifica así su postura: "El que es diu en els versos 37-40 no té aplicació a l'amant —en el nostre cas el poeta—, sinó a la persona que ell ama, incapaç de correspondre al seu amor. L'ús del masculí (*amat*) dóna caràcter més genèric a aquestos versos i

sentirá: lo mismo que yo, sé que su bien perderá y con el dulce sabor sentirá más lo amargo.

IV. Es peligroso perder el mayor bien, más que el mediano, y el poco es más seguro; pero si en el mucho hubiera larga permanencia todo cumplido bien estaría entre nosotros. Mas dentro de nosotros nuestro enemigo llevamos, que sin nosotros nuestro deleite quita; y, fuera de nosotros, de embarques una gran bandada; ¿y cómo el firme querer de mujer amamos?

V. Tantos son los dedos que desatan la atadura que no hay nudo que pueda ser llamado ciego; en hacer contraste con Amor el hombre no es lego, dentro de nosotros mismos medicinas encontramos. Y nuestra amada, por su mal corazón o cabeza, su amor no puede envejecer mucho o en su querer con el tiempo tiene que enfermar, y muchos casos no veo de donde el hombre escape.

VI. Bien me maravillo donde tanto dolor cabe, como en aquel que en tiempo doliente y triste con el recuerdo ha visto el próspero (eso lo sabe solamente la experiencia), no esperando ya delectación por cambio primeramente de sí y por falta de no encontrar a quien agradar pudiese su carne y la razón.

---

disminueix llur to personal". Sigo a Pagès y, por otra parte, no está en el ánimo de Ausias March "disminuir nada de su tono personal" sino más bien manifestarlo y, en ocasiones, superlativamente.

41-44 Estos versos nos hacen recordar a Dante en el pasaje de Francesca de Rimini (*Infierno*, V, 121-123): "Nessun maggior dolore / che ricordarsi del tempo felice / nella miseria". Véase la nota a los vs. 3-12 del Canto I.

VII Mon remembrar   és ma confusió
     e com no sent   que bé ·m dega venir;   50
     car he perdut   delit, quant al sentir,
     l'enteniment   és ops que altre ·m dó.
     Hàbits novells   seran no coneguts,
     e serà molt   si·n aquest temps durant
     vida no·m fall, lo delit esperant,   55
     ans que aquells a mi sien venguts.

VIII Amor, Amor,   aquells són decebuts
     qui·n joch de daus e dones han llur bé,
     car menys ferm res la Fortuna no té:
     de mal en bé   dins un punt són cayguts.   60

XCI

I   En aquell temps   sentí d'Amor delit
    quant mon pensar mirà lo temps present;
    lo venidor   no·m portí en esment,
    e lo passat   fon llançat en oblit.
    Ja no farà   mon sentiment dormir   5
    qu·en lo començ   ignor sa mala fi;
    tals fets Amor   sol aportar ab si
    que tots sos béns en dol han convertit.

II Lo bé d'Amor   clar demostr· ab lo dit,
    a l'amador   lo mal qui·l és vinent;   10
    és un senyal   que no pot ser mintent;
    donchs en lo goig se troba entristit.
    Qui és content   és molt prop d'avorrir
    en pus breu temps que de vespr· a matí;
    grat, sobregrat   e cambi ·s favorí,   15
    e ranc és dret,   no·l plau bregues partir.

III Lo desijat   pler se volta ·n despit,
    no té lloch ferm d'Amor lo sentiment,

---

17 *pl'her*, en las ediciones de Pagès y de Bohigas, *pler* siguiendo mss. B, H; y *pl'her* ediciones I, II, III. Este

VII. Mi rememorar es mi confusión y como no siento que el bien me deba llegar; ya he perdido el deleite, cuanto al sentir, es necesario que el entendimiento otro me dé. Hábitos nuevos no serán conocidos y mucho será si durante este tiempo, la vida no me falta, esperando el deleite, antes que ellos me sean venidos.

VIII. Amor, Amor, están engañados aquellos que en juego de dados y en mujeres tienen su bien, puesto que nada menos firme no tiene la Fortuna; de mal en bien en un instante están caídos.

XCI

I. En aquel tiempo sentí el deleite de Amor cuando mi pensar miraba el tiempo presente; el porvenir no lo traje al recuerdo y el pasado fue lanzado al olvido. Ya no hará dormir mi sentimiento que en el comienzo ignora su mal fin; tales hechos suele Amor traer consigo que todos sus bienes en duelo los ha convertido.

II. El bien de Amor claro se muestra con lo dicho, al amador el mal que le está llegando; es una señal que no puede estar mintiendo, por eso en el goce se encuentra entristecido. Quien está contento está muy cerca de aborrecer en más breve tiempo que del anochecer a la mañana; de grado, muy de grado el cambio es favorecido, y torcido está derecho, no le place pelear.

III. El deseado placer se vuelve en despecho, no tiene lugar firme el sentimiento de Amor, sus vueltas

---

verso, tal como aparece en F, resulta largo: *Lo desijat plaer se volta en despit.*

sos torns he vist   assats complidament,
e veig aquell   de mil colors vestit.   20
Detràs ell va   contínuu penedir:
tal seguidor   no·l viu mentre ·l seguí;
ab los ulls cluchs   detràs sos peus aní,
guiant-me ·n part   on tart poguí exir.

IV Sí com lo jorn   va primer que la nit   25
e d'ella és   un cert demostrament,
va lo delit   d'Amor primerament;
dolor aprés   no·l vol haver jaquit,
havent poder   de tota res delir
que ab sa llet   dolça delit nodrí;   30
tot ço que naix,   delit ho consentí
e corromp si   per estrem dolorir.

V Dels mals d'Amor   que trobadors han dit
no·n sé pus fort   que son gran mudament;
lo ferm estat   no dura llongament,   35
seguint aquell   un novell apetit.
Faent jaquir   ço que vol hom seguir,
mon apetit   vol ço que no volguí:
volent amar,   lladonchs yo avorrí,
e, no volent,   amí sens consentir.   40

VI Certs mals d'Amor   per sa colpa he dit;
altres ne són   Fortuna malmirent,
cassos portant   d'on ve departiment,
donant enyor   y entr· alguns met oblit.
La mort breument   Amor port· a morir,   45
jaquint dolor   a ·quell que no morí,
e lo qui mor   no tem final juí,
per gran dolor   forçat d'Amor partir.

VII Los fets d'Amor   no puch metr· en oblit:
ab qui·ls haguí   ne·l lloch, no·m cau d'esment; 50
no puch sentir   com los era sintent;
on seny no ·teny,   no és per seny sentit.
Lo meu recort   a mi no pot suplir

he visto asaz cumplidamente y le veo de mil colores
vestido. Detrás de él va continuo arrepentir; tal seguidor no le vi mientras le seguí, con los ojos cerrados
detrás de sus pies fui, que me guiaron a la parte de
donde tarde pude salir.

IV. Así como el día va primero que la noche y
de ella es una demostración cierta, el deleite de Amor
va primeramente; el dolor después que no quiere dejarlo, teniendo poder para destruir todo pues con su
dulce leche el deleite nutrió; todo lo que nace el deleite lo consintió y lo corrompe también con extremo
dolor.

V. De los males de Amor que los trovadores han
dicho no sé más fuerte que el de su gran mudanza;
el firme estado no dura largamente, siguiéndole un
nuevo apetito. Dejando hacer lo que el hombre quiere
seguir, mi apetito quiere lo que no quise: queriendo
amar, entonces aborrecí, y, no queriendo, amé sin consentir.

VI. Ciertos males de Amor, por su culpa, he dicho; otros son castigados por Fortuna, trayendo casos
de donde viene separación, dando añoranza pero, entre
algunos, pone olvido. La muerte brevemente Amor
lleva a morir, dejando dolor a aquel que no murió, y
el que muere no teme el juicio final por el gran dolor
de partir forzado de Amor.

VII. Los hechos de Amor no puedo poner en olvido: con quien los tuve ni el lugar no me desaparecen de la memoria; no puedo sentir como los estaba
sintiendo; donde la mente no alcanza no es por la
mente sentido. Mi recuerdo no me puede suplir para

dar lo delit que per Amor sentí;
perdent lo tast que per Amor tastí, 55
a poch instant lo delit viu fugir.

VIII Ab la raó algú no ha sentit
lo mal d'Amor o lo delit que·n sent;
en altre lloch ha son sitiament
y és ja en mi alterat y marsit. 60
Quant altres béns yo veig de mi fugir,
enyor aquell que temps fon que·m fugí;
puys que lo lloch d'Amor en mi fallí,
Amor en mi no troba on tenir.

IX Tot mudament és verament fallit 65
e d'Amor és lo seu sosteniment,
car de res l'hom no pot ésser content
si·n un estat Amor lo té stablit.
Si fermetat Amor fa defallir,
¿com portarà res ferm Amor en si? 70
Donchs, si Amor en fermetat fallí,
raó és gran puys no ferm la tenir.

X Amor, Amor, temps és de penedir,
sí que, veent, no·s gire mon camí;
lo vostre bé fastig porta prop si, 75
o tal dolor que sab prou qui hu sab dir.

XCII

[PRIMER CANT DE MORT]

I Aquelles mans, que jamés perdonaren,
han ja romput lo fil tenint la vida
de vós, qui sóu de aquest món exida,
segons los fats en secret ordenaren.
Tot quant yo veig e sent, dolor me torna, 5
dant-me recort de vós, qui tant amava.

dar el deleite que por Amor sentí, perdiendo el sabor que por Amor saboreé, casi al instante el deleite vi huir.

VIII. Con la razón nadie ha sentido el mal de Amor o el deleite que siento; en otro lugar tiene su sitio y ya está en mí alterado y marchito. Cuando otros bienes yo veo huir de mí, añoro aquel que hace tiempo que me huyó; pues que el sitio de Amor falló en mí, Amor no encuentra en mí dónde estar.

IX. Todo cambio es verdaderamente fallido y de Amor es su sostenimiento, puesto que en nada el hombre puede estar contento si en un estado Amor lo tiene establecido. Si la firmeza Amor hace fallar, ¿cómo traerá Amor cosa firme en sí? Pues, si a Amor en firmeza falté, la razón es mucha para firme no tenerla.

X. Amor, Amor, tiempo es de arrepentirse, así que, viendo, no se cambie mi camino; vuestro bien trae hastío cerca de sí, o tal dolor que bastante sabe quien lo sabe decir.

XCII

I. Aquellas manos, que jamás perdonaron, ya han roto el hilo de que pendía vuestra vida, pues sois de este mundo salida, según los hados en secreto ordenaron. Todo cuanto veo y siento, dolor se me vuelve, dándome memoria de vos, que tanto amaba. En mi dolor

En ma dolor   si prim e bé ·s cercava,
se trobarà   que delit s'hi contorna;
donchs, durarà, puys té qui la sostinga,
car sens delit   dolor crey no·s retinga.   10

II En cor gentil   Amor per mort no passa,
mas en aquell   qui per los vicis tira;
la quantitat   d'amor durar no mira,
la qualitat   d'amor bona no·s llassa.
Quant l'ull no veu   e lo toch no·s pratica,   15
mor lo voler,   que tot per ells se guanya;
qui·n tal punt és   dolor sent molt estranya,
mas dura poch: l'espert ho testifica.
Amor honest   los sants amants fa colre:
d'aquest vos am,   e Mort no·l me pot tolre.   20

III Tots los volers   qu ·en mi confusos eren
se mostren clar   per llur obra forana:
ma carn se dol,   car sa natura hu mana,
perquè ·n la Mort   sos delits se perderen;
en sa dolor   m· arma és enbolcada,   25
de què llur plor   e plant per null temps callen.
En tal dolor   tots los conhorts me fallen,
com sens tornar   la que am és anada.
Mas l'altr· amor,   de amistança pura,
aprés sa mort,   sa força gran li dura.   30

IV Aquest· amor,   si los pechs no la creen,
és ver senyal   del bé qu·en ell· habita:
aquesta és   qui sens dolor delita,
y els cechs volers   de prop aquesta ·s veen.
Lo voler cech   del tot ell· illumena,   35
mas no en tant   que lleve ·l cataracte,
e si posqués   fer sens empaig son acte,
no fór· al món   ull ab gota serena;
mas és axí   com la poca triaga,
que molt verí   sa virtut li apaga.   40

si sutil y bien se indagaba, se encontrará que el deleite lo rodea; entonces, durará ya que tiene quien le sostenga, ya que sin deleite el dolor no creo se retenga.

II. En corazón gentil el amor por muerto no desaparece, sino en aquel que hacia los vicios se inclina; la cantidad amorosa la duración no mira, la buena calidad amorosa no se debilita. Cuando el ojo no ve y el contacto no se practica, muere el querer, pues todo por ellos se gana; quien en tal situación está, dolor siente muy extraño, pero dura poco: el experto lo testifica. Amor honesto hace venerar santos amantes; con éste os amo, y la Muerte no me lo podrá quitar.

III. Todos los quereres que en mí confusos estaban se muestran claros por su obra exterior: mi carne se duele, ya que su natura lo manda porque con la muerte sus deleites se perdieron, en su dolor está envuelta mi alma por lo que su llanto y lamento nunca callan. En tal dolor todos los consuelos me fallan, pues, sin volver, la que amo es marchada. Mas el otro amor, de amistanza pura, después de su muerte, su gran fuerza le dura.

IV. Este amor, aunque los necios no lo creen, es verdadera señal del bien que en él habita: éste es el que sin dolor deleita y los ciegos quereres cerca de éste se ven. El querer ciego del todo él ilumina, mas no en tanto que le quite el carácter, y si se pudiese hacer sin empacho su efecto, no habría en el mundo ojo con gota serena; mas es así como la poca triaca, que mucho veneno su virtud le apaga.

v Aquell voler   qu· en ma carn sola ·s causa,
   si no és mort,   no tardarà que muyra;
   l'altre per qui   dol contínuu m'abuyra,
   si·m defalleix,   no serà sens gran causa.
   Ell pot ser dit   voler concupiscible, 45
   e sol durar,   puys molt de l'arma toca,
   mas fall per temps,   car virtut no invoca,
   e d'un costat   és apetit sensible.
   Aquests volers   l'amor honesta ·m torben,
   perqu· entre mal   e bé mes penses orben. 50

vi D'arma e cors   és compost l'hom, contraris,
   per què ·l voler   e l'apetit contrasten;
   tot quant aquests   de llur natura tasten
   és saborós   e vitals letovaris.
   Altre voler qu·en mig d'aquests camina, 55
   és atrobat   que no té via certa;
   cuyd· haver port   en la plaja deserta,
   e lo verí   li sembla medecina.
   Aquest voler   ab arma y cors converssa,
   naix d'ells e fa   la obra d'ells diverssa. 60

vii Tres són les parts   vers on mos volers pugen,
    e per semblant   vénen per tres maneres;
    entre si han   contràries carreres,
    delits portants   e d'altres que m'enugen.
    Quant los delits   del cors la penssa ·m mostra, 65
    yo sent dolor   car són perduts sens cobre.
    Altra dolor   sent que·m vist tot e·m cobre,
    com pens que Mort   ha tolta l'amor nostra.
    L'altre voler   raó y natura funden,
    que sens dolor   molts delits ne abunden. 70

viii Lo lloch on jau   la dolor gran que passe
     no és del tot   fora de mes natures,
     ne del tot és   fora de llurs clausures;
     lo moviment   creu que per elles passe.
     Aquell voler   qu·en mi no troba terme 75
     és lo mijà   per on dolor m'agreuja;

v. Aquel querer que en mi carne sólo es causa, si no está muerto no tardará en que muera; el otro, por el que me abunda el duelo continuo, si me falta, no será sin gran causa. Él puede ser llamado querer concupiscible, y suele durar, pues mucho del alma toca, mas falla con el tiempo puesto que la virtud no invoca, y de una parte es apetito sensible. Estos quereres el amor honesto me turban porque entre el mal y el bien mis pensamientos ciegan.

vi. De alma y de cuerpo está compuesto el hombre, contrarios, porque el querer y el apetito contrastan; todo cuanto estos de su natura prueban es sabroso y vitales electuarios. Otro querer que en medio de estos camina, se encuentra que no tiene vía cierta; piensa tener puerto en la playa desierta y el veneno le parece medicina. Este querer con el alma y el cuerpo conversa, nace de ellos pero hace la obra de ellos diversa.

vii. Tres son las partes hacia donde mis voluntades suben, e igualmente vienen de tres maneras; entre sí tienen contrarios caminos, trayendo deleites y otros que me enojan. Cuando los deleites del cuerpo me muestra el pensamiento, yo siento dolor puesto que están perdidos sin recobro. Otro dolor siento que todo me viste y me cubre cuando pienso que la Muerte ha arrebatado nuestro amor. La otra voluntad razón y natura fundan, pues sin dolor muchos deleites abundan.

viii. El lugar donde reside el gran dolor que paso, no está del todo fuera de mis naturas, ni del todo está fuera de sus clausuras; el movimiento cree que por ellas paso. Aquel querer que en mí no encuentra término es el medio por donde el dolor me enoja; el

l'estrem d'aquest fora natur· alleuja,
fort e punyent, mas encansable verme.
Opinió falssa per tots és dita,
que fora nós e dintre nós habita. 80

IX D'aquest· amor les de més gents tremolen;
aquesta és sentida y no sabuda;
poques gents han sa causa coneguda;
delits, dolors per ella venir solen.
Lo cors per si lo seu delit desija, 85
l'arma ·naprés lo sent e vol atènyer
lo propri seu, al qual no·s pot empènyer
car tot és fals, d'on ella se fastija.
D'aquests contrasts aquest· amor escapa,
que veritat no ateny ab sa capa. 90

X Tant és unit lo cors ab la nostr· arma,
que act· en l'hom no pot ser dit bé simple;
algú no és vers l'altr· humil e simple:
contrast se fan, u contra l'altre s'arma.
Mas és tan poch lo contrast a sa hora, 95
qu·en fets del cors l'arma no fa gràn nosa;
y en contemplant, axí l'arma reposa,
que, bé reprès, lo cors d'açò no plora.
Aquesta pau en mi no és molt llonga,
per què dolor més que·l delit s'allonga. 100

XI Dolor yo sent e sembl· a mi estrema;
no só en punt de voler consell rebre,
e de negun remey me vull percebre,
ans de tristor he presa ja ma tema.
Si·m trob en punt que dolor no·m acorde, 105
ja tinch senyal ab què a dolor torne:
recort sos fets d'amor, e allens borne;
d'ascí scapant ab oci no·m concorde.
Son espirit ab lo cors yo contemple;
tan delit sent com l'hom devot al temple. 110

extremo de éste fuera de la natura se aloja, fuerte y violentamente, mas incansable gusano. Opinión falsa por todos es dicha, que fuera de nosotros y dentro nos habita.

IX. De este amor las demás gentes tiemblan, éste es sentido y no sabido; pocas gentes su causa han conocido; deleites, dolores por él venir suelen. El cuerpo de por sí su deleite desea, el alma después lo siente, y quiere alcanzar el suyo propio, al cual no se puede lanzar puesto que es todo falso, de donde ella se enoja. De estos contrastes este amor escapa que verdad no alcanza con su capa.

X. Tan unido está el cuerpo con nuestra alma, que la acción del hombre no puede ser dicha bien simple; ninguno es para el otro humilde y simple: contraste se hacen, el uno contra el otro se arma. Mas es tan poco el contraste a su hora, que en los hechos del cuerpo el alma no hace gran estorbo; y, contemplando, así el alma reposa, que, bien reprendido, el cuerpo por eso no llora. Esta paz en mí no es muy larga porque el dolor más que el deleite se alarga.

XI. Yo siento dolor que me parece extremo: no estoy en condición de querer recibir consejo y de nadie quiero recibir remedio, antes ya he tomado mi tema de tristeza. Si me encuentro un instante que del dolor no me acuerde, ya tengo señal de que al dolor vuelva; recuerdo sus hechos amorosos, y allende borneo; de aquí escapando con el ocio no concuerdo. Su espíritu con el cuerpo yo contemplo; tanto deleite siento como el hombre devoto al templo.

XII De pietat   de sa mort ve que·m dolga,
     e só forçat   que mon mal haja plànyer;
     tant he perdut   que bé no·m pot atànyer:
     Fortuna ja   no té què pus me tolga.
     Quant ymagín   les voluntats unides   115
     y el converssar,   separats per a sempre,
     penssar no pusch   ma dolor haja tempre,
     mes passions   no trob gens aflaquides,
     e, si per temps   elles passar havien,
     vengut és temps   que començar devien.   120

XIII Mes volentats   mos penssaments aporten
     avall y amunt,   sí com los núvols l'ayre;
     adés me dolch,   puys dolor no sent gayre,
     e sent dolors   qu·ab si delits comporten.
     Quant pens que·ls morts   de res dels vius no 125
                                             [pensen
     e les dolors   que pas sens grat se perden,
     mos sentiments   han mal, e no s'esperden
     tant que d'amor   e dolor se defenssen,
     e pas dolor   qu·en la d'infern s'acosta,
     com en est món   no la'm veuré de costa.   130

XIV En altre món   a mi par que yo sia
     y els propis fets   estranys a mi aparen;
     semblant d'aquells   que mos juís lloaren,
     lo fals par ver,   la veritat falsia.
     Los meus juís   la dolor los ofega,   135
     lo lloch no hy és   on primer habitaven.
     Si és no tal   com ans del cas estaven,
     alterat és: la Mort y asò ·m fa brega
     tal e tan fort   qu· altre matant mi mata.
     No sé com és   que lo cor no·m esclata.   140

XV   Alguns han dit   que la Mort és amarga;
     poden-ho dir   los qui la sabor senten
     o de per si   o com per altre tenten
     sa fort dolor,   qu·entre totes és llarga.
     Per mi no tem   per altre l'he temuda;   145

XII. De piedad de su muerte viene que me duela y estoy forzado a que mi mal haya de plañir; tanto he perdido que el bien no me puede afectar, Fortuna ya no tiene más que me quite. Cuando imagino las voluntades unidas y el conversar, separados para siempre, pensar no puedo que mi dolor tenga templanza, mis pasiones no encuentro nada debilitadas; y si con el tiempo ellas debían desaparecer, llegado es el tiempo que comenzar debían.

XIII. Mis voluntades mis pensamientos conducen abajo y arriba, así como el aire a las nubes; ahora me duelo, después dolor no siento mucho, y siento dolores que consigo deleites comportan. Cuando pienso que los muertos no piensan nada de los vivos y que los dolores que paso sin agradecimiento se pierden, mis sentimientos tienen mal pero no se dañan tanto pues de amor y dolor se defienden; y paso un dolor que al del infierno se acerca, pues al lado no la veré en este mundo.

XIV. En otro mundo me parece que yo esté y los propios hechos extraños me parecen; semejantes a aquellos que mis juicios loaron, lo falso parece verdadero, la verdad falsía. Mis juicios el dolor los ahoga, el lugar no es donde primero habitaron, si es, no tal como antes del caso estaban; alterado es: la Muerte y eso me da brega tal y tan fuerte, que matando a otra, me mata. No sé cómo es que el corazón no me revienta.

XV. Algunos han dicho que la Muerte es amarga: pueden decirlo los que el sabor sienten, o de por sí o cuando por otro palpan su gran dolor, que, entre todos, es largo. Por mí no temo, por otra la he temido;

puys fon cruel,   ja pietat no·m haja;
qui·n terra jau,   no tem pus avall caja:
en l'esperat   ma sperança ·s perduda.
¡O partiment   dolorós, perdurable,
fent en dolor   mi comparat diable!   150

XVI No preu los béns   que yo sol posseesca,
car plaent res   home sol no pratica;
la Mort no tem,   que lo món dampnifica,
sinó que tem   que·l cel me defallesca.
Tot cas yo mir   ab una egual cara: 155
res no·m fa trist,   e ja, molt més, alegre;
no és color   desobre, blanch o negre:
vers mi no hy ha   cosa scura ne clara.
Tot quant Amor   e Por me pogren noure,
finí lo jorn   que li viu los ulls cloure.   160

XVII Segons lo cas   ma dolor no és tanta
com se requer   per un mortal damnatge;
sobre tots mals   la Mort port· avantatge:
yo·l he sentit   e de present m'espanta.
Segons l'Amor,   del dan no port gran signe,   165
e volgra yo   qu·en lo món fos notable,
dient cascú: "Veus l'home pus amable",
e que plangués   cascú mon fat maligne.
Aquell voler   caussat per cos· honesta,
mentre seré,   serà mostrant gran gesta.   170

XVIII Tan comun cas,   ¿per què tan estrem sembla
al qui per sort   la Mort en tant lo plaga?
¿Per què ·n tal cas   la raó d'hom s'amaga,
e passió   tota sa forç· assembla?
Déu piadós   e just cruel se mostra: 175
¡tant és en nós   torbada conexença!
Fluxant dolor,   primer plega creença,
mas ferm saber   no ·s en potença nostra.
Als que la Mort   toll la muller aymia
sabran jutjar   part de la dolor mia.   180

pues fue cruel, piedad ya no haya; quien en tierra yace, no teme que más abajo caiga: en lo esperado mi esperanza está perdida. Oh partida dolorosa, perdurable, haciéndome en dolor comparable al diablo.

XVI. No precio los bienes que yo solo posea ya que nada agradable el hombre en soledad platica; la Muerte no temo, que al mundo damnifica, sino que temo que el cielo me falte. Todo caso yo miro con una cara igual: nada me pone triste, ni ya, mucho más, alegre; no es sobre el color, blanco o negro: para mí no hay cosa oscura ni clara. Todo cuanto Amor y Temor me puedan dañar, terminó el día que le vi cerrar los ojos.

XVII. Según el caso mi dolor no es tanto como se requiere por un mortal daño; sobre todos los males la Muerte lleva ventaja; yo la he sentido y ahora me espanta. Según el Amor, del daño no llevo gran señal, y quisiera yo que en el mundo fuera perceptible, diciendo cada uno: "Ved el hombre más amante", y que llorase cada uno mi maligno hado. Aquel querer causado por cosa honesta, mientras seré, será mostrando gran gesta.

XVIII. Tan común caso, ¿por qué tan extremo parece al que por suerte la Muerte en tanto lo hiere? ¿Por qué en tal caso la razón del hombre se esconde, y la pasión toda su fuerza une? Dios piadoso y justo cruel se muestra: ¡tan turbado está en nosotros el conocimiento! Aflojando el dolor, primero llega la creencia, mas el firme saber no está en nuestra potencia. A los que la Muerte quita la mujer querida sabrán juzgar parte del dolor mío.

XIX Tot ver amich   a son ver amich ama
     del tal amor   que Mort no la menyscaba,
     ans és fornal   qu· apura l'or y acaba
     llexant-lo fi, e l'àls en fum derrama.
     D'aquest· amor am aquella qu· és morta,   185
     e tement am   tot quant és de aquella.
     L'espirit viu, donchs, ¿quina maravella
     que am aquell? e res tant no·m conforta.
     Membra'm la Mort   e torn en ma congoxa,
     e, quant hi só,   dolor pas com me floxa.   190

XX   Accident és   Amor e no substança
     e per sos fets se dón· a nós conèxer;
     quant és ne qual ell se dón· a parèxer;
     segons d'on part axí sa força llança.
     Sí com lo vent, segons les encontrades   195
     on és passat,   de si calt o fret gita,
     axí Amor   dolor da o delita,
     segons lo for   del lloch on ha llançades
     fondes raïls,   o sus cara de terra
     o sobre fanch, o sus molt aspra serra.   200

XXI Amor en l'hom   dos llochs disposts atroba,
     car hom és dit per ses dues natures:
     lo cors per si vol semblant de sutzures,
     l'arma per si   d'un blanch net vol sa roba.
     D'ells aunits   surt amor d'algun acte   205
     que no·s diu bé qual d'ells més part hi faça;
     cascú per si   algun delit acaça,
     y, aquell atès, l'altre ·n porta caracte.
     E veus la Mort   que llur voler termena:
     lo bo no pot,   no basta que·l ofena.   210

XXII Morint lo cors,   a son amant no·l resta
     sinó dolor,   per lo recort del plaure;
     fallint aquell,   no tard· amor en caure:
     fallint lo sant, defall la sua festa.
     Alguns delits   qu·en l'arma pel cors vénen, 215
     són los composts que·ls amadors turmenten,

XIX. Todo verdadero amigo a su verdadero amigo ama con tal amor que la Muerte no lo menoscaba, antes es fragua que apura el oro y acaba dejándolo fino y lo otro en humo derrama. Con este amor amo a aquella que está muerta, y, temiendo, amo todo cuanto es de ella. El espíritu vive. Entonces, ¿qué maravilla que la ame? Y nada me conforta tanto. Me acuerdo de la Muerte y vuelvo a mi congoja, y cuando así estoy, el dolor pasa cuando me afloja.

XX. Accidente es Amor y no sustancia, y por sus hechos se nos da a conocer; cuanto es o cual él se da a aparecer; según de donde parte así su fuerza lanza. Así como el viento, según las regiones por donde ha pasado, de sí calor o frío arroja, así Amor dolor da o deleita, según el fuero del lugar donde ha lanzado hondas raíces: o sobre la superficie de la tierra o sobre el barro o sobre muy áspera sierra.

XXI. Amor encuentra dos lugares dispuestos en el hombre, ya que hombre es llamado por sus dos naturas: el cuerpo por sí quiere semejante a suciedades, el alma por sí de un limpio blanco quiere su ropa. De ellos unidos surge el amor, de alguna acción que no se dice bien cuál de ellos más participación tenga; cada una por sí algún deleite persigue, y, alcanzado, al otro lleva carácter. Y veis la Muerte que su querer termina: el bueno no puede, no basta que le ofenda.

XXII. Muriendo el cuerpo a su amante no le queda sino dolor, por el recuerdo del placer; faltando aquél, no tarda el amor en desaparecer: faltando el santo se acaba la fiesta. Algunos deleites que al alma por el cuerpo llegan, son los compuestos que a los amadores atormentan, y cada uno de ellos tanto y tal

  e cascú d'ells tanta y qual dolor senten
  segons del cors o de l'arma part prenen;
  e, mort l'amat, amor és duradora
  tant quant lo mort del viu té gran penyora. 220

XXIII Ço qu·en passat enbolt e confús era,
  és dapartit: lo gra no ·s ab la palla;
  esperiment altre no·m pens hi valla;
  per la Mort és uberta la carrera.
  Ma carn no sent; donchs no·s pot fer que 225
               [ame,
  car ja no és ço que sentir-hi feya;
  si voler tinch, pech és lo qui no creia
  que l'espirit de pur· amor s'enflame,
  cobejant molt que Déu s· arma s'enporte;
  açò dubtant, que yo pena reporte. 230

XXIV Si·n nostr· amor pens ésser fi venguda
  e d'ella pert esperança de veure,
  sinó que tost vinch en açò descreure,
  l'arma ·n lo cors no fora retenguda.
  Si bé los morts en lo món no retornen, 235
  ans de ser mort noves sabré d'aquella.
  Stat és ja: donchs, no ·s gran maravella,
  açò sperant, mos sentiments sojornen;
  e si cert fos qu· entre los sants fos mesa,
  no volgra yo que de Mort fos defesa. 240

XXV ¡O Déu, mercè! Mas no sé de què·t pregue,
  sinó que mi en lo seu lloch aculles;
  no·m tardes molt que dellà mi no vulles,
  puys l'espirit, on és lo seu, aplegue;
  e lo meu cors, ans que la vida fine, 245
  sobre lo seu abraçat vull que jaga.
  Ferí'ls Amor de no curable plaga;
  separà'ls Mort: dret és qu· ella ·ls veine.
  Lo jorn del Juy, quant pendrem carn e ossos,
  mescladament partirem nostres cossos. 250

dolor sienten según la parte del cuerpo o del alma toman; y, muerto el amado, el amor es duradero tanto cuanto el vivo en gran prenda tiene al muerto.

XXIII. Lo que en el pasado envuelto y confuso era, está separado: el grano no está en la paja; otra experiencia no pienso que allí valga; con la Muerte se abre el camino. Mi carne no siente; entonces no se puede hacer que ame, puesto que ya no está lo que la hacía sentir; si querer tengo, necio es el que no crea que el espíritu de puro amor se inflame, deseando mucho que Dios su alma se lleve; dudando esto, que yo pena sobrelleve.

XXIV. Así pienso haber llegado el fin de nuestro amor y pierdo la esperanza de verla, pero pronto vengo a no creerlo, que el alma en el cuerpo no fuera retenida. Si bien los muertos al mundo no retornan, antes de estar muerto nuevas sabré de ella. Ya ha sido: entonces, no es gran maravilla, eso esperando, que mis pensamientos reposen; y si fuese cierto que entre los santos fuese puesta, no quisiera que fuese defendida contra la Muerte.

XXV. ¡Oh Dios, piedad! Mas no sé de qué te ruego, sino que a mí en su lugar acojas; no me tardes mucho que allá me quieras, para que el espíritu, donde está el suyo, llegue; y mi cuerpo, antes que la vida fine, sobre el suyo abrazado quiero que yaga. Los hirió Amor de no curable llaga; los separó la Muerte: razón es que ella los avecine. El día del Juicio, cuando tomaremos carne y huesos, mezcladamente separaremos nuestros cuerpos.

XCIII

[SEGON CANT DE MORT]

I ¿Qui serà aquell   del món superior
que veritat   de vós a mi recont?
¿E qui sab dir   on serà ·quell afront
que nós haurem,   portant goig o dolor?
Los llochs seran   mostrants lo bé o mal,   5
segons en ells   mal o bé ·s contendrà,
e si nós dos   un lloch n· ocuparà,
lo partiment   serà perpetual.

II L'esguart que yo   de vós he no ·s egual:
axí divers   és o contrariant.   10
Les penes grans   d'infern yo só dubtant:
tot quant n'he llest   a dolorir me val.
E puys ve temps   que·us ymagín al món
haver ab mi   verdader· amistat;
aquell delit   que·l món pot haver dat,   15
fort cor és obs   a membrar lo que fon.

III Lo dolorós   e miserable don,
strany e molt,   mas prestament perdut,
és tot ço quant   en lo món he haut;
la Mort l'ha tolt   e portat no sé on.   20
Ma fort dolor   no bast· a fer valer
que l'amistat   fos estada no res,
ans só content   d'aquella, que fo més,
si bé tristor   per aquella sofer.

IV ¿On és aquell   qui no spera plaer   25
e no ha sguart   a bona u mala fi?
Mire lo món: veu-se jove y mesquí,
com ja no hy és   on ferme son voler
dreça sos ulls   envers la part del cel,
e diu a Déu,   ab gest no ·sats humil,   30

XCIII

I. ¿Quién será aquel del mundo superior que verdad de vos me cuente? ¿Y quién sabe decir dónde será aquel encuentro que tendremos, trayendo gozo o dolor? Los lugares estarán mostrando el bien o mal según en ellos mal o bien se contendrá y si nosotros dos un lugar no ocupará, la separación será perpetua.

II. El aspecto que yo os tengo no es igual: así diverso es o contrariando. Las grandes penas del infierno yo estoy dudando, todo cuanto es leído para sufrir me vale. Y después viene el tiempo que os imagino en el mundo tener conmigo verdadera amistad; aquel deleite que el mundo pudo haber dado, fuerte corazón es menester para recordar lo que fue.

III. El doloroso y desdichado don, extraño y mucho, mas prestamente perdido, eso es todo cuanto en el mundo he tenido; la Muerte lo ha quitado y llevado no sé dónde. Mi gran dolor no basta para hacer valer que la amistad haya quedado en nada, antes estoy contento de ella, pues fue más, si bien sufro tristeza por ella.

IV. ¿Dónde está aquel que no espera placer y no tiene consideración a un bueno o mal fin? Miro el mundo: se ve joven y desdichado como ya no hay donde afirme su querer. Dirige sus ojos hacia la parte del cielo, y dice a Dios, con gesto no asaz humilde,

paraules tals que puys se'n té per vil,
mas l'hom irat davant raó té vel.

v ¡O Déu! ¿Per què no romp l'amarga fel
aquell qui veu a son amich perir?
Quant més pus vol tan dolça mort sofrir 35
gran sabor ha, puys se pren per tal zel.
Tu, Pietat, ¿com dorms en aquell cas
que·l cor de carn fer esclatar no sabs?
¿No tens poder que tal fet no acabs?
¿Qual tan cruel qu·en tal cas no·t lloàs? 40

vi Arquer no sé que tres ocells plagàs
ab un sol colp, que no fos ben content,
matant los dos i el terç en estament
que per mig mort o prop de mort portàs.
Mort en un colp, los tres béns m'ha ferits: 45
los dos són morts, l'útil y el delitós,
e si l'honest perdés del cel recors,
sos derrés jorns serien ja finits.

vii Yo no puch dir que no senta delits
del pensament, puys que perdre no·l vull; 50
en lo meu mal algun bé s'hi recull,
tal que·l plaer present met en oblits.
Pense cascú quant fon ans de sa mort,
que, perdut ell, yo·n avorresch tot bé;
no sé on jau, si recort no·l sosté, 55
car tots mos senys han perdut llur deport.

viii Per bé que·ls dits dels savis yo recort,
reptant aquells qui allarguen son dol,
e yo sabí que bona raó vol
que null remey és dolre's del qui ·s mort; 60
e tot quant l'hom per sa voluntat fa,
se deu dreçar a· lguna bona part,
e que lo dol, si és tolt, ix d'hom tart,
car certament en ell delit està;

tales palabras que después se tiene por vil; pero el hombre airado delante de la razón tiene un velo.

v. ¡Oh Dios! ¿Por qué no rompe la amarga hiel el que ve a su amigo perecer, cuanto mucho más quiere tan dulce muerte sufrir? Gran sabor ha, pues se toma por tal celo. Tú, Piedad, ¿cómo duermes en aquel caso que el corazón de carne no sabes hacer reventar? ¿No tienes poder pues tal hecho no acabas? ¿Quién tan cruel que en tal caso no te loase?

vi. No sé arquero que tres pájaros hiera de un solo golpe, que no estuviese muy contento, matando los dos y el tercero en condición de medio muerto o moribundo llevase. Muerte, de un golpe, los tres bienes me has herido: los dos están muertos —el útil y el deleitoso— pero si el honesto perdiera recurso del cielo, sus últimos días ya estarían terminados.

vii. Yo no puedo decir que no sienta deleite del pensamiento, puesto que no quiero perderlo; en mi mal algún bien se acoge, tal que el placer pone el presente en olvido. Piensen todos cuanto fue antes de su muerte que, perdida ella, yo aborrezco todo bien; no sé dónde yace, si el recuerdo no lo mantiene, puesto que todos mis sentidos han perdido su recreo.

viii. Aunque bien los dichos de los sabios yo recuerdo, reprendiendo a los que alargan el duelo, y supe que el sentido común quiere que ningún remedio hay en dolerse de quien se ha muerto, y que todo cuanto el hombre hace voluntariamente se debe dirigir a alguna parte buena, y que el duelo, si es suprimido, sale tarde del hombre puesto que ciertamente el deleite está en él,

IX però si dol   may raó ·l comportà,   65
    aquest serà   que yo ·n present sostench;
    un tal delit   ab sabor agra hy prench
    qu·en desijar altre bé cor no·m va.
    Riure jamés   no·m plach tant com est plor;
    l'aygua dels ulls res tan dolç no·m apar;   70
    no prench enyor si no·m puch delitar;
    contra la Mort me trop esforçat cor.

X   E si tots temps en contínuu no plor,
    de mon recort aquella no·m partesch,
    ans vull que·l dol me lleixque, si·l jaquesch;   75
    mon sentiment vull que muyra, si mor.
    Puys que delit a ma dolor segueix,
    ingrat seré,   si ella no·m acost;
    tal sentiment, de mal e bé compost,
    temps minva ·l mal, e lo bé tots jorns creix.   80

XI Un gran delit en ma penssa ·s nodreix
    quant algun fet sens la mort d'ella pens;
    quant me perceb, de dolor no·m defens,
    penssant que Mort per tostemps nos parteix.
    Aquest delit   la penssa ·l fa e·l pert: 85
    foch és mon mal e mon bé sembla fum;
    en aquest cas de sompni té costum:
    bé sent durment e mal quant só despert.

XII Yo no puch dir que no sia desert
    de tot delit, quant morta l'imagín;   90
    de mi mateix   m'espant, quant yo m'afín
    penssant sa mort, e·m par que no·n só cert.
    Tal mudament   he vist en temps tan breu,
    que·l qui·m volgué voler a mi no pot,
    ne sent, ne veu, n· entén, si·l dich, mon vot,   95
    e tot és bé,   puys és obra de Déu.

XIII A tu qui est mare y filla de Déu,
    suplique molt, puis Ell no·m vol oyr,
    qu·en aquest món s· arma pusca venir
    perquè m'avís on és l'estatge seu.   100

IX. pero si el dolor la razón nunca lo tolera, éste será el que yo ahora sostengo; un tal deleite con sabor amargo tomo pero a desear otro bien el corazón no me inclina. Reír jamás pues no me complace tanto como este lloro; como el agua de los ojos nada me parece tan dulce; no me pongo añorante si no me puedo deleitar; contra la Muerte encuentro esforzado mi corazón.

X. Y aunque siempre continuamente no lloro, ella no desaparece de mi memoria, antes quiero que el duelo me abandone si lo dejo; mi sentimiento quiero que muera, si muere. Puesto que el deleite sigue a mi dolor seré ingrato si a él no me acerco; tal sentimiento, compuesto de mal y de bien, con el tiempo disminuye el mal y el bien todos los días aumenta.

XI. Un gran deleite se sustenta en mi pensamiento cuando pienso algún hecho sin la muerte de ella; cuando me percibo, del dolor no me defiendo pensando que la Muerte para siempre nos separa. Este deleite el pensamiento lo crea y lo pierde: fuego es mi mal y mi bien semeja humo; en este caso tiene costumbre de sueño: el bien siento durmiendo y el mal cuando estoy despierto.

XII. Yo no puedo decir que no esté abandonado de todo deleite cuando muerta la imagino; de mí mismo me espanto cuando yo me muero pensando su muerte y me parece que no estoy seguro. Tal cambio he visto en tiempo tan breve que quien me quiso quererme no puede, ni siente, ni ve, ni entiende si le digo mi voto, pero todo está bien, puesto que es obra de Dios.

XIII. A ti que sois madre e hija de Dios, mucho os suplico, pues Él no me quiere oír, que a este mundo su alma pueda venir para que me diga dónde está su morada.

XCIV

[TERCER CANT DE MORT]

I   Puys me trob sol   en amor, a mi sembla
     qu·en mi tot ço   sia costum stranya;
     amor se pert   entre gents per absença,
     e per la mort   la mi· amor no fina,
     ans molt més am   a vós en mort qu·en vida.   5
     E yo perdon   si algú no·m vol creure:
     pochs són aquells   qui altres cosses creguen
     sinó semblants   d'aquelles que·ls avenen.

II   Ma dolor fort   lo comun córs no serva;
     tota dolor   lo temps la venç e gasta;   10
     no dich qu·en tot   a tot· altra dessemble:
     en quantitat   molt prop d'altres se jutja;
     en qualitat   ab les altres discorda.
     Seguint l'Amor   d'on ella pren sa forma,
     gran part del temps   seca dolor me dóna   15
     y algun delit   ab altra dolor dolça.

III Dins lo cors d'hom   les humors se discorden;
     de temps en temps   llur poder se transmuda:
     en un sols jorn   regna malenconia,
     n· aquell mateix   còlera, sanch e fleuma.   20
     Tot enaxí   les passions de l'arma
     mudament han   molt divers o contrari,
     car en un punt   per ella ·s fan los actes
     e prestament   és en lo cors la causa.

IV   Axí com l'or   que de la mena ·l traen   25
     està mesclat   de altres metalls sútzeus,
     e, mès al foch,   en fum se'n va la lliga,

---

3 Tópico. Jorge Manrique: *"que son olvido y mudanza / las condiciones de ausencia"*.
6 En todas las traducciones "no perdono".

XCIV

I. Pues me encuentro solo en amor, me parece que en mí todo eso sea costumbre extraña: el amor se pierde entre las gentes por ausencia, pero por las muerte mi amor no termina, al contrario mucho más os amo en muerte que en vida, y yo perdono al que no me quiera creer: pocos son los que en otras cosas creen sino las parecidas a aquellas que les avienen.

II. Mi gran dolor el común curso no guarda; todo dolor el tiempo lo vence y lo gasta; no digo que en todo a todo otro desemeje, en cantidad muy cerca de otros se juzga, en cualidad con los otros discorda. Siguiendo el amor, de donde él toma su forma, gran parte de tiempo me da seco dolor y algún deleite con otro dolor dulce.

III. Dentro del cuerpo del hombre los humores se discordan, de tiempo en tiempo su poder se trasmuda: en un solo día reina melancolía, y aquél mismo cólera, sangre y flema. También así las pasiones del alma tienen mudanza muy diversa o contraria, puesto que en un instante por ella se hacen los actos y prestamente está en el cuerpo la causa.

IV. Así como el oro que lo sacan de la mina está mezclado con otros metales impuros y, puesto al fuego, en humo se va la liga, dejando el oro puro no pudién-

llexant l'or pur   no podent-se corrompre,
axí la Mort   mon voler gros termena:
aquell fermat   en la part contrassemble   30
d'aquella que   la Mort al món l'ha tolta,
l'honest voler   en mi roman sens mescla.

V Dos volers són   que natura seguexen
e cascú d'ells   l'hom per natura guien;
sí act· ensemps   fan mal o bé atracen   35
segons qual d'ells   en l'altre ha domini.
Quant la raó   l'apetit senyoreja,
és natural   del hom tota sa obra
e lo revers   sa natura li torba
e no ateny   la fi qu·en tots fets cerca.   40

VI Quant l'apetit   segueix la part de l'arma
l'home va dret,   seguint natura mestra,
car la major   part la menor se tira
e ves la fi   que va lo camí troba;
e l'apetit   volent son necessari,   45
l'home no fall,   si no trespassa l'orde,
e si s'estén   més que natura dicta
surt-ne voler   fals, oppinionàtich.

VII Les voluntats   que per natura vénen,
en certitut   e terme són compreses.   50
L'altre voler   passa d'hom les natures;
son senyal cert   és que no·l enclou terme.
De tots aquests   passions mantengueren
mescladament,   sí com mesclats jaien,
mas bé distints   són aprés de son opte   55
e separats   los sent, casi vissibles.

VIII Molts són al món   que mos dits no ·ntengueren
e ja molts més   que d'aquells no sentiren.
¿Qui creure pot   qu· entr· amors vicioses
voler honest   treball per estar simple,   60
gitant de si   maravellós efecte
estant secret   per força dels contraris?

dose corromper, así la Muerte mi querer grosero termina: aquel ligado a la parte igual de aquella que la Muerte al mundo la ha quitado. El querer honesto en mí permanece sin mezcla.

v. Dos quereres son los que siguen natura y cada uno de ellos guían al hombre por natura; si actúan juntos hacen mal o causan bien según cuál de ellos tiene dominio sobre el otro. Cuando la razón el apetito domina toda su obra es natural del hombre, y lo contrario su natura le turba, pues no alcanza el fin que en todos los hechos busca.

vi. Cuando el apetito sigue la parte del alma, el hombre va rectamente siguiendo a la maestra natura ya que la mayor parte de la menor tira y hacia el fin que va encuentra el camino; y el apetito queriendo su necesidad, el hombre no falta, si no traspasa el orden, pero si se extiende más de lo que la natura ordena, surge el querer falso, mudable.

vii. Los deseos que por natura vienen por certitud y término se entienden. El otro querer para las naturas del hombre, su señal cierta es que no le incluye término. Todas estas pasiones se mantuvieron mezcladamente, así como mezcladas estaban; mas muy distintas están después de su óbito, y separadas las siento, casi visibles.

viii. Muchos hay en el mundo que mis escritos no entendieron y ya muchos más que no los sintieron. ¿Quién puede creer que entre amores viciosos el querer honesto trabaja por estar simple, lanzando de sí el maravilloso efecto que estaba secreto a causa de los

Dolç y agr· ensemps   llur sabor no ·s distinta;
ella vivint,   mos volers aytals foren.

IX Dolre's del mort   ve de amor comuna   65
    e de açò   yo·m sent tot lo dampnatge:
    fugir les gents   quisque sien alegres
    y haver despit   que jamés lo dol fine.
    Tot delit fug   com a cosa ·nemiga
    car un bé poch   entre grans mals dol porta   70
    e met poder   que·m torn dolor en hàbit
    perquè de goig   la sabor jamés taste.

X   Senyals d'amor   qu·en tal cas hòmens senten,
    yo trob en mi   que sens dolor se prenen:
    si res començ,   yo·n corromp lo principi,   75
    per què la fi   de res mi no contenta.
    Molt e pus fort   tot· amor me da fàstig
    e sembl· a mi   ser cos· abominable;
    s· algun delit   entre mes dolors mescle,
    de fet lo pert   e torn a ma congoxa.   80

XI Si·l penssament   per forç· a ·ltra part llance,
    d'ell acordant,   ab gran sospir lo cobre;
    en lo començ   ab dolor en mi entra,
    no passa molt   que·m és dolor plaïble.
    Decrepitut   ma natura demostra,   85
    car tota carn   a vòmit me provoca;
    grans amadors   per llur aymia morta
    són mi semblants   en part, al tot no basten.

XII Si res yo veig   d'ella, dolor me dóna,
    e si·n defuig,   par que d'ella m'aparte;   90
    los temps e llochs   ab lo dit la'm senyalen,
    segons en ells   delits o dolors foren;
    e són-ne tals   que la'm demostren trista,
    altres, e molts,   mostrants aquell· alegra.

---

67 *quisque,* latinismo.
87-88 Una vez más su vanidad se manifiesta. Véase pp. 59-60 de la Introducción.

contrarios? Dulce y agraz juntamente, su sabor no es distinto. Viviendo ella, mis quereres tales fueron.

IX. Dolerse del muerto viene de amor común, y de esto yo siento en mí todo el daño: huir de las gentes cualesquiera que estén alegres y sentir despecho de que jamás el dolor fine. De todo deleite huyo como cosa enemiga ya que un poco de bien entre grandes males el dolor lleva, y pongo fuerza para que el dolor se me convierta en hábito, para que jamás prueba el sabor del gozo.

X. Las señales amorosas que en tal caso los hombres sienten, yo encuentro en mí que sin dolor se toman: si algo comienza, yo corrompo el principio porque el fin de algo no me contenta. Mucho y muy fuerte todo amor me da hastío y me parece ser cosa abominable; si algún deleite entre mis dolores mezclo, de hecho lo pierdo y vuelvo a mi congoja.

XI. Si el pensamiento por necesidad a otra parte lanzo, recordándola, con gran suspiro la recobro; al comienzo con dolor entra en mí, no pasa mucho en que me es dolor soportable. Decrepitud demuestra mi natura puesto que toda carne vómito me provoca. Los grandes amadores por su amada muerta me son, en parte, semejantes, al todo no alcanzan.

XII. Si cosa de ella yo veo, me da dolor, pero si huyo parece que de ella me aparte; las horas y los lugares con el dedo me la señalan, según en ellos fueron los deleites o los dolores; y hay tales que me la muestran triste, otros, y muchos, la muestran alegre.

E pas dolor   com jamés li fiu greuge,   95
e volgr· açò   ab la mia sanch rembre.

XIII Amor és dat   conèxer pels efectes.
Sa cantitat   no té mesura certa:
gran és o poch   l'amador segons altre,
e poder pren   Amor, segons on entra.   100
La qualitat   és tal com segons guarda
car de semblants   és forçat que s'engendre;
la carn vol carn,   l'arma son semblant cerca,
d'ells naix fill bort   als engenrants contrari.

XIV Qui ama carn,   perduda carn, no ama,   105
mas en membrant   lo delit, dol li resta.
En tot·amor   cau amat e amable;
donchs, mort lo cors,   aquell qui ell amava
no pot amar,   no trobant res que ame.
Amor no viu   desig mort y esperança   110
y en lo no res   no pot haver espera;
quant és del cors   la Mort a no res torna.

XV Si la que am   és fora d'aquest segle
la major part   d'aquella és en ésser;
e quant al món   en carn ella vivia   115
son espirit   yo volguí amar simple:
e, donchs, ¿quant més   qu·en present res no·m
                                              [torba?
Ella vivint,   la carn m'era rebel·le;
los grans contrasts   de nostres parts discordes
canten, forçats,   acort, e de grat, contra.   120

XVI De mon voler   jutge cascú la causa
e farà poch   veent en mi les obres;
la mi· amor   per la Mort no és morta,
ne sent dolor,   veent-me lo món perdre.
Yo am e tem,   ab honesta vergonya,   125
l'esperit sol   de la qui Déus perdone,
e res de mi   ne del món no cobege
sinó que Déu   en lo cel la col·loque.

Y paso dolor cuando alguna vez le hice agravio, y quisiera esto redimir con mi sangre.

XIII. Amor se da a conocer por los efectos. Su cantidad no tiene medida cierta: el amador es grande o escaso según el otro, pero Amor toma poder según donde entra. La cualidad es tal según como se guarda ya que de semejantes es forzoso que se engendre; la carne quiere carne, el alma su semejante busca, nace de ellos hijo borde a los contrarios engendrantes.

XIV. Quien ama la carne, perdida la carne, no ama, mas recordando el deleite, dolor le queda. En todo amor hay amado y amante; entonces, muerto el cuerpo, aquel que lo amaba no puede amar, no encontrando cosa que ame. Amor no vive muerto el deseo y la esperanza, y en la nada no puede haber espera; cuanto es del cuerpo, la Muerte vuelve a nada.

XV. Si la que amo está fuera de este mundo, la mayor parte de ella está en ser; y cuando en el mundo en carne ella vivía, su espíritu yo quise amar simple. Y, pues, ¿cuánto más ahora que nada me turba? Viviendo ella, la carne me era rebelde; los grandes contrastes de nuestras partes canten discordes, forzados, acorde y de grado, contra.

XVI. Juzgue cada uno la causa de mi querer y conseguirá poco viendo en mí los resultados. Mi amor no está muerto por la Muerte, ni siento dolor viéndome perder el mundo. Yo amo y temo con honesta vergüenza, el espíritu solamente de la que Dios perdone, y nada de mí ni del mundo codicio sino que Dios en el cielo la tenga.

XVII Mare de Déu, si és en purgatori
son espirit per no purgats delictes,   130
sí ton Fill prech no guart los prechs d'on vénen,
mas lla on van. ¡Mos pecats no li noguen!

XCV

[QUART CANT DE MORT]

I ¿Què val delit puys no és conegut?,
ans és fastig quant és molt costumat.
Ço per què mort vós haureu atraçat,
dins molt breu temps volreu haver perdut;
e ço de què no ymaginarem   5
que·l perdre ·ns fos una poca dolor,
si·l cas hi ve, sentim tal amargor
que de bon grat vid· abandonarem.

II En aquest punt me trob yo tan estrem:
ço que volguí ab molt estrem ardor   10
torna en mi una llenta calor,
e, puys, perdut, mortal dolor me prem.
Tal mudament en si hom no veurà,
com en mi veig per nostre partiment;
la Mort ho fa qui·m tol mon bé present   15
del venidor sab Déu lo que serà.

III Molts han perdut tot lo que ve e va,
fills e muller e part de llur argent,
e resta'ls cor ab null esperdiment,
e may virtut en llur cor habità;   20
e yo tinc clos e sagellat procés
que per null temps delit yo sentiré,
ne planch lo dan per on ma dolor ve,
mas l'aspra mort d'on son mal vengut és.

1-2 En las ediciones Pagès, Bohigas entre interrogantes. En la traducción de Romaní sólo el v. 1.

XVII. Madre de Dios, si está en el purgatorio su espíritu por no purgados pecados, así a tu Hijo ruega no mire los ruegos de donde vienen más allá a donde van. Mis pecados no la dañen.

XCV

I. ¿Qué vale el deleite mientras no es conocido? Antes es hastío cuando está muy acostumbrado. Lo que mortalmente os habréis procurado, en muy breve tiempo querréis haber perdido; y lo que no imagináramos que perderlo nos causase un poco de dolor, que si ocurre, sentimos tal amargura que de buen grado abandonaríamos la vida.

II. En este punto tan extremo me encuentro: lo que quise con muy extremado ardor se torna en mí lenta calor, pero después, perdida, mortal dolor me toma. Tal cambio en sí nadie verá como veo en mí por nuestra separación. La Muerte lo hace, que me quita mi bien presente; del venidero sabe Dios lo que será.

III. Muchos han perdido todo lo que viene y se va; hijos y mujer y parte de su dinero pero les permanece el corazón sin ningún desvarío pues nunca la virtud en su corazón habitó; pero yo tengo cerrado y sellado el proceso, pues jamás el deleite yo sentiré; no lloro el daño por donde mi dolor viene, mas la áspera muerte por donde su mal ha venido.

13-14 Sobre la egolatría de Ausias March, ver pp. 59-60 de la Introducción.

IV Un poch delit   en ma dolor és pres; 25
    ja sent dolor   com mon cor mal sosté,
    penssant per qui   ne d'on ma dolor ve,
    a mi no plau   de dolor ser defès.
    ¡O tu, qui est   fora del present món,
    e veus a mi   per ta mort mal passar: 30
    acapt· ab Déu   que·m pusques avissar
    quins espirits   a tu de prop te són!

V   La Mort qui tol   lo agradable don
    que vida y sort   als hòmens volen dar,
    quant és de mi   m'ha tolt, sens mi matar: 35
    de mos tres temps   me resta lo que fon.
    D'aquest present   a tot hom dó ma part,
    car no hy ha res   que·m vinga en plaer:
    del venidor   no vull haver esper,
    puys la tristor   és a mi dolç esguart. 40

VI No·m dolré tant   qu·en dolor sia fart,
    ans ma dolor   yo prench per mon mester;
    mon cor de carn   és pus fort que·l acer,
    puys ell és viu   y entre nós és depart.
    Quant l'espirit   del cors li viu partir 45
    e li doní   lo derrer besar fret,
    conech de mi   qu· Amor no·m té son dret,
    c· ab cor sancer   ho posquí sostenir.

VII En molt breu temps   l'hom no·s pot dolorir
    tant com depuys   ab l'entendr· és costret, 50
    car per gran torb   tots comptes no ha fet:
    dolor vol temps,   si l'hom tot l'ha sentir,
    e majorment   com raó hy apareix,
    car, si no hu fa,   tost s'hi mescla conhort.
    Massa és foll   lo qui·s fa tan gran tort. 55
    si cascun jorn   son dol foll no pereix.

25-27 Pagès (*Auzias March*, p. 353) señala en este deleite doloroso el pasaje de Aristóteles coincidente con A. March. *Retórica*, I, 11-12.
   36 *tres temps*: el pasado, el presente y el porvenir.

IV. Un poco deleite en mi dolor se encuentra, ya siento dolor como mi corazón el mal mantiene, pensando por quién y de dónde mi dolor viene, no me place estar defendido del dolor. ¡Oh tú, que estás fuera de este mundo y me ves, por tu muerte, pasar mal: obtén de Dios que me puedas decir qué espíritus cerca de ti están!

V. La Muerte que quita el agradable don que vida y suerte quieren dar a los hombres, cuanto es mío me ha quitado, sin matarme; de mis tres tiempos me queda lo que fui. De este presente a todos doy mi parte puesto que nada hay que me dé placer, del venidero no quiero tener esperanza porque la tristeza es para mí dulce sostén.

VI. No me doleré tanto que en dolor esté harto, antes mi dolor yo tomo por mi necesidad; mi corazón de carne es más fuerte que el acero porque está vivo y entre nosotros hay separación. Cuando el espíritu le vi partir del cuerpo y le di el último besar frío, me di cuenta que Amor no ejerce en mí su derecho ya que con entero corazón lo pude aguantar.

VII. En muy breve tiempo el hombre no puede dolerse tanto como después cuando el entendimiento está constreñido ya que por gran turbación todas las cuentas no ha hecho: el dolor quiere tiempo, si el hombre todo lo ha de sentir; y mayormente cuando la razón allí se manifiesta, ya que, si no lo hace, pronto se mezcla el consuelo. Demasiado loco está el que se hace tan gran agravio si cada día su dolor loco no desaparece.

---

46 Este verso, hace sospechar si la dama muerta puede ser su esposa, Juana Escorna, como lo cree Martín de Riquer, véase pp. 77-78 de la Introducción.

VIII No·m jutj· algú   si primer no coneix
      si tinch raó   per dolre'm d'esta mort;
      en ella fon   complit lo meu deport:
      ella finint,   lo món per mi feneix.   60
      ¿Qui ·s tan cruel que no·s dolga de si
      e de aquell   qui·n part més que si vol?
      Donchs, si algú pusque fer honest dol,
      llicenciat   no·l fon més que a mi.

IX   ¡O Mort,   qui fas l'hom venturós mesquí,   65
     y el ple de goig, tu mijançant, se dol,
     de tu ha por   tot quant és jus lo sol,
     dolor sens tu   no hauria camí.
     Tu est d'Amor   son enemich mortal,
     faent partir   los coratges units;   70
     ab ton colp cert has morts los meus delits,
     gustar no·s pot   bé ton amargós mal.

X   Tu, espirit,   si mon ben fet te val,
     la sanch daré   per tos goigs infinits;
     vine a mi   de dia o de nits,   75
     fes-me saber   si pregar per ·tu cal.

XCVI

[CINQUÉ CANT DE MORT]

I   La gran dolor   que llengua no pot dir
    del qui·s veu mort   e no sap on irà;
    no sab son Déu   si per a si·l volrà
    o si·n l'infern   lo volrà sebollir;
    semblant dolor   lo meu esperit sent,   5
    no sabent què   de vós Déus ha ordenat,
    car vostre bé   o mal a mi és dat,
    del que haureu   jo·n seré sofirent.

II Tu, esperit,   qui has fet partiment
    ab aquell cos   qual he yo tant amat,   10

VIII. Nadie me juzgue si primero no conoce si tengo razón para dolerme de esta muerte; en ella se colmaba mi recreo: muriendo ella, el mundo fenece para mí. ¿Quién es tan cruel que no se duela de sí y de aquel que en parte más que a sí quiere? Entonces, si alguien pudo hacer honesto duelo, permitido no lo fue más que a mí.

IX. ¡Oh Muerte, que haces al hombre venturoso desgraciado y él lleno de gozo, tú mediando, se duele: de ti tiene miedo todo cuanto está debajo del sol, el dolor sin ti no tendría camino. Tú eres del Amor su enemiga mortal, haciendo separar los corazones unidos; con tu golpe certero has matado mis deleites, no se puede saborear bien tu amargo mal.

X. Tú, espíritu, si mi beneficio te vale, la sangre daré por tus goces infinitos. Ven a mí de día o de noche, hazme saber si rezar por ti es necesario.

XCVI

I. La lengua no puede decir el gran dolor del que se ve muerto y no sabe dónde irá: no sabe si su Dios para sí lo querrá o si en el infierno lo querrá sepultar. Semejante dolor mi espíritu siente, no sabiendo qué ha ordenado Dios sobre vos, ya que vuestro bien o mal a mí es dado, del que tendréis yo estaré sufriendo.

II. Tú, espíritu, que te has separado de aquel cuerpo que yo tanto he amado, mírame que estoy ator-

veges a mi   qui só passionat,
duptant estich   fer-te raonament.
Lo lloch on est   me farà cambiar
d'enteniment   de ço que·t volré dir;
goig o tristor   per tu he yo complir,   15
en tu està   quant Déu me volrà dar.

III Pregant a Déu,   les mans no·m cal plegar,
car fet és tot   quant li pot avenir:
si és al cel,   no·s pot lo bé spremir,
si en infern,   en foll és mon pregar.   20
Si és axí,   anul·la'm l'esperit,
sia tornat   mon ésser en no res,
e majorment   si·n lloch tal per mi és;
no sia yo   de tant adolorit.

IV No sé què dir   que·m fartàs d'haver dit;   25
si crit o call,   no trop qui·m satisfés;
si vaig o pens,   he temps en va despès;
de tot quant faç,   ans de fer me penit.
No planch lo dan   de mon delit perdut,
tanta ·s la por   que·m ve de son gran mal.   30
Tot mal és poch   si no ·s perpetual,
e tem aquest   no·l haja merescut.

V Lo dan mortal   és molt més que temut,
e tol-ne part   ésser a tots egual.
¡O tu, Dolor,   sies-me cominal,   35
encontra ublit   vulles-me ser escut!
Fir-me lo cor   e tots los senys me pren,
farta't en mi   car no·m defens de tu,
dóna'm tant mal   que me'n planga cascú;
tant com tu pots,   lo teu poder m'estén.   40

VI Tu, espirit,   si res no te'n defèn,
romp lo costum   que dels morts és comú;
torna ·n lo món   e mostra qu· és de tu:
lo teu esguart   no·m donarà spavén.

mentado, dudando estoy de hacerte razonamiento. El lugar donde estás me hará cambiar intención de lo que te querré decir; gozo o tristeza por ti he de cumplir, en ti está cuanto Dios me querrá dar.

III. Rogando a Dios, las manos no me es necesario juntar, puesto que está hecho todo cuanto le puede avenir: si está en el cielo, no se puede expresar el bien; si en infierno, inútil es mi rezar. Si es así, anúlame el espíritu, sea vuelto mi ser en nada, y, mayormente, si por mí está en tal lugar; no sea yo de tanto apesadumbrado.

IV. No sé qué decir que me hartase de haber dicho; si grito o callo, no encuentro que me satisfaga; si vago o pienso, es tiempo sin provecho; todo cuanto hago, antes de hacer me arrepiento. No lloro el daño por mi deleite perdido, ¡tanto es el miedo que me viene de su gran mal! Todo mal es poco si no es perpetuo, y temo que éste no lo haya merecido.

V. El daño mortal es mucho más que temido pero quita algo por igual a todos. ¡Oh tú, dolor, séasme común!; en contra el olvido quiérasme ser escudo! Hiéreme el corazón y tómame todos los sentidos, hártate conmigo puesto que no me defiendo de ti, dame tanto mal que me lloren todos; tanto como tú puedes, extiende en mí tu poder.

VI. Tú, espíritu, si nada te lo prohíbe, rompe la costumbre que en los muertos es común; vuelve al mundo y manifiesta que es de ti: tu aspecto no me dará espanto.

XCVII

[SISÉ CANT DE MORT]

I Si per null temps   creguí ser amador,
   en mi conech   d'amor poch sentiment.
   Si mi compar   al comú de la gent,
   és veritat   qu·en mi trob gran amor;
   però si guart   algú del temps passat   5
   y el que Amor   pot fer en lloch dispost,
   nom d'amador   solamen no m'acost
   car tant com dech   no só passionat.

II Morta és ja   la que tant he amat,
    mas yo són viu,   veent ella morir;   10
    ab gran amor   no·s pot bé soferir
    que de la Mort   me pusc· haver llunyat.
    Llà dech anar   on és lo seu camí,
    no sé què·m té   qu·en açò no·m acort:
    sembla que·hu vull,   mas no és ver, puys Mort 15
    res no la tol   al qui la vol per si.

III Enquer està   que vida no finí,
     com prop la Mort   yo la viu acostar,
     dient plorant: "No vullau mi llexar,
     ¡hajau dolor   de la dolor de mi!"   20
     ¡O cor malvat   d'aquell qui·s veu tal cas,
     com pecejat   o sens sanch no roman!
     Molt poc· amor   e pietat molt gran
     degra bastar   que senyal gran mostràs.

IV ¿Qui serà ·quell   qu·en dolre abastàs   25
    lo piadós   mal de la Mort vengut?
    ¡O cruel mal,   qui tols la joventut
    e fas podrir   les carns dins en lo vas!
    L'espirit, ple   de paor, volant va

---

17 *Enquer,* provenzalismo (*enquers*), 'todavía, aun'.

XCVII

I. Si por algún tiempo creí ser amador, me reconozco poco sentimiento amoroso. Si me comparo al común de la gente es verdad que en mí encuentro gran amor; pero si contemplo alguien del tiempo pasado y lo que Amor puede hacer en lugar dispuesto, al nombre solamente de amador no me acerco ya que tanto como debo no estoy apasionado.

II. Muerta está ya la que tanto he amado, mas yo estoy vivo, viéndola morir; con gran amor no se puede bien sufrir que de ella la Muerte me pueda haber alejado. Allá debo ir donde está su camino, no sé quién me retiene que en esto no me decido: parece que lo quiero, mas no es verdad, pues la muerte nada la impide al que la quiere para sí.

III. Todavía está que la vida no acabé, cuando cerca de la muerte yo la vi llegar, diciendo llorando: —No me queráis dejar, tened dolor de mi dolor!— ¡Oh malvado corazón de aquel que ve tal caso, como destrozado o sin sangre no queda! Muy poco amor y piedad muy grande debería bastar para que mostrase gran señal.

IV. ¿Quién será aquel que alcance piadoso a dolerse del mal venido por la Muerte? ¡Oh cruel mal, que quitas la juventud y haces pudrir las carnes en el sepulcro! El espíritu, lleno de pavor, volando va al

a l'incert lloch, tement l'eternal dan: 30
tot lo delit   present deçà roman.
¿qui és lo sant   qui de Mort no dubtà?

V ¿Qui serà ·quell   qui la mort planyerà
d'altre u de si,   tant com és lo gran mal?
Sentir no·s pot   lo dampnatge mortal, 35
molt menys lo sab   qui mort jamés temptà.
¡O cruel mal,   donant departiment
per tots los temps   als coratges units!
Mos sentiments   me trob esbalayts,
mon espirit   no té son sentiment. 40

VI Tots mos amichs   hajen complanyiment
de mi, segons   veuran ma passió;
haja delit   lo meu fals companyó,
e l'envejós,   qui de mal delit sent,
car tant com puch,   yo·m dolch e dolre'm vull, 45
e com no·m dolch,   assats pas desplaer,
car yo desig   que perdés tot plaer
e que jamés   cessàs plorar mon ull.

VII Tan poch no am   que ma cara no mull
d'aygua de plor,   sa vida y mort pensant. 50
En tristor visch,   de sa vida membrant,
e de sa mort   aytant com puch me dull.
No bast en més,   en mi no puch fer pus,
sinó ·beir   lo que ma dolor vol;
ans perdre vull   la raó, si la'm tol, 55
mas puis no muyr,   de poc· amor m'acús.

VIII Tot amador   d'amar poch no s'escús
que sia viu   e mort lo seu amat,
o que almenys   del món visc· apartat,
que solament   haja nom de resclús. 60

incierto lugar, temiendo el eternal daño; todo el deleite presente acá queda. ¿Quién es el santo que no temió a la Muerte?

v. ¿Quién será aquel que la muerte plañirá de otro o de sí mismo, tanto como es el gran mal? No se puede sentir el daño mortal, mucho menos lo sabe quien muerte jamás tentó. ¡Oh cruel mal, dando separación para siempre a los corazones unidos! Mis sentimientos los encuentro pasmados, mi espíritu no tiene su sentimiento.

vi. Todos mis amigos tengan condolencia de mí, según verán mi sufrimiento; tenga deleite mi falso compañero, y el envidioso que del mal siente deleite puesto que tanto como puedo, yo me duelo y dolerme quiero, y cuando no me duelo paso asaz desplacer puesto que yo deseo que perdiese todo placer y que jamás mis ojos cesasen de llorar!

vii. Tan poco no amo que mi cara no moje de agua del lloro, su vida y muerte pensando; con tristeza vivo recordando su vida y de su muerte tanto como puedo me duelo: No alcanzo a más, en mí no puedo hacer más sino obedecer lo que mi dolor quiere; antes quiero perder la razón, si me la quita, mas, después, no morir, de poco amor me acuso.

viii. Todo amador de poco amar no se excuse que sea vivo y muerta su amada, o que por lo menos viva apartado del mundo, que solamente tenga nombre de recluso.

XCVIII

I   Per lo camí   de mort he cercat vida,
    on he trobat   moltes falsses monjoyes;
    casi guiat   per les falses ensenyes,
    só avengut   a perillosa riba,
    sí co·l malvat   qu·en paradís vol cabre   5
    e ves infern   ab cuytat pas camina,
    y axí com cell   qui de Migjorn les terres
    va encercant   per vent de Tremuntana.

II Gran és mon dan,   segons ma complacença;
    segons lo ver,   és poch lo meu dampnatge.   10
    Yo pert delit,   havent ab dolor lliga,
    e tal com fon,   plach molt a ma natura.
    En mi no pusch   trobar àls sinó perdre,
    e de mon bé,   si bé hu vull, no·m alegre.
    Lo perdre sent,   perquè, perdut dolç hàbit,   15
    del bé vinent   no·m trob certa fiança.

III Axí com l'hom,   per molta fe que haja,
    llex· ab dolor   esta vida mesquina,
    perquè no sent   los delits del Altisme
    e sent aquests   qu·en esta vida llexa,   20
    ne pren a mi   que·l delit d'amor llexe
    ab tal dolor   que no sé on pot cabre;
    ab molta por   esper lo raonable,
    perquè no sé   com lo sentré plaïble.

IV Sí com aquell   qu· entrar vol en batalla   25
    e troba's cor   ans que la speriment,
    e quant se veu   ésser prop del encontre,
    per gran paor   fug, mostrant les espatles,
    ne pren a mi   qu· encontr· Amor m'esforce
    fins a venir   a fer-ne l'estret compte,   30
    e quant só prop   de aquell apartar-me:
    com a vençut   yo abandon mes armes.

XCVIII

I. Por el camino de muerte he buscado vida, donde he encontrado muchos falsos mojones, casi guiado por las falsas señales he llegado a peligrosa ribera, así como el malvado que en el paraíso quiere estar pero hacia el infierno con cuitado paso camina, lo mismo como el que las tierras de mediodía va buscando con el viento de tramontana.

II. Grande es mi daño según mi complacencia; según la verdad, poco es mi perjuicio. Yo pierdo deleite, teniendo con el dolor liga, y tal como fue, mucho place a mi natura. En mí no puedo encontrar otra cosa sino perder, y de mi bien, si bien lo quiero, no me alegro. Perderlo siento porque, perdido el dulce hábito, del bien venidero no encuentro confianza cierta.

III. Así como el hombre, por mucha fe que tenga, deja con dolor esta mezquina vida porque no siente los deleites del Altísimo y siente estos que en esta vida deja, me ocurre a mí que el deleite amoroso dejo con tal dolor que no sé dónde puede caber. Con mucho miedo espero lo razonable porque no sé cómo lo sentiré tolerable.

IV. Así como aquel que entrar quiere en batalla y se encuentra con coraje antes de que la realice, pero cuando se ve estar cerca del encuentro por su gran pavor huye, mostrando las espaldas, me ocurre a mí que contra Amor me esfuerzo hasta llegar a hacer estrecha cuenta pero cuando estoy cerca de él apártome; como un vencido yo abandono mis armas.

v   Dubtar no·m cal   si·m són fetes metzines;
    ab algun· art   són preses mes potences;
    per son voler   tot home del món ama,   35
    y amar no·m plau   e d'amor són mes obres.
    Per los cabells   a mi sembla que·m porten
    a fer los fets   que Amor me comana;
    si·n vull fugir,   portar no·m poden cames:
    en tal contrast   la mia vida penja.   40

vi Aquell dolç tast   c· ab si l'acordant tasta,
    no és en mi,   mas dolor del discorde.
    Qui no ·s amat   y amor d'altre cobeja,
    no sent gran mal,   puys un terme desija.
    Yo só aquell   qui·n res del món no·m ferme;   45
    yo am a qui   no mereix que yo·l ame,
    e d'altra part   veig obres en contrari:
    de vida y mort   he certana paraula.

vii A tot mesquí   un gran bé no li minva,
    ço és, haver   de mort un molt poch dubte;   50
    d'aquest gran bé   yo no sé on té casa:
    no trob raó   per què viure desige.
    Encontr· Amor   aytant yo no·m esforce
    que dón oblit   en algun bé seu ficte,
    n· él m'és bastant,   sí com d'abans, complaure;   55
    yo só· n l'estat   lo qual deu tothom tembre.

viii Font són mos ulls   d'aygua dolça y amarga,
    perquè ·n dolor   y ab delit aquells ploren,
    car una és   la dolor delitable,
    l'altr· ab aquell   poch ne molt no·s companya.   60
    Com ne per què,   saber açò com passa,
    no sia yo   lo deidor o mestre,
    tan solament   a ben sentir ho baste.
    ¡Vinga ·l juý   als qui d'amor més saben!

ix Cascuna part   de si·m dóna creença,   65
    tant que no sé   raó que la desfaça;
    Amor de si   gran raó m'ha donada,

v. Dudar no me es necesario si me han emponzoñado; con algún arte han tomado mis potencias; por su voluntad todos los hombres del mundo aman, pero amar no me place y son mis acciones amorosas. Por los cabellos me parece que me llevan a hacer los actos que Amor me manda; si quiero huir, no pueden llevarme las piernas: de tal contraste pende mi vida.

vi. Aquel dulce gusto que gusta el que consigo concuerda no está en mí, sino el dolor del discordante. Quien no es amado y el amor de otra desea, no siente gran mal pues un fin desea. Yo soy aquel que en nada del mundo me afirmo; yo amo a quien no merece que la ame, y de otra parte veo acciones opuestas: de vida y muerte tengo la palabra cierta.

vii. A todo infeliz un gran bien no le amengua, eso es: tener muy poca duda de la muerte; este gran bien yo no sé dónde tiene casa: no encuentro razón para que desee vivir. Contra el Amor no me esfuerzo tanto que dé olvido algún ficticio bien suyo, ni él me es suficiente, así como antes, para complacerme; yo estoy en el estado al que todo hombre debe temer.

viii. Fuente son mis ojos de agua dulce y amarga porque con dolor y con deleite lloran, puesto que uno es el dolor deleitable, el otro con él poco ni mucho se acompaña. Como ni por qué saber eso como pasa, no sea yo el decidor o maestro, tan solamente que bien sentir lo baste. ¡Venga el juicio de los que de amor más saben!

ix. Cada parte de sí me da creencia, tanta que no sé razón que la deshaga. Amor de sí gran razón me

e si desam,   no·m sia dada colpa.
Ja los meus fets   raó d'home no·ls porta;
als fats és dat   tot quant a mi seguesca;   70
a res a fer   a mi és tolt l'arbitre,
no·m trob res franch,   sinó la sola penssa.

X ¡O foll· Amor!,   les dolors costumades
vénen per temps   que no donen congoxa;
s· axí no fos,   ja no serien hòmens.   75
¿E per què, donchs,   aquest ús en mi ·s trenca?

XCIX

I Aquesta és   perdurable dolor.
Les que sentí   foren totes a temps,
mas la present   deu viur· ab mi ensemps.
Bé·m fa saber   quant pot en mi Amor.
Ab coxo peu   m'ha seguit y aturat;   5
atesa és   la pena de mon mal;
ferit me sent   d'una plaga mortal:
es lo remey   fer no res lo passat.

II Gran mudament   no pot ser comportat
en poch de temps   sens alteració.   10
¿Qui pot saber   la dolor en què só,
vinent a mi   per haver molt amat?
Aquella d'on   esperí tot mon bé,
tant quant delit   en mi pot abastar,
per son defalt   me'n cové de llunyar,   15
e pel camí   d'Amor gran ira ·m ve.

III Tal mudament,   ¿com natura ·l sosté,
sens fer senyal   major del qu· és en mi?

---

16 *ira*, creo que hay que darle el sentido que tiene en los trovadores de 'dolor, tristeza' como ocurre en ocasiones en Petrarca. *Il Canzoniere* con le note di G. Rigutini Rifuse e di molto accuresciute da Michele Scherillo. IV ed. Milan, 1925, pp. 76-77.

ha dado, pero si desamo no me sea dada culpa. Ya mis hechos razón humana no los conduce; a los hados sea dado todo cuanto me suceda; para hacer algo el arbitrio me es quitado, no me encuentro nada libre sino el solo pensamiento.

x. ¡Oh loco Amor! los dolores acostumbrados vienen, a veces, que no dan congoja; si así no fuera, ya no seríamos hombres. ¿Y por qué, entonces, este uso en mí se quiebra?

XCIX

i. Este es perdurable dolor. Los que sentí fueron todos limitados, mas el actual debe vivir juntamente conmigo. ¡Bien me hace saber cuánto puede Amor en mí! Con cojo pie me ha seguido y parado; conseguida está la pena de mi mal; herido me siento de una llaga mortal: el remedio está en hacer desaparecer el pasado.

ii. Gran cambio no puede tolerarse en poco tiempo sin alteración. ¿Quién puede saber el dolor en que me encuentro, que me viene por mucho haber amado? Aquella de la que esperé todo mi bien, tanto cuanto el deleite me puede abastar, por su ausencia me conviene alejar, pues por el camino de Amor gran ira me viene.

iii. Tal cambio ¿cómo la natura lo mantiene sin dar señal mayor de la que está en mí? Aquella a la

Aquella que per ma vida tenguí,
entre morir e viure me deté. 20
Lo meu repòs treball és convertit,
e lo meu goig en tristor sens remey;
yo só catiu com ésser penssí rey,
tot alterat me trob y esbalait.

IV Aquella carn on lo meu espirit 25
entrar volgué abans qu·en paradís,
mi sembla foch del infernal abís,
e moltes veus no·n vull ésser fugit.
Ans d'acostar no sent lo mudament,
mas, fet l'acost, sent lo cambi tan gran 30
que res no·l pusch dir quant li só denan,
e pas dolor d'aquest mal calament.

V ¿O cab en mi tan gran alterament?
Si por me pren, ¿per què ·sperança ·m vol?
¿Què és açò que voluntat me tol, 35
qu·en bé ne mal no us d'enteniment?
¡O fals Amor, qui·l lloch vedat te plau!
¡Llexa'm usar a qui·m mereix desdeny!
¿Per què·l desig teu amar me costreny
ço que amar a mi tant me desplau? 40

VI ¿Per què·l desig meu contra raó cau?
Amor ho vol. ¿Per què tant li contrast,
e mon desig cobeja lo fer past
d'aquella carn on gran amargor jau?
¡O fals Amor, no poràs pus en mi 45
sinó forçar mon apetit escàs;
mon espirit per força ·l jaquirás:
no amarà ço que vols, de per si!

---

31 *denan*, forma provenzal. En Llull y en la *Crónica* de Jaime I, *denant*. Cabe pensar si se trata en Ausias March de una licencia poética o que tomó la forma provenzal para que rimara con *gran*.

que tuve por mi vida, entre el morir y vivir me detiene. Mi reposo en fatiga está convertido y mi gozo en tristeza sin remedio; yo soy cautivo cuando ser rey pensé; todo alterado y espantado me encuentro.

IV. Aquella carne donde mi espíritu entrar deseó antes que en el paraíso, me parece fuego del infernal abismo, y muchas veces no quiero estar huido. Antes de acercarme no siento el cambio, mas hecha la aproximación, siento el cambio tan grande que nada le puedo decir cuando le estoy delante, y paso dolor de esta mala mudez.

V. ¿Dónde cabe en mí tan gran alteración? ¿Así miedo me toma por qué la esperanza me quiere? ¿Qué es lo que la voluntad me quita, pues ni en bien ni en mal uso del entendimiento? ¡Oh falso Amor, que el lugar vedado te place! ¡Déjame obrar con quien me merece desdén! ¿Por qué tu deseo me reduce a amar lo que tanto me disgusta?

VI. ¿Por qué mi deseo va contra la razón? Amor lo quiere. ¿Por qué tanto le contrasta y mi deseo anhela hacer pasto de aquella carne donde gran amargura yace? ¡Oh falso Amor, no podrás más en mí sino forzar mi escaso apetito; mi espíritu forzosamente lo dejarás; no amará lo que quieres, de por sí!

VII ¡O fort dolor!, no perdones a qui
     per colpa gran me dóna dol e plant.   50
     Tu, Pietat, no vulles parlar tant
     en la favor de qui tan mal merí.
     Yo am mon dan, e mon bé avorresch;
     lo perquè am, no és vist; lo perquè
     del desamar molt clarament ho sé,   55
     e lo carrer no vist yo enseguesch.

VIII ¡O Déu! ¿Per què am a qui avorresch?
     En tal contrast, ¿com vida no·m jaqueix?
     Amor no mor e d'airar no·m lleix,
     cas· igualment entr· ells a mi partesch.   60
     Saber no·s pot qual d'ells abans morrà.
     Muyra, donchs, yo, per llur debat finir.
     Quant am me dolch e mal pas mentr· air,
     lo pus cortès dolor mortal me fa.

IX   Yo só malalt havent lo cors tot sa,   65
     cascun· humor ab l'altra s'acordant.
     Mon espirit és lo dolorejant,
     ab l'orgue seu desacordat està.
     Ell de per si vol lo que deu voler:
     perdut l'honest voler, no vol que am;   70
     e mon cor fals pot haver molt just clam
     d'aquell a qui pietat vol haver.

X   En la dolor d'amor delit pot ser,
     si ab aquell ira ·nbolta no·s met;
     essent lo cas, lladonchs dolor tramet   75
     contra qui cau tot lo seu gran poder,
     e, tant com pus, Amor és gran e bell,
     tant sa dolor és major e pus fort;
     en lo cors sa tota ·nfecció ·s fort,
     y en lo malalt no ·ntén que·s prenga ·n ell. 80

XI   No dech morir solament ab coltell:
     mon cors mig mort deu ser viand· als cans,
     mon cor partit entre corps e milans;

VII. ¡Oh gran dolor!, no perdone a quien por gran culpa me da duelo y llanto. Tú, Piedad, no quieras hablar tanto en favor de quien tan mal mereció. Yo amo mi daño y mi bien aborrezco; el por qué amo, no es visible; el por qué del desamar muy claramente lo sé y el camino no visto yo sigo.

VIII. ¡Oh Dios! ¿Por qué amo a quien aborrezco? En tal contraste, ¿cómo la vida no me deja? Amor no muere y de airarme no dejo, casi igualmente entre ellos me divido. No se puede saber cuál de ellos morirá antes. Muera, entonces, yo para su lucha terminar! Cuando amo me duelo y mal lo paso mientras me irrito, el más cortés dolor me hace mortal.

IX. Yo estoy enfermo teniendo el cuerpo todo sano, cada humor con el otro concordando. Mi espíritu es el que padece, con su organismo en desacuerdo está. Él de por sí quiere lo que debe querer; perdido el honesto querer, no quiere que ame; pero mi falso corazón puede tener muy justa queja de aquel a quien piedad quiere tener.

X. En el dolor amoroso deleite puede existir, si con él envuelta ira no se mete; siendo así, entonces el dolor envía contra el que cae todo su gran poder. Y tanto como el amor es más grande y bello tanto su dolor es mayor y más fuerte; en el cuerpo sano toda infección es fuerte y en el enfermo no entiende que se prenda en él.

XI. No debo morir solamente por cuchillo: mi cuerpo medio muerto debe ser comida para los canes; mi corazón, divido entre cuervos y milanos; mi es-

mon espirit   tinga lo lloch d'aquell
  qui volch trair   besant lo Fill de Déu: 85
  aquest és lloch   a ell just e degut:
  puys ha trayt   a si, Déu no·l ajut,
  e·n gran pecat   deu rebre pena greu.

XII Amador fuy,   tant com l'espirit meu
  penssà gran seny   en dones o bondat,   90
  mas sinó carn   no hy trob e só ·nganat:
  a quatre peus   deu anar qui no hu creu.

C

I Entre Amor   só portat e Fortuna,
  caent, llevant,   sí com infant en roques;
  congoxes grans   ab alegries poques,
  si·n posseesch,   no ·s maravell· alguna.
  Semblant me trop   al home qui navega,   5
  qui per los vents   sa persson· és regida
  dolre no·s deu,   si la·s veu escarnida;
  caure deu l'hom,   guiat per via cega.

II No com aquell   qui ·nteniment replega
  e dintre si   delits de virtuts usa,   10
  sa fi guardant,   aquella qui acusa
  als ignorans   y als sabens mal no plega,
  jaquint los mals   qui béns als pechs aparen,
  ja perdut tast   de res no essent noble;
  ans he sseguit   delits comuns de poble,   15
  e davant mi   altres no si acaren.

III Donchs, si dolors   a mes pensses emparen.
  raó és gran,   puix, tal vida seguida,
  la fi del hom   tardament he sentida,
  mos apetits   sens trava caminaren;   20

84-85 Se refiere a Judas.

píritu tenga el lugar de aquel que quiso traicionar, besando, al Hijo de Dios: este es el lugar para él justo y debido; pues se ha traicionado, Dios no le ayude, y a gran pecado debe recibir grave pena.

xii. Amador fui, tanto como mi espíritu pensó en gran inteligencia en mujeres o bondad, mas yo no encuentro sino carne y estoy engañado: a cuatro patas debe caminar quien no lo cree.

C

i. Entre Amor y Fortuna soy llevado, cayendo, levantando, así como niño sobre rocas; congojas grandes con alegrías pocas, si me mantengo, no es maravilla alguna. Parecido me encuentro al hombre que navega, quien por los vientos su persona es gobernada no debe dolerse si la ve escarnida; caer debe el hombre guiado por vía ciega.

ii. No como aquel que el entendimiento repliega y, dentro de sí, deleites virtuosos usa, su fin aguardando (aquello que acusa a los ignorantes y a los sabios mal no llega), quitando los males que bienes parecen a los necios, ya perdido el gusto de cosa no siendo noble; antes he seguido los deleites comunes del pueblo, y delante de mí otros no se encaran.

iii. Entonces, si mis dolores a mis pensamientos embargan, razón es grande, pues, tal vida seguida, el fin del hombre tardamente he sentido, mis apetitos sin traba caminaron; a su semejanza apresurados corrie-

a llur semblant cuytats acorregueren,
als qui pus prop los fon de llur natura
regonegut; m· arma ·n tench vestidura,
tal com aquells vicis saber li feren.

IV Los meus desigs tals delits emprengueren 25
qu· altre poder dins si mateys havia,
y aquells haguts, degú mi no complia,
e no molt tard a mi desparegueren.
Qui·n poch vexell molt gran cantitat penssa,
no·s pot haver car la natura passa; 30
qui vol rich ser per una mà escassa,
lo seu desig de haver se defenssa.

V Ja no viuran en molt alegra pensa
qui béns del cors e de fortuna volen,
e totes gens per aquells haver volen, 35
i encontra sy prenen armes d'ofenssa,
sí co·l malalt qui no ·ntén medessina,
pendrà verí cuydant aquell guaresca,
e de sabor amarga sent la bresca,
e dolssa ·l par un· amargant sardina. 40

VI Qui·n fer viltats la penssa té veyna
e no ateny al delit del entendre,
la veritat de res no pot apendre
y esclava fa de sa raó reyna.
Delit d'hom pert qui tals delits no tasta, 45
car l'hom és dit més per la part de l'arma;
tot a si pert qui de raó no s'arma
y en aquell fruyt d'enteniment no basta.

VII A si matex lo malvat hom contrasta,
y el que li plau fa e lo restant llexa; 50
lo bé jaqueix, ab tot lo mal se fexa;
si delit pren, en molt poch temps se gasta.
Tot lo que fa li torna en contrari,
e no conex l'enemich seu qui·l mata;

ron, a los que más cerca les fueron de reconocida natura: Mi alma toma la vestidura, tal como aquellos vicios le hicieron saber.

IV. Mis deseos tales deleites emprendieron que otro poder dentro de sí mismo había y, aquellos tenidos, ninguno me llenaba, y no muy tarde me desaparecieron. Quien en pequeña vasija mucha cantidad imagina, se equivoca, puesto que la natura se desborda; quien quiere ser rico con una mano escasa, su deseo de tener se anula.

V. Ya no vivirán con muy alegre pensamiento quienes quieren bienes del cuerpo y de fortuna, y todas las gentes por ellos quieren tener, y contra sí mismos toman armas ofensivas, así como el enfermo que no entiende medicina tomará veneno pensando que le cure y sabor amargo siente en la miel, y dulce le parece una amargante sardina.

VI. Quien en hacer vilezas tiene cercano el pensamiento y no alcanza el deleite de entender, la verdad de nada puede aprender y esclava hace de su razón, reina; el delite humano pierde quien tales deleites no prueba, puesto que hombre es llamado más por la parte del alma; todo se pierde quien de razón no se arma y en el fruto del entendimiento no basta.

VII. Consigo mismo el hombre malvado contrasta y lo que le place hace y lo restante deja; el bien aparta, con todo el mal se mezcla; si deleite siente, en muy poco tiempo se desgasta. Todo lo que hace se le vuelve contrario y no conoce a su enemigo que le

aquell qui deu   portar jus la çabata,   55
té sobre ·l cap   per molt bell vestiari.

VIII Pren-m· enaxí   com grosser herbolari
 qui prop la mar   les herbes del bosch cerca,
 e com lo clerch   faent de festes cerca
 en lo *Troyà,*   llexant lo *Breviari.*   60
 Qui·n aquest món   d'ésser hom se contenta,
 cerque delits   que sa natura vulla.
 llexant als bruts   los camps e llur despulla,
 e sos delits   no·ls acurt ne·ls dó ·npenta.

IX Lo delit d'hom   en l'entendre s'assenta   65
 quant veritat   per aquell és sabuda;
 en tal delit   sa sciència hy ajuda,
 mas no· s complit   sens volentat conssenta
 en bé obrar   cosa de bé y eleta,
 e que delit   prenga ·n la sua obra.   70
 Tot quant és d'hom   fa sa pròpia obra;
 si hu fa per Déu,   sa vida és perfeta.

X La vida d'hom   és en dolor constreta,
 com los pus alts   delits mundans pratica;
 llur estament   en fermetat no·s fica   75
 o cambi pren   qui·ls pren ab mà estreta
 o fallex ço   per on los delits vénen
 e de si ells   l'ànima no contenten.
 Com sobirans   béns, ans d'haver, se tenten;
 com són auts,   ab si dolor sostenen.   80

XI Ignorantment   les gents fals delit prenen,
 corrent al mal,   puix ha de bé semblança;
 en lloch de por   han alegra sperança,

---

60 *lo Troyà.* Se refiere al *Roman de Troie* de Benoît de Sainte-Maure. Nació probablemente en Sainte-Maure, en la Turena, en el siglo XII. Esta historia o *Roman,* la más conocida de cuantas obras escribió, fue traducida al latín por Guido de Colonna en el siglo XIII, de donde la tradujo Jaime Conesa al catalán en 1367.

mata; lo que debe llevar debajo del zapato pone sobre la cabeza por muy bella vestimenta.

VIII. Me ocurre así como al torpe herbolario que cerca del mar busca las hierbas del bosque y como al clérigo haciendo búsqueda de fiestas en la *Troyana*, dejando el *Breviario*. Quien en este mundo de ser hombre se contenta, busque los deleites que su natura quiera, dejando a los brutos los campos y su desnudo pues sus deleites no los reduce ni les da empuje.

IX. El deleite humano en el entendimiento se asienta cuando la verdad por él es sabida; en tal deleite su ciencia le ayuda, mas no se cumple sin que la voluntad consienta en bien obrar cosa de bien y selecta, y que el deleite participe en su obra. Todo cuanto es del hombre hace su propia obra; si lo hace por Dios, su vida es perfecta.

X. La vida humana está forzada al dolor, cuando los más altos deleites mundanos emplea; su estado no tiene firmeza: o se cambia quien los toma con mano estrecha, o falla eso por donde los deleites vienen y de por sí ellos al alma no contentan. Como bienes soberanos, antes de haber, se tientan; cuando son tenidos consigo dolor mantienen.

XI. Ignorantemente las gentes falso deleite toman, corriendo al mal, pues tiene semejanza del bien; en lugar de miedo tienen alegre esperanza, teniendo más

---

61-72 Pagès (*Auzias March*, pp. 368-369) señala la procedencia de Aristóteles (*Eth. Nic.* I, 10, X, 7) aunque a través de Santo Tomás posiblemente. Más influencias aristotélicas encuentra Pagès en los versos 73-75, 131-132, 153-176, 185-190, 197-198.

havents més bé, dementre no la tenen.
Atès lo lloch, qual ab gran desig volen, 85
han compliment de dolor infinida.
Volent tot bé no·l troben ne partida;
per delitar, amarga dolor colen.

XII Alguns delits d'aquell ver delit solen
llunyar-se'n més que·ls altres no se'n llunyen 90
e tots aquells que delitar hy punyen,
si plaer han, ab ells no s'aconsolen;
e tant com pus en ells hom se delita,
axí fortment a gran dolor s'acosta:
de lluny mirat, lo camí ·s plasent costa, 95
y el caminant, ronpent lo coll, despita.

XIII Carnal amor a gran pena concita
a tots aquells metens-hy llur espera;
desig mortal és passió primera,
de penedir no·n cal haver sospita. 100
A les honors grans penssaments seguexen;
a riques gents servex la roberia:
dolor de mort han que llur bé tolt sia;
senyors en nom e com esclaus servexen.

XIV Si·ls béns del cors per no res apareixen, 105
no·ns hy cal dar en açò gran creença.
De fortitut lo bou ha més potença,
de temprament los ocells en floreixen;
per un no res estime· la bellessa:
en poch temps cau e poch temps la se'n porta, 110
e son poch fruyt als folls amans conforta;
la sanitat mal poch la'ns té defessa.

XV Bé mostra ·l cos haver poca bonessa,
que de virtud l'animal brut lo passa.
L'hom és senyor, donchs, no per esta massa 115
car d'esta part los bruts han més despessa.
L'hom és mortal animal raonable:
quant a la carn, bèstia és formada,

bien, mientras no lo tienen. Alcanzado el lugar, que
con gran deseo quieren, tienen cumplimiento infinito
de dolor: queriendo todo el bien no lo encuentran ni
en parte; por deleitarse amargo dolor tragan.

xii. Algunos deleites del verdadero deleite suelen
alejarse más que los otros que no se alejan pues todos
ellos deleitar procuran, si tienen placer, con ellos no
se consuelan; y tanto cuanto más con ellos el hombre
se deleita, así fuertemente a gran dolor se acerca:
mirado de lejos, el camino es agradable cuesta, pero
el caminante, rompiéndose el cuello, se desespera.

xiii. El amor carnal a gran pena concita a todos
aquellos que ponen en él su esperanza; deseo mortal
es la pasión primera, de arrepentirse no hace falta
tener sospecha. A los honores grandes pensamientos
siguen, a gentes ricas sirve el robo: dolor mortal tienen
que su bien quitado sea; señores de nombre pero
como esclavos sirven.

xiv. Si los bienes corporales como nada aparecen,
no nos hace falta dar a eso gran creencia. De fortaleza el toro tiene más potencia, en equilibrio los pájaros se distinguen; en casi nada estimo la belleza, en
poco tiempo sucumbe y en poco tiempo desaparece,
pero su poco fruto a los locos amantes conforta; la
salud poco y mal la tiene protegida.

xv. Bien muestra el cuerpo tener poca bondad ya
que de virtud el animal bruto lo excede. El hombre
es señor: entonces, no por esta masa, puesto que de
esta parte los brutos tienen más desgaste. El hombre
es mortal animal racional: cuanto a la carne, de bestia

      e la raó   en l'arma ·s emprentada;
      per esta part   a Déu és comparable.   120

XVI Tant quant finit,   ¿pot ésser estimable
      ab l'infinit,   e comte s'hi pot metre?
      ¿A comparar   se poria remetre
      res de la carn   ab l'esperit durable?
      Sinó ·l present,   la carn sentir no basta   125
      tastant, tocant,   alguns delits sensibles;
      los altres senys   per sy no·ls playbles:
      delit dels tres   pels dos sobredits tasta.

XVII Delit és bo   puix a dolor contrasta,
      mas no val molt   sens obra virtuosa;   130
      ell la complex,   sens ell no ·s saborosa,
      on en dolor   la virtut no s'engasta.
      Donchs, quant la carn   és a l'arma tirada
      per bon delit,   sa obra és perfeta:
      no és raó,   mas és sa filla feta;   135
      la part brutal,   raonal és tornada.

XVIII Aquells delits   de què la carn s'agrada
      cascú bé sap,   y els de l'arma ignora;
      aquella res   que no fall algun· hora
      entenen pochs   y és per molt menys tocada.   140
      Alguns se pert   per falta d'ignorança;
      altres, sabens,   per no tastar no preen:
      axí, villans,   que·n lloch honrat [no] seen,
      no senten bé   lo delit qu· honor llança.

XIX En ser content   cascú ha sperança   145
      e follament   aquell delit espera
      car los llidons   vol trobar en figuera
      e talls moriscs   cerca ·n la dolça França.

---

148 *dolça França,* Pagès (*Auzias March,* p. 230) manifiesta
    que este epíteto épico en Ausias March es "un écho
    pépétrant de l'admiration qu'excitèrent en lui les chan-
    sons de geste".

está formada, y la razón en el alma está impresa; por esta parte a Dios es comparable.

xvi. Todo cuanto es finito ¿puede ser estimado como lo infinito, y en cuenta se puede tener? ¿Se podría poner a comparar cosa carnal con el espíritu durable? Sino en el presente, la carne no logra sentir —gustando, tocando— algunos deleites sensibles; los otros sentidos por sí no les son placenteros: el deleite de los tres por los dos sobredichos prueba.

xvii. El deleite es bueno pues al dolor contrasta, mas no vale mucho sin obra virtuosa; él la cumple, sin él no es sabrosa, donde en dolor la virtud no se engasta. Pues, cuando la carne está inclinada al alma para el buen deleite, su obra es perfecta: no es la razón, mas su hija es hecha; la parte brutal, racional se ha vuelto.

xviii. Los deleites de los que la carne se complace, cada uno bien sabe, pero los del alma ignora; aquella cosa que no falla nunca pocos entienden y por muchos es desconocida. Algunos se pierden por culpa de ignorancia; otros, sabios, por no probar no toman: así los villanos que nunca han sido honrados, no sienten bien el deleite que el honor otorga.

xix. De estar contento cada uno tiene esperanza y locamente el deleite espera, puesto que los lirones quiere encontrar en la higuera y espadas moriscas busca en la dulce Francia. Uno es el bien buscado en muchas

U és lo bé   cercat en grans partides;
no hy ha delit   sens dolor en alguna;   150
qui més ne pren   ha voluntat dejuna,
los menys volens   ne han alegres vides.

XX Ans que virtuts   sien per hom sentides,
los vicis han   mesa dins nós llur força,
e si per temps   la raó tant s'esforça,   155
és conexent,   e no clar, ses fallides.
Durant lo temps   mals hàbits se nodrexen;
en hom, sens hom,   aquest hàbit se talla:
l'arma y lo cors   se'n fan cota y gramalla,
e los brocats   lleigs vestits li aparexen.   160

XXI ¿Qui són aquells   qui·n tanta virtut crexen
que, solament,   los vicis se coneguen?
La major part   yo són cert que ferm creguen
que ço és bo   que volen e conexen.
Puix l'hom és mal,   lo bé no li pot plaure   165
car no té part   en bé que aquell tira;
en voler d'hom   és al començ que gira,
mas l'hàbit fet,   Déu, ajudant, pot raure.

XXII En saborit   sentiment deu recaure
aquell delit   qu·en bé obrar se troba;   170
d'aquest delit   l'arma sol no·n fa troba,
mas en lo cos   tal sentiment ha jaure.
Tant quant cascú   és pus dispost a rebre,
aytant val menys,   si no ix en bell acte;
dels dos lloants   en surt aquest contracte,   175
sens llur acort   no·s pot virtud consebre.

XXIII A si mateix   par que vulla decebre
qui sa valor   aytant com pot no munta;
tota res d'ell   vol a bondat conjunta:
lo fill y el nét,   lo bou y el ca de llebre.   180
Segons l'amor,   axí llur bé demana;
amant a si,   molt més del bé s'aparta;

partes, no hay deleite sin algún dolor; quien más toma tiene voluntad ayuna, los que menos quieren tienen alegres vidas.

XX. Antes que las virtudes sean sentidas por el hombre los vicios han puesto en nosotros su fuerza, y si a veces la razón tanto se esfuerza es conociendo, y no claro, sus faltas. Durante tiempo malos hábitos se alimentan; en hombre, sin hombre, este hábito se corta: el alma y el cuerpo se hacen cota y gramalla y los brocados feos vestidos le parecen.

XXI. ¿Quiénes son los que en tanta virtud crecen que solamente los vicios se conozcan? La mayoría, yo estoy seguro, firmemente cree que es bueno lo que quieren y conocen. Pues el hombre es malo, el bien no puede placerle puesto que no tiene parte en el bien que le tira; en el querer humano está en el comienzo que cambie, pero el hábito hecho, Dios, ayudando, puede raerse.

XXII. En sabroso sentimiento debe recaer el deleite que en el bien obrar se encuentra; en este deleite el alma sola no se encuentra mas en el cuerpo tal sentimiento tiene cabida. Tanto cuanto cada uno está más dispuesto a recibir tanto vale menos si no lo convierte en bella acción; de los dos otorgantes sale este contrato, sin su acuerdo no se puede conseguir la virtud.

XXIII. A sí mismo parece que quiera engañarse quien su valor tanto como puede no eleva; toda cosa unida de él quiere la bondad: el hijo y el nieto, el toro y el perro lebrero. Según el amor, así pide su bien; amándose mucho más del bien se aparta; de-

desigant bé,   s'umple de mal e·s farta;
mal vol per si,   y a l'altre vida sana.

XXIV Puix que virtut   delit e bé ·ns comana, 185
¿per què no·ns plau   virtut e vici ·ns alta?
La voluntad   a bé y a delit salta,
l'enteniment   sol entendre ·l ver mana,
mas no volem   tastar d'esta vianda
car en començ   desaborida ·s mostra: 190
l'àvol delit   sent la passió nostra;
aquest l'ateny,   treball e cura granda.

XXV A tal delit   los pechs no troben anda,
puix que no és   en ells experiença:
fe no havens,   no·ls basta conexença; 195
lo no sentit   per ells, llexen en banda.
No volen mal   quant són en malaltia,
e, pobrejant   cobejen les riquees;
los flachs e lleigs,   forces e grans bellees:
lluny, fora si,   han tota s· alegria. 200

XXVI Tot hom vol bé   perquè delitat sia,
e, no sentint   aquell propi de l'arma,
cerca ·l del cos,   e de aquest se arma,
e d'altres molts   que follament se fia;
los quals, com són   units en una cosa, 205
aquella és   de l'hom benauyrança;
cascú per si,   l'hom havent-n· esperança,
en algú d'ells   sa pensa no reposa.

XXVII Per millor part   Déu l'enteniment posa
com a senyor   en cascuna persona, 210
e si·n açò   que·l deu donar no·l dóna,
com pus n'ateny   en tant més li fa nosa.
Car de per si   lo lleig fet tristor mena,
e sent-ho més   qui d'entendre més toca,
sí com l'hom foll   qui·s fir l'ull d'una broca: 215
com pus dret fir,   sa vista destermena.

seando el bien se llena de mal y se harta; mal quiere para sí y para el otro vida sana.

XXIV. Puesto que la virtud deleite y bien nos ordena, ¿por qué no nos place la virtud y el vicio nos contenta? La voluntad al bien y al deleite lanza, el entendimiento sólo entender lo verdadero manda. Mas no queremos probar de esta vianda puesto que al comienzo desaborida se muestra: el vil deleite siente la pasión nuestra; éste lo alcanza con trabajo y gran cuidado.

XXV. Para tal deleite los necios no encuentran sostén puesto que no hay en ellos experiencia: no teniendo fe no les basta conocimiento; lo no sentido por ellos, dejan aparte. No quieren mal cuando están enfermos y, pobreteando, codician las riquezas; los débiles y feos, fuerzas y grandes bellezas: lejos, fuera de sí, tienen toda su alegría.

XXVI. Todo hombre quiere el bien para sentirse deleitado, y, no sintiendo el propio del alma, busca el del cuerpo y de éste se provee y de otros muchos en que locamente se fía; los que, como están unidos en una cosa, aquélla es bienaventuranza del hombre; cada uno por sí, el hombre teniendo esperanza, en ninguno de ellos su pensamiento no reposa.

XXVII. Por mejor parte Dios pone el entendimiento como señor en cada persona, pero si en lo que debe dar no lo da, cuanto más no alcanza en tanto más se enoja. Puesto que de sí el acto feo trae tristeza lo siente más quien más inteligencia tiene, así como el hombre loco que se hiere el ojo con un punzón: cuanto más acertado hiere, su ojo extirpa.

XXVIII Tota passió és cert que més c'encena
 en l'hom suptil qu·en persona grossera
 car entenent encontra la carrera
 d'oy o d'amor d'on s'aparella pena; 220
 car solament praticant del entendre,
 no espletat en virtut ne·n ciença,
 de ço que·l plau ha major conexença
 e no és res qu·en dol no·l faç· encendre.

XXIX Si Déu al hom groser lo plau defendre 225
 de fam e set e de dolor senssible,
 altra dolor no li pot ser terrible,
 si ja molt prop d'aquestes no·s deu pendre.
 E, donchs, de tant l'hom entenent pren colpa
 com en dolor al home grosser passa; 230
 saber ha poch e ·nginy contra si massa;
 lo poch y el molt cascú per si l'encolpa.

CI

I Lo vizcaí que·s troba ·n Alemanya,
 paralitich, que no pot senyalar
 si és malalt, remey no li pot dar
 metge del món, si donchs no és d'Espanya,
 qui del seu mal haurà més conexença 5
 y n'entendrà millor sa qualitat.
 Atal són yo e·n estrany lloch posat,
 c· altre sens vós ja no·m pot dar valença.

II Yo viu uns ulls haver tan gran potença
 de dar dolor e prometre plaer; 10
 yo, smaginant, viu sus mi tal poder
 qu·en mon castell era sclau de remença.
 Yo viu un gest e sentí una veu

13-16 Tassoni y Amador de los Ríos han señalado la influencia de Petrarca en estos versos. "L'idée est banale et se rencontre bien, en effet, dans Pétrarque:

XXVIII. Toda pasión es cierto que más se enciende en el hombre sutil que en persona grosera, ya que el inteligente encuentra el camino de Odio o de Amor, donde se apareja la pena; puesto que solamente platicando el entendimiento, no aprovechado en virtud ni en sabiduría, de lo que le place tiene mayor conocimiento y no hay cosa que en dolor no le haga encenderse.

XXIX. Si Dios al hombre grosero le place defender de hambre y sed y de dolor sensible, otro dolor no le puede ser terrible, si ya muy cerca de estos no se debe considerar. Y, entonces, de tanto el hombre inteligente siente culpa pues en dolor supera al hombre grosero; tiene poco saber y demasiado ingenio contra sí; lo poco y lo mucho a cada uno de por sí le inculpa.

CI

1. El vizcaíno que se encuentra en Alemania, paralítico, que no puede hacer señas, pues está enfermo, no le puede dar remedio ningún médico del mundo si no es de España, que tendrá de su mal mayor conocimiento y entenderá mucho mejor su condición. Tal soy yo puesto en extraño lugar y ya nadie, sino vos, me puede dar valimiento.

II. Yo vi unos ojos tener tan gran potencia para dar dolor y prometer placer; yo, imaginando, vi tal poder sobre mí que en mi castillo era esclavo para manumitir. Yo vi un rostro y oí una voz de un cuerpo

---

Ella mi prese; ed io, ch'arei giurato
Difendermi da uom coperto d'arme,
Con parole e con cenni fui legato.
(*Trionfi d'Amore*, II, 91-93)

Véase Pagès, *Auzias March*, p. 269.

d'un feble cos, e cuydara jurar
qu· un hom armat yo·l fera congoxar: 15
sens rompre'm pèl, yo·m só retut per seu.

III Sí com l'infant que sab pel carrer seu
prou bé anar, segons sa poc' edat,
si en esculls, per cas, se veu posat,
està pauruch, no sab on se té ·l peu, 20
d'anar avant, perquè no·hy veu petjada;
no vol ne pot usar de camí pla,
tornar no sab, perquè altri ·l portà,
que ell per si no ferà tal jornada.

IV Mos ulls d'açò han feta la bugada 25
e tots mos senys s'hi són volguts mesclar;
yo pena ·n pas, mas no hy puch contrastar,
perqu· algun tant ab delit és mesclada.
Amor me vol e Fortuna ·m desvia,
a tals contrasts no basta mon poder; 30
sens ell· al món remey no puch haver.
Donchs dir m'heu vós ja de mi què·us paria!

V Dormint, vetlant, yo tinch la fantasia
en contemplar qui am, qui és, què val,
e quant més trob, llavors me va pus mal 35
pel pensament qui·m met en gran follia,
hoc e ·n tan gran que yo am son desdeny,
son poch parlar, son estat tal qual és,
més qu· ésser rey del poble tot francès
¡e muyra prest si mon parlar yo·m feny! 40

VI Vós no voler lo meu voler empeny
e vostres ulls han mon arnès romput;
mon pensament, minvant, m'ha ja vençut;
só presoner paoruch per vostre seny.
Lo vostre gest tots mos actes afrena, 45
e mon voler res no·l pot enfrenar,
l'ivern cremant, l'estiu sens escalfar:
aquests perills me daran mala strena.

feble y yo que hubiera jurado que a un hombre armado le hiciera acongojar, sin mínima pelea por suyo me he rendido.

III. Así como el niño que por su calle sabe andar bastante bien, a pesar de su poca edad, si, por caso, se ve puesto en escollos, está temeroso, no sabe donde pone el pie, para ir adelante porque no ve pisada; no quiere ni puede el camino llano, no sabe regresar porque otro le llevó, pues él, de por sí, no hiciera tal jornada.

IV. Mis ojos han hecho la colada de esto, y todos mis sentidos se han querido mezclar. Yo paso pena pero no la puedo evitar porque está mezclada algún tanto con deleite. Amor me quiere pero Fortuna me aparta, para tales contrastes no basta mi poder. Sin ella no puedo tener remedio en el mundo. Entonces, ya me diréis lo que os parece de mi [situación].

V. Durmiendo, velando, la fantasía tengo contemplando a quien amo, qué es, que vale y cuanto más hallo entonces más mal me va al pensamiento, pues me pone en gran locura, sí, y tan grande que quiero su desdén, su poco hablar, su condición tal cual es, más que ser rey de todo el pueblo francés. Y presto muera si yo finjo en mi hablar.

VI. Vuestro desamor esfuerza mi querer y vuestros ojos han roto mi arnés. Mi pensamiento, menoscabado, ya me ha vencido. Soy prisionero, atemorizado, de vuestro juicio. Vuestro rostro frena todos mis actos pero mi querer nada lo puede refrenar: el invierno quemando, el verano sin calentar. Estos peligros me darán mal castigo.

VII Bell· ab bon seny,   tot és poca faena
    al meu afany   veure vós lluny estar,   50
    car prop de vós   res no·m pot mal temps dar
    e lluny de vós   no trob res bo sens pena.

CII

I   ¿Qual serà ·quell   que fora si mateix
    farà juí,   puys si no sab jutjar?
    Sa passió   no sabrà estimar
    quanta ·s ne qual,   ne si minva o creix.
    ¿Qual és lo foll   qu· estime res de si,   5
    puys lo voler   no sab on li darà?
    Son mal vinent   no sab com lo sentrà,
    lo que sofir   no sab de fi en fi.

II Traure no·s pot   d'haver nom de mesquí
    qui son voler   l'ha en tal part llançat   10
    que no sab com   ama o és amat:
    d'hoch o de no   no pot fer bon juí,
    e passa molt   dolrossa passió,
    qu·en pert dormir   e se·n veu alterat;
    en un instant   se troba reposat,   15
    que·l par jamés   vendrà en tal saó.

III Sí com aquell   qu·en la mar té maysó
    e d'aquell' art   se té per molt sabent,
    e veu tal temps   fora d'esperiment
    qu· a son juý   és contra la raó,   20
    e va en part   on per null temps no fon,
    e veritat   sa búxola no·l diu:
    de tot quant féu   e dix allí ·s desdiu,
    com creu ses lleys   que natura confon.

49-52 Pagès (loc. cit.) opina que la influencia de Petrarca en
    estos versos señalada por Amador de los Ríos es "beau-
    coup certaine" que la indicada anteriormente. Es, dice,
    "un simple rapport d'idées avec ces deux vers de la
    canzone 8:

VII. Bella con buen juicio, todo es poco trabajo a mi afán al veros estar lejos, porque cerca de vos nada me puede dar mal tiempo y lejos de vos no encuentro nada bueno sin pena.

CII

I. ¿Quién será el que fuera de sí mismo hará juicio pues a sí no se sabe juzgar? Su pasión no sabrá estimar cuánta es ni cuál, ni si mengua o crece. ¿Quién es el loco que estime nada de sí pues el querer no sabe dónde le irá? Su mal venidero no sabe cómo lo sentirá, lo que sufrir no sabe de punta a cabo.

II. No se puede evitar tener nombre de desdichado quien su querer a tal parte lo ha lanzado que no sabe cómo ama o es amado: en sí o en no no puede hacer buen juicio y pasa muy dolorosa pasión, pues pierde el dormir y se ve alterado. Ni un instante se encuentra reposado, pues le parece que jamás llegará a tal sazón.

III. Así como el que en el mar tiene morada y de aquel arte se tiene por muy conocedor y ve tal tiempo fuera de su experiencia que, a su juicio, está contra la razón, y va a parte por donde nunca fue, y verdad su brújula no le dice: de todo cuanto hizo y dijo allí se desdice, pues cree que la naturaleza confunde sus leyes.

Fugge al vostro apparire angoscia e noja
E nel vostro partir tornano insieme...
                  (Perchè la vita...)"
12 *hoch,* provenzalismo, 'sí'.
17 *maysó,* provenzalismo, 'casa'.

IV Sí guart lo temps   present e lo que fon,
    de nou creat   me par que m'haja Déu.
    Mos apetits   e lo pensament meu
    cambi han pres,   no sé com ve ne d'on;
    car en amar   fuy tot de l'esperit
    e no·l me sent   e sent en mi amor.
    Si no amàs   no sentria dolor:
    lo mal d'amor   menciona delit.

V   Per contemplar   fuy en lo món exit,
    penssant los béns   e lo gentil voler
    d'aquella ·n qui   mon voler e saber
    eren llançats   sens haver-ne despit.
    No·m cal dir pus,   car en passats escrits
    he sats parlat   d'Amor e de sos fets
    e descuberts   molts amagats secrets,
    los quals en mi   són de present fallits.

VI Mos bells volers   són de present finits,
    solament am   de un' amor brutal
    que passa ·n mi   en l'espiritual
    forçadament,   com arma y cors units.
    Axí m'és nou   aquest mal sentiment,
    com si amat   yo per null temps hagués;
    tots los costums   d'amor veig al revés,
    en poca part   han semblant aparent.

VII Parlat he ja,   sens clar conexíment,
    d'aquest'amor,   per què·n mi tant habita;
    mas l'altr· amor   honesta la té strita
    que no·n sentí   sinó un moviment.
    Mas he sentit   qu'en est' amor del cors,
    temps discorrent,   l'ànima ·n pren sa part,
    e mescla-s'hi   hom sens haver esguart,
    d'on se penit   e mostren-ho sos plors.

37-40 Además de notificar la abundancia de poemas en que ha hablado del amor y sus efectos proclama su pericia psicológica, lo que no le falta razón, en descubrir los secretos del estado amoroso.
55 Cesura forzada por la pausa entre -*s'hi* y *hom*.

IV. Así miro el tiempo presente y el que fue: me parece que Dios me haya creado de nuevo. Mis apetitos y mi pensamiento han tomado cambio, no sé cómo viene ni de dónde; puesto que en amar fui todo espiritual pero no lo siento y siento en mí el amor. Si no amase no sentiría dolor: el mal amoroso menciona deleite.

V. Para contemplar fui venido al mundo, pensando los bienes y el gentil querer de aquella a quien mi voluntad y saber eran lanzados sin haber despecho. No me es necesario decir más, ya que en anteriores escritos asaz he hablado de Amor y sus hechos y descubierto muy escondidos secretos, los que en mí están ahora fallidos.

VI. Mis bellos quereres están ahora acabados: solamente amo con un amor brutal que excede en mí forzosamente en lo espiritual, con alma y cuerpo unidos. Así me es nuevo este mal sentimiento, como si yo jamás hubiese amado. Todas las costumbres de amor veo al revés, en poca parte tienen aparente semejanza.

VII. Ya he hablado sin claro conocimiento de este amor, porque en mí habita tanto; mas el otro amor honesto lo tiene apartado que no sentí sino un movimiento. Mas he sentido que en este amor corporal, discurriendo el tiempo, el alma toma su parte y mézclase en el hombre sin tener consideración, por lo que se arrepiente y muéstranlo sus lloros.

VIII

Moltes veus és que yo sent mon repòs,
tant quant al cors, puys fartament ateny;
mas l'apetit a més delit m'empeny
e troba carts per voler cullir flos.
Molt hom és bo per ésser un catiu
que per senyor no valria un clau;
axí Amor és bo, si·n lloch baix jau,
e mal si vol fer del cors mort hom viu.

IX

Sí com aquell qu· ab flaca barca ·n riu
pesca son peix e viu sats cabalós,
mas per esser de béns pus abundós
entra ·n la mar e no hy espera stiu,
ne pren aquell qui ama dona vil
e l'és plaent tan com toca la carn;
si més ne vol, prengas de si escarn;
si n'és forçat, vaga·s negar al Nil.

X

Aquell' amor deu ser tenguda vil
que null delit aporta ·n lo report;
en molt breu temps passa lo seu deport.
Mal criminós ha e delit civil,
qui ama carn e l'ànim· avorreix,
obra e tanch sos ulls, cloent l'oir,
car per aquells dolor ha de sentir,
e són aquells d'on amor se nodreix.

XI

Aquest' amor ses forces aflaqueix
si primament enquesta se·n fa ·l món;
si·ls amadors han esguart al que fon
y als altres temps, dolor sens amor creix.
Amants voler ferm y als altres honest,
penssant açò, ¿qui és que no s'espant?
¿Qual dona és que no sia dubtant
ella y amar, si d'ells serà enquest?

---

60 *flos,* licencia poética para rimar con *repòs.* En D, G¹, H, I *flors.*
61 *Molt hom,* con valor de colectivo.

VIII. Con frecuencia es que yo siento mi reposo, tanto en cuanto al cuerpo, pues hartamente alcanza; mas el apetito a más deleite me empeña y encuentra cardos por querer coger flores. Muchos hombres son buenos para ser cautivos pues para señor no valdrían un clavo; así Amor es bueno, si cae en lugar bajo, pero malo si quiere hacer del cuerpo muerto hombre vivo.

IX. Así como el que en frágil barca en el río pesca su pez y vive asaz acaudalado, mas para estar más abundante de bienes entra en la mar y no espera el estío, le ocurre a aquel que ama mujer vil y le es agradable en cuanto toca a la carne: si más quiere, hace de sí escarnio; si está forzado, vaya a ahogarse al Nilo.

X. Debe ser tenido por vil aquel amor que ningún deleite aporta al recuerdo; en muy corto tiempo pasa su recreo, mal criminoso tiene y delito civil. Quien ama la carne y el ánima aborrece, abra y cierre sus ojos, cerrando el escuchar, puesto que por ellos dolor ha de sentir, pues son ellos por donde el amor se nutre.

XI. Este amor sus fuerzas debilita si sutilmente encuesta se hace al mundo; si los amadores tienen atención al que fue y a los otros tiempos, el dolor, sin amor, crece. Que los amantes amen con firmeza y honestidad a los demás, pensando eso, ¿quién hay que no se espante? ¿Qué mujer hay que no esté dudando entre sí y amar, si de ambos es requerida?

75-76 Sigo la puntuación de Pagès. Bohigas pone coma tras *deport* y punto tras *civil*.

XII ¡O trist d'aquell   que un cors deshonest
     ama forçat   e fer honest lo vol!   90
     Di· abciach   per solemnial col,
     mas no del tot   d'ignorança ·s conquest,
     ans sab que may   fartà la sua fam,
     desvergonyit   a dar e pendre llarch;
     no hy ha bocí   que li pareg· amarch: 95
     ¿què·s deu penssar   de les pomes del ram?

XIII D'altre que mi   no puch haver just clam;
     lo meu delit   és qui m'ha decebut;
     trobat só pres   ans que regonegut,
     no pas tot mi   car no·m plau que yo am;   100
     ans, sinó tant   com fora seny romanch
     e sentiment   contínuu dolor pas;
     partit me trob   com si hom me serràs:
     si·m vull aunir,   lo cor me trob sens sanch.

XIV Hoit he dir   que per ésser pus franch   105
     a perdonar   sent Per· al pecador,
     Déu permeté   que vengés en error,
     mostrant-li com   lo sancer pot ser manch;
     tot enaxí   de mi Déus ha permès
     que ame tal   que no·s gose bé dir,   110
     per què jamés   me pusca ·nfellonir
     encontr· algú   que d'amor sia pres.

XV   Tan clarament   partir me viu jamés,
     no fon en mi   tan manifest contrast,
     car ma carn sent   son apropiat past,   115
     e res tan fer   a m' ànima no és.
     Grat e desgrat   en mi han trobat lloch,
     e cascú d'ells   ha trobat tot son alt:
     m' arm· ha ·ncontrat   lo seu propi desalt,
     ma carn en res   de tan bon grat se moch.   120

---

105 *Oit he dir,* posiblemente se refiere que la noticia le
    viene de un sermón. En cuanto a San Pedro, véase *San
    Mateo,* XXVI, 34, 69-75.

San Sebastián (supuesto retrato de Ausias March), por Jacomart
Colegiata de Játiva

(Foto: *Lisard Arlandis*)

Fragmento del testamento de Ausias March, otorgado ante el notario Berenguer Cardona, en 26 de octubre de 1458

(Foto: *Lisard Arlandis*)

XII. ¡Oh triste de aquel que un cuerpo deshonesto ama, forzado, y hacerlo honesto quiere! Día aciago por solemne venera, mas no del todo está conquistado por la ignorancia, antes sabe que nunca sació su hambre, desvergonzado para dar y para tomar liberal; no hay bocado que le parezca amargo: ¿qué se debe pensar de las manzanas de la rama?

XIII. De otro sino de mí no puedo tener justa queja; mi deleite es el que me ha engañado; antes soy encontrado preso que reconocido, no todo yo, puesto que no me place que yo ame; antes, sino tanto como estoy fuera de juicio y sentimiento, paso continuo dolor; me encuentro partido como si un hombre me serrase: si me quiero unir, el corazón me encuentro sin sangre.

XIV. He oído que para ser más franco para perdonar al pecador San Pedro, Dios permitió que cayese en error, mostrándole como lo entero puede ser manco. También así Dios me ha permitido que ame tal que no se ose bien decir, para que jamás me pueda enfurecer contra alguien que sea tomado por el amor.

XV. Jamás me vi tan claramente dividido, no fue en mí tan manifiesto contraste, ya que mi carne siente su apropiado pasto, y nada tan fiero no hay en mi alma. Agrado y desagrado han encontrado lugar en mí, pero cada uno de ellos ha encontrado su poder: mi alma ha encontrado su propio disgusto, mi carne en cosa de tan buen contento se mueve.

XVI Aygua no tinch   per apagar est foch,
     e majorment   si prop estar-li vull;
     sos defensós   són lo toch e mon ull,
     l'aurella és   què li fa mortal joch,
     car tot quant oig   en ira ho retorn   125
     en fastig gran   de mi e molt menyspreu,
     com veig mon cor   qu·en tal amar s'aseu,
     que mal se'n diu   cascun· hora del jorn.

XVII Axí com cell   que·l cap té dins calt forn
     y el cors llançat   sobre llit fresch o moll,   130
     aquest delit   la dolor no li toll,
     ans passa'n ell   menys de sentir sojorn,
     ne pren a me,   car si en ella pens
     algun delit,   gran dolor conseguesch;
     son antich mal   a mi és un mal fresch,   135
     preant-me poch   com d'amar no·m defens.

XVIII ¡Foch crem ma carn   e lo fum per ensens
     vaj'als dampnats   per condigne perfum!
     Mon espirit   trespàs de Lete ·l flum
     perquè de res   de aquest món no pens,   140
     car per haver   delit, dolor atench,
     puys ne vull més   que lo toch no·m promet!
     Passant avant,   mon delit és desfet,
     e pas dolor   fins que aquell restrench.

XIX Quant en desig   d'ésser amat m'estench,   145
     yo sent dolor   mesclat d'un fret e calt,
     car no·s pot fer   e conech mon defalt.
     D'ací scapant,   en pejor punt me prench;
     mire son cors   e totes ses fayçons,
     e veig algú   qui l'ha conquest sens cost;   150
     com pus yo am   a dolor me acost;
     lladonchs desig   sa carn per als lleons.

---

139 *Lete* o *Leteo,* río del Infierno cuyo nombre significa olvido. Los condenados bebían su agua para olvidar.

XVI. No tengo agua para apagar este fuego, y mayormente si cerca de él quiero estar; sus defensores son el tacto y mis ojos, la oreja es la que le hace mortal juego ya que todo cuanto oigo se me vuelve en ira o en gran fastidio y mucho menosprecio cuando veo mi corazón que en tal amar se asienta, que se maldice cada hora del día.

XVII. Así como el que tiene la cabeza dentro de un caliente horno y el cuerpo acostado en lecho fresco y blando, este deleite el dolor no le quita, antes pasa por él sin sentir permanencia, me ocurre a mí, ya que si en ella pienso algún deleite, gran dolor consigo; su antiguo mal para mí es un mal nuevo, preciándome poco cuando de amar no me defiendo.

XVIII. ¡Fuego queme mi carne, y el humo vaya como incienso a los condenados como condigno perfume! ¡Mi espíritu traspase el río de Leteo para que no piense en nada de este mundo! Ya que por tener deleite dolor consigo pues quiero más que lo que el contacto me promete; pasando adelante, mi deleite es deshecho y paso dolor hasta que lo limito.

XIX. Cuando en deseo de ser amado me crezco siento dolor mezclado de un frío y calor, ya que no se puede lograr y conozco mi falta. De aquí escapando en peor trance me encuentro: miro su cuerpo y todas formas, y veo a alguien que la ha conquistado sin coste; cuanto yo más amo al dolor me acerco, entonces deseo su carne para los leones.

140-143 Sigo la puntuación de Pagès. Bohigas pone punto después de *pens* y punto y coma después de *promet*.
149 *faiçons*, en provenzal 'formas, figuras'.

XX Tot quant yo pens   me porta passions,
    e sens penssar   poch delit s'aconsech;
    menys que d'un bou   lo meu delit conech,   155
    car mentre ·ll prench lo·m torben passions;
    car tant com és   plaent e de mon punt,
    d'aquell delit   una dolor me'n ve,
    penssant qu'en tal   ab l'altr· ella vengué
    e que hy vendrà,   si no li só ajunt.   160

XXI ¡O Déu!, ¿per què   justat és en un munt
    tan gran voler   ab avorriment tant?
    Yo avorresch   del que·m trobe amant;
    dins en mi viu   qui volgra fos defunt.
    Ara veig clar   lo natural contrast   165
    qu·en l'hom està   per s' ànima e cors:
    u fastig pren   de l'assaborit mos
    que l'altre sent   per dolç e agre past.

XXII Axí com cell   de gran follia ·s bast
    qui vol fer or   de coure o de plom,   170
    los amadors   en aquest punt tots som
    que volem seny   on tot seny és degast,
    e lealtat   en cor malvat e fals,
    qu· Amor no ha   menys de villana por;
    car por gentil   ve de notable cor   175
    que té fort mur   a tots fets desleals.

XXIII Sí co·l malalt   que no ·ntén los senyals
    del accident   e penssa qu'està bé,
    e veu pulgó   que prestament li ve,
    o àls pejor   que·l descobre sos mals,   180
    ne pren a me   com amar ja no cuyt
    per ignorar   lo que dins Amor port,
    e veig senyal   cert d'amor com la mort,
    que lo meu cor   de amar no 'sta buyt.

XXIV Raó és gran   qu'en dolor sia cuyt   185
    car dins en mi   grans maravelles veig;
    senyal d'amor   en mi tinch per cas lleig,

XX. Todo cuanto pienso me trae dolores y sin pensar poco deleite se consigue; menos que un toro conozco mi deleite ya que mientras lo siento me lo turban los dolores; ya que tanto como es placentero y de mi gusto, de aquel deleite me viene un dolor pensando que a tal con otro ella llegó y que llegará si no estoy a su lado.

XXI. ¡Oh Dios! ¿por qué está juntado en abundancia tan gran querer con tanto aborrecimiento? Yo aborrezco de quien me encuentro amante; dentro de mí vive quien quisiera fuese difunta. Ahora veo claro el natural contraste que en el hombre hay entre su ánima y cuerpo: uno fastidio toma del desabrido bocado que el otro siente como dulce y agrio manjar.

XXII. Así como el que está completamente loco pues quiere hacer oro del cobre o del plomo, los amadores en esta situación todos somos pues queremos sensatez donde toda sensatez está devastada, y lealtad en corazón malvado y falso, que Amor no tiene sin villano miedo; ya que el gentil miedo viene de notable corazón pues tiene fuerte muro contra todos los hechos desleales.

XXIII. Así como el enfermo que no entiende las señales del accidente y piensa que está bien y ve que el tabardillo prestamente le viene, u otra cosa peor que le descubre sus males, me ocurre a mí cuando de amar ya no cuido por ignorar lo que dentro de amor llevo, pero veo señal cierta de amor como la muerte, pues mi corazón de amar no está vacío.

XXIV. Es gran razón que de dolor esté abrasado ya que dentro de mí grandes maravillas veo; la señal amorosa en mí tengo por caso feo pero, cuando no la

e quant no·l trob   en ella ·n dol só ·nduyt.
La part en mi   qu·en raó pusch mesclar
vol que no·m plau   d'amor son sentiment;   190
l'altra de qui   no tinch lo regiment,
d'esta part am   e·m plau lo seu amar.

XXV Yo pas delit   com la veig mal passar,
e sent dolor   com per açò l'am més;
donant-se poch,   en mi no·m plau en res,   195
e sent delit   com la dech airar.
Bast' a cascú,   volent saber de mi,
que ço que·l món   ha per pus inperfet,
yo, com a foll,   he volgut fer perfet,
penssant trobar   contentament e fi.   200

XXVI ¡O amadors!,   rebeu açò al si,
los que jovent   vol que sia cubert:
delit d'amor   en l'home tot se pert,
si vol saber   l'amor d'altre y de si.
Si tem saber   açò en dolor jau,   205
car ja no creu   que sia bé amat,
e l'amador   ja no ·s ben reposat,
si en l'amat   la provà bé no hy cau.

XXVII ¡O amadors!,   los qui·n dan vostr· amau,
vullau de vós   mateys haver mercè,   210
penssau Amor   on va e d'on vos ve,
e on està,   ne si·us fa guerra u pau.
Sabent açò,   de vós no fiareu
e menys d'amor   e de aquell voler
qu·en dona cau   poch valent e llauger,   215
qu·en mig l'ivern   estiu hi trobareu.

---

202 *Jovent*. Creo que hay que entender esta palabra en el sentido que da Moshé Lazar: *"Jovens* ne signifie guère sauf dans quelques rares passages que nous signalerons plus loin) jeunesse d'âge, jeune homme, esprit particulier à la jeunesse. Il semble plutôt représenter un ensemble de vertus et de devoirs exigés par le code de la

encuentro a ella, a duelo soy inducido. La parte de mí que con la razón puedo mezclar quiere que no me plazca su sentimiento amoroso; la otra de la que no tengo el gobierno, de esta parte amo y me place su amar.

XXV. Yo tengo deleite cuando la veo pasarlo mal pero siento dolor cuando por eso más la amo; dándose poco a mí, no me place en nada, pero siento deleite cuando la debo irritar. Baste a todos los que quieren saber de mí, que lo que el mundo tiene por más imperfecto, yo, como un loco, he querido hacer perfecto, pensando encontrar contentamiento y fin.

XXVI. ¡Oh amadores!, recibid eso en el seno, los que juventud quieren que esté cubierta: el deleite amoroso todo en el hombre se pierde si quiere saber el amor de otro y de sí. Si teme saberlo, en dolor yace puesto que ya no cree que sea bien amado y el amador ya no está muy tranquilo si en el amado la prueba no resulta bien.

XXVII. ¡Oh amadores!, los que en vuestro daño amáis, quered de vosotros mismos tener piedad, pensad Amor dónde va y de dónde os viene y dónde está, y si os da paz o guerra. Sabiéndolo, de vosotros no os fiaréis y menos del amor y de aquel querer que se encuentra en mujer, poco valiente y ligero, pues en medio del invierno verano encontraréis.

---

cortezia, une somme de qualités morales qui font qu'un homme est courtois". *Amour Courtois et Fin'Amor dans la littérature du XIIe siècle.* Paris, 1964, p. 33. Véase especialmente pp. 33-44.

XXVIII ¡O amadors!, en amor sentireu
que lo que més   delitat vos haurà,
en molt breu temps al revés tornarà
e tan greujós res contra vós haureu.   220
Lo gran desig en fastig serà mès,
los vostres peus contra ·l voler iran,
los mals delits contra los bons seran;
com penssareu airar, amau més.

XXIX No si' ací tot amador entès,   225
sinó aquell bé sentit e sabent,
car aquest veu lo clar departiment
de son compost e sab com partit és;
car la raó contrasta l'apetit,
e l'apetit no ·beeix la raó.   230
Solament reb de concòrdia do
l'hom bestial o l'entenent complit.

CIII

1 Aquell ateny tot quant atènyer vol
si lo voler egual· ab lo poder.
No·s consegueix açò per lo diner,
y el no sabent penssa que tot mal tol.
Donchs, per haver hom lo major delit,   5
no cerch ab ço que lo diner ateny,
car en més mal que a bé l'hom empeny;
dins hom està lo seu bé tot complit.

---

232 *entenent*, 'enamorado o amante', como en provenzal
entenden. También en el Arcipreste de Hita, *entendedor*
y *entendedera* (coplas 116 y 527):

*Como era la moça nuevamente casada,
avíe con su marido fecha poca morada;
tomó un entendedor e pobló la posada,
desfízos' el cordero, que dél non fynca nada.*

Copla 478. Ed. Julio Cejador, Clás. cast.

XXVIII. ¡Oh amadores!, en amor sentiréis que lo que más os habrá deleitado en muy breve tiempo al revés se volverá y nada tan molesto contra vosotros tendréis. El gran deseo en fastidio se convertirá, vuestros pies contra la voluntad irán, los malos deleites contra los buenos estarán; cuando pensaréis airaros, más amáis.

XXIX. No sea aquí incluido todo amador, sino el muy sensible y sabio ya que éste ve la clara separación de su compuesto y sabe cómo está dividido; puesto que la razón contrasta el apetito, al apetito no obedece la razón, solamente recibe el don de concordia el hombre bestial o el perfecto entendedor.

CIII

I. Aquel alcanza todo cuanto quiere alcanzar si la voluntad iguala con el poder; no se consigue eso con el dinero pero el ignorante piensa que todo el mal quita. Entonces para tener el hombre el mayor deleite no busca con eso lo que el dinero alcanza, puesto que en más mal que en bien al hombre lanza; dentro del hombre está su bien todo cumplido.

Sobre los cuatro peldaños en que se encuentra el enamorado trovador provenzal frente a la dama (*fenhedor, pregador, entendedor* y *drutz*) véase Martín de Riquer, *Los Trovadores*, I, pp. 90-91.

Pagès (*Auzias March*, p. 366) señala la condición estoica de este poema y la posible influencia de Séneca en los vs. 16-20: "Nihilo me feliciorem credam quod mihi molle erat amiculum, quod purpura convivis meis substernetur... Nihilo miserius ero, si lassa cervix mea in manipulo foeni acquiescet...", *De vit. beat.*, XXV.

II Natura ·n l'hom   ha térmens establit
   a sos desigs,   per aquells contentar,
   e bastantment   per aquells sadollar,
   y el no sabent   ho vol en infinit.
   Guardat de fam,   de fret e de calor,
   lo cors per si   res no demanarà;
   si l'apetit   de més lo requerà,
   en lloch de bé   s'hi metrà la dolor.

III Erminis, marts   no guarden de fredor
    més que la pell   de la volp o d'anyell,
    ne cal vestir,   per calor, terçanell,
    ne son requer   llit ab molta blanor.
    Prest, sens gran cost,   és quant mester havem;
    mas l'apetit   nostre ·ns ho encareix
    tant que la fam,   com més n'havem, nos creix;
    d'alguns desigs,   complits, fastig n'avem.

IV Aquell voler   per null temps fartarem
   que passa d'hom   lo delit natural,
   e sols aquest   és lo mer sensual
   y aquell major   que d'entendre prenem.
   Quant aquests han   lo seu propi esguart,
   l'home pot dir   qu· és en lo món content:
   lladonchs lo ver   coneix l'enteniment
   y el cors, sens fam   e fastig, roman fart,

V Aquell voler   és molt menys que bastart,
  no resemblant   als qui l'han engenrat:
  sembla'ls, mas poch;   de què·l hom és torbat,
  veent d'ell fets   llançants natur· a part.
  Aquest ociu   aquells d'on l'ésser trau;
  éll és fill cert   de fals· opinió,
  matant lo cors,   destruint la raó,
  e qui·l segueix   a ell y a si desplau.

---

19 *terçanell*, cast. tercianela. Tela de seda sin brillo de cordoncillo muy grueso. El DRAE dice que procede del italiano *terzanella*. El DCVB da una forma del latín

II. Natura en el hombre ha establecido límites a sus deseos, para contentarlos, y bastantemente para saciarlos pero el ignorante lo quiere sin límites. Protegido de hambre, de frío y de calor el cuerpo de sí nada pedirá; si el apetito más requerirá en lugar de bien se le meterá el dolor.

III. Armiños, martas no protegen del frío más que la piel de la raposa o del cordero: ni hace falta vestir, por el calor, tercianela, ni se requiere lecho con mucha blandura. A punto, sin gran coste, está cuanto menester habemos, mas nuestro apetito nos lo encarece tanto como el hambre, cuanta más tenemos, nos crece; de algunos deseos, cumplidos, hastío tenemos.

IV. El querer del que jamás nos hartaremos excede el deleite natural del hombre pues sólo éste es lo puro sensual y aquel mayor que del entendimiento tomamos. Cuando estos tienen su propia consideración el hombre puede decir que está contento en el mundo: entonces la verdad conoce el entendimiento y el cuerpo, sin hambre ni fastidio, queda harto.

V. Aquel querer es mucho menos que bastardo, no pareciéndose a los que le han engendrado: se les parece, pero poco; por lo que el hombre está turbado viendo sus hechos que la natura lanza a parte. Ésta mata aquellos de donde el ser saca; él es hijo seguro de falsa opinión, matando el cuerpo, destruyendo la razón, y quien le sigue, a él y a sí desagrada.

---

medieval *tertianellu,* dim. de *tertianus.* En provenzal existe la forma tersanel 'sorte d'étoffe'.

VI Rey és tot hom: aquest lo fa esclau
    e menys de grat   aquest se fa servir
    car per aquest   l'home no pot venir
    al desijat   e fa lo que li plau.
    Ell és aquell   qui l'hom porta ·n lo món   45
    cercant la fi   que jamés trobarà,
    e fora si   jamés hi pervendrà:
    les fins d'aquest   en natura no són.

VII Per consegüent   lo meu consell yo dón:
    que vostr ·amich   ús del dinés axí: 50
    que solament   ne prenga per a si,
    tant com mester   al nessesari són,
    e lo restant   partesc· als qui no·n han
    car no·n traurà   d'aquells son propi bé,
    hoc un bé fals   que tost se'n va e ve,   55
    tal que·l pus rich   és lo més pobrejant.

VIII Avís a tots   los qui trobar volran
    lo gran delit   sens mescla de dolor:
    fugen del tot   cobejança e por,
    e, pels diners,   a llur hostal venran.   60

CIV

I Qui ne per si   ne per Déu virtuts usa,
   bé serà foll   que pena pas sens mèrit.
   On mal faents,   de llur mal fet no penen,
   los ben faents,   de ben fer no meriten.
   Ja són estats   versemblants bons, per fama,   5
   no pas en ver,   car, per fama, bé feyen
   e per llurs fets   lo món los meritava.
   No hy rest· al món   que res de bé guardone.

II Donchs lo mal hom   als hòmens ja té scusa:
   cascú pot ser   tal com son voler dicta.   10
   Tot estament   son ofici no serva

vi. Rey es todo hombre, esto lo hace esclavo y sin agradecimiento le hace servir ya que por esto el hombre no puede llegar a lo deseado y hace lo que le gusta. Él es aquél que el hombre trajo al mundo buscando el supremo fin que jamás encontrará, y fuera de sí jamás llegará allí: los fines de éste no están en la natura.

vii. Por consiguiente mi consejo yo doy: que vuestro amigo use del dinero así: que solamente tome para sí tanto como menester es para lo necesario; y lo restante reparta a los que no tienen, puesto que no sacará de él su propio bien, sí un bien falso que presto se va y viene, tal que el más rico es el más mendicante.

viii. Aviso a todos los que querrán encontrar el gran deleite sin mezcla de dolor: huyan completamente de codicia y miedo, que por el dinero a su casa vendrán.

CIV

i. Quien ni por sí ni por Dios emplea virtudes muy loco será pues pasa pena sin mérito. Donde los malhechores, de su mal acto, no penan, los bienhechores, del bien hacer, no meritan. Ya son considerados verosímilmente buenos, por la fama, no en verdad, ya que por la fama hacían el bien y por sus hechos el mundo les recompensaba: no queda en el mundo quien cosa de bien galardone.

ii. Entonces el mal hombre ya tiene excusa con los hombres: cada uno puede ser tal como su voluntad le dicta; todo estamento no cumple su oficio, no sé los

no·m sé ·ls prelats,   (perdon-me Déu com dubte),
papes e reys   fins al estat pus minve,
fan lo que·ls plau,   mas no pas lo que volen.
Déu, amador   d'intenció primera,   15
és colt y honrat   d'intenció segona.

III Dret natural   és que la prima causa
en nostr· amor   les altres preceesca,
e quant se fa   se faça per aquella,
e no vullam   aquella per les altres.   20
Ella ·s la fi   de nós e lo principi,
en ella, és,   més qu·en nós, lo nostr· ésser;
nós, ignorants,   regiram aquest orde
car Déu volem   no per si, mas per altre.

IV Déu no pregam   ardentment, sinó ·n pressa   25
e quant volem   gràcia d'Éll atènyer;
e som tan pechs   que·ns pensam Ell nos oja,
e nostres prechs   ab gran dret nos condampnen,
puys no havem   l'intenció primera
en Ell, y, aprés,   a nós e nostres coses.   30
A nostres prechs   Ell ou d'orella sorda,
e no·ns partim   davant Ell menys de colpa.

V No·m maravell   si·ls fets de Déu s'ignoren,
com los morals,   qui són clars, escurs paren;
llur fonament   és en nostres ventresques,   35
per què no·ns cal   escartejar molts llibres.
Si a travers   la fusta v· a la roca,
raó serà   puys naucher no la guia.
Si per virtuts   los hòmens no·s adrecen,
¿què pendran, donchs,   per forma de llur viure?   40

15-16 Pagès (*Auziàs March*, 382): "Ces expressions sont de saint Thomas (S. Th., I-II, 1,6)". Bohigas (*Poesies*): "*Primera* i *segona intenció* són termes de la nomenclatura filosòfica lul·liana; primera intenció es la intenció

prelados, perdóneme Dios cuando dudo. Papas y reyes hasta la condición más mínima, hacen lo que les place, mas no lo que deben. Dios, amador de intención primera, es venerado y honrado en segunda intención.

III. Es de derecho natural que la Primera Causa en nuestro amor a las otras preceda, y cuanto se hace se haga por ella y no queramos a ella por las otras. Ella es para nosotros el fin y el principio, en ella está, más que en nosotros, nuestro ser; nosotros, ignorantes, cambiamos este orden, ya que a Dios queremos no por sí mas por otra [causa].

IV. No rogamos a Dios ardientemente sino con prisa y cundo queremos alcanzar la gracia de Él; y somos tan necios que pensamos que Él nos escuche pero nuestras preces con gran razón nos condenan. Pues no tenemos la intención primera en Él sino en nosotros y nuestras cosas. Nuestras preces Él oye con oreja sorda, y no vamos delante de Él sin culpa.

V. No me maravillo si los hechos de Dios se ignoran, cuando los morales, que están claros, oscuros parecen; su fundamento está en nuestros vientres, para lo que no es necesario hojear muchos libros. Si a deriva la nave va a la roca, razón hay pues el patrón no la guía. Si por las virtudes los hombres no se enderezan, ¿qué tomarán, entonces, por norma de su vida?

---

  recta que guia els actes humans a llur veritable fi; segona intenció és l'objecte interessat que mou aquells. L'home, obrant per segona intenció, s'aparta del bon camí que Déu ha assenyalat".
37 *fusta,* véase LXXXII, 1.

VI Si Déu no fos ne lo món donàs premis,
    per si mateix hom deu fer bones obres
    car en ben fer lo bon hom se delita
    e l'home reb de sa bon· obra paga.
    Mas qui en Déu ne·n si no·s glorieja,   45
    mas vol haver honor, glòria, fama,
    foll és penssant que fent bé les atenga
    e si no sab que treball no merexen.

VII Segurs de Déu són de llurs crims los hòmens
    en aquest món, puys càstich no se'n mostra,   50
    e ja los reys los potents no castiguen
    perquè ·ls han ops y en part alguna ·ls dupten.
    Sí com lo llop la ovella devora,
    e lo gran tor, segur d'ell, peix les herbes,
    axí los reys los pobres executen   55
    e no aquells havents en les mans ungles.

VIII No roman sol la colpa en los prínceps,
    mas en aquells qui en mal fer los insten;
    ells ja són mals, y en mal fer los enclinen
    per llur profit o per causa d'enveja.   60
    De nós mateixs pren lo mal causa prima,
    qui·ns fem senyors, ab lo poder del príncep,
    encontr· aquells qui·ns són pars e ·guals frares,
    per fer-nos grans d'honor e de riqueses.

IX Dobl· animal és l'hom y els altres simples,   65
    per ço com són en ell dues natures;
    si del que fa no·n complau al menys una,
    del tot és foll que de natura isqua:
    si no complau a la part raonable
    o l'apetit, sol c· altre no·n dampnege.   70
    Foll és del tot, si·n bé fer se turmenta
    per haver ço que·l món als bons denega.

X   Tals com aquells qui per la mar navegen
    són desviats si·ls fall la tremuntana,
    e van en lloch on la ventura ·ls ·porta,   75

VI. Aunque Dios no existiese ni el mundo diese premios, por sí mismo el hombre debe hacer obras buenas, ya que en bien hacer el hombre bueno se deleita y el hombre recibe paga de su buena obra. Mas quien en Dios ni en sí no se glorifica sino que quiere tener honor, gloria y fama, está loco pensando que haciendo bien los alcance y si no sabe que no merecen esfuerzo.

VII. Impunes ante Dios están los hombres por sus crímenes en este mundo, pues el castigo no se manifiesta, y ya los reyes a los poderosos no castigan porque los han menester y en ninguna parte lo dudan. Así como el lobo devora la oveja, pero el gran toro, seguro de él, pace las hierbas, así los reyes a los pobres ejecutan y no a los que tienen uñas en los dedos.

VIII. No queda solo la culpa en los príncipes sino en los que a hacer mal los instan; ellos ya son malos y a hacer mal los inclinan por su provecho o por causa de envidia. De nosotros mismos toma el mal la causa primera, pues nos hacemos señores, con el poder del príncipe, en contra los que nos son pares e iguales hermanos, para hacernos grandes en honor y riquezas.

IX. Doble animal es el hombre y los otros simples, por lo que hay en él dos naturas; si de lo que hace no complace al menos una, está completamente loco que de natura salga: si no complace a la parte racional o el apetito, sólo que a la otra no dañe. Está completamente loco, si en hacer bien se atormenta por tener lo que el mundo a los buenos niega.

X. Tales como los que por la mar navegan son desviados si les falla la tramontana, pues van al lugar donde la ventura les lleva, son en el mundo los hombres

són en lo món los hòmens qu·en ell viuen,
puys la virtut no tenen per ensenya:
cascú va lla on l'apetit lo porta.
Qui contrafà és foll que s'atribule,
puix que no sab causa per qui treballe. 80

XI ¡O Déu! ¿Per què los qui·n lo món tribulen
y el que volran per null temps aconsiguen,
y, aconseguit, llur voler més desija,
sí que jamés fam se part de llur ventre?
¿Com ne per què no demanen ab cuyta 85
si res pot ser de què l'hom se contente?
Sabran que och e veuran qui·ls engana,
e contra si com per tots temps treballen.

XII Per acabat foll se tenrà ·l pus savi;
de son defalt haurà més conexença, 90
penedint-sé, donant-se a carnatge,
servint aquell que no sab d'on devalla.
D'opinió falssa pren lo seu ésser;
pres-la ·n descuyt, no és lo qui·s pensava.
Fama y diners cuydà que virtuts fossen; 95
los folls les han e savis les pledejen.

XIII Res no és bo que·l mal hom posseesca,
e com honors los mals hòmens atenguen,
los hòmens bons ab fam no les demanen,
e, majorment, penssant los qui les donen. 100
Foll és aquell qui·l do del foll molt prea
car ja no ha d'aquell do la estima;
a la final, diferença no ·s molta
entre aquells qui vanes cosses volen.

XIV La bona honor al bon hom no contenta 105
car lo bon hom en son acte ·s delita,
no en l'honor del qui li's agenolla.
Si honor és bé, en aquell és qui honra,
e no·n l'honrat, mas lo seu bé senyala,
e si no hy és, honor folla ·s aquella 110

que en él viven, pues la virtud no tienen por enseña: cada uno va allá donde el apetito le lleva. Quien hace lo contrario es loco que se atribule pues que no sabe la causa por la que trabaja.

XI. ¡Oh Dios! ¿Por qué los que en el mundo tribulan y lo que querrán nunca consiguen y, conseguido, su voluntad más desea, así que jamás el hambre se aparta de su vientre, como ni por qué no piden con premura si cosa puede ser de que el hombre se contente? Sabrán que sí y verán quien los engaña y cómo contra sí siempre trabajan.

XII. Por rematadamente loco se tendrá el más sabio: de su falta tendrá más conocimiento, arrepintiéndose, dándose a lo carnal, sirviendo aquel que no sabe de donde cae. Opinión falsa toma su ser, tómala con descuido, no es lo que se pensaba. Fama y dineros creyó que fuesen virtudes; los locos los tienen, pero los sabios los discuten.

XIII. No hay cosa buena que el hombre malo posea, y cuando los honores hombres malos los alcanzan, los hombres buenos con hambre no los piden y, mayormente, pensando en los que los dan. Loco es aquel que el don del loco mucho aprecia ya que no tiene la estimación de ese don: al final, no es mucha la diferencia entre los que cosas vanas quieren.

XIV. El buen honor al hombre bueno no contenta ya que el hombre bueno en su acción se deleita, no en el honor del que se le arrodilla. Si el honor está bien es en aquel que honra y no en el que es honrado, mas su bien muestra; y si no es, loco honor es aquel que

que lo bon hom   de tot en tot menysprea:
No pens ser bo   qui·n tal bé ·s glorieja.

XV Gran raó ·m par   que Déu nos avorresca,
puys lo perdem   per Déu qui no ·s en ésser.
Quant los gentils   los llurs déus adoraven   115
en llur error   havien gran escusa,
veent aquells   ab l'ull, no sol de penssa,
e versemblants   que·ls parien miracles.
Ar· adoram   déus d'opinió falssa,
durant aytant   com los trigam conèxer.   120

XVI A la virtut   cuydam fer sacrifici
quant la honor   havem en reverença,
e no sabem   d'on fals honor pren força,
e ignoram   d'on ver· honor pren forma.
Tota honor   nos sembla que·s deu colre,   125
ne los sabents   més del entendre passen
car fan honor   als qui no la merexen;
tots som eguals   al que defora ·s mostra.

XVII Afecció   y enveg· als bons guerregen,
enemichs són   d'honor e fama bones,   130
e l'ignorant   en qui ver juí ·s gasta.
¿Qui serà ·quell   qui de llurs mans escape?
Més són, però,   los qui d'honor mal tracten
que tots aquells   qui la fama varien:
al viciós   pus tost l'és honor dada   135
que lo dolent   de fama no triumfa.

XVIII No solament   als pechs, qui res no ·ntenen
mas a quants som   l'ull nostre ·s enfalaga,
sí que veent   los favorits hom honra
e tol recort,   com no són molt colpables   140
qui per llegs fets   són muntats a domini.
Honra·ls l'estat   més que lleig fet no·ls lleva.
Donchs, ¿qui ·s lo foll   qui per honor bé faça
puys la honor   per bé fer no s'atenga?

el hombre bueno completamente menosprecia. No creo que es bueno quien de tal bien se gloria.

XV. Gran razón me parece para que Dios nos aborrezca pues le perdemos por un dios inexistente. Cuando los gentiles sus dioses adoraban en su error tenían gran excusa, viéndolos con la mirada, no solamente con el pensamiento, y verosímiles que les parecían milagros. Ahora adoran dioses de opinión falsa que duran tanto como tardamos en conocerlos.

XVI. A la virtud procuramos hacer sacrificios cuando al honor hacemos reverencia pero no sabemos de donde el falso honor toma fuerza e ignoramos de donde el verdadero honor toma forma. Todo honor nos parece que se debe venerar, ni los más sabios del entendimiento se excluyen puesto que hacen honor a los que no lo merecen: todos somos iguales al que por fuera se muestra.

XVII. Afección y envidia a los buenos guerrean, enemigos son del buen honor y de la fama, y el ignorante en el verdadero juicio se consume. ¿Quién será el que de sus manos se escape? Más son, sin embargo, los que el honor mal tratan que todos aquellos que la fama cambian; al vicioso más presto le es dado el honor pues el malo de fama no triunfa.

XVIII. No solamente a los necios, que no entienden nada, mas a cuantos somos nuestros ojos nos halagan, así que viendo a los favorecidos el hombre honra, y olvida cuando no son muy culpables los que por hechos feos son conocidos de todos. El estado los honra por más que el hecho feo no les quita. Entonces, ¿quién es el loco que por honor bien haga pues el honor por hacer bien no se obtenga?

XIX Ignorantment   al món alguns bé obren   145
     per no saber   lo qui·ls ne dóna causa;
     altres no tant,   mas pegament bé usen,
     faents per tal   que llur ben fer se perden.
     Los primers són   tenguts molt a natura,
     qui·ls fa ben fer,   per moviment qui·ls dóna. 150
     Los altres són   vers Déu e si colpables:
     infern, vivint   e pres mort, posseexen.

XX   Fàstig ha Déu   de qui·l món no té ·n fàstig,
     e del qui·l ha,   si d'aquell no s'aparta.
     No solament   és lluny qui ·s en l'armita,   155
     mas tots aquells   qui del barbull se llunyen.
     Lladre és vist   qui ab lladres pratica;
     superbiós,   qui per honor treballa;
     avar, aquell   qui ab diners se bolca:
     lo lloch on és   lo mostra ser colpable.   160

XXI Diners, honor,   no·s han per bones vies,
     tants són los mals   qui per aquells treballen.
     Qui bonament   en aquest món pratica,
     no pot muntar   per los mals qui·l empachen.
     Qui regiment   vol, de ben fer no·s alta,   165
     o és grosser,   no sabent què s'hi usa.
     A mal a fer   lo camí pla no·ns porta;
     per nous camins   hi van y estranyes sendes.

XXII Si·l hom hagués   per lleig fet vituperi,
     ¿què farà ·quell   cavaller sodomita,   170
     havent pres grau   d'excel·lent viril home,
     y aquell jaqueix   volent costum de fembra?
     D'alguns sabem   aquest pecat horrible;
     no·n veig senyal   c· honor los sia tolta.
     Qui no la tol   de on tolta deu ésser,   175
     no la darà   en part on se meresca.

169-184 Sobre este ataque a los sodomitas, véase las pp. 27-28
de la Introducción. Es curiosa la púdica traducción de
Romaní de estos versos.

XIX. Ignorantemente en el mundo algunos obran bien por no saber lo que les da causa; otros no tanto, mas zafiamente emplean el bien, haciéndolo tal que su bien hacer pierden. Los primeros están muy sujetados a natura, que le hace hacer bien, por el impulso que les da. Los otros son ante Dios y ante sí culpables; el infierno, en vida y después de la muerte, ganan.

XX. Aborrecimiento tiene Dios de quien no tiene aborrecimiento del mundo, y de quien lo tiene, si de él no se aparta. No solamente está lejos quien está en la ermita, sino todos los que del barullo se alejan. Ladrón es considerado quien con ladrones trata; soberbioso, quien por el honor se afana; avaro, el que con dineros se envuelve: el lugar donde está lo muestra ser culpable.

XXI. Dineros, honores no se obtienen por buenos caminos, tantos son los malos que por ellos se afanan. Quien buenamente en este mundo actúa no puede elevarse a causa de los malos que se lo impiden. Quien gobernar quiere de actuar bien no se complace, o es grosero no sabiendo lo que allí se usa. A mal actuar el camino llano no nos lleva; por nuevos caminos van allí y por extrañas sendas.

XXII. Si el hombre tuviera para el hecho feo vituperio ¿qué hará aquel caballero sodomita, habiendo conseguido condición de excelente hombre viril, que él renuncia, queriendo costumbre femenina? De algunos sabemos este pecado horrible; no veo señal de que el honor les sea quitado. Quien no lo quita de donde debe ser quitado no lo dará en parte donde se merezca.

XXIII Ja no és crim   que la honor rebuge,
       e ja molt menys   en hòmens qu·en les fembres,
       ans fa senyal   un poch pecat en elles
       que lo major   que·s pot fer en los hòmens.   180
       Açò sdevé   perquè·ls hòmens són jutges,
       passants dolor   del crim qu· elles més toca;
       amant a sy,   lo mal d'altr· encarexen,
       e simples fan   llurs fets abominables.

XXIV   Reptar no cal   de llurs vicis les dones   185
       car de aquells   natura· n pren lo càrrech.
       Qui no entèn   e passió lo força,
       de son bé y mal   natura és maestra.
       Los tres pilars   on lo bé d'hom s'asenta,
       ésser no pot   qu·en elles se recolzen: 190
       llur fonament   deu ésser la prudença
       e lo nom sol   a elles par salvatge.

XXV   Als qui poder   e saber han d'apendre
       e de ben fer   per favor de natura,
       encontra d'ells   Déu pogra fer miracle   195
       com, en pecar,   de la natura ixen.
       Simplament l'hom   contra natura peca
       en tot pecat,   puys a raó repugna;
       de tot en tot   a sa natura ·s contra,
       com en pecar   trespassa d'hom los térmens.   200

XXVI   Yo guart lo cel   e no veig venir flames
       per abrassar   la sodomita secta.
       ¿On és lo temps   que Tu prenies venge
       de tots aquells   qui natura ofenien?
       Mire lo cel   quant plourà la justícia   205
       qu·en temps passat   entre nós habitava,
       e no veig res   que d'aquest lloch devalle:
       en fe roman   tot quant de Tu s'espera.

---

189 *Los tres pilars* son justicia, fortaleza y templanza y la prudencia, la primera, que cita en el v. 191. Las cuatro virtudes cardinales.

XXIII. Ya no es crimen que el honor se menosprecie, y ya mucho menos en hombres que en las hembras: antes se manifiesta un pecadillo de ellas que el mayor que se puede hacer en los hombres. Eso ocurre porque los hombres son jueces, sintiendo el dolor del crimen que a ellas más atañe; amándose a sí, el mal del otro encarecen, y hacen simples sus abominables hechos.

XXIV. No es preciso reprender a las mujeres por sus vicios puesto que de ellos natura toma el cargo; que quien no entiende y la pasión le fuerza de su bien y mal la natura es dueña. Los tres pilares donde el bien del hombre se asienta no puede ser que en ellas se apoyen: su fundamento debe ser la prudencia y el solo nombre les parece salvaje.

XXV. A los que tienen poder y saber para aprender y hacer bien por favor de natura, en contra de ellos Dios pudiera hacer un milagro cuando, al pecar, de la natura se aparten. Simplemente el hombre contra natura peca plenamente, pues a la razón repugna; absolutamente está contra su natura cuando al pecar el hombre traspasa los límites.

XXVI. Yo miro el cielo y no veo caer llamas para abrasar la secta sodomita. ¿Dónde está el tiempo que Tú tomabas venganza de todos aquellos que natura ofendían? Miro el cielo cuando lloverá la justicia que en tiempos pasados entre nosotros habitaba, y no veo nada que de ese lugar descienda; en fe queda todo cuanto de Ti se espera.

201-202 Alude a la destrucción de Sodoma y Gomorra por la lluvia de azufre y fuego que mandó Jehová para acabar con los sodomitas. *Génesis,* XIX.

XXVII ¡O senyor Déu!   ¿E quant serà que·t mostres?
       Ja tarda molt   com del mal hom no·t venges.   210
       Yo són ben cert   que dellà ço esperes,
       mas en lo món   bé ·m sembla que·t mostrases.
       Vulles haver   pietat del bon poble;
       poneix aquells   sients alt en cadira,
       qui del anyell   volen la carn e llana   215
       e són consents   que feres los devoren.

XXVIII Si dels estrems   los hòmens no s'espanten,
       vicis comuns   casi ·n virtuts s'enpenyen:
       ja los avars   passen per hòmens savis,
       los cavallers   per mercaders s'espachen,   220
       e los covarts   llur grau d'honor no perden.
       Per bé que·l nom   en los pits d'hom romanga
       als propris fets   enteniment no·s troba,
       sí per aquells   per on diners s'ajusten.

XXIX   No ·s deshonrat   per ser avar lo jove   225
       e que passàs   Tantalús en cobea;
       si és dispost   en ser franch, essent pròdich,
       ja li nourà,   si tracta matrimoni.
       Vell, ignocent   de bé, mas de mals apte,
       luxuriós,   cubert e ple de pompa,   230
       no pert honor,   n· entre los pechs sa fama.
       ¿Qui són aquells   sabents quin deu l'hom ésser?

XXX   ¿Què pot valer   hom qu· endignat no sia
       encontr· aquells   qui en lo món triunfen,
       veent-los folls,   grossers e plens de vicis,   235
       e tot llur bé   los ve per artivença?
       No·n sé algú   qui·l món tant lo rebuge
       que· l'enderroch,   puys no sentint no·s canssa.
       maldit jutjat   pot ser, mas no l'empachen:
       al atrevit   lo món camí ly obre.   240

226 *Tantalús*, véase XXXI, 42.

XXVII. ¡Oh señor Dios! ¿Y cuándo será que te muestres? Ya tarda mucho cuando del mal hombre no te vengas. Yo estoy muy seguro que allá Tú lo esperas mas en el mundo bien me parecería que te mostrases. Quieras tener piedad del pueblo bueno; castiga a los que se sientan en elevada silla, que del cordero quieren la carne y la lana y son consentidores que fieras los devoren.

XXVIII. Si de los extremos los hombres no se espantan, los vicios comunes casi en virtudes se convierten: ya los avaros pasan por hombres sabios, los caballeros se asocian con mercaderes y los cobardes su condición honorable no pierden, por bien que el nombre en los pechos del hombre permanezca. A los propios hechos entendimiento no se encuentra, sí en aquellos por donde los dineros se juntan.

XXIX. No es deshonrado el joven por ser avaro aunque sobrepasase a Tántalo en codicia; si está dispuesto a ser franco, siendo pródigo, ya le dañará, si trata matrimonio. Viejo, ignorante del bien pero apto de males, lujurioso, cubierto y lleno de pompa, no pierde el honor, su fama entre los necios. ¿Quiénes son aquellos que saben qué debe ser el hombre?

XXX. ¿Qué puede valer el hombre que no esté indignado en contra de aquellos que en el mundo triunfan viéndolos locos, groseros y llenos de vicios, pues todo su bien por atrevimiento les llega? No sé de nadie que el mundo tanto lo menosprecie que lo derribe, pues no sintiendo, no se cansa. Maldecido, juzgado puede ser, mas no le turban: al atrevido el mundo camino le abre.

XXXI   Pels mals mijans   lo món sa favor dóna,
       y, en son despit,   los atrevits s'avancen;
       són avorrits,   e casi ·l món los dubta:
       lloch té cascú   en lo món on s'alloga.
       No hy és raó   l'ordenador al seure,   245
       ne hy seurà ·lgú   si espera bon orde;
       no contrafà   la taula de Peruça:
       orde no hy és,   mas error sempiterna.

XXXII Rey no regeix   ne·ls pobles obeexen;
       no sé qui és   pus colpable al altre;   250
       degun estat   a l'altre no impugne
       car no ·s algú   que sa fi no·s desvie.
       Si algun hom   és qui la regla rompa,
       tan poca part   al tot punt no altera;
       ab tot açò   resta la regla ferma: 255
       un oronell   l'estiu no denuncia.

XXXIII ¡O gent del món!   Obriu los ulls per veure
       com no és ver   lo que veritat sembla,
       e que honors,   la glòria o fama,
       per les virtuts   per null temps s'atengueren. 260
       Lo cobejós,   cruel, fenyt, ple de pompa,
       astuciós,   inportú, sens Déu tembre,
       aquest aytal   les gents per déu adoren,
       elles semblant   que font de virtuts mane.

XXXIV L'hom que virtut   ab sol entendre toca   265
       y en algun tant,   per glòria consegre,
       és conexent   e la favor menysprea,
       veent los folls   com en aquell· atenyen;
       no és tan bo,   que si los bons l'havien
       no la volgués   ab raonable stima;   270
       no és tan foll   qu·en estrem la cobege.
       L'entendre ha,   mas a virtut no basta.

---

247 *taula de Peruça*, la Tabla de Prusia, donde se sentaban
    los caballeros teutónicos que habían luchado por el cris-
    tianismo en la Europa oriental y contra los turcos.
    A. Pagès, *La "Table de Prusse" et l'Ordre Teutonique*

XXXI. Por malos medios da el mundo su favor y, a su despecho, los atrevidos avanzan; son aborrecidos y casi los duda el mundo; lugar tiene cada uno en el mundo donde se aloja. No es la razón el ordenador que los sitúa, ni allí situará nadie si espera el buen orden; no imita la mesa de Perusa: orden no hay sino error sempiterno.

XXXII. El rey no gobierna ni los pueblos obedecen; no sé quien es más culpable al otro; ningún estado no impugne al otro puesto que no hay nadie que de su fin no se desvíe. Si alguien hay que la regla rompa, tan poca parte al todo nada altera; con todo eso queda la regla firme: una golondrina el verano no anuncia.

XXXIII. ¡Oh gente del mundo! Abrid los ojos para ver cómo no es verdad lo que verdad parece y que honores, la gloria o fama con las virtudes jamás se alcanzaron. El codicioso, cruel, hinchado, lleno de pompa, astuto, importuno, sin temer a Dios, a éste tal las gentes por dios adoran, pareciéndoles fuente que mane virtudes.

XXXIV. El hombre que a la virtud llega con sólo el entendimiento y en algún tanto gloria alcanza, es sabio y el favor menosprecia, viendo los locos con que la alcanzan; no es tan buena, pues si los buenos la tenían no lo quisieran con razonable estima; no es tan loco que la codicie en extremo. El entendimiento tiene, mas a virtud no alcanza.

---

dans l'ancienne littérature catalane, en *Romania,* LXII, 1936, pp. 242-245. Véase también Bohigas, *Poesies,* notas a este verso.
256 Refrán.

XXXV ¡O quant són pochs   qui de general regla
sàpien fer   als fets singulars regles
e aplicar   aquelles a la vida   275
e fer juís   incerts e necessaris!
Tots los juís   que ·s fan entre los hòmens,
afecció   la sentència ordena,
d'on tinch per foll   qui en glòria ·s munta
per lo juí   qui tal jutge la done.   280

XXXVI Caus· han les gents   d'esta error comuna,
puys en lo món   tal enteniment troben;
ans de haver   del ver la conexença,
han engenrats   hàbits dels mals conceptes.
No ha molt fet   qui ·n conexença basta,   285
mas lo qui·l ha,   que la part bona prenga;
als hòmens flachs   par obra impossible,
per c· ab ull flach   miren cosa difícil.

CV

[CANT ESPIRITUAL]

I Puys que sens Tu   algú a Tu no basta,
dóna'm la mà   o pels cabells me lleva;
si no estench   la mia ·nvers la tua,
casi forçat   a Tu mateix me tira.
Yo vull anar   envers Tu al encontre;   5
no sé per què   no faç lo que volria,
puys yo són cert   haver voluntat franca
e no sé què   aquest voler m'enpacha.

---

276 *juís incerts e necessaris*. La interpretación presenta dificultad. Para Bohigas (*Poesies*): "judicis dubtosos i judicis segurs". Las ediciones IV y V dan la variante "*molt certs*". Creo, quizá, que puede traducirse como "juicios ignorados, no sabidos y necesarios".
El ms. K titula este poema *Oratio a Deu*. La edición bilingüe de Romaní *Cantica spiritual*, la edición IV *Canto spiritual* y la V *Cant spiritual*, como es cono-

xxxv. ¡Oh cuán pocos son los que de regla general sepan hacer singulares reglas a los hechos, y aplicarlas a la vida y hacer juicios ignorados y necesarios! Todos los juicios que se hacen entre los hombres la afección ordena la sentencia, de donde tengo por loco a quien se cree en la gloria por el juicio que tal juez le da.

xxxvi. Causa tienen las gentes de este error común, pues en el mundo tal conocimiento encuentran; antes de tener el conocimiento de la verdad, han engendrado hábitos de los malos conceptos. No ha hecho mucho quien en conocimiento se basta, mas quien lo tiene que tome la buena parte; a los hombres débiles parece obra imposible porque con mirada débil miran cosa difícil.

CV

1. Pues que sin Ti nadie Te alcanza, dame la mano o levántame por los cabellos; si no extiendo la mía hacia la tuya casi forzado tira de mí hacia Ti mismo. Quiero ir hacia Ti al encuentro; no sé por qué no hago lo que querría, pues seguro estoy de tener la voluntad franca y no sé qué me impide este deseo.

---

cida. Pagès, en su edición, lo tituló *Pregaria a Déu*. Indudablemente tiene más de plegaria desgarrada a Dios que de canto espiritual. Pensemos en el de San Juan de la Cruz. Lo mismo que decimos de este poema de Ausias March cabe para el extraordinario *Cant espiritual* de Joan Maragall que tanto tuvo en cuenta el del poeta valenciano, aunque su plegaria era su temor a la muerte y su amor apasionado a la tierra.

II Llevar mi vull   e prou no mi esforce:
    ço fa lo pes   de mes terribles colpes;   10
    ans que la mort   lo procès a mi cloga,
    plàcia't, Déu,   puys teu vull ser, que·hu vulles;
    fes que ta sanch   mon cor dur amollesca:
    de semblant mal   guarí ella molts altres.
    Ja lo tardar   ta ira ·m denuncia;   15
    ta pietat   no troba ·n mi què obre.

III Tan clarament   en l'entendre no peque
    com lo voler   he carregat de colpa.
    ¡Ajuda'm, Déu!   Mas follament te prege
    car Tu no vals   sinó al qui·s ajuda,   20
    e tots aquells   qui a Tu se apleguen
    no·ls pots fallir,   e mostren-ho tos braços.
    ¿Què faré yo,   que no meresch m'ajudes
    car tant com puch   conech que no·m esforce?

IV Perdona mi   si follament te parle.   25
    De passió   partexen mes paraules.
    Yo sent paor   d'infern, al qual faç via;
    girar-la vull   e no hy disponch mos passos.
    Mas yo·m recort   que meritist lo Lladre:
    tant quant hom veu   no hy bastaven ses obres.   30
    Ton spirit   lla on li plau spira:
    com ne per què   no sab qui en carn visca.

V   Ab tot que só   mal crestià per obra,
    ira no·t tinc   ne de res no t'encolpe;
    yo són tot cert   que per tostemps bé obres.   35
    e fas tant bé   donant mort com la vida.
    Tot és egual   quant surt de ta potença,
    d'on tinch per foll   qui vers Tu ·s vol irèxer.
    Amor de mal   e de bé ignorança
    és la raó   que·ls hòmens no·t conexen.   40

---

11 Pagès (*Auzias March*, p. 387), basándose en este verso,
   considera escrita esta composición en los años finales
   del poeta.
29 *lo Lladre*, el Buen Ladrón.

II. Alzarme quiero y no me esfuerzo bastante en ello; esto lo causa el peso de mis terribles culpas; antes que la muerte el proceso me cierre, plázcate, Dios, pues quiero ser tuyo, que lo quieras; haz que tu sangre ablandezca mi duro corazón: ella sanó de semejante mal a otros muchos. Ya la demora me denuncia tu ira; tu piedad no encuentro que obre en mí.

III. Tan claramente no peco con el entendimiento como he cargado de culpa la voluntad. ¡Ayúdame, Dios! Pero locamente te ruego pues Tú no auxilias sino a quien se ayuda y a todos aquellos que se allegan a Ti no les puedes desamparar y muéstranlo tus brazos. ¿Qué haré yo, que no merezco que me ayudes, porque sé que no me esfuerzo tanto como puedo?

IV. Perdóname si te hablo locamente. Apasionadamente surgen mis palabras. Siento pavor del infierno, hacia el cual hago camino; dar vuelta quiero y no dispongo mis pasos para ello. Pero me acuerdo que favoreciste al Ladrón; hasta donde sabemos no le bastaban sus obras; tu espíritu alienta allá donde le place, cómo ni por qué no lo sabe quien en carne vive.

V. Aunque por conducta soy mal cristiano, no te tengo ira ni te culpo de nada; completamente seguro estoy que siempre obras bien y haces tanto bien dando la muerte como la vida: todo es igual cuanto sale de de tu potencia, por lo que tengo por loco quien hacia Ti quiere airarse. Amor al mal e ignorancia del bien es la razón por la que no te conocen los hombres.

31-32 "El viento de donde quiere sopla, y oyes su sonido mas ni sabes de donde viene, ni a donde vaya: así es todo aquel que es nacido del Espíritu." *San Juan*, III, 8.

VI A Tu deman   que lo cor m'enfortesques
    sí que·l voler   ab ta voluntat lligue;
    e, puys que sé   que lo món no·m profita,
    dóna'm esforç   que del tot l'abandone,
    e lo delit   que·l bon hom de Tu gusta   45
    fes-me'n sentir   una poca sentilla
    perquè ma carn,   qui·m està molt rebel·le,
    haj· afalach,   que del tot no·m contraste.

VII Ajuda'm, Déu,   que sens Tu no·m puch moure,
     perquè·l meu cors   és més que paralítich.   50
     Tant són en mi   envellits los mals hàbits
     que la virtut   al gustar m'és amarga.
     ¡O Déu, mercè!   Revolta'm ma natura,
     que mala és   per la mia gran colpa;
     e, si per mort   yo puch rembre ma falta,   55
     esta serà   ma dolça penitença.

VIII Yo tem a Tu   més que no·t só amable
      e davant Tu   confés la colp· aquesta;
      torbada és   la mia esperança
      e dintre mi   sent terrible baralla.   60
      Yo veig a Tu   just e misericorde;
      veig ton voler   qui sens mèrits gracia;
      dónes e tols   de grat lo do sens mèrits.
      ¿Qual és tant just,   quant més yo, que no tema?

IX Si Job lo just   por de Déu l'opremia,   65
    ¿què faré yo   que dins les colpes nade?
    Com pens d'infern   que temps no s'hi esmenta,
    lla és mostrat   tot quant sentiments temen.
    L'arma, qui és   contemplar Déu eleta,
    encontr· Aquell,   blasfemant, se rebel·la;   70
    no és en hòm   de tan gran mal estima.
    Donchs, ¿com està   qui vers tal part camina?

X Prech-te, Senyor,   que la vida ·m abreuges
   ans que pejors   cassos a mi ·nseguesquen;
   en dolor visch   faent vida perverssa,   75

VI. A Ti te pido que me fortalezcas el corazón, para que mi voluntad con tu voluntad se ate, y pues que sé que el mundo no me aprovecha, dame el esfuerzo para que del todo lo abandone, y del deleite que el hombre bueno gusta de Ti, hazme sentir una poca chispa para que mi carne, que me es muy rebelde, sienta halago y del todo no se me enfrente.

VII. ¡Ayúdame, Dios, pues sin Ti no puedo moverme, porque mi cuerpo está más que paralítico! Tan envejecidos están en mí los malos hábitos que la virtud me es amarga al probarla. ¡Oh Dios, piedad! Cambia mi condición, que es mala por mi gran culpa, y si por la muerte puedo remediar mi falta, ésta será mi dulce penitencia.

VIII. Yo te temo más de lo que te amo, y delante de Ti confieso esta culpa; turbada está mi esperanza y dentro de mí siento terrible lucha. Te veo justo y misericordioso, vea tu voluntad que, sin méritos, agracia; das y quitas con gusto el don sin méritos. ¿Quién es el tan justo, cuanto más yo, que no tema?

IX. Si al justo Job el temor de Dios le oprimía ¿qué haré yo que nado en las culpas? Cuando pienso en el infierno donde el tiempo no se nombra, se muestra todo cuanto temen los sentimientos. El alma, que está escogida para contemplar a Dios, contra Él, blasfemando, se rebela; no está en el hombre la estimación de tan gran mal. Entonces, ¿cómo está quien hacia tal parte camina?

X. Te ruego, Señor, que me abrevies la vida antes que casos peores me sucedan; vivo en dolor haciendo vida perversa, y temo del más allá la muerte para siem-

e tem dellà   la mort per tostemps llonga.
Donchs, mal deçà   e dellà mal sens terme.
Pren-me al punt   que millor en mi trobes;
lo detardar   no sé a què·m servesca;
no té repós   lo qui té fer viatge.   80

XI   Yo·m dolch perquè   tant com vull no·m puch
[dolre
del infinit   dampnatge, lo qual dubte,
e tal dolor   no la recull natura,
ne·s pot asmar   e menys sentir pot l'home.
E, donchs, açò   sembl· a mi flaca scusa   85
com de mon dan,   tant com és, no·m espante;
si·l cel demant   no li dó basta stima;
fretura pas   de por e d'esperança.

XII   Per bé que Tu   iracible t'amostres,
ço és defalt   de nostra ignorança;   90
lo teu voler   tostemps guarda clemença,
ton semblant mal   és bé inestimable.
Perdona'm, Déu,   si·t he donada colpa
car yo confés   ésser aquell colpable;
ab ull de carn   he fets los teus judicis: 95
vulles dar llum   a la vista de l'arma!

XIII   Lo meu voler   al teu és molt contrari,
e·m só ·nemich   penssant-me amich ésser.
¡Ajuda'm, Déu,   puys me veus en tal pressa!
Yo·m desesper   si los mèrits meus guardes;   100
yo·m enug molt   la vida com allongue,
e dubte molt   que aquella fenesca;
en dolor visch   car mon desig no ·s ferma
e ja en mi   alterat és l'arbitre.

XIV   Tu est la fi   on totes fins termenen   105
e no és fi   si en Tu no termena;

105-109 "Saint Thomas explique en quel sens le nom de Dieu
peut être attribué aux créatures: 'Est nihilominus com-
municabile hoc nomen, *Deus*, non secundum suam
totam significationem, sed secundum aliquid ejus per
quamdam similitudinem, ut dii dicantur qui participant

pre eterna. Entonces, mal acá y mal más allá sin término. Tómame en el instante que mejor me encuentres; la dilación no sé para que me sirva: no tiene reposo el que tiene que emprender viaje.

XI. Me duelo porque no me puedo doler tanto como quiero del infinito daño, del cual dudo; y tal dolor natura no lo acoge, ni se puede calcular y menos puede sentirlo el hombre. Y, pues esto me parece débil excusa, cuando de mi daño, tanto como es, no me espanto; si el cielo pido, no le doy suficiente estimación. ¡Tengo necesidad de miedo y de esperanza!

XII. A pesar que Tú irascible te muestras eso es defecto de nuestra ignorancia. Tu voluntad siempre contiene clemencia, tu mala apariencia es bien inestimable. Perdóname, Dios, si te he culpado, ya que confieso ser el culpable; con ojos humanos he enjuiciado tus juicios: quieras dar luz a la vista del alma.

XIII. Mi voluntad es muy contraria a la tuya y soy enemigo creyéndome ser amigo. ¡Ayúdame, Dios, pues me veis en tal angustia! Yo me desespero si los méritos míos consideras; me enojo mucho que se alargue la vida y mucho dudo que ella termine; vivo en dolor porque mi deseo no es firme y ya está en mí alterado el albedrío.

XIV. Tú eres el fin donde todos los fines terminan y no es fin si en Ti no termina. Tú eres el bien donde

---

aliquid divinum per similitudinem, secundum illud *Psalm*. 81, 6: *Ego dixi, dii estis*'. Il semble bien que ce soit à cette parole du Psalmiste qu'Auzias fait allusion." Pagès, *Auzias March*, p. 388.

Tu est lo bé   on tot altre ·s mesura
e no és bo   qui a Tu, Déu, no sembla.
Al qui·t complau,   Tu aquell déu nomenes;
per Tu semblar   major grau d'home ·l muntes;   110
d'on és gran dret   del qui plau al diable
prenga lo nom   d'aquell ab qui·s conforma.

xv   Alguna fi   en aquest món se troba,
n· és vera fi,   puys que no fa l'hom felix:
és lo començ   per on altra s'acaba,   115
segons lo cors   qu· entendre pot un home.
Los filosofs   qui aquella posaren
en si mateixs   són ésser vists discordes:
senyal és cert   qu·en veritat no·s funda,
per conseqüent,   al home no contenta.   120

xvi   Bona per si   no fon la lley judayca,
en paradís   per ella no s'entrava,
mas tant com fón   començ d'aquesta nostra,
de què·s pot dir   d'aquestes dues una.
Axí la fi   de tot en tot humana   125
no da repòs   al apetit o terme,
mas tan poch l'hom   sens ella no ha l'altra:
Sent Johan fon   senyalant lo Messies.

xvii   No té repòs   qui null· altra fi guarda
car en res àls   lo voler no reposa;   130
ço sent cascú,   e no hy cal suptilesa,
que fora Tu   lo voler no·s atura.
Sí com los rius   a la mar tots acorren
axí les fins   totes en Tu se'n entren.
Puys te conech,   esforça'm que yo·t ame: 135
¡Vença l'amor   a la por que yo·t porte!

xviii   E si amor   tanta com vull no·m entra,
creix-me la por,   sí que, tement, no peque

---

133 *Ecclesiastés*, I, 7. Lugar común. A partir de Jorge Manrique se establece —y se enriquece— la comparación río igual a vida, de tanta consecuencia en nuestra literatura: Fernández de Andrade (*Epístola moral a Fa-*

todo otro bien se mide y no es bueno quien a Ti, Dios, no se parece. Al que te complace, Tú dios le nombras. Para asemejarse a Ti a mayor grado de hombre lo levantas, de donde es muy justo que el que place al diablo tome el nombre de aquel con quien se conforma.

xv. Algún fin se encuentra en este mundo, pero no es el verdadero fin, pues no hace feliz al hombre: es el comienzo donde el otro se acaba, según el curso que puede entender un hombre. Los filósofos que el fin pusieron en sí mismos se ven estar desacordes, señal cierta es de que no se funda en verdad, por consiguiente, no contenta al hombre.

xvi. No fue buena por sí la ley judaica (en el paraíso no se entraba por ella) sino en tanto como fue comienzo de esta nuestra, por lo que se puede decir que estas dos son una. Así, el fin totalmente humano no da reposo o término al deseo, pero sin él el hombre tampoco tiene el otro: san Juan anunció al Mesías.

xvii. No tiene reposo quien algún otro fin procura, porque la voluntad no reposa en ninguna otra cosa; esto lo perciben todos y no precisa sutileza de que fuera de Ti el querer no se detiene. Así como los ríos todos corren a la mar, también todos los fines se adentran en Ti. Pues te conozco, esfuérzame que te ame: venza el amor al miedo que te tengo.

xviii. Y si el amor no me colma tanto como quiero, créceme el miedo, así que, temiendo, no peque, por-

---

bio), Dámaso Alonso (*A un río que llamaban Carlos*) por citar la última consecuencia, espléndida, que conozco de este tema.

car no pecant,   yo perdré aquells hàbits
que són estats,   perquè no·t am, la causa.   140
Muyren aquells   qui de Tu m'apartaren
puys m'han mig mort   e·m tolen que no visca.
¡O senyor Déu!   Fes que la vida·m llargue
puys me apar   qu· envers Tu yo·m acoste.

XIX ¿Qui·m mostrarà   davant Tu fer escusa   145
quant hauré dar   mon mal ordenat compte?
Tu m'has donat   disposició recta
e yo he fet   del regle falç molt corba.
Dreçar-la vull,   mas he mester t· ajuda.
Ajuda'm, Déu,   car ma força és flaca;   150
desig saber   què de mi predestines:
a Tu ·s present   y a mi causa venible.

XX No·t prech que·m dóns   sanitat de persona
ne béns alguns   de natura y fortuna,
mas solament   que a Tu, Déu, sols ame   155
car yo só cert   que·l major bé s'hi causa.
Per conseqüent,   delectació alta
yo no la sent,   per no dispost sentir-la;
mas, per saber,   un home grosser jutja
que·l major bé   sus tots és delitable.   160

XXI ¿Qual serà ·l jorn   que la mort yo ne tema?
E serà quant   de t· amor yo·m inflame
e no·s pot fer   sens menyspreu de la vida
e que per Tu   aquella yo menyspree.
Lladonchs seran   jus mi totes les coses   165
que de present   me veig sobre los muscles;
lo qui no tem   del fort lleó les ungles
molt menys tembrà   lo fibló de la vespa.

XXII Prech-te, Senyor,   que·m fasses insensible
e qu·en null temps   alguns delits yo senta,   170
no solament   los lleigs qui·t vénen contra
mas tots aquells   qu· indiferents se troben.
Açò desig   perquè sol en Tu pense

que no pecando perderé los hábitos que han sido la causa para que no te ame. ¡Mueran los que de Ti me apartaron pues me tienen medio muerto y no me dejan que viva! ¡Oh señor Dios! Haz que la vida se me alargue pues me parece que hacia Ti yo me acerco.

XIX. ¿Quién me enseñará a excusarme delante de Ti cuando tendré que dar mi mal ordenada cuenta? Tú me has dado recta disposición, y yo he hecho una hoz muy curva de la regla. Quiero aderezarla, pero he menester de tu ayuda. Ayúdame, Dios, porque mi fuerza es débil; deseo saber qué predestinas para mí: pues para Ti es presente y para mí causa venidera.

XX. No te imploro que me des salud para el cuerpo ni algunos bienes de natura y de fortuna, sino únicamente que a Ti, Dios, solo ame porque estoy seguro que el mayor bien en esto se motiva. Por consiguiente, alta deleitación no la siento por no estar dispuesto a sentirla; pero, por conocimiento, un hombre rudo juzga que el mayor bien es deleitoso sobre todos los otros.

XXI. ¿Qué día será que yo no tema a la muerte? Será cuando de tu amor yo me inflame, y no se puede lograr sin menosprecio de la vida, y por Ti yo la menosprecie. Entonces estarán debajo de mí todas las cosas que ahora me veo sobre los hombros; quien no teme las garras del fuerte león mucho menos temerá el aguijón de la avispa.

XXII. Te ruego, Señor, que me hagas insensible y que nunca sienta deleites, no solamente los sucios que te ofenden sino todos aquellos que se consideran indiferentes. Esto deseo para que sólo en Ti piense y pue-

	e pusc· haver	la via qu·en Tu ·s dreça;	
	fes-ho, Senyor,	e, si per temps me'n torne,	175
	haja per cert	trobar t· aurella sorda.	

XXIII Tol-me dolor com me veig perdre ·l segle
car mentre ·m dolch, tant com vull yo no·t ame
e vull-ho fer, mas l'hàbit me contrasta:
en temps passat me carreguí la colpa. 180
Tant te cost yo com molts qui no·t serviren
e Tu ·ls has fet no menys que yo·t demane;
per què·t suplich que dins lo cor Tu m'entres
puix⁴ est entrant en pus abominable.

XXIV Cathòlich só mas la Fe no·m escalfa 185
que la fredor llenta dels senys apague
car yo lleix so que mos sentiments senten
e paradís crech per fe y raó jutge.
Aquella part del esperit és prompta,
mas la dels senys rocegant-la'm acoste; 190
donchs, Tu, Senyor, al foch de fe m'acorre,
tant que la part que·m porta fret, abrase.

XXV Tu creist mé perquè l'ànima salve
e pot-se fer de mi sabs lo contrari.
Si és axí, ¿per què, donchs, me creaves 195
puix fon en Tu lo saber infal·lible?
Torn a no-res, yo·t suplich, lo meu ésser
car més me val que tostemps l'escur càrcer;
yo crech a Tu com volguist dir de Judes
que·l fóra bo no fos nat al món home. 200

XXVI Per mi segur, havent rebut batisme,
no fos tornat als braços de la vida,
mas a la mort hagués retut lo deute,
e de present yo no viuria ·n dubte.

199-200 *San Mateo*, XXVI, 24: "¡ay de aquel hombre por quien el Hijo del hombre es entregado! bueno le fuera al tal hombre no haber nacido".

da alcanzar el camino que hacia Ti se dirige; hazlo, Señor, y si alguna vez retrocedo, tenga por seguro encontrar sordo tu oído.

XXIII. Quítame el dolor pues me veo perder el mundo ya que, mientras me duelo, no te amo tanto como quiero y lo quiero hacer, pero la costumbre me contrasta. En tiempos pasados me cargué de culpa. Tanto valgo yo como muchos que no te sirvieron, y Tú les has concedido no menos de lo que yo te pido, por lo que te suplico que en tu corazón me acojas ya que a más abominables has acogido.

XXIV. Católico soy, pero la fe no me enciende lo que apaga la muelle frialdad de los sentidos, porque yo me abandono a lo que mis sentimientos sienten y creo en el paraíso por fe y juzgo con la razón. La parte del espíritu está pronta pero a la de los sentidos arrastrándola, me acerco; entonces Tú, Señor, socórreme con el fuego de la fe, tanto que la parte que me trae frío, abrase.

XXV. Tú me creaste para que salve el alma y sabes que puede ocurrirme lo contrario. Si así es, ¿por qué, entonces, me creaste pues en Ti está el saber infalible? Vuelve mi ser a la nada, yo te lo suplico porque más me vale que la oscura cárcel para siempre. Yo creo en Ti cuando quisiste decir de Judas que le fuera mejor no haber nacido hombre en el mundo.

XXVI. ¡Seguro para mí, habiendo recibido el bautismo, no hubiese vuelto a los brazos de la vida, sino que hubiese restituido a la muerte la deuda y, ahora, ya no viviría en la duda! Los hombres sienten mayor

Major dolor   d'infern los hòmens senten   205
que los delits   de paraís no jutjen:
lo mal sentit   és d'aquell altr· exemple,
e paradís   sens lo sentir se jutja.

XXVII   Dóna'm esforç   que prenga de mi venge.
Yo·m trob ofès   contra Tu ab gran colpa,   210
e, si no hy bast,   Tu de ma carn te farta,
ab que no·m tochs   l'esperit, qu· a Tu sembla;
e sobretot   ma fe que no vacil·le
e no tremol   la mia esperança;
no·m fallirà   caritat, elles fermes,   215
e, de la carn   si·t suplich, no me'n oges.

XXVIII   ¿O, quant serà   que regaré les galtes
d'aygua de plor   ab les llàgremes dolces?
Contrictió   és la font d'on emanen:
aquesta ·s clau   que·l cel tancat nos obre.   220
D'atrictió   parteixen les amargues
perquè ·n temor,   més qu·en amor, se funden;
mas, tals quals són,   d'aquestes me abunda,
puix són camí   e via per les altres.

CVI

1   Lo tot és poch   ço per què treballam,
puix, conseguint,   lo voler fart no és;
en lo volgut   lo defalt no és pres,
mas l'apetit,   ¿com en tal part gitam?
Alguns desigs   acorren a delits,   5
que·l moviment   no pot hom escusar,
e d'altres molts,   que se'n pot ben guardar,
encontra nós   per nós són elegits.

217-224 "La contrition est le regret d'avoir offensé Dieu, l'attrition celui que causent les péchés et surtout la crainte d'être puni. C'est une contrition imparfaite. Saint Thomas (*S. Th*. III, suppl. 1, 2 et 3), dit que la première est une crainte filiale, la seconde une crainte servile, et

dolor del infierno puesto que no consideran los deleites del paraíso; el mal que se siente es de aquel otro ejemplo y sin sentirlo se juzga paraíso.

XXVII. Dame fuerzas para que de mí tome venganza. Yo me encuentro culpable ante Ti con gran culpa, y si no lo consigo, hártate Tú de mi carne, con tal que no toques el espíritu que a Ti se asemeja; y, sobre todo, que mi fe no vacile y no tiemble mi esperanza. No me faltará caridad, ellas firmes [la fe y la esperanza], y si te suplico por la carne, no me escuches.

XXVIII. ¡Oh cuándo será que regaré las mejillas con lágrimas dulces de agua de lloro! La contrición es la fuente de donde manan: ésta es la llave que nos abre el cerrado cielo. De atrición nacen las amargas, porque en temor más que en amor se fundan; tal cual son, prodígame de éstas pues son camino y vía para las otras.

CVI

1. Todo es poco por lo que trabajamos pues conseguido el deseo no está harto; en lo deseado lo que falta no está tomado; mas el apetito ¿cómo a tal parte lanzamos? Algunos deseos acorren a los deleites, que el movimiento nadie puede excusar, y de otros muchos no se puede bien guardar, contra nosotros por nosotros están elegidos.

---

il déclare que l'attrition conduit à la contrition parfaite: Attritio dicit (ducit ?) accessum ad perfectam contritionem". Pagès, *Auzias March*, p. 390.

II Per poch lloguer treballam jorns e nits;
    no sé què fa perdre hom si e Déu;   10
    molt per poch preu se dóna ço del seu,
    perdent delits per delits ab despits.
    Contra lo cors és enemich lo món,
    de l'arma és enemich principal;
    entre aquests és nostre bé o mal;   15
    donchs, ¿d'on los ve amar qui ells confon?

III Diverssitats de delits en l'hom són.
    ha-n'hi alguns nessessàriament:
    naturals són, la spècia sostinent;
    altres que·m pens que natura no·ls dón,   20
    mas són per hom d'openió stimats,
    los quals per si no han nulla valor
    car en senyal de virtud és honor
    y els diners són per estima trobats.

IV Los hòmens són axí foraviats   25
    c· honor, diners, creen ser bé de l'hom;
    ço és perquè l'ull nostre no veu com
    a la virtut sien premis donats,
    e veu aquells honrats, havens diners.
    Lo lloch no hy és e lo senyal roman,   30
    e tant al món ha durat est engan,
    que no sap hom altres déus verdaders.

V   Uns delits són dels altres homeyés:
    la carn no vol treball, fam ne coltell,
    e pels dinés, axí jove com vell   35
    se dóna mort e pert tots sos plaers;
    e la honor ab lo diner debat,
    no pas tots temps, ans al diner segueix;
    en camps sembrats de diners, honor creix.
    Tals són los déus que·l món ha celebrat. 40

VI Si bé ha ·n l'hom, per lo món l'ha trobat,
    —dich-ho d'aquell qui no sap altre bé—,
    e si té mal, axí pel món hy ve,

II. Por muy poco jornal trabajamos días y noches; no sé que hace perder el hombre a sí mismo y a Dios; por muy bajo precio se da lo suyo, perdiendo deleites por deleites despechados. Contra el cuerpo es enemigo el mundo, del alma es enemigo principal; entre estos está nuestro bien o mal, entonces, ¿de dónde les viene amar lo que les confunde?

III. Diversidad de deleites hay en el hombre. Hay algunos necesariamente: naturales son los que mantienen la especie; otros, que creo, que natura no los da mas son tenidos en aprecio por el hombre los cuales por sí no tienen ningún valor, ya que en señal de virtud está el honrarse y los dineros se consideran queridos.

IV. Los hombres son así de extraños ya que el honor, dineros, creen ser un bien humano, lo es porque nuestros ojos no ven como a la virtud se le den premios, y ve a aquellos honrados, los que tienen dinero. El lugar no está allí pero queda la señal, y tanto ha durado en el mundo este engaño que no sabe nadie de otros dioses verdaderos.

V. Unos deleites son de otros homicidas, la carne no quiere trabajo, hambre ni cuchilla y, por el dinero, así el joven como el viejo, se dan muerte y pierden todos sus placeres; pero el honor con el dinero lucha, no siempre, antes al dinero sigue; en campos sembrados de dineros, el honor crece. Tal son los dioses que el mundo ha celebrado.

VI. Si bien hay en el hombre, en el mundo lo ha encontrado —lo digo del que no sabe de otro bien—, y si tiene mal, también del mundo le viene, no todo

no en tot mal,   mas en gran cantitat.
Lo món fa mal   dant entendre ben fer,   45
e quant fa bé,   no és bé verament;
açò no ·ntén   lo qui viu grossament
e lo sabent   qui passió sufer.

VII Ardit e franch,   prudent, justicier,
és l'hom, pel món,   sens hàbit de virtud;   50
aquest nom ha   per lo món merescut
perquè no·s veu   ço que virtud requer.
Bon fet requer   de bé fer gran amor;
si açò hy és,   delit no hy fallirà:
la ·ntenció   d'interès no hy serà,   55
y el món vol àls,   ço és: béns y honor.

VIII Infinits són   que obren ab dolor
y ab interès   algun acte honest,
e·ls ignorans   cuyden haver conquest
ja la virtud   ab gran dolor e por.   60
Altres, e pochs,   entenen lo que fan
e faran bé   ab mala ·ntenció,
dant entenent   que llur voler és bo:
tots davant gents   virtuosos seran.

IX Sens nombre són   los qui tant no faran,   65
volents portar   si molt bé arreats,
no penssant àls   sinó com són mirats,
y en lo poblich   ab dolor despendran.
De la virtud   qu·en conservar serveix,
tanta n'hauran   com solament los plau,   70
res no metent   en obra, si·ls desplau:
sepulcre són   on res lleig no pareix.

X Lo bé del món   no és bé qui·l coneix,
lo savi ·l sap,   e creu aquell lo foll;

---

72 Pagès (*Auzias March,* p. 367) cita a *San Mateo,* XXIII, 27: "...porque sois semejantes a sepulcros blanqueados, que de fuera, a la verdad, se muestran hermosos, mas de dentro están llenos de huesos de muertos y de toda suciedad".

mal, mas en gran cantidad. El mundo hace mal dando a entender hacer bien, pero cuando hace el bien, no es un bien verdaderamente; eso no lo entiende el que vive groseramente ni el sabio que sufre dolor.

VII. Ardido y franco, prudente, justiciero es el hombre, en el mundo, sin hábito de virtud. Este nombre tiene merecido en el mundo porque no se ve lo que la virtud requiere. El bien obrar requiere gran amor del bien hacer; si así es, el deleite no faltará: la intención interesada no estará allí, pero el mundo quiere otras cosas, es decir: bienes y honor.

VIII. Infinitos son los que obran con dolor y con interés en alguna acción honesta, pero los ignorantes piensan haber conquistado ya la virtud con gran dolor y miedo. Otros, pero pocos, entienden lo que hacen y harán bien con mala intención, dando a entender que su voluntad es buena: todos delante de las gentes virtuosos serán.

IX. Innumerables son lo que tanto no harán, pues quieren aparecer adornados de mucho bien, no pensando en otra cosa sino como serán mirados, y entre el público con dolor se manifestarán. De la virtud que conviene conservar tanta tendrán cuando solamente les place, no poniendo nada en obra, si les disgusta; sepulcros son donde nada parece feo.

X. El bien del mundo no es bien a quien lo conoce, el sabio lo sabe, y lo cree el loco; sabio no es

savi no és   qui·l sap e no se'n tol: 75
sens act· honest   prudença no·s nodreix.
De savis folls   yo faré menció
e de aquells   qui savis hom pot dir;
dels folls cuberts   e dels menys de cobrir,
dels perdonats   e dels menys de perdó.   80

XI Segons de molts   fon llur intenció
que·l bé del hom   fon en tres parts partit;
mas, enaprés   d'açò, deu ésser dit
què és lo bé   per vera openió:
tant com hom sent   ab ànima e cos,   85
e tant com sent   ab lo cos solament,
e tant quant sent   ab mer inteniment;
del bé celest,   d'aquell yo res no pos.

XII Molts philosofs   en llurs escrits han clos
ser profitós,   delitable y honest,   90
e tot quant és   que sia deshonest
no ésser bé,   fora de tot repòs.
Lo bé honest   se'n porta ·ls dos ab si,
car per aquest   delit perfet s'ateny;
axí matex   a tot profit s'empeny,   95
no desviant   de raó lo camí.

XIII Lo profitós,   perquè s'esguarda fi,
lo delitós   dins si matex enclou;
tot act· en l'hom   que d'elecció mou,
porta delit,   e no hu cal dir a mi.   100
Mas tot delit   profit a si no trau,
e pus comú   és delit que profit:
tot animal   participa delit,
y en lo profit   hom per la raó cau.

89-96 Esta distinción e ideas proceden de Aristóteles, indica
Pagès (*Auzias March*, p. 370).
114 Pagès (*Commentaire*, 123) cita la frase de Aristóteles
"Nada es en balde o en vano" que, por otra parte, es
un lugar común.

quien lo sabe y no se aparta: sin acto honesto la prudencia no se nutre. De sabios locos yo haré mención y de los que sabios se puede decir: de los locos encubiertos y de los sin cubrir, de los perdonados y de los sin perdón.

XI. Según muchos fue su intención que el bien del hombre fuese partido en tres partes; mas, después de eso, debe ser dicho qué es el bien en la verdadera acepción. Tanto cuanto el hombre siente en el alma y cuerpo y tanto cuanto siente en el cuerpo solamente, y tanto cuanto siente en el mero entendimiento. Del bien celestial, de ese yo nada digo.

XII. Muchos filósofos en sus escritos han puesto ser provechoso, deleitable y honesto, y todo cuanto es que sea deshonesto no ser el bien, fuera de todo reposo. El bien honesto se lleva a los dos en sí, ya que por éste el deleite perfecto se alcanza; así mismo a todo provecho se inclina, no desviando el camino de la razón.

XIII. El provechoso, porque se mira el fin, el deleitoso en sí mismo se incluye; toda acción del hombre que se mueve por elección proporciona deleite y no hace falta decírmelo. Mas todo deleite provecho para sí no obtiene y más común es deleite que provecho. Todo animal participa de deleite pero en el provecho en el hombre por la razón se encuentra.

XIV D'on se pot dir   que·l bé del home jau   105
     en aquests béns,   cloent-los tots l'honest;
     mas és a dir   què és lo bé aquest,
     e si·l ateny   lo rey e lo esclau,
     e on està   en l'home assegut,
     e què deu fer   per consseguir tal do,   110
     e què·n ateny   per sa possessió,
     e com per poch   lo vol haver perdut.

XV   Segons per molts   e per mi és sabut,
     tot quant que és,   en va no és fet res:
     los elements   e tot quant que d'ells és   115
     a certa fi   per sos migs han vengut.
     Repòs ateny,   segons qui és, cascú,
     no pus ne menys   que natura ·ls promet;
     en consservar   si cascú és discret,
     e, fet açò,   no roman trist algú.   120

XVI L'animal hom   és animal comú,
     tocant de brut   e de celestial:
     brut per la carn,   per l'arma, divinal.
     E d'aquest bé   molt menys serà dejú,
     e serà quant   la raonable part   125
     atès haurà   sa fi per son obrar:
     est és lo bé   final on vol bastar
     ab que·l falç bé   romang· a un depart.

XVII Cascú, obrant,   a bé ha son esguart,
     e sap que mal   de tot en tot farà,   130
     mas per fals juy   algun bé stimarà
     plaent a si   per fer l'apetit fart.
     E no serà   si·l bé ver hy defall;
     car no roman   contenta la raó
     si no és bé,   mas per openió;   135
     si·n ha delit,   no·s llunya lo treball.

XVIII Tal és lo bé,   que no és mur ne vall
      tinga lo pas   que·l voler d'hom nos port;

137-142 Véase Pagès: *Auzias March*, pp. 370-371.

XIV. De donde se puede decir que el bien del hombre se halla en estos bienes, incluyéndolos todos el honesto; pero hay que decir qué es este bien y si lo alcanza el rey y el esclavo dónde está asentado en el hombre y qué debe de hacer para conseguir tal don y qué se alcanza con su posesión y cómo por poco lo quiere tener perdido.

XV. Según muchos, y de mí es sabido, todo cuanto es, en vano no se ha hecho nada: los elementos y todo cuanto en ellos está a cierto fin por sus medios ha venido. Reposo alcanza, según quien es cada uno, no más ni menos de lo que natura les permite conservar si cada uno es discreto, y, hecho eso, nadie permanece triste.

XVI. El animal racional es animal común, participando de bruto y de celestial: bruto por la carne, por el alma, divinal. Y de este bien mucho menos estará ayuno, pero será cuando la parte de la razón habrá alcanzado su fin por su obrar: éste es el bien final de donde quiere lograr que el falso bien quede separado.

XVII. Cada uno obrando hacia el bien tiene su propósito y sabe que el mal absolutamente hará, mas por falso juicio algún bien estimará complaciéndole para tener el apetito harto. Pero no será, si el verdadero bien allí falta, puesto que no queda contenta la razón si no es el bien, mas por opinión. Si hay deleite, no se aleja el trabajo.

XVIII. Tal es el bien que no hay muro ni foso que detenga el paso que la voluntad del hombre nos

per sa virtut,   sens de hom lo acort,
lo tir· a si   e sens altr· entrevall.   140
E d'ell han dit   savis estocians
que·l qui·l ateny   no pot caur· en tristor;
lo philosof   açò pren per error,
dient d'aquest   no stendre tant ses mans.

XIX Alguns han dit   qu·en les coses molt grans,   145
lo contemplar   d'elles la veritat
és aquest bé,   mas axí han errat.
Altres han dit   qu·en les virtuts usans.
Tots han dit ver   e no cascuns per si.
Lo bé del hom   en dues parts se pren: 150
quant veritat   l'enteniment entén,
e l'apetit   a raó conssentí.

XX Del bé aquest   algú no desentí
que de per si   benauyrat l'hom fa;
mas, per complir   ell, que l'hom mester ha   155
dels béns forans;   e sens ells no ·s mesquí,
mas que del tot   benauyrat no és.
D'altra part diu   per si ésser bastant.
Entre bé y mal   l'hom fan estar penjant:
entr· aygua y foch,   sens fret o calt l'ha mes.   160

XXI De son poder   Sènec· ha so defès,
dient qu·en béns   forans és algun bé,
mas lo qui·ls ha   del sobirà no té,
per ells haver,   la part de mig pugès.
Ell vol tant l'hom   estrènyer dins sa pell,   165
no pus haver   que sa natura vol;
s· alguns d'aquests   la Fortuna li tol,
que·l sobirà   ferm està ·n son castell.

---

143 Se refiere a Aristóteles, según Pagès, *Auzias March*, p. 287.
158-160 Séneca, *Epístola* XCII, indica Pagès, *Auzias March*, p. 372.
160 *sens fret o calt*, indiferentemente.
161 Vuelve a nombrar a Séneca en CXII, 227.

lleva; por su virtud, sin acuerdo del hombre, lo atrae
hacia sí y sin ningún obstáculo. De él han dicho los
sabios estoicos que quien lo alcanza no puede caer en
tristeza; el filósofo eso lo considera equivocadamente,
diciendo que éste no extiende tanto sus manos.

xix. Algunos han dicho que en las cosas muy
grandes el contemplar la verdad de ellas está bien,
mas así han errado. Otros han dicho que practicando
las virtudes. Todos han dicho verdad pero cada uno
de por sí. El bien del hombre de dos partes se toma:
cuando la verdad el entendimiento entiende y el apetito consiente a la razón.

xx. De este bien nadie disintió pues de por sí bien-
aventurado hace al hombre; mas, para colmarse de él,
ha menester el hombre de los bienes foráneos; y sin
ellos no es desgraciado, aunque del todo bienaventura-
do no es. De otra parte dice ser por sí suficiente. Entre
el bien y el mal hace al hombre estar colgando; entre
agua y fuego, sin frío o calor lo han puesto.

xxi. Con su autoridad Séneca lo ha defendido, diciendo que en los bienes foráneos hay algún bien, mas
quien los tiene no posee del soberano, por tenerlos, ni
media miaja. Él quiere tanto al hombre apretar dentro
de su piel, no tener más que lo que su natura quiere;
si alguno de estos la Fortuna le quita, el soberano firme está en su castillo.

163-164 "Sénèque (*Epist*. XCII) rapporte ainsi l'opinion d'Antipater: "Antipater quoque, inter magnos sectae hujus
auctores, aliquid se tribuere dixit, externis, sed *exiguum*
admodum". Pagès, *Auzias March*, 372.
164 *pugès,* moneda de escaso valor, originaria del sur de
Francia. Vuelve a emplear la misma idea del mínimo
valor del *pujès* en CXXVIII, 365.

XXII Si·ls béns forans són mester ab aquell
conplir son bé al hom en aquest món,
menys de aquests lo bé no és ne fon:
deserta és sa pròpria obra ·n ell;
Fortuna haurà en ell son poder llarch
y el natural, comú a tots los bruts;
son propi bé en ell serà perduts,
si aquells béns en ell han tant allarch.

XXIII De aquests béns veritat no fa ·nbarch
d'ésser en hom forans y enteriós:
fama y dinés són forans, e honós,
fills e mullers, e no·m sé si·m allarch.
Los a part dins, bellea y sanitat,
e tots aquells que natura dar pot,
tots són no res, a mon parer e vot,
per ser comuns e fora potestat.

XXIV E aquest bé no és en hom trobat,
e, si trobat, s'ateny sens los estranys:
qui perdre pot, no ten segurs los guanys,
y en perfet bé s'entén seguretat.
¿Qui jutgarà si aquest bé pot ser,
sinó aquell qui és tot virtuós,
car l'home flach un pes molt ponderós
per tant alçar no creu d'ell fort poder?

XXV Menys de delit tal bé no·s pot haver,
e lo major que·s pot aconsseguir,
e res no·l pot per natura venir
tant acordat aquest lo fa saber.
Picurus dix ell ésser lo delit.
Açò és fals, mas és per conssiguent:
sens lo major delit no ·s hom content;
son senyal cert és fer l'hom aunit.

187 Refrán.
189-190 Aristóteles, *Etica Nicomaquea*, I. Pagès, *Auzias March*, p. 376. Véase también CVI, 269-270, 280.

XXII. Si los bienes foráneos son menester para alcanzar su bien el hombre en este mundo, sin estos el bien no es ni fue: vacía está su propia obra en él. Fortuna tendrá en él su extenso poder y el natural, común a todos los animales; su propio bien en él estará perdido, si aquellos bienes en él tienen tanta amplitud.

XXIII. En estos bienes verdaderamente no estorba ser en el hombre foráneos e interiores: fama y dineros son foráneos, y honores, hijos y esposas, y no sé si me alargo; los de la parte de dentro, belleza y salud, y todos aquellos que natura puede dar. Todos son nada, a mi parecer y voto, por ser comunes y fuera de potestad.

XXIV. Pero este bien no se encuentra en el hombre, y si se encuentra, se logra sin los extraños: quien perder puede no tiene seguras las ganancias, y en el perfecto bien se entiende seguridad. ¿Quién juzgará si este bien puede ser sino aquel que es todo virtuoso, puesto que el hombre débil no creerá tener poder para alzar tan gran peso?

XXV. Sin deleite tal bien no se puede tener, y el mayor que se puede conseguir, pues nada por natura le puede venir: ésta tan acordado lo hace saber. Epicuro dijo ser el bien el deleite. Eso es falso, mas es como consecuencia: sin el mayor deleite el hombre no está contento; su señal cierta es hacer al hombre unido.

XXVI Saber no·s pot tal bé, si no ·s sentit,
e no·l sent hom, si donchs sabut no és;
l'enteniment sab lo bé on és mès,
mas pel voler deu ésser elegit.
L'hom és mester que faça unió   205
de ses dos parts, la principal seguint,
faents tals fets que sia obeint
son apetit senssual a raó.

XXVII En est obrar cau delectació,
donant senyal de ser l'acte perfet;   210
sens lo delit l'hàbit no·s mostra fet
car mostra ·l cors ser en rebel·lió.
Clarament és desobedient fill
qui, murmurant, per lo pare treball;
si l'apetit l'obediença fall   215
a la raó, la pau és en perill.

XXVIII Damunt és dit que virtud pren exill
si l'hom obrant obra per interès
e per delit que l'hàbit complit és,
e sens aquest no vall un gra de mill. 220
Mas si delit és sola caus· al fet,
per interès nomenar se farà;
no·l cal penssar al qui bé obrarà,
que v· a delit e tristor a malfet.

XXIX Al bé obrant, virtud delit promet, 225
y el mal faent, s· algun delit ateny,
no passa molt que tristor lo costreny
e no·l defèn lloch públich ni secret.
Ab ell se va conexença de mal,
qui per tots temps la conciença ·l rou 230
si és malvat, tant qu·en mal sa fi clou,
lo seu delit a dolorir li val.

XXX Plató volch dir que bo ni cominal
no és delit, mas hach molts enemichs.

233-234 *Filebo*, 53; *República* IX, 585. Pagès, *Auzias March*, p. 373.

XXVI. No se puede conocer tal bien si no se siente, pero no lo siente el hombre a menos que no sea conocido; el entendimiento sabe donde el bien se encuentra, mas por la voluntad debe ser elegido. El hombre es menester que haga unión de sus dos partes, siguiendo la principal, haciendo tales hechos que sea obedeciendo su apetito sensual a la razón.

XXVII. En este obrar entra delectación, dando señal de ser acto perfecto; sin el deleite el hábito no se muestra hecho, ya que muestra el cuerpo estar en rebeldía. Claramente es desobediente el hijo que, renegando, por el padre trabaja: si el apetito la obediencia falta a la razón, la paz está en peligro.

XXVIII. Se ha dicho antes que la virtud se exila si el hombre, actuando, actúa por interés y por deleite; pues el hábito es perfecto, y sin éste no vale un grano de mijo. Mas si el deleite es la sola causa del hecho por interés se hará señalar; no hace falta pensar al que bien obrará, que va al deleite, y tristeza a lo malhecho.

XXIX. Al que obra bien la virtud promete deleite, pero el que obra mal, si algún deleite logra, no pasa mucho pues la tristeza lo restringe y no lo defiende lugar público ni secreto. Con él se va el conocimiento del mal, al que siempre la conciencia le roe si es malvado, tanto que en mal termina su fin; su deleite para padecer le sirve.

XXX. Platón quiso decir que lo bueno ni lo comunal no es deleite, por lo que tuvo muchos enemigos.

Picurians posaren, com inichs, 235
que·l bé del hom era ·n delit carnal;
mas derrer vench son dexeble matex
que anul·là vanes openions,
e del que dix dóna ·videns raons,
y el bon delit de l'àvol dividex. 240

XXXI Delit e bé sol orde ·ls departex;
delit és bo en tots fets naturals,
sinó en l'hom quant passa ·n los brutals
car en tal cas natura desseguex.
Quant ha Déu fet, seguex natural cós: 245
lo cel e·l món, los vegetals e bruts;
axí raó met al hom instituts;
si les romp, és animal ociós.

XXXII De quant fa l'hom delit és ocasiós
car tot agent entén semblar a si 250
per convenient de la cosa per qui
fa lo que fa, essent-ne cobejós;
si bé és ver que molts actes l'hom fa
qu· entre voler e no voler se fan,
de què·ls faens porten voler penjan, 255
mas, elegint, a voler se refà.

XXXIII Sí com dolor contra delit està,
axí fa ·n l'hom contrari· acció;
de tot quant fuig dolor és la raó:
tals passions nostra natura ·ns da. 260
Amor e oy, primeres pressions,
són termenats en delit o dolor;
a sguart de bé lo camí és amor,
e per fogir dolor ne da raons.

XXXIV Savis no són tots qui les qüestions 265
determenar saben e dar conssells,
si contra por són simples com anyells

---

237 *son dexeble matex*, Aristóteles.

Los epicúreos manifestaron, como inicuos, que el bien
del hombre estaba en el deleite carnal; mas después
vino su mismo discípulo que anuló las vanas opiniones
y del que se dice dio evidentes razones, y el buen deleite separó del malo.

XXXI. Deleite y bien sólo el orden los separa. El
deleite es bueno en todos los hechos naturales excepto
en el hombre cuando pasa a los brutales, ya que en
tal caso no sigue a natura. Cuanto Dios ha hecho sigue
el curso natural: el cielo y la tierra, los vegetales y
los animales; así la razón puso reglas al hombre, si
las rompe es un animal ocioso.

XXXII. El deleite es la causa de cuanto hace el
hombre ya que todo el que obra entiende parecerse por
conveniencia de la cosa por la que hace lo que hace,
siendo codicioso. Si bien es verdad que el hombre hace
muchas acciones que entre querer y no querer se hacen,
pues los que las ejecutan tienen voluntad indecisa, mas,
eligiendo, la voluntad se rehace.

XXXIII. Así como el dolor contra el deleite está,
así hace en el hombre contraria acción; de todo cuanto huye el dolor es la razón: tales dolores nuestra natura nos da. Amor y odio, primeros impulsos, son terminados en deleite o dolor; respecto al bien el camino
es el amor, y para huir el dolor da razones.

XXXIV. Sabios no son todos los que las cuestiones
saben determinar y dar consejos, si frente al miedo son
simples como corderos, pero para los deleites valientes

e vers delits   ardits com a lleons.
Savi ·s aquell   qui sap si consellar
envers lo bé   qui propi és e seu,   270
prenint aquell,   jaquint l'àls en relleu,
mirant los folls   en lo món tribular.

XXXV Savis són dits   los qui poden justar
honor, dinés   e favor de grans gens,
e són villans   de cor e mal sabens   275
que res del ver   no sabrien penssar.
Cuydant esser   savis, ells són astuts;
poder havent   d'ésser bons, són malvats;
aquests aytals   no seran perdonats
pel savi hom   qu·en sa fi és venguts.   280

XXXVI Molt són errants,   d'ignorança vençuts,
altres que són   errants ignorantment,
gran causs· havents   de llur defalliment,
penedint sé   del cas on són cayguts.
Tots aquests són   sens culpa llur pecants,   285
no l'ignorant   que per colpa no sab;
raó serà   que perdó no acap
e sí aquells   sens llur culpa errants.

XXXVII Aquells són folls   qui són llurs béns gastants,
menys de servar   manera ·n res del llur.   290
Parlar de tals   llarguament yo no cur,
mas d'altres folls   saviessa mostrants,
comprant molt car   treball, dolor e mort
per guanyar poch,   e ·ncar açò no cert.
Plegats al lloch,   lo troben tot desert,   295
clamants del món,   e açò ab gran tort.

XXXVIII Axí com l'orp   no trob ab l'ull deport,
perquè no hy veu,   per falta d'un gros tel,
e tolt aquell,   pot veure terra y cel,
ne pren a ·quell   qui d'entendr· ha confort 300
en veure ·l ver,   e per mal apetit
és ignorant,   que lo mal jutga bé.

como leones. Sabio es el que sabe aconsejarse hacia el bien que es propio y suyo, tomándolo, dejando los otros en reserva, mirando a los locos atribularse en el mundo.

xxxv. Sabios son llamados los que pueden juntar honor, dineros y favor de personajes pero son villanos de corazón y mal conocedores pues nada de la verdad sabrían pensar. Creyendo ser sabios, ellos son astutos, teniendo poder para ser buenos son malvados; estos tales no serán perdonados por el hombre sabio que a su fin ha llegado.

xxxvi. Muchos erraron vencidos por la ignorancia, otros que erraron ignorantemente, teniendo gran causa de su falta, arrepintiéndose del caso en el que cayeron. Todos estos están sin su culpa pecando, no el ignorante que por culpa no sabe; razón será que perdón no alcance pero sí aquellos errando sin su culpa.

xxxvii. Son locos los que gastan sus bienes sin manera de guardar nada de lo suyo. Hablar largamente de tales yo no pienso, mas de otros locos que muestran ser sabios, comprando muy caro fatigas, dolor y muerte por ganar poco y aun eso no seguro. Llegados al lugar lo encuentran todo desierto, clamando contra el mundo, pero eso muy injustamente.

xxxviii. Así como el ciego no encuentra recreo con los ojos porque no ve a causa de una espesa tela, pero quitada puede ver tierra y cielo, le sucede al que tiene el alivio de entender al ver la verdad, pero por el mal deseo está ignorante pues el mal juzga por bien.

L'incontinent per passió ·n tal ve,
l'intemperat en fer mal pren delit.

XXXIX De semblants gents està lo món fornit; 305
en tals recau la major part del món.
¿Quals són aquells qui de aquests no són?
Lo dat a Déu y el de natur· axit.
En general l'incontinent entén,
mas ja no sap com passió lo prem; 310
ell sap lo bé e va per lo estrem.
L'intemperat no·l sap, e, donchs, no·l pren.

XL Encadenat deu ser qui no comprèn
que tota res deu ser jaquit per Déu;
mas escapant d'ací tot home creu 315
que altre bé lo cor del hom encén.
Del bé aquest és de maravellar
com se pot fer que·l cerch fals l'entenent,
en part on fi e lo començament
ab la raó pot bé de si llunyar. 320

XLI La major part del món no pot amar
lo bé honest, perquè bé no·l percep.
¿Qui és aquell qui·n paciença rep
que tot son bé dins si pusca estar,
e per virtud tal bé se'n aconsech, 325
e que la mort no deu hom avorrir,
e que honor e béns són de jaquir,
e de aquells qui·ls amen que renech?

XLII Savi e foll, scient e home llech,
en algun bé sa esperança met, 330
e, si·l honest llançat a part tramet,
de falssos béns l'és forçat fer aplech.
Segons qui és, tal fi li aparà;
lo temps e·ll lloch, la disposició
li mudaran sa mala openió; 335
jamés en ferm sa volentat haurà.

El desenfrenado por su pasión en tal acaba; el inmoderado en hacer mal siente deleite.

XXXIX. De gentes semejantes está el mundo abastecido, en tales se encuentra la mayor parte del mundo. ¿Quiénes son los que de éstos no son?: El entregado a Dios y apartado de natura. En general el desenfrenado entiende pero ya no sabe como la pasión le apremia; él conoce el bien pero va por el extremo. El inmoderado no lo sabe y, entonces, no lo toma.

XL. Encadenado debe de estar quien no comprende que toda cosa debe ser abandonada por Dios; mas, huyendo de esto, todo hombre cree que otro bien enciende el corazón del hombre. De este bien es para maravillarse como se puede hacer que el que entiende busque el falso en la parte donde el fin y el comienzo puede el bien de sí alejar con la razón.

XLI. La mayor parte del mundo no puede amar el bien honesto porque el bien no lo percibe. ¿Quién es el que con paciencia repara que todo su bien dentro de sí pueda estar, y por la virtud tal bien se consigue, y que la muerte el hombre no debe aborrecer, y que honor y bienes son para dejar, y que aquellos que los aman renieguen?

XLII. Sabio y loco, docto y hombre lego en algún bien ponen su esperanza, pero si el honesto, lanzado, a un lado arroja, le es forzado hacer reunión de falsos bienes. Según quien es tal fin obtendrá. El tiempo y el lugar, la disposición le mudarán su mala opinión: jamás tendrá firmeza su voluntad.

XLIII L'home avar   son bé ·n dinés està,
    y en lo delit   del coyt, lo fembrer;
    l'hom ergullós   desiga honrat ser,
    mas entre si   açò diverç serà.   340
    Molt hom avar   lo llogre té per mal
    e vol robar   en places e camins;
    si bé ·ls avars   volen guany a part dins,
    en lo guanyar   u d'altr· és desegual.

XLIV L'hom ergullós   vol ser, en general,   345
    honrat, lloat,   mas en diverç cascú:
    u vol ser dit   franch, ardit, pel comú;
    altr· en saber   creu ésser son cabal;
    altr· en virtud   del cos o bell cantar.
    Tot açò fa   qualitat dessemblant   350
    e per saber   del hom, qui és tirant
    entr· aquests béns   qual per milor li par.

XLV Nessessitat   fa la fi cambiar
    car lo malalt   en sanitat la met,
    lo sedejant   diu qu·en fartar la set,   355
    lo pobre hom   en haver creu estar;
    lo flach e lleig   fort voll ésser e bell.
    Tots aquests béns   ans d'haver han gran preu;
    lo bé honest   no·s pot fer algun preu
    sinó ·l prudent   qui posseïx aquell.   360

XLVI Del hom sabent   és dret que·m maravell.
    ¿Què és açò   que de tot seny lo trau?
    ¿Com no coneix   que foll és més qu· esclau?
    Volent delit,   lo pert per mal conssell
    car natural   passió ell no·l mou.   365
    Tals desigs són   trobats d'openió;
    per no usar   lo delit de raó,
    sa voluntat,   cercant son bé ·lls enclou.

362-363 Sigo la puntuación de Pagès (*Obres*). Bohigas (*Poesies*) no hace interrogantes a estos dos versos.

XLIII. En el hombre avaro su bien en el dinero está, y en el deleite del coito, el del mujeriego; el hombre orgulloso desea que se le honre, mas entre ellos eso será distinto. Muchos avaros el lucro tienen por [poco] mal y quieren robar en plazas y caminos; si bien los avaros quieren ganancia, a parte interiormente, en el ganar uno del otro es desigual.

XLIV. El hombre orgulloso quiere ser, en general, venerado, alabado, mas de forma diversa cada uno: uno quiere ser llamado franco, valiente, por lo común; otro en el saber cree estar su caudal; otro en la virtud del cuerpo o en hermoso cantar. Todo eso hace la cualidad desemejante y para el conocimiento del hombre, que se encuentra inclinado entre estos bienes, cual le parece mejor.

XLV. La necesidad hace el fin cambiar, puesto que el enfermo en la salud lo pone, el sediento dice que en saciar la sed, el hombre pobre en tener cree estar, el débil y feo fuerte quiere ser y hermoso. Todos estos bienes antes de poseerlos tienen gran precio; el bien honesto no se puede conseguir a ningún precio sino el prudente que lo posee.

XLVI. Del hombre sabio es justo que me maraville ¿qué es eso lo que completamente lo saca de juicio? ¿Cómo no sabe que el loco es más que esclavo? queriendo deleite, lo pierde por mal consejo, ya que natural pasión no le mueve. Tales deseos son encontrados opinables; por no usar el deleite de la razón, su voluntad, buscando su bien los incluye.

XLVII Nostra raó   aquests delits exclou;
no·ls vol la carn,   ans aquells avorrex.   370
¿Qui més de prou   ha com voler li crex
a desigar   ço qu· a la vida nou,
quant l'hom de poch,   en pau, munta senyor?
¿Què li plau més,   per tots temps treballant,
obrant mals fets,   nulla virtut usant,   375
no esperant   sinó falssa honor?

XLVIII Delits del cos   no són de tant· arror
car no ·s algú   que·s llunye lo començ;
restant en carn,   llur delit res no venç,
l'espècia d'hom d'aquells trau sa valor.   380
Sobresvolguts,   nostr· arma ·n hàbit ve
e vol·n· eccés   per sa ·nfinida part;
en terme són,   e de llur terme ·lls part:
fer-los vol grans,   natura no·hu sosté.

XLIX Doncs, al sabent,   ¿quina sperança ·l té   385
en los dinés   e honor de mal lloch?
No dich, si·ls ha,   que com a serp no·ls toch;
no·s dón a ells,   sabent com no han bé.
Tant com dinés   lo cor d'hom res no streny;
en cor avar   algun bé no s'assiu,   390
ne pot haver   amich home altiu.
Qui peca ·n tot   o quant de bé ateny.

L Donchs, ¿qui dirà   d'aquell hom haver seny
que·l propi bé   pert per mal accident
car, per haver   favor de folla gent,   395
a grans despits   e vergony s'enpeny?
No venç primer   de trobar-se vençut,
e serveix ans   que no sia servit,
e pert plaer   ans d'haver-ho sentit,
a si·l ateny,   ab dol és retengut.   400

371-372 Sigo la puntuación de Pagès. Bohigas hace interrogantes estos dos versos.

XLVII. Nuestra razón estos deleites excluye; no los quiere la carne, antes los aborrece. ¿Quién tiene más que suficiente como la voluntad le crece para desear lo que a la vida daña? Cuando el hombre de la nada, en paz, se eleva a señor ¿qué le place más, siempre trabajando, realizando malas acciones, no empleando ninguna virtud, no esperando sino el falso honor?

XLVIII. Los deleites del cuerpo no son de tanto error ya que no hay ninguno que se aleje del comienzo; quedando en carne su deleite nada vence, la especie humana de ellos saca su valor. Queridos en demasía, nuestra alma en hábito viene y quiere en exceso por su infinita parte; en término son pero de su término los aparta: quiere hacerlos grandes, natura no lo sostiene.

XLIX. Entonces, al sabio ¿qué esperanza le mantiene en los dineros y en el falso honor? No digo, si los tiene, que como serpiente no los toque; no se entregue a ellos, sabiendo que no tienen bien. Tanto como los dineros nada restringe el corazón humano; en corazón avaricioso ningún bien se asienta, ni puede haber amigo en hombre altivo. Quien en todo peca, ¡oh cuanto bien alcanza!

L. Entonces, ¿quién dirá que tenga juicio el hombre que el propio bien pierde por un mal accidente, ya que por tener favor de gente loca a grandes despechos y vergüenza se lanza? Primero no vence por encontrarse vencido, y sirve antes de que sea servido, y pierde placer antes de haberlo sentido, y si lo alcanza, con dolor es retenido.

LI Cell qui no sap   qu·en obra de virtut
    és un tal bé,   donant delit perfet,
    e que·l desig   per àls no ·s satisfet,
    no·m maravell   qu·en Déu sia ·rascut,
    com veu que res   no·l bast· a contentar   405
    e no·s pot fer   que son desig castich,
    e de tal bé   veu tot animal rich,
    y ell qu· és senyor   que·n haja pobrejar.

LII S· entre los béns   forans lo vol trobar
    y els naturals,   e no·l pot consseguir,   410
    en est· arror   açò lo hy fa venir,
    com cantitat   penssa que·l deu fartar,
    e jamés fon   un hom tan bell e fort,
    honrat e rich,   que per ço fos content;
    segons què vol,   ha l'hom contentament,   415
    no segons quant,   si bé hy ha ·lgun deport.

LIII En la honor   ha bé, com fa report
     de la virtud,   mas bé no ha per si;
     son bé està   en qui la fa y a qui
     és dat, si hu vall;   si no, tots reben tort.   420
     L'honrant ha bé   com al bo fa honor;
     l'honrat n'ha més   com la honor merex,
     e la honor   algun tant voler crex,
     e, si l'és tolt,   per ço no·n sent dolor.

LIV Honor és bé   quant no·l seguex amor,   425
    mas plau al bo   pel moviment primer;
    no s'estén pus   car virtud no sofer
    que·s delit hom   en estranya valor.
    Mas ¿què·s dirà   d'aquell entès malvat
    més, si és vell,   cercant favós e béns?   430
    En tot barat   esperons ha sens frens,
    no conexent   tenir camí errat.

430 Quizá refrán.

LI. Aquel que no sabe que en obra virtuosa hay un tal bien, que da perfecto deleite, y que el deseo por otros no es satisfecho, no me asombro que esté airado contra Dios, cuando ve que nada le basta a contentar pero no se puede hacer que castigue su deseo, pues de tal bien ve rico a todo animal, y él, que es señor, que tenga que pobretear.

LII. Si entre los bienes foráneos y los naturales lo quiere encontrar, y no lo puede conseguir, a este error eso lo hace llegar, cuando la cantidad piensa que lo debe hartar. Pero jamás hubo un hombre tan bello y fuerte, encumbrado y rico, que por eso estuviese contento; según lo que quiere tiene el hombre contentamiento, no según cuanto, si bien hay algún esparcimiento.

LIII. En el honor hay bien cuando se relaciona con la virtud, mas el bien no lo tiene por sí; su bien está en quien lo hace y a que es dado, si lo vale, si no todos reciben falsedad. El que honra tiene bien cuando al bueno honra; el honrado tiene más cuando el ser honrado merece, pero el honor algún tanto crece la voluntad, y, si le es quitado, por eso no siente dolor.

LIV. El honor es un bien cuando no le sigue amor, mas place al bueno por el primer movimiento; no se extiende más ya que la virtud no sufre que se deleite el hombre en extraño valor. Mas ¿qué se dirá de aquel malvado sabedor —más, si es viejo— buscando favores y bienes? En todo barato espuelas hay sin frenos, no conociendo tener camino errado.

LV Del home pech   no só maravellat,
    puix no sent res   defora de sa carn;
    del hom sabent   se cové traur· escarn,   435
    qu·en son saber   sia ·n tant enganat,
    perdent a si,   e Déu y el món no guany.
    ¿Què conexem   tan savi e tan bo
    que mal e bé   no se'n dig· ab gran so?
    E, donchs, al bo,   de fama poch li tany.   440

LVI Foll és aquell   qui lo bon home plany,
    com no ·s preat   del poble malastruch;
    ja no és bo   e més pech és que ruch
    qu·en tal favor   e de fortuna ·s bany.
    Plànyer-se deu   lo bo, com no té lloch   445
    d'executar   sa famosa virtut,
    e que·l poblàs   se trobàs sort e mut,
    anant badant   a ·lgun bestial joch.

LVII Poble yo dich   a rey, peons e roch,
     duch, cavaller,   juriste, menestral,   450
     havens per bé   l'openió general
     qu·en la honor   e dinés tot bé toch.
     E sobr· aquests   són unes poques gens
     dients que·l bé   és en vergony· haver;
     altres, tan pochs,   dients qu· està ·n plaer,   455
     menys de haver   d'altre bé sentiments.

LVIII Per donar fi   a mos breus parlaments,
      pens lo bon hom   com, qui·l lloa e de què,
      e si bon hom   lo lloa e de bé,
      haja'n delit,   restrenyent bonbaments.   460
      Glòria sta   en conèixer a si
      ple de virtuts   e no lloat de folls;
      d'aquells no hu dich   qui stan caden· a colls,
      mas dels sabens   que ignoren sa fi.

449 *rey, peons e roch,* piezas del ajedrez.

LV. Del hombre necio no estoy sorprendido pues nada siente fuera de su carne; del hombre sabio conviene mostrar escarnio que en su saber esté tan engañado, perdiéndose a sí y a Dios, y el mundo no gana. ¿A quién conocemos tan sabio y tan bueno que mal y bien no se diga de él con gran alboroto? Y, entonces, al bueno la fama poco le atañe.

LVI. Loco es aquel que del buen hombre se duele cuando no es preciado por el desdichado pueblo; ya no es bueno y más necio que borrico quien en tal favor y fortuna se baña. Dolerse debe el bueno cuando no tiene ocasión para ejercitar su famosa virtud, y que el populacho se encuentre sordo y mudo, yendo bobeando a algún juego bestial.

LVII. Pueblo yo digo a rey, peones y roque, duque, caballero, jurista, menestral, teniendo por bien la opinión general que con el honor y dineros todo bien se alcanza. Y sobre estos hay unas pocas personas que dicen que el bien está en tener vergüenza. Otras, muy pocas, que dicen que está en el placer, sin tener sentimientos de otro bien.

LVIII. Para dar fin a mis breves parlamentos: piense el hombre bueno cuando alguien lo alaba y de qué; y si un hombre bueno y de bien lo alaba tenga deleite, restringiendo vanaglorias. La gloria está en saberse a sí mismo lleno de virtudes y no alabado por locos; no me refiero a aquellos que están con cadena al cuello, sino de los sabios que ignoran su fin.

LIX Vaja cercant   lo foll grosser, mesquí,   465
    lo seu delit   entre los populars
    car tot semblant   se delit· ab sos pars
    e no deman   a degú lo camí.
    Si l'és mostrat,   camí no girarà,
    mas no irà   ab tan acuytat pas.   470
    Si, donchs, no ·s foll,   qu·en saber no bastàs,
    ¿quin és lo jorn   que meng· alegre pa?

LX ¿Per què·l valent   home fastig no ha,
    com veu lo món   pels dolents posseyt,
    e per què vol   d'aquells ser favorit?   475
    No és d'alt cor   qui tras tal favor va.
    Magnànim és   qui lo món té ·n menyspreu
    e molt mesquí   lo qui·l penssa servir.
    E com aquest   lo's veu contra venir,
    ¿què fa, lo llas?   Sospirant, lloa Déu.   480

LXI On virtud és,   la veritat s'asseu,
    e la raó   ab aquestes se juny;
    on una és,   les altres no són lluny,
    d'elles no sap   qui no·ls dón· agual preu.
    La ver· amor   és dad· als llochs on són   485
    e lo revés   al qui se'n troba buyt.
    L'hom qui n'és menys,   és arbre menys de fruyt:
    homs en bell hort   són los hòmens del món.

CVII *

I   ¡O quant és foll   qui tem lo forçat cas
    e contr· aquell   remey és demanant,
    e qui poder   se troba molt bastant
    e no·l coneix,   penssant l'haver escàs!

---

487 Se refiere a los sodomitas. Véase las pp. 27-28. De ellos se ha dicho que son "árboles que florecen y no dan fruto".

* Epístola poética dirigida a su amigo Toni (v. 85). Antonio Tallander († 1446), conocido con el apodo de mossèn Borra, fue un célebre bufón de la corte de Alfonso el Magnánimo. Francisco de Bofarull, "Tres car-

LIX. Vaya buscando el loco grosero, mezquino, su deleite entre el populacho puesto que todo semejante se deleita con sus pares y no pregunta a nadie el camino. Si le es indicado, no cambiará el camino mas no irá con tan apresurado paso. Sí, pues, no es loco, que en saber no se satisface ¿cuál será el día en que coma alegre pan?

LX. ¿Por qué el hombre valiente no tiene fastidio cuando ve el mundo poseído por los malos y por qué quiere ser favorecido por ellos? No es de noble corazón quien va tras tal favor. Magnánimo es quien el mundo tiene en menosprecio y muy mezquino quien piensa servirlo. Y cuando éste lo ve venir en su contra, ¿qué hace el cuitado? Suspirando, alaba a Dios.

LXI. Donde hay virtud se asienta la verdad y la razón se une con éstas. Donde una existe, las otras no están lejos, de ellas no sabe quien no les da igual precio. El verdadero amor se da en los lugares donde están y, lo contrario, en el que se encuentra vacío. El hombre que no lo es es árbol sin fruto: hombres en un bello huerto son los hombres del mundo.

CVII

I. ¡Oh cuan loco es quien teme el caso forzoso o contra él remedio está pidiendo, y quien poder se encuentra muy suficiente pero no lo sabe, creyendo tenerlo escaso! Vos sois aquel pidiendo amparo contra la muerte. Pues es forzoso que en muy breve tiempo mo-

---

tas autógrafas inéditas de Antonio Tallander, Mossèn Borra", en *Memorias de la Real Academia de Buenas Letras de Barcelona,* V, 1896, pp. 3-100.
Muchos consuelos doctrinales le da al amigo moribundo para encaminarle al otro mundo y ninguna esperanza de que la muerte le deje vivir un poco más: "tu carne es ya basura" (v. 85).

Vós sóu aquell amprant contra la mort. 5
Puys és forçat qu·en molt breu temps morreu,
hoc menysprear son poder bé podeu,
e, no tement, morint sou d'ella stort.

II En vós està fer son cas flach o fort,
 car lo seu mal per dues cosses naix: 10
 per tembre ·l dan del lloch eternal baix,
 e per haver perdut al món deport.
 Ja de aquest alçar podeu la mà,
 puys vostres senys los quatr· haveu perduts.
 Donchs, contra ·l dan armau-vos de virtuts, 15
 e no us dolreu ne tembreu ça ne lla.

III Al home bo la mort negun mal fa,
 ans és mijà per on trespass· a Déu,
 e si·l mal hom morint en mal se veu,
 no hu fa la mort, mas ha mal com pecà. 20
 La mort tem molt qui viu en mal delit,
 car pert dos móns: jusà y superior;
 si·l bé perdent lo cors passa dolor,
 no és molt gran pensant del esperit.

IV Al home Déu ha dos móns establit, 25
 axí com són dos natures en ell;
 cascuna part espera en aquell
 d'on l'ésser trau, finit o infinit.
 Al nostre cors la mort del tot confon,
 perdent son bé, lo qual és tot present, 30
 e l'espirit no tem anul·lament:
 per mort reviu, mas va no sabeu on.

V Los sentiments d'aquests diversses són,
 per bé que tots aquesta mort desplau:
 u tem e dol e l'altr· en dolor jau; 35
 lloch vol cascú en lo seu propi món.
 Aquest compost en molts veig discordar,
 e·n altres molts qu·en acort par qu· estan,

riréis, así menospreciar su poder bien podéis, y no temiendo, muriendo, sois de ella librado.

II. En vos está hacer su caso débil o fuerte ya que su mal por dos motivos nace: por temer el daño del eternal bajo lugar y por haber perdido el placer del mundo. Ya de éste alzar podéis la mano pues vuestros cuatro sentidos habéis perdido. Entonces, contra el daño armaos de virtudes y no os doleréis ni temáis acá ni allá.

III. Al hombre bueno la muerte ningún mal hace, antes es medio por donde se traspase a Dios, pero si el hombre malo, muriendo, en mal se ve, no lo causa la muerte mas tiene el mal de cuando pecó. La muerte teme mucho quien vive en mal deleite ya que pierde dos mundos: el de abajo y el superior; si perdiendo el bueno el cuerpo pasa dolor no es muy grande pensando en el alma.

IV. Dios, para el hombre, ha establecido dos mundos, así como hay dos naturas en él: cada parte espera en aquella de donde sale su ser, finito o infinito. A nuestro cuerpo la muerte abate del todo, perdiendo su bien, el cual es todo presente pero el espíritu no teme anulamiento: por muerte revive mas va no sabemos dónde.

V. Los sentimientos de éstos son diversos por bien que a todos esta muerte desagrada: uno teme y se duele y el otro en dolor yace; lugar quiere cada uno en su propio mundo. Este compuesto veo en muchos desacordar y en otros muchos que de acuerdo parece

       mas no és ver,   puys males obres fan;
       lo bon hom sol   pot ab si acordar.   40

VI Ab vera pau   lo bon hom pot obrar,
    no·l malfaent,   car mal fi no promet;
    per esta fi   lo bé y lo mal és fet:
    pel bé s'ateny,   pel mal no·s pot guanyar.
    En general   hom vol y entén est bé;   45
    en particular,   quant ha dreta raó
    entén, no·l sent,   l'obrant per passió,
    e lo malvat   no·l sent ne·l creu per fe.

VII Cascuna part   de nós tira d'on ve:
     lo cors terreny   deçà vol romanir;   50
     l'arma d'aquell   no·s volria partir,
     e lo seu bé   per la mort li pervé.
     Mas tant abdós   han estret· amistat,
     que·l u dolor   pel companyó sofer,
     hoc fins en tant   que·l mal torna ·n plaer,   55
     y el mal aquell   ha per grau estimat.

VIII Tant com més l'hom   tem l'inmortalitat,
      d'aquesta mort   sofir major turment,
      e si prés mort   creu son anul·lament,
      en major mal   és per la nul·litat.   60
      E que lo món   superior no fos,
      al hom és obs   que hu pens ésser axí,
      car lo present   no·l trau d'ésser mesquí;
      nostr· apetit   no fuig a freturós.

IX Per ésser l'hom   contra mort animós,   65
    l'és obs virtut   teulogal e moral,
    sí que lo cors   sia racional
    per l'apetit   portat a virtuós.

---

46 *en particular,* considerando que sobra una sílaba al verso y que en los mss. D, E y en las ediciones no aparece la preposición *en* la suprime Bohigas en su edición. Pagès, en su *Commentaire,* p. 129, cree que *particular* se pronunciaba *particlar,* por lo tanto trisílaba. Pere

que están, mas no es verdad pues malas obras hacen: el hombre bueno sólo puede consigo concordar.

vi. Con verdadera paz el hombre bueno puede actuar, no el malvado ya que el mal no promete fin; por este fin el bien y el mal es hecho: con el bien se alcanza, con el mal no se puede ganar. En general el hombre quiere y entiende este bien, en particular cuando la justa razón entiende; no lo siente el que obra con dolor y el malvado no lo siente ni lo cree por la fe.

vii. Cada parte de nosotros tira de donde viene: el cuerpo terrenal acá quiere permanecer; el alma de él no se querría separar pero su bien por la muerte le viene. Mas ambos tienen tan estrecha amistad que uno sufre dolor por el compañero así hasta en tanto que el mal se vuelve en placer y él aquel mal tiene en estimado valor.

viii. Tanto cuanto más el hombre teme la inmortalidad, de esta muerte sufre mayor tormento; y si después de muerto cree su anulamiento, en mayor mal es por la nulidad. Y que el mundo superior no fuese, es necesario al hombre que lo cree ser así, puesto que el presente no le saca de ser desdichado; nuestro apetito no huye del menesteroso.

ix. Para ser el hombre animoso frente a la muerte le es necesaria la virtud teologal y moral, también que el cuerpo sea racional para el apetito convertido en

---

Ramírez i Molas apoya, comenta y analiza de manera convincente el criterio de Pagès. *La poesia d'Ausiàs March*, pp. 86-87.

Lladonchs tot l'hom   bons delits usarà,
passats pel cors,   mas a l'arma semblants,   70
més d'inmortal   que de mortal tocants,
sí qu·en est món   del altre ja sentrà.

X Qui en tant ve,   la mort no dubtarà,
car lo seu cors   en arm· haurà conduyt;
sí com lo mal   hom d'ànima és buyt,   75
axí lo bo   lo cors nosa no·l fa,
puys ab raó   jaquit ha tot estrem
e temprats ha   tots los mals moviments:
espera ·n Déu,   e dón· als no havents,
e viu en fe,   d'on tots nos salvarem.   80

XI Mare de Déu,   tots los qui bé creem
que tu portist   aquell Crist, fill de Déu,
per consegüent   per nós morí en creu,
fes-nos haver   tanta fe com volem.

XII Toni amich,   vostra carn és ja fem,   85
e sens la got·   haveu bon esperit;
si no hy penssau,   restareu escarnit,
que per ser fresch   lo cors, l'esperit crem.

CVIII

I No·m clam d'algú   qu·en mon mal haja colpa;
si·m clam de mi,   yo·n passe ja ma pena;
defora mi   és la causa qui·l mena,
mas dintre mi   és aquell qui·m encolpa.
No sé si·m ve   per falta del entendre,   5
fals estimant   les coses presentades,
o l'apetit,   per sobresdesijades
és occasió   que no les puch entendre.

II Menys de caler   enteniment despendre,
tot quant Déu féu   és bo per sa natura: 10
Ell establí   a tota creatura

virtuoso. Entonces todo hombre tendrá deleites buenos, sentidos por el cuerpo, pero al alma semejantes, más tocados de inmortal que de mortal, así que en este mundo ya sentirá del otro.

x. Quien a tanto llega, la muerte no dudará puesto que su cuerpo habrá convertido en alma; así como el hombre malo está vacío de alma, así al bueno el cuerpo no le produce enojo pues con la razón ha suprimido todo extremo y ha templado todos los malos movimientos: confía en Dios, y da a los que no tienen, y vive con fe, por la que todos nos salvaremos.

xi. Madre de Dios, todos los que bien creemos que tú trajiste a Cristo, hijo de Dios, por consiguiente por nosotros murió en la cruz, haznos tener tanta fe como queremos.

xii. Amigo Toni, vuestra carne ya es basura pero a pesar de la gota tenéis buen ánimo; si no lo pensáis, quedaréis escarnecido, que por estar el cuerpo fresco, el espíritu se queme.

CVIII

i. No me quejo de nadie de que en mi mal tenga culpa; si me quejo de mí yo ya me paso mi pena: fuera de mí está la causa que la ocasiona, mas dentro de mí está el que me culpa. No sé si me viene por falta de entendimiento, estimando falsamente las cosas presentadas, o el apetito, por demasiado estimadas, es el motivo por lo que no las puedo entender.

ii. No hace falta esforzar el entendimiento, todo cuanto Dios hizo es bueno por su natura: Él estableció para toda criatura el límite del bien y que no pu-

    terme de bé   e no·n pogués més pendre:
    e l'hom foll   sa natura regira
    e met valor   on degun preu se troba:
    despulla si   e dón· a l'estrany roba;   15
    gràcia fa,   de si mateix la tira.

III   L'ull del hom pech   totes les coses mira
    desobre si,   essent elles jusanes,
    y a son voler   vol portar les foranes,
    e, quant no pot,   encontra Déu sospira,   20
    no com penssant   com en ell és la falta
    per no dompdar   l'apetit no fartable:
    penssant que és   bastant e ·sats durable
    la cosa que   és poca e tost salta.

IV   Assats en hom   és la raó malalta   25
    c· a son voler   portar vol tota cosa,
    ne sab que·l hom   en lo món no reposa
    si del forçat   que sofir se desalta.
    Donchs, ¡quant és foll   lo qui vol l'inposible
    e té's per cert   qu· és molt lleus de atènyer,   30
    ne sab que may   l'apetit pot estrènyer,
    si donchs no·l met   en lo cert e possible!

V   Tant lo sentir   e l'entendr· és fal·lible
    com en menys temps   aïra l'hom o ama:
    viure li plau   e vol honor e fama,   35
    e dins breu temps   li és cosa terrible.
    Donchs, ¿què serà   dels qui·n les dones volen
    amor gentil,   amor e gran bonesa?
    Dien que·ls fa   la Fortuna malesa,
    per no saber   d'on los ve per què·s dolen.   40

VI   No és molt poch   als qui ben amar solen
    saber d'on ve   per què dolor sofiren.
    Ab cor d'haver   tot bé complit requiren
    per don· amar,   y, ans d'haver, per déu colen,
    per ignorar   Amor e sa natura;   45
    e ignorant   les dones e llur ésser,

diera tomar más, pero el hombre loco cambiará su
natura y pone valor donde ningún precio se encuentra:
se desnuda y da al extraño su ropa; hace favor, de
sí mismo lo arroja.

III. El ojo del hombre necio todas las cosas mira
encima de sí, siendo ellas inferiores, y a su voluntad
quiere llevar las foráneas y cuando no puede, contra
Dios suspira, no como pensando que en él está la falta
por no domar el apetito insaciable: pensando que es
suficiente y asaz durable la cosa que es poca y pronto
desaparece.

IV. Asaz en el hombre está la razón enferma ya
que a su voluntad quiere guiar toda cosa, ni sabe que
el hombre en el mundo no reposa si del forzado sufrir
se desagrada. Entonces, ¡cuán loco está el que quiere
lo imposible y tiene por cierto que es muy fácil de
alcanzar, ni sabe que nunca el apetito puede reducir
si no lo pone en lo cierto y posible!

V. Tanto el sentir y el entender es falible como en
breve tiempo el hombre odia o ama: vivir le place y
quiere honor y fama, pero en breve tiempo le es cosa
terrible. Entonces, ¿qué será de los que de las mujeres
quieren amor gentil, amor y gran bondad? Diciendo
que Fortuna les ocasiona maldad por no saber de donde les viene el por que se duelen.

VI. No es muy poco a los que suelen bien amar
saber de dónde viene y por qué dolor sufrieron. Con
tener el corazón colmado de todo bien buscan mujer
para amar, pero antes de tenerla, como dios la veneran, por ignorar a Amor y su natura. E ignorando a
las mujeres y su ser, piensan que el pan que les da

cuyden que·l pa qui·ls da fam los deu péxer,
e dura tant la fam com l'oradura.

VII Graci· ateny aquell qui no atura
en la error, sinó tant com ignora, 50
mas, com coneix, moltes veus no se'n plora,
e no se'n part ne·n penedir met cura,
e a las veus, la falta coneguda,
partir-se'n vol e lo partir l'agreuja,
perquè li plau y és temps que s'hi alleuja, 55
sperant qual part d'ell serà vençuda.

VIII Enemich és de la cosa sabuda
l'enteniment, si veritat no guarda;
donchs, de Amor follia és sa guarda,
puys dins breu temps de blanch en negre ·s 60
No pens algú la colpa d'Amor sia, [muda.
ne del amat, mas del amant, qui ferma
sa voluntat en lloch on no ha ferma.
Foll és aquell qui·l vent fermar volia.

IX Lo qu· és derrer met l'hom en primeria 65
e no hu coneix fins que no ·s temps que·s faça;
quant l'apetit totes coses abraça
e llexa y vol ço que fer no·s poria,
lladonchs l'hom veu, si és sabent, l'errada,
com ne per què no ateny lo que cerca; 70
lo savi pren lo proffit de sa cerca,
lo foll roman en sa trista ·ncontrada.

X Ans de haver la cosa desijada
és de saber, haüda, quant contenta
e ço no·s sab, si l'hom primer no tenta 75
l'ésser de si e del que li agrada,
e que primer son apetit strenga

---

64 Refrán o frase proverbial.
74 *haüda*, participio pasado, provenzalismo. "*Avut, avuda*
(lat. vulg. *habutum*); más frecuentemente *agut, aguda*,

hambre los debe alimentar y dura tanto el hambre como la locura.

VII. Gracia alcanza el que no se detiene en el error, sino tanto como ignora, mas cuando conoce, muchas veces no llora y no se aparta ni en arrepentirse pone cuidado; pero a veces, conocida la falta, apartarse quiere y la separación le enoja porque le place pues hace tiempo que allí se aloja esperando que parte de él será vencida.

VIII. Enemigo es el entendimiento de la cosa sabida, si la verdad no guarda; pues de Amor la locura es su guarda, pues en breve tiempo de blanco cambia en negro. No piense nadie que de Amor la culpa sea, ni del amado, mas del amante, que afirma su voluntad en lugar donde no hay firmeza. Loco es el que el viento encerrar quería.

IX. Lo que es postrero en prioridad pone el hombre y no lo sabe hasta que no es el tiempo que se haga. Cuando el apetito, que todas las cosas abarca, y deja y quiere lo que hacer no se podría, entonces el hombre ve, si es inteligente, la equivocación, como ni por qué no alcanza lo que busca; el sabio saca provecho de su búsqueda, el loco queda con su triste contrariedad.

X. Antes de tener la cosa deseada hay que saber, tenida, cuánto contenta, pero eso no se sabe si el hombre no examina su ser y de lo que le gusta, y que primero restrinja su apetito a no querer lo que la razón

---

con la radical del perfecto; estas formas pueden reducirse a: *a-üt, a-üda*. J. Anglade, *Grammaire de l'Ancien Provençal*, Paris, 1921, p. 321.

a no voler lo que raó no vulla.
Del hom vestit mal pendre fa despulla;
menys és de fer, tolre'l ans que la prenga. 80

XI Pus fàcilment yo crech que·l hom atenga
tolre's desig qu·en aquel metre terme.
¿Qual és aquell qu·en lloch llenegant ferme
son peu, que tost en terra no s'estenga?
Donchs, qui d'amor segurament vol viure, 85
los moviments ab fermes raons tolga;
e qui d'açò no és bastant s'estolga,
més prop li és lo plorar que lo riure.

XII A cobejar és hom primer delliure
que no haver de les coses sciença, 90
perquè no té franca la conexença
dones y amor en lloch degut assiure.
No sé com és conexença primera
que·ls apetits mortificats no sien;
ella val poch, si els camí desvien, 95
y ells van com orbs, si no·n prenen carrera.

XIII A tots aquells qu·en lo món han manera
de abraçar totes coses mundanes,
com pus n'hauran veuran ells y elles vanes
Fugir del món és la dreta carrera. 100
Vós, mon senyor, haveu sciença vera,
y els apetits mals a vós no contrasten;
mostrau a molts, qui hu saben e no hu tasten,
si·l passionat ha la raó sancera.

79-80 Bohigas (*Poesies*) indica que puede tratarse de una frase proverbial.
101-104 Pagès indica que estos versos adulatorios van dirigidos al rey Alfonso el Magnánimo: *Vós, mon senyor,* apa-

no quiera. Al hombre vestido el mal tomar desnuda;
cuesta menos de hacer, quitárselo antes que lo tome.

XI. Más fácilmente, yo creo, que el hombre atienda
a impedir deseo que en aquel término pone. ¿Quién
es el que en lugar resbaladizo afirme su pie, que pronto
en tierra no se caiga? Pues, quien del amor con seguridad quiere vivir, los movimientos con firmes razones
anule; y quien en esto no se encuentra capaz lo evite:
más cerca le está el llorar que el reír.

XII. A desear primero es libre el hombre que no
a tener conocimiento de las cosas, porque no tiene
franco el conocimiento de mujeres y colocar amor en
el debido sitio. No sé como es el conocimiento primero
en que los apetitos no sean mortificados; vale poco si
ellos desvían el camino y van como ciegos, si no siguen
curso.

XIII. A todos los que en el mundo tienen condición
de abarcar todas las cosas mundanas cuantas más tendrán las verán ellos y ellas vanas. Huir del mundo es
el justo camino. Vos, mi señor, tenéis verdadera sabiduría y en vos los malos apetitos no contrastan; mostrad a muchos, que lo saben pero que no lo prueban,
si el que sufre tiene la razón entera.

---

sionado por su amante Lucrecia d'Alagno. *Auzias March
et...*, p. 219.

CIX

I Dona, si·us am,   no·m graescau amor;
aquella part   de què yo só forçat,
graiu a Déu,   qui us ha tal cors forjat
que altra cors   no bast· a sa valor:
bell, ab gran gest,   portant un spirit   5
tan amplament   que no·l té presoner,
mas com senyor   usant de son poder,
tenint estret   davall si l'apetit.

II E si treball   per tostemps, jorn e nit,
e faç quant pusch   perquè·m vullau amar,   10
no meresch tant,   car no·s pot bé comprar
la vostr· amor: lo preu és infinit.
Ací ·s causat   lo meu mereximent,
com la dolor   y el treball a mi plau;
mas no meresch   ser amat, si us desplau: 15
no basta ·n pus   que un covidament.

III Hajau-me grat   com lo meu pensament,
qu· er· apartat   d'amor, de tot en tot,
e ja d'amor   yo no scrivia mot,
ans del passat   era ver penident,   20
ara per vós   y en vós tot lo despench,
menys de penssar   que me'n remunereu.
Si Amor fa   que per ço mi ameu,
farà ·l que sol,   e mal que·l costum tench.

IV Puys Amor vol   qu·en amar tant m'estench   25
per molta part   de vós que troba ·n mi,
tanta que may   en altra no trobí,
e de amar   aquelles ell estrench,
raó serà   qu· estrenga més a vós,
puys que per vós   m'ha stret més que jamés.   30
Aquell semblant   vostre per qui só pres,
mal rest· amor,   no fent amar abdós.

CIX

I. Señora, si os amo no me agradezcáis el amor; aquella parte por la que estoy forzado, agradecedla a Dios, que tal cuerpo os ha forjado que ningún otro cuerpo llega a su valor: bello, con noble expresión, conteniendo un espíritu tan amplio que no lo tiene prisionero, mas como dueño ejerciendo su poder, teniendo refrenado debajo de sí el apetito.

II. Aunque me afano siempre, día y noche, y hago cuanto puedo para que me queráis amar, no merezco tanto, puesto que no puedo comprar bien vuestro amor: el precio es infinito. Aquí está causado mi merecimiento pues el dolor y la fatiga me place; mas no merezco ser amado, si os desagrada: sólo basta una insinuación.

III. Tenedme en favor como mi pensamiento, que estaba apartado completamente del amor, y ya del amor yo no escribía una palabra, más bien era un verdadero penitente del pasado, ahora por vos y en vos todo lo gasto sin pensar que me remuneréis. Si Amor hace que por eso me améis, hará lo que suele, y el mal que tiene por costumbre.

IV. Pues Amor quiere que en amar tanto me extienda por la mucha parte de vos que se encuentra en mí, tanta que nunca en otra encontré, y de amarlas él restringe, razón será que restrinja más a vos pues que por vos me ha limitado más que nunca. Aquel semblante vuestro por el que estoy prendido: mal queda amor, no haciendo amar a ambos.

v   Llonch temps és ja   que, per fugir dolors,
    fugí Amor   en tant com en mi fon,
    mas, veent vós,   recorts en mi no són   35
    dels mals passats,   ans me paren dolçors.
    Yo li perdon   los mals que·n he passats,
    e lo pressent   y els que són per venir;
    acordat só   per vós tant soferir,
    puys que aquells   sàpia que sentats.   40

vi Mon derrer bé,   ja eren castigats
    los meus volers   per jamés don· amar.
    Per vós amar,   yo·ls vull llicenciar;
    si no us n'han grat,   hajau-los per ingrats.

CX

I   Llà só atès   d'on só volgut fugir,
    tinch-me per pres   e no só presonat;
    mas yo veig clar   lo córs de mon mal fat,
    e no·l he vist   ans d'en ses mans venir.
    Pren-m· enaxí   com al devinador   5
    de sa greu mort   per alguns clars mijans
    prenusticant,   no fugir de ses mans
    e ja per fet   tot quant és venidor.

II ¡O tu, mal fat,   mal prenosticador!
    E veig-l· així   com si era present,   10
    per tal senyal   que no pot ser mintent,
    puys m'ha plagut   lo que fuy vorredor.
    Quant só vengut   al prenosticat punt,
    veent, fuy orb,   e sabent, ignorant.
    No sé què fon   que·m tench lo cor tirant   15
    per anar llà   on no volgra ser junt.

III Sí co·l senglar   que devalla del munt
    pels cans petits   qui no·l basten matar,
    e baix· al pla   on veu alans estar,
    vol e no pot   tornar del pla ·n amunt,   20

v. Ya hace mucho tiempo que, por huir de dolores, huí de Amor tanto como en mí fue posible, mas, viéndoos, no hay en mí recuerdos de los males pasados, antes me parecen dulzuras. Yo le perdono los males que he pasado, y los presentes y los que han de venir; decidido estoy por vos a tanto sufrir pues que sepa que los sintáis.

vi. Mi último bien, ya estaban castigados mis amores a mujer jamás amar. Por amaros, yo los quiero licenciar; si no los tenéis por gratos, tenedlos por ingratos.

CX

i. De donde estoy cogido estoy queriendo huir; téngome por preso y no soy prisionero mas yo veo claro el curso de mi mal hado, y no lo he visto antes de llegar a sus manos. Ocúrreme así como al que adivina su triste muerte por algunos claros medios que pronostican, no huyendo de sus manos, ya tiene por hecho todo cuanto es venidero.

ii. ¡Oh tú, mal hado, mal pronosticador! Y le veo así como si estuviera presente, con tal señal que no puede estar mintiendo pues me ha contentado de lo que aborrecí. Cuando he llegado al pronosticado momento, viendo, estuve ciego y sabiendo, ignorante. No sé qué fue que me tiene el corazón impulsando para ir allá donde no quisiera estar cerca.

iii. Así como el jabalí que baja de lo alto pues los perrillos no le pueden matar, y baja al llano, donde ve estar alanos, quiere y no puede volver del llano a lo alto, me ocurre a mí, que por huir de poco mal

ne pren a mi, qui per fogir mal poch,
caych en les mans de dolor sens remey,
perpetual, sens mudar esta lley,
ans crexerà com en lloch dispost foch.

IV No creu lo fat molt hom qui és badoch, 25
e molt grosser li allonga ·l poder
sobre què va e què pot en nós fer.
Lo cors és seu e tot quant d'aquell toch,
mogut e ferm, ha lo poder per Déu;
tant quant al temps se mostra variat; 30
mas tot per Déu és axí ordenat,
lo qual no·s mou ne·s muda l'orde seu.

V Lo fat se pren, segons l'entendre meu,
tot quant és d'hom, defora la raó;
lo foll és seu e sa elecció; 35
del savi pren quant a natura deu.
No sé lo fat si guarda sol la fi,
o si la fi pels mijans mirarà;
lladonchs la fi son ésser mudarà,
si los mijans pendran revers camí. 40

VI Mare de Déu, hages mercè de mi
e fes-m· esser de tu enamorat;
de les amors que só passionat,
yo conech cert que só més que mesquí.

CXI

I Axí com cell qui·s parteix de sa terra
ab cor tot ferm que jamés hi retorn,
deixant amichs e fills plorant entorn,
e cascú d'ells a ses faldes s'aferra,
dient plorant: —Anar volem ab vós. 5
¡O, no·ns lleixeu trists e adolorits!—,
e l'és forçat aquells haver jaquits,
¿qui pot saber d'aquest les grans dolós?

caigo en las manos del dolor sin remedio, perpetuo, sin mudar esta ley, antes crecerá, como en lugar dispuesto, el fuego.

IV. No cree en el hado mucha gente que es boba, y la muy tosca le aumenta el poder sobre lo que sucede y lo que puede en nosotros hacer. El cuerpo es suyo y todo cuanto con él se relaciona, movido o firme, tiene el poder por Dios; tanto cuanto al tiempo se muestra variado; mas todo está así ordenado por Dios, por lo que no se mueve ni se muda su orden.

V. El hado toma, según mi entender, todo cuanto es del hombre, excepto la razón; el loco es suyo y su elección; del sabio toma cuanto a natura debe. No sé si el hado mira sólo el fin o si el fin por los medios mirará; entonces el fin su ser mudará si los medios tomarán contrario camino.

VI. Madre de Dios, ten piedad de mí y hazme ser tu enamorado; de los amores en que estoy apasionado, yo reconozco seguro que soy más que infeliz.

CXI

I. Así como aquel que parte de su tierra con el corazón completamente seguro de que jamás allí volverá, dejando amigos e hijos alrededor llorando, y cada uno de ellos se aferra a sus faldas, diciendo llorando: "Queremos ir con vos. ¡Oh, no nos dejéis tristes y doloridos!", y le es forzoso tener que dejarlos, ¿quién puede saber los grandes dolores de éste?

II Yo me'n confés   a Déu, e puys a vós,
que yo só tal   com lo de qui parlat,   10
car tot delit   de mi és apartat,
sí que jamés   me veja delitós.
No solament   he lo delit perdut,
ans en son lloch   entrada és dolor,
car yo m'aÿr   havent perdut amor   15
e jach del colp   que tostemps he temut.

III No menys que mort   a mi és avengut:
no·m pot fer pus   que fer perdre lo món,
e yo d'aquest   a tothom ma part dón,
puys que no am   ne puch ser benvolgut.   20
Tot ço que veig   me porta en recort
lo mal present   e lo qu· és per venir;
lo negre prop   lo blanch fa més lluyr:
un poch delit   ma dolor fa pus fort.

IV Yo no puch dir   senta dolor de mort;   25
sa tinch lo cors   e malalt l'esperit
d'un accident   qu·en vida m'ha jaquit
en tal estat   que no·m trob viu ne mort.
L'enteniment   no·m delita ·n saber
e res plaent   no vol ma voluntat;   30
yo vixch al món   e d'ell desesperat,
si ·n altre pens,   no·m calfa molt l'esper.

V ¡O, mos amics!   Vullau dolor haver
e pietat   del qui, viu, pert lo món,
e, majorment,   si algun tant hi fon,   35
car molts hi són   qu·en res no hy són mester;
altres havents   d'aquell menys sentiment
que la guineu,   molt astut animal;
e d'altres molts   que l'entendre no·ls val
sinó ·n justar   aquell metal argent.   40

VI No sé a qui   adreç mon parlament,
perqu· és llonch temps   no·m parle ab Amor,

41-43 Considerando estos versos Pagès (*Auzias March,* p. 222) opina que este poema es uno de los últimos que escribió.

II. Yo me confieso a Dios, y después a vos, que estoy tal como del que he hablado, puesto que todo deleite de mí está apartado, así que jamás me veré deleitoso. No solamente he perdido el deleite, antes, en su lugar, entrado es el dolor, puesto que yo me irrito habiendo perdido el amor y yago por el golpe que siempre he temido.

III. No menos que la muerte a mí ha llegado; no me puede hacer más que hacer perder el mundo; pero yo de éste mi parte a todos doy, puesto que no amo ni puedo ser bien amado. Todo lo que veo me trae a la memoria el mal presente y el que está por llegar; lo negro cerca hace lo blanco más relucir: un pequeño deleite hace más intenso mi dolor.

IV. Yo no puedo decir que sienta dolor mortal; tengo sano el cuerpo y enfermo el espíritu de un accidente que en vida me ha dejado en tal estado que no me encuentro ni vivo ni muerto. El entendimiento no me deleita en el saber, y nada agradable quiere mi voluntad; yo vivo en el mundo pero de él desesperado; si en otro pienso, no me enciende mucho la esperanza.

V. ¡Oh, amigos míos, quered tener dolor y piedad del que, vivo, pierde el mundo, y mayormente si alguno tanto allí fuese, ya que muchos allí están que de nada tienen necesidad; otros, que tienen de él menos sentimiento que el raposo, muy astuto animal; y de otros muchos que el entendimiento no les vale sino para juntar aquel metal de plata!

VI. No sé a quién dirijo mi parlamento porque hace mucho tiempo que no me hablo con el Amor, y

e dona ·l món   no sent de ma tristor:
axí mateix   yo no·n he sentiment.

CXII

I   Cobrir no pusch   la dolor qui·m turmenta,
    veent que Mort   son aguayt me descobre;
    lo camí pla,   de perdre vida, m'obre,
    e traure'm vol   del món sens dar-m· empenta,
    car, tot primer,   virtut del cos m'ha tolta.   5
    Ja mos cinch senys   ne senten lo que solen;
    los a part dins   de gran por ja tremolen;
    l'enteniment   de follia tem volta.
    La velledat   en valencians mal prova,
    e no sé com   yo faça obra nova.   10

II ¡O mort, qui tols   a tot vivent la vida,
    tu est dolor   a tot· humana pensa;
    a tu no tem   qui en tu jamés pensa,
    o qui en Déu   ha voluntat unida!
    Entr· aquests dos   estats és tot lo poble,   15
    e yo confés   ésser de aquest nombre.
    E ve per temps   que de por yo·m assombre,
    e puix la pert,   mas no·m ve de part noble:
    de passió   parteix, o de follia,
    e tembre torn   tant que·m és dolentia.   20

III ¿Qui pot saber   quant al món est noïble
    destroint quant   nos atorga natura,
    hoc e tot ço   qu·ell mateix se procura,
    fent racional   per virtut lo sensible,
    delitant-sé   tant com delit delita,   25
    car de un poch   tothom delita ·l viure?
    Los béns forans   qui porten plor e riure,
    en llur poch bé,   de mal porten sospita;

9-10 Sobre la vejez como mal, véase CXXIV y CXXII.

mujer viva no siente mi tristeza, así mismo yo no tengo sentimiento.

CXII

I. Ocultar no puedo el dolor que me atormenta viendo cómo la muerte su acecho me descubre; me abre el camino llano para hacerme perder la vida y quiere sacarme del mundo sin empujarme ya que, primeramente, la virtud corporal me ha quitado. Ya mis cinco sentidos no sienten lo que suelen, los interiores de gran miedo ya tiemblan; el entendimiento teme envolverse de locura. La vejez en los valencianos sienta mal y no sé cómo yo haga obra nueva.

II. ¡Oh Muerte, que quitas a todo viviente la vida, tú eres dolor a todo humano pensamiento; no te teme quien jamás en ti piensa o quien con Dios tiene la voluntad unida! Entre estos dos estados está todo el mundo y yo confieso estar en este número. Pero ocurre a veces que yo me asombro de miedo, y después lo pierdo, mas no me viene de parte noble; de sufrimiento sale o de locura, y vuelvo a temer, tanto que me enfermo.

III. ¿Quién puede saber cuánto al mundo es nocivo destruyendo cuanto nos otorga natura, esto y todo lo que él mismo se procura, haciendo racional por virtud lo sensible, deleitándose tanto como el deleite deleita, ya que de un poco el vivir a todos deleita? Los bienes foráneos que traen lloro y risa, en su escaso bien traen sospecha de mal; mas aquellos grandes y

mas aquells grans   e propis tu fas perdre;
tu has ja fet   a molt bon hom esperdre.   30

IV ¿Donch, qui serà   que·l cor no li tremole,
veent que tu   li tols de home l'ésser?
¿Qui pot pensar   la dolor del desséser?
E de tant mal,   ¿qui és lo qui ·s console?
Tots quants béns són,   morint hom, tu anul·les,   35
e fas morir   aquells que ab si porten
la vida d'hom   e d'aquella ·s conforten;
grans benifets   tu destrús ab tes butlles.
Qui·t vol mirar   ab vista sensitiva,
quant més béns ha,   de tu més se squiva.   40

V De tots los béns   que dóna la Fortuna,
si tols aquells,   no se'n deu l'home dolre,
car menys de tu,   yo·ls veig a molt hom tolre;
qui·ls dóna ·ls tol   e no hy té colp· alguna.
Tu, sens res dar,   destruus quant ella dóna;   45
tement a tu,   en res hom no reposa;
ab tu ensemps   no hy ha ·l món bona cosa;
plaent pensar   prop de tu no·s condona.
Tu est dolor   que totes dolors passes;
tu est al hom   com al cavall mordaces.   50

VI Tots los béns tols   de fama gloriosa
e de honor   degudament guanyades,
e veure ·n si   morals virtuts justades,
faent en l'hom   la pensa delitosa.
Aprés d'açò,   ¿qui pot donar estima   55
al sobiran   delit que surt del obra?
Felicitat   per propi nom li'n sobra,
e fa que nós   prop lo cel nos arrima:
no·ns hi fa ·ntrar,   mas no hy entram sens ella,
e destroint   l'hom, tu destrús aquella.   60

VII Com pus subtil   és nostra conexença
pus dolorós   és ton cruel damnatge;
l'hom qui·l sentir   e·l entendr· ha salvatge,

Lauda sepulcral de Ausias March en la Catedral de Valencia, proyectada por don Manuel González Martí

Lápida situada en la calle de Cabillers (Valencia) en la que vivió y murió Ausias March

propios tú haces perder; tú ya has hecho perder a muchos buenos hombres.

iv. Entonces, ¿quién habrá que el corazón no le tiemble viendo que tú quitas la existencia del hombre? ¿Quién puede imaginar el dolor del no ser? ¿Y de tanto mal quién es el que se consuele? Todos cuantos bienes hay, muriendo el hombre, tú anulas, y haces morir los que llevan consigo la vida humana y de ella se confortan; grandes beneficios tú destruyes con tus bulas. Quien te quiere mirar con vista sensitiva, cuantos más bienes tiene, de ti más se equivoca.

v. De todos los bienes que da la Fortuna, si los quitas, no debe el hombre dolerse ya que, sin ti, yo los veo quitar a mucha gente; quien los da los quita y no tiene ninguna culpa. Tú, sin dar nada, destruyes cuanto da ella; no temiéndote en nada el hombre reposa; junto a ti no hay en el mundo buena cosa; agradable pensar cerca de ti no se encuentra. Tú eres dolor que a todos los dolores superas; tú eres al hombre como al caballo las mordazas.

vi. Todos los bienes quitas de gloriosa fama y de honor, debidamente ganados, y ver en sí virtudes morales reunidas que hacen el pensamiento deleitoso en hombre. Después de eso, ¿quién puede estimar el soberano deleite que surge de la obra? Felicidad, por nombre propio, le sobra y hace que nosotros cerca del cielo nos arrime: no nos hará entrar, mas no entramos sin ella, y destruyendo al hombre tú la destruyes.

vii. Cuanto más sutil es nuestro conocimiento más doloroso es tu cruel daño; el hombre que el sentimiento y el entendimiento tiene salvaje no siente deleite

no sent delit   ne del mal sofirença.
D'amor nos ve   la dolor que tu·ns dónes,   65
perquè ·ns tols ço   que nostre voler ama:
no sols honors,   fills, riquea e fama,
mas tot lo bé   que senten les persones.
La fort dolor,   ab lo sentir jutjada,
trau de tot seny   quan és ymaginada.   70

VIII L'obra serà,   en l'esguart de molts, gasta,
per què no splich   molts casos en què·ns toques;
en compte són   les pedres de les roques,
mas dir tos mals   llengua d'hom no abasta:
dónes dolor   ab delits acostada;   75
lo qui la sent   no coneix que tal sia:
aquesta és   quan parteix companyia
entre·ls amants   qui han vida mesclada,
quant los delits   se membren de la vida,
e ta dolor   ab delit és sentida.   80

IX Diversitats   de dolor en l'hom portes;
açò sdevé   segons que a nós trobes;
ton mal és tant   com lo delit que·ns robes;
per ço tostemps   nom de cruel reportes.
Tan solament   al qui en Déu espera,   85
no follament,   mas per sa bona obra,
tu bona est   car per tu gran bé cobra,
anant en lloch   on és sa vera sphera.
Ab tot açò,   no li desplau lo viure,
e quan li véns,   no s'aparell· a riure.   90

X Passats són ja   los qui mort desijaven
per conseguir   glòria ·n l'altre segle,
e molts antichs   qui·ls fon la raó regle
en obrar ço   que per virtut obraven.
Carnals delits   fan al hom la mort tembre,   95
puix són aquells   qu·en molt natura plaen;
los del compost   plaen, hoc e desplaen,
e llur excés   la raó vol que·ns membre,

ni sufrimiento del mal. De amor nos viene el dolor que tú nos das, porque nos quitas lo que nuestra voluntad ama: no sólo honores, hijos, riqueza y fama, sino todo el bien que sienten las personas. Tu gran dolor, con el sentir juzgado, saca completamente de juicio cuando es imaginado.

VIII. La obra será, en la consideración de muchos, débil, porque no explico muchos casos que nos atañes; en cuentan están las piedras de las rocas, mas para decir tus males la lengua del hombre no abasta: das dolor vinculado con deleites, el que lo siente no sabe qué tal sea: éste es cuando separa la compañía entre los amantes que tienen vida mezclada, cuando los deleites de la vida se recuerdan, y tu dolor con deleite es sentido.

IX. Diversos dolores traes al hombre, eso ocurre según nos encuentras; tu mal es tanto como el deleite que nos robas, por lo que siempre nombre de cruel llevas. Tan solamente al que en Dios espera, no locamente, mas por su buena obra, tú eres buena ya que por ti gran bien logra, yendo al lugar donde está su verdadera esfera. Con todo eso, no le desagrada el vivir y cuando le vienes a reír no se dispone.

X. Difuntos están ya los que la muerte deseaban para conseguir gloria en el otro mundo y muchos antiguos que les fue la razón norma para obrar lo que por la virtud obraban. Deleites carnales hacen al hombre que de la muerte tiemble, pues son los que placen mucho a natura; los del [amor] compuesto placen también y desagradan, y su exceso la razón quiere que los

  e, si·ls reprèn e tolr· aquells no basta,
  ja sens la mort per aquells dolor tasta. 100

XI Los purs delits que pels senys hòmens senten,
  bé atemprats, la dolor no s'hi mescla,
  e los que són d'enteniment, sens mescla,
  que lo excés no toquen ne consenten;
  quan al mellor estat d'aquests hom munta, 105
  lo teu recort llur delit dolor torna.
  E, donchs, ¿quant més si l'ànima ·s contorna
  dins en lo cors, e per exir apunta,
  jaquint son bé e tant quant hom pot rebre?
  En semblant cas lo lleó torna llebre. 110

XII A tu no tem qui no·n parteix la pensa
  car passió fa lloch a la costuma;
  axí mateix basta llevar la suma
  que hom no deu tembre ·l que no·s defensa.
  En tu pensant, los delits no deliten; 115
  no delitant, pert-se l'amor de vida;
  lladonchs virtut se troba enfortida.
  Los sensuals en lo començ despiten,
  de què·s nodreix una terrible brega,
  e no fa poch lo qui a vençre plega. 120

XIII Axí com és pintada la Fortuna
  ab dos esguarts, u trist e l'altr· alegre
  mirant lo trist, resta ·l cor d'home negre
  per l'altr· esguart no hy ha dolor alguna,
  axí de tu: qui ab seny t'imagina, 125
  no és dolor qui en tu no fenesca,
  e qui trobar- te vol dolça com bresca,
  no li falràs, e de mals medicina
  e de sabor entre dolça y amarga,
  y al desperat, si·t requer, tu est llarga. 130

XIV Ja són stats qui tal nunca ·t sentiren,
  e molts, vivint, ta força han provada,
  a llur semblant veent-te acostada,

recuerde, y, si los reprende y quitarlos no basta, ya siente la muerte y por ellos el dolor prueba.

XI. En los puros deleites que los hombres sienten por los sentidos, muy moderados, el dolor no se mezcla, y los que son del entendimiento, sin mezcla, que el exceso no toquen ni consientan; cuando al mejor estado de estos el hombre sube, tu recuerdo su deleite en dolor vuelve. Y, entonces, ¿cuánto más si el alma se contorna dentro del cuerpo y para salir apunta, dejando su bien y tanto cuanto el hombre puede recibir? En caso semejante el león se vuelve liebre.

XII. A ti no teme quien no divide el pensamiento ya que el dolor hace sitio a la costumbre; así mismo basta elevar la conclusión que el hombre no debe temblar ante el que no se defiende. En ti pensando, los deleites no deleitan; no deleitando, se pierde el amor por la vida; entonces la virtud se encuentra fortalecida. Los sensuales en el comienzo desesperan, de lo que se alimenta una terrible brega, y no hace poco el que a vencer llega.

XIII. Así como está pintada la Fortuna con dos aspectos, uno triste y el otro alegre —mirando el triste queda negro el corazón humano; por el otro aspecto no hay dolor ninguno—, así en ti: quien con juicio te imagina, no hay dolor que en ti no fenezca y quien encontrarte quiere dulce como miel, no le fallarás, y de males medicina y de sabor entre dulce y amargo, pero al desesperado, si te requiere, tú eres lenta.

XIV. Ya son idos quienes nunca tal te sintieron, pero muchos, viviendo, tu fuerza han probado viéndote junto a su semejante, y tu poder voluntariamente

e ton poder   de bon grat obeïren.
E la raó   per sa virtut los força   135
de fer-se forts,   puix llargament hi basta.
Algú d'aquests   mescladament te tasta;
lo de cor flach   no creu aquesta força,
mas açò ·s ver   que·l savi no espantes:
caure no·l fas,   mas a terra ·l decantes.   140

XV   Nostra virtut,   sens en Déu esperança,
basta que Mort   ab ardiment s'amprenga:
ab molt delit,   mas no·n tant que s'estenga
tolre dolor,   mas a donar temprança
tal que delit   la dolor sobrepuja;   145
de què s'ateny   gran delit a sa hora,
d'on l'arma tem   e la carn agre plora.
Tot elector,   d'elecció s'enuja,
car l'esperit   és prompte la mort pendre,
mas lo compost   no· s pot a tant estendre.   150

XVI   Açò apar   als hòmens gran miracle,
que la virtut   tant lo cor enfortesca,
que la sabor de fel   se torne bresca.
L'home faent   a si mateix obstacle,
per una part   ell requer de Mort fuyta,   155
per altra va   corrent envers aquella;
aquest contrast   tot ardiment exella
e dura tant   fins veure que·l venç lluyta;
e si l'hom venç,   la Mort és avilada,
matant la carn   que li és subjugada.   160

XVII   Dret natural   és que l'hom la mort tema;
axí mateix   ha raons contr· aquella:
tot quant que mor   a dolor s'aparella,
car se corromp,   e donchs la pus estrema,
la part del hom   que la mort senyoreja,   165
porta dolor   per la raó susdita.
Per l'esperit,   qui no mor, se delita
en fer contrast,   e por l'és cosa lleja;
sens esperar   profit d'alguna cosa,
se met a mort   per la virtut dins closa.   170

obedecieron. Y la razón por su virtud los fuerza a hacerse fuertes, pues grandemente allí precisa. Alguno de éstos mezcladamente te prueba; el de corazón débil no cree en esta fuerza, mas es verdad que al sabio no espantas: caer no le haces, mas a la tierra lo decantas.

xv. Nuestra virtud, sin la esperanza en Dios, basta que la Muerte con ardimiento empiece: con mucho deleite, mas no tanto que alcance a quitar el dolor, mas a dar templanza tal que el deleite el dolor sobrepuja, de lo que se alcanza gran deleite a su hora, de donde el alma teme y la carne amargamente llora. Todo elector de la elección se enoja ya que el espíritu está dispuesto a tomar la muerte, mas el [amor] compuesto no se puede extender a tanto.

xvi. Eso parece a los hombres gran milagro, que la virtud al corazón tanto fortalezca, que el sabor de hiel miel se vuelva, haciéndose el hombre a sí mismo obstáculo. Por una parte él requiere la huida de la Muerte, por otra va corriendo hacia ella; este contraste todo valor destierra y dura tanto hasta ver quién gana la lucha; pero si el hombre vence, la Muerte es despreciada, matando la carne que le está subyugada.

xvii. Derecho natural es que el hombre tema la muerte; así mismo tiene razones contra ella: todo cuanto muere con el dolor se apareja, puesto que se corrompe; y entonces la más extrema parte del hombre, que la muerte señorea, trae dolor, por la razón arriba dicha. Por el espíritu, que no muere, [el hombre] se deleita en hacer contraste, y el miedo le es cosa fea; sin esperar provecho de ninguna cosa, [el hombre] se da a la muerte por la virtud dentro encerrada.

XVIII Sens interès   de honor o riquea
       o d'alguns béns   fora de aquell propi,
       l'hom contra Mort   ésser no vol repropi,
       ans cometrà   gran perill sens ferea.
       En lloch secret,   on Déu és secretari,   175
       lo lleó fort   comet o bèstia fera,
       o perill gran   de qualsevol manera
       al menys no fuig,   si no·n és voluntari,
       e si·n defuig,   dolor aprés l'agreuja;
       e, si té fort,   en gran delit alleuja.   180

XIX   Los qui perills   han per glòria vana,
       o per grans béns,   o per delits atènyer,
       o ira fort   los féu a mort enpènyer,
       tots aquests han   gran causa qui·ls engana;
       altres són ja   qui per vergonya sola   185
       cometen fets   los quals ab dolor pasen,
       e si del fet   bona suma llevassen,
       gran és lo mal   e poch bé ·ls aconsola;
       qui per moral   virtut la mort assagen:
       aquests y aquells   han camí per on vagen.   190

XX   Delit, Dolor   dins aquests se combaten
       e venç aquell   qui·n l'hom més part hi troba;
       los qui no han   de virtuts vestit roba,
       ço per què fan   errat, per dol esclaten,
       puix que llur fi   en mans de altri han mesa,   195
       volent de gent   honor e vana fama;
       llur bon voler   penja de flaca rama,
       com de llur fet   jamés han pag· atesa.
       Molt fan per poch,   e aquell poch los tolen
       los ignorants   y los qu· enveja colen.   200

XXI   Aquell gran bé   que per ta causa ·s guanya,
       e lo delit,   de virtut fortalea,
       causa li est   e·l destrús sens perea,
       car, morint, l'hom   pert quant al món afanya.

195-200 Pagès sigue en su edición la lectura del ms. H.

XVIII. Sin interés de honor o riqueza o de algunos bienes, fuera de sí mismo, el hombre contra la Muerte no quiere ser reacio, antes acometerá gran peligro sin miedo. En lugar secreto, donde Dios es secretario, el león fiero acomete o bestia fiera o gran peligro de cualquier manera, por lo menos no huye si no está dispuesto; pero si huye el dolor después le enoja, y si tiene decisión, en gran deleite vive.

XIX. Los que los peligros tienen por gloria vana o por grandes bienes o por alcanzar deleites o fuerte ira los hizo empujar a la muerte, todos estos tienen gran causa que los engaña; ya hay otros que por sola vergüenza cometen hechos los cuales con dolor pasan, y si del hecho llevasen buena cuenta, grande es el mal y poco el bien que los consuela; quienes por virtud moral la muerte prueban, estos y aquéllos tienen camino por donde anden.

XX. Deleite y Dolor dentro de estos se combaten, y vence el que en el hombre más parte encuentra; los que no han vestido ropa virtuosa, por lo que hacen equivocado, por el dolor revientan, pues que su fin en manos de otro han puesto, queriendo de gente el honor y vana fama; su buena voluntad cuelga de floja rama, pues de su acción jamás tienen lograda paga. Mucho hacen por poco, y el poco lo quitan los ignorantes y los que la envidia cultivan.

XXI. Aquel gran bien que por tu causa se gana y el deleite, de virtud fortaleza, causa le es, pero lo destruyes sin pereza ya que, muriendo, el hombre pierde cuanto en el mundo afana. Eso es un gran hecho:

Ço és gran fet   que Mort, qui tot bé mata,   205
fora l'honest,   l'hom espere de cara,
hoc e la fi   que·n ha guanyat encara,
puix aprés mort   no cobrarà la data.
Ço per què hu fa,   és fi, mas no derrera,
puix, aprés mort,   la major fi espera.   210

XXII Los qui la mort   per qualque sguart arrisquen,
o certament   aquella elegeixen,
alguna fi   bon· o mala coneixen:
creen fer bé   com la vida hy confisquen.
És veritat   que l'hom qui mort arrisca,   215
menys de sguart,   ço féu natura bona,
qui en lo cor   de l'hom valerós sona,
que·l preu de si   per la mort no·s desisca;
e d'aquest és   hom mateix lo ver jutje,
e no hy ha qui   pus dretament ho jutje.   220

XXIII D'aquella por   que·ls senys, de la mort, senten,
e les raons   qu· encontra d'ella ·s funden,
tots los escrits   dels passats ho abunden;
per ço no dich   los mals que s'hi assenten
e los conforts   que·l virtuós hy aplica.   225
Yo no recit   ne coses per mi llestes
de Senecà,   e moltes altres gestes
que·l cor del hom   contra Mort fortifica.
Ço que·l cors sent   per la Mort nos escusa;
lo sentir com   de l'ànima ·ns acusa.   230

XXIV Qui·n son delit   o del món té sperança,
si·s dol, quant mor,   preste hy la paciença;
al qui serví   ab treball e sciença,
dón-li remey,   puix hac en ell fiança.

---

227 *Senecà*, acentuación como en provenzal. Es posible que el acento fuera dislocado a causa de la cesura aunque no es probable. Séneca es citado también en CVI, 161. "Presque dans tous les ouvrages de Sénèque et dans beaucoup de lettres est exprimée l'idée du mépris de la mort. Mais il semble que ce soit à ses *Consolationes*

que la Muerte, que todo bien mata, fuera del honesto, el hombre espere de cara, esto y el fin que no ha ganado aún, pues hasta después de la muerte no cobrará el escote. Eso porque lo hace, es un fin, mas no el último, pues, tras la muerte, el mayor fin espera.

XXII. Los que a la muerte por cualquier consideración se arriesgan o ciertamente la escogen, algún fin bueno o malo conocen: creen hacer bien cuando la vida confiscan. Es verdad que el hombre que en muerte se arriesga, sin consideración, lo hizo natura buena, que en el corazón del hombre valeroso suena, que su prez por la muerte no se pierda; y de ésta es el hombre mismo el verdadero juez, y no hay quien más rectamente lo juzgue.

XXIII. Del miedo de la muerte que los sentidos sienten y las razones que contra él se fundan, todos los escritos de los [hombres] pasados lo abundan, por eso no digo los males que se encuentran y los consuelos que el virtuoso aplica. Yo no cuento ni cosas por mí leídas de Séneca ni muchas otras gestas que el corazón del hombre contra la Muerte fortifica. Lo que el cuerpo siente por la Muerte, nos excusa; sentirlo como del alma nos acusa.

XXIV. Quien en su deleite o del mundo tiene esperanza, si se duele, cuando muera, sirva la paciencia; al que sirvió con trabajo y sabiduría, déle remedio, pues tuvo en él fianza. El que es tal, debe de ser maravi-

---

(*Consolatio ad Helviam, ad Marciam, ad Polybium*) qu'Auzias March fasse allusion, à em juger par le mot *conforts* du v. 225." Pagès, *Auzias March*, p. 377, nota 2. Sobre la influencia de Séneca en Ausias véase la citada obra de Pagès.

Lo qui és tal,   deu ésser maravella 235
com ans del temps   lo cor no li esclata,
veent que Mort   l'animal cors li mata,
ne ha raons   de sforç encontra d'ella;
car de virtut   moral no pres l'ofici,
al cors e·l món   ha servit com a nici. 240

XXV Ymaginat   és l'hom en tres maneres,
e, segons viu,   per la vida ·s bateja:
nom de brut pren   si viu en vida lleja;
si moralment,   costumes ha d'hom veres;
si sobre hom   passa la sua vida, 245
és més que hom,   en àngel se transforma.
Segons que viu,   de por de Mort pren forma,
sabent què pert,   e dubta la exida.
Molts són perduts   qu·en haver por no vénen,
perquè d' infern   no creen qu· allí penen. 250

XXVI ¿Qui porà dir   la dolor que turmenta
lo peccador,   quant a la Mort s' acosta,
perdent lo bé   que·s veu ésser de costa,
e tem anar   on delit no s'esmenta?
Sí com al món   los senys se delitaren, 255
tots se dolran,   havent excés contrari
enpertostemps,   car és tancat l'armari,
on són tancats   aquells que dins entraren,
dolent-se tant   com fer se pot que·s dolguen,
no esperant   que la dolor los tolguen. 260

XXVII D'aquells ho dich   qui·n lley donada viuen,
tement infern   e paradís esperen;
dels havents lley   e bé no la cregueren,
perdent lo món,   del altre no s'esquiuen;
e de aquests,   s'esdevé morals visquen. 265
Mas los de més   en vida viciosa,
la mort los és   a ·quests tan dolorosa,
segons lo bé   que·ls apar que·s desisquen;
savis antichs   en açò discordaren
e diferent   dolor entr· ells jutjaren. 270

lloso como antes del tiempo el corazón no le revienta
viendo cómo la Muerte el cuerpo animal le mata, ni
tiene razones esforzadas contra ella; ya que de virtud
moral no toma oficio, al cuerpo y al mundo ha servido
como un necio.

xxv. El hombre es imaginado de tres maneras y,
según vive, por la vida se bautiza; nombre de bruto
recibe si vive en vida fea; moralmente, si tiene costumbres
verdaderas de hombre; si el hombre supera
su vida es más que hombre, en ángel se transforma.
Según como vive toma forma de miedo de la Muerte,
sabiendo que pierde pero duda la partida. Muchos
están perdidos pues a tener miedo no llegan, porque
en el infierno no creen que allí penen.

xxvi. ¿Quién podrá decir el dolor que atormenta
al pecador cuando a la Muerte se acerca, perdiendo
el bien que se ve estar al lado y teme ir donde el deleite
no se nombra? Así como en el mundo los sentidos
se deleitaron, todos se dolerán, teniendo exceso contrario
eternamente; puesto que está cerrado el armario,
donde están encerrados los que dentro entraron, doliéndose
tanto como se puede hacer que se duelan, no
esperando que el dolor les quiten.

xxvii. De aquellos lo digo que en la ley dada
viven, temiendo infierno y paraíso esperan; de los que
teniendo ley y bien no la creyeron, perdiendo el mundo,
del otro no se esquivan y de éstos proviene que
moralmente vivan. Mas a los demás en vida viciosa,
la muerte les es tan dolorosa, según el bien que les
parece se abandonen; los antiguos sabios en eso discordaron
y diferente dolor entre ellos juzgaron.

XXVIII ¿Qui porà dir que la mort més l'agreuge
o qui·n virtuts morals vol son bé metre,
donant-li més que·l món no pot prometre
viure sens por, assegurat de greuge,
o qui·n delits sensuals molt abunda, 275
ab altres molts, honors grans e riqueses,
mescladament ab dolors entorn meses,
d'on torn atràs lo qui molt s'hi profunda?
Yo prech a tots qe·m vúllan d'afany traure:
¿a qual d'aquests la mort deu més desplaure? 280

XXIX Per delitar los hòmens vida volen,
e sens delit en lo món no treballen,
e quant d'aquest lo viure los atallen,
tant han dolor com delit haver solen.
Doncs, puix delit major lo savi prenga 285
en son obrar, per consegüent, en viure,
en major grau de dolor deu assiure:
que·l menys perdent e menys delit atenga.
Lo qui delit hac ab dolor embolta,
ja ve a temps pregar per vida tolta. 290

XXX Tals són e tants los mals que Mort atraça
naturalment al cos e arma ·nsemble,
que yo·m penit dels que ací asemble:
pochs són, segons los que la Mort abraça;
per què diré dels que la Mort aporta 295
al hom quant mor e tem més que no espera.
Aquest és mal de diversa manera:
qui tem aquest e·n l'altre se deporta;
mas ha remey encontra son damnatge:
la caritat que no·l sia salvatge. 300

XXXI Qui en virtuts morals ha vida feta
e consegui lo bé d'hom per natura,
fe, caritat ne d'esperanç· hach cura,
com animal hom féu vida perfeta.
Tot fon dins si e vixqué ·n alegria, 305
menys de sentir los mals que altres senten;

XXVIII. ¿Quién podrá decir que la muerte le agravie más o quién en virtudes morales quiere poner su bien, dándole más de lo que el mundo no puede prometer, vivir sin miedo, asegurado contra el agravio, o quien en deleites sensuales abunda mucho, con otros muchos, grandes honores y riquezas, mezcladamente con dolores puestos alrededor, de donde vuelve atrás el que mucho se ahonda? Yo ruego a todos que me queráis sacar de dudas: ¿a cuál de estos la muerte debe desagradar más?

XXIX. Para deleitarse los hombres vida quieren y sin deleite en el mundo no trabajan, pero cuando de éste el vivir les cortan tienen tanto dolor como suelen tener deleite. Entonces, pues el mayor deleite que tome el sabio en su obrar, por consiguiente, en vivir, en mayor grado de dolor debe asentarse; el que pierde menos, menos deleite alcanza. El que deleite tuvo con dolor envuelto, ya llega a tiempo para rogar por la vida arrebatada.

XXX. Tales son y tantos los males que la Muerte causa, naturalmente al cuerpo y al alma juntamente, que yo me arrepiento de los que aquí señalo; pocos son, según los que la Muerte abarca, porque diré de los que la Muerte aporta al hombre cuando muere y teme más que no espera. Este es mal de diversa manera: quien teme éste en el otro se solaza; mas tiene remedio contra su daño: que no le sea cruel la caridad.

XXXI. Quien en virtudes morales la vida ha hecho y consiguió el bien del hombre por natura, fe, caridad y de esperanza tuvo cuidado, como animal racional hizo vida perfecta. Todo estuvo dentro de sí y vivió con alegría, sin sentir los males que otros sienten; cuando llega a la muerte sus pensamientos no consien-

       com vench a mort   ses penses no consenten
       que la dolor   terribl· ab ell no sia;
       car per amor   de si féu sa faena,
       no·l pagarà   Déu en la part centena.   310

XXXII Menys de ser bo,   per son saber hom basta
       en fer juí   qu·en Déu és la fi nostra;
       puix en est món,   ne prés la Mort, se mostra,
       en Déu roman,   si raó no· s desgasta.
       Donchs, puix no és   fi que·l home contente   315
       en los dos móns,   raó és qu·en Déu sia,
       car, sinó Ell,   altre no·s trobaria
       que, fora Déu,   al entendre ·s presente.
       Tant quant l'hom viu,   moral virtut lo cumple;
       mas aprés mort,   Déu és lo que l'hom umple.   320

XXXIII Primer que lleys   fossen per Déu donades
       e per scrits   se regissen los hòmens
       dispondre'n volch   natura molts prohòmens:
       raels de bé   Déu en l'hom ha creades.
       Ells de açò   una sciença feren   325
       ab què lo món   una part se governa;
       los actes tots   dels hòmens subalterna.
       Los vells antichs   altre no·n conegueren;
       hagren de Déu   conexença confusa;
       per ço la Mort   a dolor los acusa.   330

XXXIV Tres principals   fins són d'on hòmens obren:
       una dins si,   e l'altra tota fora,
       altra que dins   e fora de si mora.
       Per llurs esguarts   aquestes se descobren.
       Voler honor,   glòria, béns o fama,   335
       e tot quant ve   d'accident o natura,
       y quella fi   qu·en la virtut atura:
       d'aquestes fins   lo voler d'hom s'enflama.
       L'altra ·s en Déu,   qui a si nos convida;
       fora nós és,   mas no ·s del tot partida.   340

ten que el dolor terrible con él no sea; ya que por de sí hizo su trabajo, no le pagará Dios en la parte centena.

XXXII. Sin ser bueno, por su saber se basta el hombre para razonar que en Dios está nuestro fin; pues en este mundo, ni después de la muerte, se manifiesta, en Dios permanece, si la razón no se destruye. Entonces, no es el fin que el hombre se contente en los dos mundos, la razón está que en Dios sea, puesto que, si no en Él, otro no se encontraría que, excepto Dios, se presente al entendimiento. Tanto como el hombre vive la virtud moral lo colma; mas después de la muerte, Dios es lo que al hombre colma.

XXXIII. Antes que las leyes fuesen dadas por Dios y por escritos se rigiesen los hombres, natura quiso disponer de muchos prohombres: raíces del bien Dios ha creado en el hombre. Ellos de eso hicieron una ciencia con la que el mundo una parte se gobierna; todos los actos de los hombres subalterna. Los antiguos ancianos otra no conocieron; tuvieron de Dios un conocimiento confuso, por eso la Muerte a dolor los acusa.

XXXIV. Tres principales fines son de donde los hombres actúan: uno dentro de sí y el otro completamente fuera, otro que dentro y fuera de sí habita. Por sus aspectos se descubren. Querer honor, gloria, bienes o fama y todo cuanto viene por accidente o natura, y el fin que en la natura se detiene: de estos fines la voluntad del hombre se inflama. El otro está en Dios, que a sí nos convida; fuera está de nosotros, mas no está del todo separado.

XXXV Tot quant se té   per qualque sostinença,
 falleix quant fall   aquell en qui·s fermava;
 fallint lo món,   qui·n ell se delitava,
 pert si mateix   e no·n ha conexença;
 e qui dins si   e per si actes obra,   345
 venent la Mort,   tot lo seu bé veu perdre,
 e farà prou   defenent-se d'esperdre,
 pux s'arma és   defora del cors pobra.
 Aquell escalf   del qui en Déu espera,
 no troba ·n si   per alguna manera.   350

XXXVI Puix que del món   e dins si l'hom no·s farta,
 sa porció   major està deserta,
 puix aprés mort   l'ànima és incerta
 del infinit,   e més si·l creur· aparta.
 Donchs, entengam   guanyar lo perdurable: 355
 aquest és Déu,   qui aprés mort nos prenga;
 qui l'infinit   a creure ferm s'estenga,
 de paradís   no·s llunya ser amable,
 com son semblant   l'esperit lo cobeja,
 e lo finit   per si té ·n cosa lleja.   360

XXXVII Qui l'esperit   infinit lo vol creure,
 molt li és prop   que part de Déu lo crega;
 e, qui tornar   a son principi nega,
 no li és lluny   que toqu· en Déu descreure.
 E, donchs, puix Déu   és lo principi nostre, 365
 complit és foll   qui tornar no hy desija;
 e qui del món,   per Déu no se'n fastija,
 per chrestià   molt devot no· s amostre.
 Déu e lo món   ensemps no·s poden colre;
 qui hu vol fer tot   aparell-se a dolre.   370

XXXVIII Déu és tot bé   e lo món son contrari,
 e per ço és   que lo qui Déu no ama
 lo món segueix   e no ab coxa cama.
 Qui·l món serveix,   no sper de Déu salari.
 Per menor món   l'hom per tots se nomena,   375
 e lo major   resembla ·n moltes coses;

xxxv. Todo cuanto se mantiene por cualquier sustentación cae cuando falta aquello en que se afirmaba; faltando el mundo, quien en él se deleitaba, asimismo se pierde y no tiene conocimiento; y quien de sí y por sí actos realiza, llegando la Muerte, todo su bien ve perder, y bastante hará defendiéndose de perderse pues su alma está, fuera del cuerpo, pobre. El ardor del que en Dios espera, no encuentra en sí de ninguna manera.

xxxvi. Pues que del mundo y de dentro de sí el hombre no se harta, su mayor porción está vacía, pues tras la muerte el alma está incierta del infinito, y más si el creer aparta. Entonces entendamos ganar lo perdurable: éste es Dios, que después de la Muerte nos acoja; que a creer firmemente el infinito se extienda, del paraíso no se aleje de ser amante como su semejante el espíritu lo codicia, y lo finito por sí tiene como cosa fea.

xxxvii. Quien el espíritu infinito lo quiere creer, está muy cerca que la parte de Dios la crea; y, quien volver a su principio niega, no está lejos que llegue a no creer en Dios. Y entonces puesto que Dios es nuestro principio, está completamente loco quien volver allí no lo desea, y quien del mundo por Dios no se hastía por muy devoto cristiano no se muestre. Dios y el mundo a la vez no se pueden venerar; quien lo quiere hacer todo, prepárese a sufrir.

xxxviii. Dios es todo bien y el mundo su contrario, y es por eso que el que a Dios no ama sigue el mundo y no con pata coja. Quien sirve al mundo no espere salario de Dios. Por mundo menor el hombre por todos se llama y al mayor se parece en muchas

açò és test auctèntich, menys de gloses,
que no·s da buyt en la màchina plena.
Tot axí ·l hom menys de obra no resta,
e mala és, si no fa la honesta. 380

XXXIX Qui no vol bé, forçat és que mal vulla.
L'indiferent, sens assignar-li terme,
poch és de si, no té res a què·s ferme;
ne·n mal ne bé no té lloch que l'aculla;
e no pot ser que·l entendre romanga 385
tan ociós que de res no entenga,
e ve a tart que·l voler no s'estenga
a res voler plaent o que se'n planga.
Donchs, vullam Déu, aquella causa prima;
si no farem de cosa vana stima. 390

XL Algun tirant no féu tan alta ·mpresa,
quant ell ha ·mpres a si lo món sotsmetre,
con féu aquell qui son voler volch metre
guanyar lo cel, on és tota riquesa.
Per fer açò, lo seu cos mes per terra, 395
tolent de si tots delits qui·l torbassen;
elegir volch penses qui·l ajudassen,
al esperit, per fer a la carn guerra,
e no amprà llances ne colobrines,
mas les virtuts morals ab les divines. 400

XLI Mort lo món tol y al conquistant conquesta,
e si conquer lo cel prés mort, n'és digne;
e tant és l'hom pus grosser e maligne
com no conquer lo món qu· aprés mort resta,
lo qual és fi, e lo present és via. 405
Car lo món és perquè ·ls hòmens hi visquen,
vida ·s per què de virtuts no·s desisquen,
e virtuts són per fer a Déu paria;

378 *da*, forma propuesta por Bohigas en su ed. en vez de
dar de B, D, E, G², II, III. Pagès mantiene *dar*. Pagès,
Commentaire, p. 136, cita este aforismo medieval: "Non
dari vacuum in natura".

cosas; eso es texto auténtico, sin glosas, que no se da vacío en la máquina llena. Así completamente el hombre sin falta de obra no queda, y es mala si no la hace honesta.

XXXIX. Quien no quiere el bien es forzado que el mal quiera. El indiferente, sin asignarle término, poco es de por sí, nada tiene en que se afirme; ni en bien ni en mal tiene lugar que le acoja; y no puede ser que el entendimiento permanezca tan ocioso que no entienda de nada, y ocurre raramente que la voluntad no alcance a querer algo que plazca o en que se complazca. Entonces, queramos a Dios, la causa primera, si no haremos aprecio de cosa vana.

XL. Ningún tirano ha hecho tan alta empresa, cuando él para sí ha emprendido someter el mundo, como hizo el que su voluntad quiso poner en ganar el cielo, donde está toda riqueza. Por lograrlo, su cuerpo puso por tierra, quitándose todos los deleites que le turbasen; elegir quiso pensamientos que le ayudasen al espíritu para hacer guerra a la carne y no pidió lanzas ni culebrinas, mas las virtudes morales con las divinas.

XLI. La Muerte el mundo quita y al conquistador conquista, y si conquista el cielo tras la muerte, es digno; y tanto es el hombre más grosero y maligno cuando no conquista el mundo que hay tras la muerte, el cual es el fin y el presente es camino. Puesto que el mundo está para que los hombres lo vivan, la vida es para que no se desista de las virtudes, y las virtudes son para estar junto a Dios; pero si este medio el

---

399 *colobrines* y posteriormente *culebrina,* como en castellano y en francés, *couleuvrine.* En provenzal *colobrina.* "Pieza de artillería, larga y de poco calibre, la de mayor alcance de su tiempo." DRAE.

  e si aquest recors hom no encontra,
tot quant ha fet en lo món li és contra. 410

XLII Fe, caritat y esperança ·ns hi porten;
mas fe roman y esperanç· a la porta,
car la raó allí no les comporta.
Creure no cal ço que·ls ulls se deporten,
menys esperar lo que present se mostra. 415
Mas fruirem Déu qui tant esperàvem;
per caritat amarem qui amàvem;
açò serà tota la glòria nostra.
Ella ·s la fi e les altres són via,
sens ella ·s foll qui·n Déu spera y fia. 420

XLIII Mare de Déu e advocada mia,
fes ab ton Fill que piadós me sia.

CXIII

I La vida ·s breu e l'art se mostra llonga;
l'esperiment defall en tota cosa;
l'enteniment, en lo món no reposa;
al juí d'hom la veritat s'allonga.
No solament és falta de natura, 5
mas nós matexs fem part en l'ignorança;
aquesta és en tan gran abundança,
que·l món nos és tenebra molt escura.
Qui tant no sap, en dos errors encorre:
ignora si, ne veu lo temps qui·l corre. 10

II Naturalment Ignorança ·ns guerreja.
En esta part no podem d'ella storçre;
per altres parts li podem camí torçre,
mas no volem, de què·ns és cosa lleja.

1-4 Hipócretes, *Aforismos,* I: "Vita brevis, ars vero longa, occasio autem praeceps, experimentum periculosum, judicium difficile..."

hombre no encuentra, todo cuanto ha hecho en el mundo le está en contra.

XLII. Fe, caridad y esperanza allí nos llevan; mas quedan la fe y esperanza a la puerta, puesto que la razón allí no las sostiene. No hace falta creer lo que a los ojos solaza, menos, esperar lo que el presente muestra. Pero gozaremos de Dios, que tanto esperábamos; por caridad amaremos a quien amábamos; eso será toda nuestra gloria. Ella es el fin y las otras son camino, sin ella está loco quien en Dios espera y fía.

XLIII. Madre de Dios y abogada mía, haz que tu Hijo piadoso me sea.

CXIII

I. La vida es breve y el arte se muestra duradero; la experiencia falla en toda cosa; el entendimiento en el mundo no reposa; del juicio humano la verdad se aleja. No solamente es culpa de natura, mas nosotros mismos participamos en la ignorancia; ésta se encuentra con tan gran abundancia que el mundo nos es tiniebla muy oscura. Quien tanto no sabe, incurre en dos errores, se ignora a sí, ni ve el tiempo que le pasa.

II. Naturalmente la Ignorancia nos guerrea. En esta parte no podemos apartarla; por otras partes le podemos torcer el camino, mas no queremos, de lo que nos es cosa fea. Lo que es libre para nosotros

---

13-14 Según Santo Tomás (*S. Th.*, I-II 76,2) es pecado la ignorancia voluntaria. Pagès, *Commentaire*, p. 137.

Ço que llibert   és a nós qu· aprenguéssem,   15
no hy treballam   per nostra negligença,
e, mal faent,   de bé perdem sciença.
Donchs, ¿com serà   que res de bé ·ntenguéssem?
Per dues parts   l'ignorança és tanta,
que·l més sabent   de si mateix s'espanta.   20

III Déu no ·ntenem   sinó sots qualque forma
presa pel seny,   e Déu no és sensible,
ne·ns és a nós   substància conexible:
l'enteniment   ab la raó la forma.
Los accidents   sol bastam a conèxer,   25
e havem obs   los migs que disposts sien;
embarchs havem   tants, que·l juí desvien,
mudant juí,   minvant e faent crèxer.
Nostre saber   a molt poch nos abasta,
e passió   totalment lo degasta.   30

IV ¿Qui és aquell   matèria conega,
sinó perquè   la forma ·s pot entendre?
Lo diferent   de les coses compendre
no és en hom: son saber no aplega;
e la virtut   que del compost resulta,   35
com e per què,   no·s pot saber com passa:
una ·ntitat   ne surt de la llur massa,
divers· a ells: no·n cal d'açò consulta.
D'aram y estany   veu hom exir lo coure,
que·l fort acer   en força no·l pot noure.   40

V Lleixant a part   les coses amagades
que no ·ntenem,   e menys de nostra colpa,
e ymaginant   l'ignorar que·ns encolpa,
si·ns pream poch,   no·n cometem errades
fins a venir   que no·ns plau conexença   45
de nós mateixs,   axí de cors com d'arma.
D'aquest saber   cascú ses mans desarma;

---

38 *ells,* siguiendo las ediciones IV, V. Así en la ed. de
Bohigas. En la de Pagès *ell.*

que aprendiéramos, no trabajamos por nuestra negligencia y, actuando mal, del bien perdemos ciencia. Entonces, ¿cómo puede ser que cosa de bien entendiéramos? Por dos partes es tanta la ignorancia, que el más sabio de sí mismo se espanta.

III. A Dios no entendemos sino bajo alguna forma tomada por la mente, y Dios no es sensible, ni nos es a nosotros sustancia conocible: el entendimiento con la razón lo forma. Los accidentes sólo bastan para conocer pero hemos menester que los medios dispuestos sean; tenemos tantos obstáculos que desvían el juicio, mudando el juicio, menguando y haciéndolo crecer. Nuestro saber a muy poco nos abasta y la pasión totalmente lo desgasta.

IV. ¿Quién es el que la materia conozca sino porque la forma se puede entender? La diferencia de comprender las cosas no está en el hombre: su saber ahí no llega; y la virtud que del compuesto resulta, cómo y por qué, no se puede saber cómo pasa: una entidad no surge de su masa, diversa a ellos: no hace falta consulta de eso. De cobre y de estaño vemos salir el bronce, que el fuerte acero en fuerza no lo puede dañar.

V. Dejando aparte las cosas ocultas que no entendemos, pero sin culpa nuestra, e imaginando la ignorancia que nos culpa, si nos preciamos poco, no cometamos errores hasta llegar a que no nos gusta el conocimiento de nosotros mismos, tanto del cuerpo como del alma. De este saber cada uno sus manos des-

de mal de si algú no ·l plau sciença.
Aprés saber Déu, veritat primera,
segona és de nós sciença vera. 50

VI Creixent saber, l'ignorança ·s desperta;
al qui més sab li corre major dubte:
en aquell temps que res no sé, no dubte,
e· l grosser foll tota cosa l'és certa.
En son saber algú no·s glorieje; 55
algú no sap del saber lo subjecte:
l'ànima és, e sol sabem l'afecte;
l'essencial molt saber lo cobege,
car los passats foscament lo sentiren,
e los presents a llurs dits se refiren. 60

VII En general parlar mi no contenta,
mas en donar del que yo dich exemple;
los fets del món ab ànsia contemple
dant afalach y axí mateix la ·mpenta
per nos llançar al apetit sensible. 65
Sens retenir e metr· en aquell tempre,
se fa l'hom foll ignorant per a sempre;
lo refrenar és casi no possible.
La voluntat no solament alteren,
l'enteniment d'entendre despoderen. 70

VIII No sé algú que preu lo bé que usa,
fretura fa donar-li sa estima;
axí mateix per fretura s'estima
molt més de dret e contra no hy ha ·scusa.
Tan solament lo bé que virtut causa, 75
qui·l posseeix lo basta per conèxer;
los altres tots llur preu no·s pot parèxer:
és la raó car no han ferma causa;
llur fonament està sobre falsia;
opinió tot son ésser cambia. 80

IX Molt hom conech cuytat corrent al metge,
dient sos mals per fer sa vida llarga.

arma; de su mal a nadie le gusta conocimiento. Después de conocer a Dios, primera verdad, la segunda es la verdadera sabiduría de nosotros.

vi. Aumentando el saber la ignorancia se despierta; al que más sabe le asalta mayor duda: en el tiempo que nada sé, no dudo, pero al loco grosero toda cosa le es segura. De su saber nadie se alabe; nadie sabe el sujeto del saber: el alma es, pero solo sabemos su efecto; lo esencial mucho saber lo precisa ya que los hombres pasados oscuramente lo sintieron y los presentes a sus opiniones se refieren.

vii. Hablar en general no me contenta, sino en dar de lo que digo ejemplo; los hechos del mundo con ansia contemplo que dan halago y así mismo el impulso para lanzarnos al apetito sensible. Sin resistirse y meterse en la templanza, se hace el hombre loco ignorante para siempre; el refrenar es casi imposible. La voluntad no solamente alteran: el entendimiento privan de entender.

viii. No sé de nadie que aprecie el bien que emplea, hace falta darle su estimación; así mismo por necesidad se estima mucho más de derecho y en contra no hay excusa. Tan solamente el bien que causa la virtud, a quien lo posee, le basta para conocer; todos los otros su precio no se puede manifestar: es la razón ya que no tienen firme causa; su fundamento está sobre falsía; la opinión todo su ser cambia.

ix. Mucha gente conozco, cuitada, corriendo al médico, diciendo sus males para hacer su vida larga.

Del esperit, algun hom no·s allarga
en demanar quin mal li té lo setge.
¿Qui serà ·l hom qui al veí demane 85
de sos mals fets, puix a si ell los cobre?
Lo qui té clau y a si mateix no obre,
¿qui serà ·quell qui obrir li comane?
No és algú qu· a si mateix no menta;
per sa llahor de falsia ·s contenta. 90

X Puix l'apetit a si l'entendre ·s porta,
tant que lo ver en falsia li torna,
en poch instant entre ver y fals borna,
creent de ferm e puix fe no comporta.
No hy ha res clar qu· enteniment entenga, 95
e l'apetit és bastant l'escuresca,
car tota res obs és que s'apetesca,
¿qui és qui poch o massa no l'estenga?
Afecció l'entendre desordena:
tots som estrets ab aquesta cadena. 100

XI Quant per son mal hom ix d'aquella senda
de paradís qu·en gros li és mostrada,
tot· altra l'és carrera molt errada,
res no hy coneix no haja obs esmena;
no coneix Déu ne si, e menys natura, 105
e tot saber sobr· aquests se treballa,
e res no hy sab e dintre si ·s baralla.
Donchs, ¿qui ·s lo foll que·n son saber s'atura?
L'hom deu saber, e fer que·n sa fi reste,
e qu·en tot l'àls lo costat flach hi preste. 110

XII ¿Qui pot saber com sa passió senta
en temps vinent, si la present ignora?
Del que fa juí que riurà, ell ne plora,
e pens· amar, e Amor d'ell s'absenta.
Axí com l'hom no sab què dins si porta 115
e veu-se sà, e té la mort de costa,
y aquell qui ha sa persona disposta
per viure molt e la mort té a porta,

Del espíritu nadie se dirige a preguntar qué mal le tiene tomado: ¿quién será el hombre que al vecino pregunte sobre sus malas acciones, pues para sí las oculta? El que tiene llave y así mismo no se abre, ¿quién será el que abrir le pida? No hay nadie que a sí mismo no se mienta; para su loor de falsedad se contenta.

x. Pues el apetito para sí el entendimiento se lleva, tanto que lo verdadero en falsedad le vuelve, en breve instante entre verdadero y falso se rodea, creyendo firmemente pero fe después no mantiene. No hay nada claro que el entendimiento entienda, y el apetito es bastante para que lo oscurezca. Ya que toda cosa es menester que se apetezca, ¿quién es que poco o demasiado no lo extienda? El afecto el entendimiento desordena: todos estamos apretados por esta cadena.

xi. Cuando por su mal el hombre sale de la senda del paraíso, que en conjunto le es mostrada, toda otra le es carretera muy equivocada, nada conoce que no haya necesidad de enmienda; no conoce a Dios ni a sí, y menos natura, y todo conocimiento sobre esto se trabaja, y no sabe nada y dentro de sí se pelea. Entonces, ¿quién es el loco que en su saber se para? El hombre debe saber, y hacer que en su fin quede, y que en todo lo otro el lado débil allí ayude.

xii. ¿Quién puede saber cómo sentirá su pasión en el futuro si la presente ignora? El que hace razonamiento que reirá, él llora, y piensa amar pero Amor de él se ausenta. Así como el hombre no sabe lo que dentro de sí lleva y se ve sano, pero tiene la muerte cerca, y el que tiene su persona dispuesta a vivir mucho pero la muerte tiene a la puerta, tal obra hacen

tal obra fan en nós Amor e Ira,
que no sabem qual d'ells en nós se gira. 120

XIII Perquè restàs l'obra de Déu perfeta
e que sa fi l'home pogués atendre,
fon gran raó que d'ell pogués entendre
tant que vers ell anàs carrera dreta.
D'aquí avant l'hom és foll qui·s ergulle 125
en son saber, puix lo ver li's amaga;
lo savi hom se coneix esta plaga,
e pren-ne tant que de fe no·s despulle.
Ésser un Déu l'enteniment ho mostra;
en lo restant és mester la fe nostra. 130

XIV Alguns seran que passen més vergonya
de no saber que de mals hòmens ésser;
ans que grossers volrien llur desésser,
e llur voler de bon saber se llonya.
No solament aquell no consegueixen, 135
mas d'on se pren no saben e què dóna,
passant dolor l'arma e llur persona
en tot quant fan, e açò no coneixen,
axí com l'hom que viu en la galera,
que ja pudor l'és olor falaguera. 140

XV ¿Quals són aquells qui en lo món pratiquen,
sens mass· amar, les coses agradables,
si retraent d'aquelles aïrables,
retraent-sé de les que·l damnifiquen?
En carn sens carn viu qui pel mig camina, 145
e no·n veu hom qui vajen per tal via;
de mi confés que mon juí ·s cambia,
voltant-se llà on passió l'afina.
Lo metge qui al gust agror li alta,
no la tolrà en persona malalta. 150

XVI Sens cas vengut, mas concebut en pensa,
segons qual és, l'enteniment se volta
llà on Amor o Ira no és tolta;

en nosotros Amor e Ira, que no sabemos a cuál de ellas en nosotros se vuelve.

XIII. Para que quedase la obra de Dios perfecta y que su fin alcanzar pudiese el hombre, fue gran razón que de él pudiese entender tanto, que hacia Él fuese por camino derecho. De aquí en adelante está loco el hombre que se enorgullezca de su saber, pues lo verdadero se le esconde: el hombre sabio se conoce esta plaga, y toma tanto [saber] que de la fe no se despoje. Existir un Dios el entendimiento lo muestra; en lo restante es menester la fe nuestra.

XIV. Algunos habrá que pasen más vergüenza de no saber que de ser hombres malos; antes que burdos querrían su no existir, pero su voluntad del buen saber se aleja. No solamente no lo consiguen, mas no saben de dónde se toma y qué da, pasando dolor el alma y su persona en todo cuanto hacen, y no lo saben, así como el hombre que vive en la galera, que ya el hedor le es olor agradable.

XV. ¿Cuáles son aquellos que en el mundo emplean, sin demasiado amar, las cosas agradables, retrayéndose de las irascibles, retrayéndose de las que damnifican? En carne sin carne vive quien por el medio camina, pero no veis a nadie que vaya por tal vía; de mí confieso que mi juicio se cambia, volviéndose allá donde la pasión le lleva. El médico a quien el gusto amargo le agrada, no lo suprimirá en persona enferma.

XVI. Sin caso venido, mas concebido en el pensamiento, según cual es, el entendimiento se vuelve allá donde Amor o Ira no desaparece; de verdadero en

de ver en fals, de fals en ver dispensa.
Lo cas e lloch tot son ésser li muda, 155
e no és res que dos cares no mostre,
e per son mal hom diu lo Paternostre;
bona ·s la mort, segons en qui·s venguda.
Tostemps havem un moviment molt vari,
d'altre mogut e tostemps ordinari. 160

XVII Nostr· apetit altre movent lo mena,
no pas aquell qu·en general bé ·s gita;
lo lloch on és lo tal bé hom cogita:
són los esguarts que per bruts hom s'ordena.
L'enteniment aprés cerca la via 165
com aquest bé del lloch tal haja traure;
en fals juí l'enteniment ha caure
sinó ·s allí on trobar-lo volria.
Puix l'apetit un altre no·n cobeja,
l'enteniment ab gran cura ·l pledeja. 170

XVIII Ja veig estar a Déu ple de rialles,
veent com som a nós mateixs contraris;
lo que cercam són nostres adversaris:
aquests són béns d'on havem grans baralles.
Lo mal volem, cuydant que bé gran sia, 175
e pledejam aquell ab grans despeses,
volent honors, matremonis, riqueses
e lo reverç s'ateny del qu· hom volria.
Lo mal és bé, e lo bé mal retorna:
algú no sab sa nau per quin vent borna. 180

XIX Semblant me trob al qui alegre canta
e port· al cors disposició mala,
que pleuresís o gota ·l cors senyala
e altres mals que·l esmentar espanta;
e com aquest de viure ja no pensa, 185

171-172 "Dieu lui-même est pris d'un rire homerique à la vue des contradictions dans lesquelles s'agite l'homme." Pagès, *Auzias March*, p. 380.

falso, de falso en verdadero dispensa. El caso y el lugar le cambia todo su ser, y no es nada que dos caras muestre, y por su mal se dice el Padrenuestro; buena es la muerte, según a quien es llegada. Siempre tenemos un movimiento muy vario, por otro movido y siempre ordinario.

xvii. Nuestro apetito otro impulso lo lleva, no aquel que al general bien se lanza; el lugar donde está el tal bien el hombre piensa: son las consideraciones que por hombres sucios se ordena. El entendimiento después busca la vía como este bien de tal lugar haya de sacar; en falso juicio el entendimiento ha de caer si no está allí donde encontrarlo querría. Pues el apetito un otro no codicia, el entendimiento con gran cuidado le pleitea.

xviii. Ya veo estar a Dios lleno de risas, viendo cómo somos contrarios a nosotros mismos; lo que buscamos son nuestros adversarios: estos son bienes de donde tenemos grandes luchas. El mal queremos pensando que gran bien sea, y aquel pleiteamos con grandes dispendios, queriendo honores, matrimonios, riquezas, y lo contrario se alcanza de lo que el hombre querría. El mal es bien, y el bien en mal se vuelve: nadie sabe su nave con qué viento bornea.

xix. Semejante me encuentro al que alegre canta pero lleva en el cuerpo mala disposición, pues pleuresía o gota el cuerpo muestra y otros males que el nombrar me espanta; y cuando éste ya no piensa vivir vuelve a recobrar la salud más perfecta; después le viene, no

torna cobrar   sanitat més perfeta;
aprés li ve,   no sab d'on, la sageta
que·l fa morir   sens alguna defensa.
Lo que pensam   que·ns farà nostra casa,
allò mateix   la destruu e·l abrasa.   190

XX Tot hom és foll   qui molt del món s'alegre,
puix no hy ha fi,   e si, és sospitosa;
lo desijar   és cosa treballosa,
lo posseir   fa l'hom trist o alegre.
Lo pus sabent   no sab n· entén què vulla: 195
quant deu plorar   d'algun fet, ell vol riure,
corr· a la mort   pensant anar a viure,
de casa ix   quant cové que·s reculla.
Per un bé poch   s· ànima e cos dóna,
e per son mal   si mateix tot bandona.   200

XXI ¿Qui pot saber   què d'ell los fats ordenen,
quant, com e on   finarà los seus dies?
Fogint la mort,   hi va per dretes vies,
no sab los migs   si·n mal o bé l'amenen.
Ell va de nit   sens brúxola o carta,   205
menys de pilot,   en la canal de Flandes,
e cuyd· anar   en coll d'hòmens, en andes,
traent-se joch   del qui del món s'aparta.
Tot açò fan   aquells qui hom diu savis;
tal exemplar   traen los néts dels avis.   210

XXII ¿On se recull   en nós tant· ignorança,
obrant en ferm   sobr· incertes ventures,
e pledejam   ab molt amargues cures
lo tan incert   ab tan ferma sperança?
Sí com l'orb foll, corrent, tira la via   215
e no sab on   sia son dubtós terme,
e caminant   no veu on lo peu ferme,
trencant va ·l coll   e fi no consegria;

---

206 *canal de Flandes,* de la Mancha.

sabe de dónde, la saeta que le hace morir sin ninguna defensa. Lo que pensamos que nos hará nuestra casa, aquello mismo la destruye y la quema.

xx. Está loco todo hombre que del mundo mucho se alegra, pues no hay fin, y si hay, es sospechoso; el desear es cosa penosa, el poseer hace al hombre triste o alegre. El más sabio no sabe ni entiende qué quiere: cuando debe llorar de alguna acción, quiere reír, corre a la muerte pensando ir a la vida, de casa sale cuando conviene que se recoja. Por un poco bien su alma y cuerpo entrega, y para su mal todo a sí mismo se abandona.

xxi. ¿Quién puede saber qué ordenan los hados de él, cuándo, cómo y dónde acabará sus días? Huyendo la muerte, va por rectos caminos, no sabe los medios si mal o bien le traen. Él va de noche sin brújula o carta, sin piloto, por el canal de Flandes, y cree ir sobre el hombro de los hombres, en andas, burlándose del que se aparta del mundo. Todo eso hacen aquellos que el hombre llama sabios; tal ejemplo sacan los nietos de los abuelos.

xxii. ¿Dónde se acumula en nosotros tanta ignorancia, actuando con firmeza sobre inciertas venturas, y pleiteando con muy amargos cuidados lo tan incierto con tan firme esperanza? Así como el ciego loco, corriendo, se lanza al camino y no sabe donde esté su dudoso término, y caminando no ve donde el pie afirma, va rompiéndose el cuello y el fin no conseguiría;

    tal és aquell   qui bé final vol traure
    dels béns del món,   e ací veig tots jaure.   220

XXIII Com lo malalt   qu· esperiments assaja
    per a guarir   del cos, e amargosos,
    e són verins   per a la mort cuytosos
    altres no·n sab   o no té ab què·ls haja,
    ne pren a ·quell   qui en lo món treballa   225
    per conseguir   ab què lo voler farte,
    e no·s pot fer,   puix que·l ver fi n'aparte;
    en les restants   fins bé y mal se treballa.
    Los béns del món   mostren fi e no·n tenen,
    car no·n són farts   los qui més d'ells ne prenen.   230

XXIV Tots quants béns són   fora de la persona,
    si bé ·s pensat,   en degun fi termenen:
    en algun fi   los quals atenyent vénen,
    mas lo derrer   és qui bé sens mal dóna.
    En los primers   la pensa ·s delitada,   235
    no sens dolor,   car despit se remija;
    no·s troba fi   en res que hom desija,
    si donchs no fa   la pensa termenada;
    senyal és cert   que on mal se pot metre
    al final bé   e ver no·s pot remetre.   240

XXV Dels fets la fi   la mort ne determena
    e fins aquí   algú no és bon jutge.
    ¿Qui és aquell   lo qui dretament jutge,
    de ço que fa,   si·n haurà goig o pena?
    Les fins dels fets   estan encadenades   245
    secretament,   que no és ull les veja.
    La pus gentil   senyala cosa lleja;
    si no·s veu tost,   trau cab a les vegades.
    Sí com lo temps   humit lo sech senyala,
    los fets del món   van de bon· obr· a mala.   250

    233 Ramírez i Molas (*La poesia d'Ausiàs March*, p. 95)
    razona que habría de aceptarse para este verso las va-
    riantes de las ediciones II, III, V que dicen: *és algun
    fi los quals atenyent vénen* o la IV, aunque pueda ser

tal es el que el bien final quiere obtener de los bienes del mundo, y aquí veo sucumbir a todos.

XXIII. Así como el enfermo que ensaya experimentos para recobrar la salud del cuerpo, y amargos, y son venenos rápidos para morir (otros no conoce o no tiene quien los tenga), le ocurre al que en el mundo se afana por conseguir con que la voluntad se harte, pero no se puede lograr, pues que el verdadero fin lo aparta; en los restantes fines, bien y mal se trabaja. Los bienes del mundo muestran fin, pero no lo tienen, ya que no están hartos los que más de ellos los toman.

XXIV. Todos cuantos bienes están fuera de la persona, si bien se piensa, en ningún fin terminan: en algún fin, los cuales alcanzando vienen, mas el último es el que da bien sin mal. En los primeros el pensamiento está deleitado, no sin dolor, ya que el despecho promedia; no se encuentra fin en nada que se desea, si entonces no hace terminado el pensamiento; señal es cierta que, donde el mal se puede poner, al final el bien y la verdad no pueden ceder.

XXV. El fin de los hechos la muerte determina y hasta aquí nadie es buen juez. ¿Quién es aquel el que rectamente juzgue, de lo que hace, si tendrá gozo o pena? Los fines de los actos están encadenados secretamente, pues no hay ojo que los vea. El más gentil muestra cosa fea; si no se ve pronto, se manifiesta a veces. Así como el tiempo húmedo el seco señala, los hechos del mundo van de buena a mala obra.

---

una corrección posterior: *en algun fi los qui·ls atenyen vénen.*
236 Sobre *remija* en este verso y en otros del poeta, véase Ramirez i Molas, obra citada, pp. 95-99.

XXVI Mare de Déu,   mostrau-me la escala
que puja hom   on delit no·s eguala.
Mare de Déu,   tu est aquella escala
ab què·l pecant   lo paradís scala.

CXIV

I Retinga'm Déu   en mon trist pensament,
puix que no·m tol   ço per què pas tristor;
en ella sent   una tan gran dolçor,
per si, e com   altre delit no sent.
Sens grat seré   si jamés la'm despull;
e solament   assaig d'ella exir,
tant gran delit   me sent d'ella venir,
que no desig   res fora mi, ne vull.

II Tot quant yo pens   e tot quant veu mon ull.
tant com és bell   e m'ès portant delit,
de tant me trob   yo pus adolorit
car en mon cor   bon delit no·s recull.
Fet és de mi   lo que·s devia fer;
perdent Amor,   no vull que·m ajut Déu
en fer que·l món   me done res del seu,
puix no té res   dispost a mon voler.

III Menys de ser trist,   no·m plau delit haver;
d'aquell ho dich   ab la tristor mesclat,
car aquest és   lo pus terrible stat
de tots aquells   que·s pot al món saber.
Yo pert açò   que molt hom ha perdut,
e me'n dolch més,   tant com d'amor los pas;
per mass· amar   yo·m trob en aquest cas,
no havent àls   preat ne conegut.

251-252 Da razones Ramirez i Molas para suponer que estos versos de la tornada fueron interpolados tan sólo en el ms. D, en el que aparecen tachados por una mano posterior. Obra citada, pp. 98-99.

XXVI. Madre de Dios, mostradme la escalera que se sube donde el deleite no se iguala. Madre de Dios, tú eres la escalera por la que el pecador al paraíso sube.

CXIV

I. Reténgame Dios en mi triste pensamiento, pues que no me quita eso por lo que paso tristeza! En ella siento, por sí, una dulzura tan grande, y como ningún otro deleite siento. Ingrato seré si me la despojo alguna vez o solamente intento salir de ella. Siento tan gran deleite venir de ella que no deseo ni quiero nada fuera de mí.

II. Todo cuanto pienso y todo cuanto ven mis ojos, como es tan bello y me está dando deleite, de tanto yo me encuentro más dolorido porque no se recoge en mi corazón buen deleite. Hecho está en mí lo que se debía hacer, perdiendo Amor no quiero que Dios me ayude en hacer que el mundo me dé nada de lo suyo, pues nada tiene dispuesto para mi querer.

III. A menos de estar triste tener deleite no me place, lo digo de aquel mezclado con tristeza, ya que éste es el más terrible estado de todos aquellos que se puede conocer en el mundo. Yo pierdo lo que muchos hombres han perdido, pero me duelo más tanto como de amor les excedo. Por amar demasiado yo me encuentro en este caso, no habiendo otros apreciado ni conocido.

---

22 Sobre la superioridad del poeta en amar y en sufrir véase pp. 59-60 de la Introducción.

IV Amor ha fet   que·n açò só vengut: 25
    que pert lo món   per no poder amar,
    e pogra's fer,   si pogués comportar,
    que amàs yo   e qu· Amor no·m ajut.
    Tot fon ensemps: veure mi no dispost
    e lleixar-mé   de Amor totalment,   30
    de què romanch   en tal trist pensament,
    que a la mort   visiblament m'acost.

V   Trist, ab delit   la mort yo pendré tost,
    e ja en mi   és perdut lo remey;
    fort passió   abasta mudar lley   35
    e fer d'acer   e pedra cor compost.
    Yo só aquest   qu·en la mort delit prench,
    puix que no tolch   la causa per què·m ve.
    Ma passió   en tristor me deté,
    que no sent pus   en son temps ni entench.   40

VI Mon mal no és   tant com en altre ·n vench;
    yo·l he fet gran,   preant molt lo que pert,
    car, vent-me ser   de tot· amor desert,
    la terra ·m fall   e al cel no·m estench.
    Mentre no pens,   yo trob algun repòs,   45
    mas l'esperit   meu tostemps està trist
    per l'hàbit pres,   que llonch temps és que vist
    d'un negre drap   o celici molt gros.

VII No'm fa delit   res pertanyent al cos,
    puix l'esperit   no hy és participant;   50
    natura ·n mi   sàviament obrant
    vol que·m esforç,   e mon decret no hy pos;
    e ya del tot   vençut per l'àbit vell,
    no prench delit   en res fora ·l costum:
    pensant mos mals   tot lo temps hi consum,   55
    essent-hi bé,   puix me delit en ell.

---

47 *hàbit*, en esta ocasión, como hace notar Pagès, el poeta
juega con el doble sentido de la palabra: hábito = costumbre y hábito = vestido. "Les deux Auzías March",
en *Boletín de la Sociedad Castellonense de Cultura*,
XVI, 1935, p. 346. Sobre "el viejo tema del duelo amo-

IV. El amor ha hecho que a esto haya llegado, pues pierdo el mundo por no poder amar, y pudiérase hacer, si pudiese suceder, que yo amase y que Amor no me ayude. Todo fue a la vez, verme no dispuesto y dejarme de Amor totalmente, por lo que quedo en tal triste pensamiento, que visiblemente me acerco a la muerte.

V. Triste, con deleite, pronto yo tomaré la muerte, pues ya en mí el remedio está perdido. Fuerte pasión basta para mudar la ley y hacer el corazón compuesto de acero y de piedra. Yo soy el que toma deleite en la muerte, pues que no quito la causa por la que me viene. Mi pasión se detiene en tristeza y no siento en su tiempo, ni entiendo.

VI. Mi mal no es tanto como le viene a otro; yo lo he hecho grande, apreciando mucho lo que pierdo, ya que, viéndome estar vacío de todo amor, la tierra me falla y al cielo no me elevo. Mientras no pienso encuentro algún reposo, mas mi espíritu siempre está triste por el hábito tomado, pues largo tiempo hace que viste un negro paño o cilicio muy grande.

VII. No me da deleite nada que atañe al cuerpo, pues el espíritu no está participando; natura en mí, sabiamente obrando, quiere que me esfuerce pero mi decisión no pongo; y ya vencido del todo por el viejo hábito, en nada tomo deleite fuera de lo acostumbrado, pensando en mis males todo el tiempo consumo, y me siento bien pues me deleito en ello.

---

roso puesto de moda en Francia y en España" consúltese A. Pagès, "Le thème de la tristesse amoureuse en France et en Espagne du XIVe au XVe siècle", en *Romania*, LVIII, pp. 29-43.

VIII No trob en mi   voler e menys consell
      a desijar   cos· alguna del món;
      mos pensaments   recollits dins mi són
      per no pensar   res que sia d'aquell.   60
      Lo dia clar   volria fos escur,
      udulaments   e plors en lloch de cants.
      No té lo món   coses a mi bastants
      a fer que dol   per tostemps no·m atur.

IX   Per ignorar   ve que·l hom se procur   65
     grossos delits   no sabent quant se nou;
     fora tot seny   és qui sos comptes clou
     que, perduts ells,   del món se desnatur.
     Açò és ver,   mas tristor me té pres
     tant que delit   sent com tal me conech,   70
     e sab fer tant   que tot delit renech,
     ne puch sentir   altre ·n senta jamés.

X   Molts han jaquit   lo món sens perdre res,
     mas per consell   de llur bona raó,
     e yo·l jaqueix   per fals· opinió,   75
     pensant que pert   lo món e tot quant és.
     Mon foll pensar   me disponch voler tal
     que ha fet mi   déu d'Amor adorar,
     e yo, forçat   de aquell apartar,
     me par ser bo   tot quant a tots és mal.   80

XI   Puix que lo món   ne Déu a mi no val
     a rellevar   la causa d'on só trist,
     a mi plau bé   la tristor que yo vist:
     delit hi sent   mentre yo·m trobe tal.
     Així dispost,   dolç me sembla l'amarch,   85
     ¡tant és en mi   enfecionat lo gust!
     A temps he cor   d'acer, de carn e fust:
     yo só aquest   que·m dich Ausias March.

---

88 Sobre la autodenominación del poeta, véase pp. 56-59 de la Introducción.

VIII. No encuentro voluntad en mí y menos consejo para desear nada del mundo; mis pensamientos están recogidos dentro de mí para no pensar en nada que no sea aquello. El día claro quisiera fuese oscuro, aullidos y lloros en lugar de cantos. No tiene el mundo bastantes cosas para mí para hacer que se me detenga para siempre el duelo.

IX. Por ignorancia ocurre que el hombre se procura groseros deleites no sabiendo cuanto se daña. Fuera de todo juicio está quien se hace sus cuentas que, perdidas, se desnatura del mundo. Eso es verdad, mas la tristeza me tiene tan tomado que siento el deleite cuando tal me conozco, y sabe hacer tanto, que reniego de todo deleite, ni puedo sentir que jamás otro sienta.

X. Muchos han dejado el mundo sin perder nada, por consejo de su buena razón, pero yo lo dejo por falsa opinión, pensando que pierdo el mundo y todo cuanto es. Mi loco pensar me dispone a tal querer que me ha hecho adorar al dios del Amor, y yo, forzado a apartarme de él, me parece ser bueno todo cuanto es malo para todos.

XI. Pues que el mundo ni Dios me valen para quitar la causa por la que estoy triste, a mí me place bien la tristeza que yo visto: siento deleite mientras tal me encuentro. Así dispuesto, dulce me parece lo amargo, ¡tanto está en mí infeccionado el gusto! A la vez tengo el corazón de acero, de carne y de madera: yo soy este que se llama Ausias March.

XII A Déu suplich   que·l viure no·m allarch,
     o meta ·n mi   aquest propòsit ferm: 90
     que mon voler   envers Ell lo referm,
     per què anant   a Ell no trobe ·nbarch.

CXV

I   Puix me penit,   senyal és cert que baste
    per a saber   l'error de què·m vull tolre.
    Mas ¿qui·m darà   esforç contra lo dolre
    per a jaquir   lo delit que yo·n taste?
    Per ma raó   yo venguí ·n conexença   5
    qu·en ser amat   no·m calia fer compte;
    mas ab Amor   yo·n he fet ja l'afronte:
    complidament   he vist la speriença.
    La mi· amor   un· altr· a si no·n tira:
    lo dret d' Amor   en mi tot se regira.   10

II Puix altr· amor   per la mia no guanye,
    la qual és preu   per on Amor se guanya,
    per ser vencent   no sabí altra manya;
    perdut és ja   tot quant per ell afanye.
    Sí com aquell   qui viu ab medicina   15
    e ve per temps   que no li val al viure,
    axí muyr yo,   qu· Amor, qui·m feya viure,
    altre voler   per lo meu no s'inclina.
    ¡Puix no pot fer que, amant, amat sia,
    lleixe'm en pau, no torb la vida mia!   20

III Ell m'és entrat   per la part mia flaca,
    dant-m· entenent que, amant, amat fóra,
    e jamés d'ell   me'n plach altra penyora;
    aquest és preu   que·l cor d'home no taca.
    Desesperat   del tot yo de aquesta,   25
    dexí·m d' amar   per a temps perdurable,
    e só tornat   més que altre amable
    d'aquell· amor   que no ·nclou la honesta;
    e puix me vench   sens altr· acompanyada,
    no·m pensí fos   en mi tant esforçada.   30

XII. A Dios suplico que el vivir no me alargue o que introduzca en mí este firme propósito: que mi querer hacia Él reafirme para que yendo hacia Él no encuentre obstáculo.

CXV

I. Pues me arrepiento, señal es cierta que baste para conocer el error que me quiero arrancar. Mas ¿quién me dará esfuerzo contra el dolor para dejar el deleite que yo gusto? Por mi razón yo llegué al conocimiento que para ser amado no me hacía falta hacer cuenta; mas con Amor yo he hecho ya el enfrentamiento, cumplidamente he visto la experiencia: mi amor un otro hacia sí no atrae; el derecho de Amor en mí todo se trastorna.

II. Pues otro amor por el mío no gano, el cual es precio por donde amor se gana, para ser victorioso no supe otra maña; ya está todo perdido cuanto por él me afano. Así como el que vive de medicina pero ve con el tiempo que no le vale para vivir, así muero yo pues Amor, que me hacía vivir, otro querer, para el mío, no lo inclina. ¡Pues no puede hacer que, amando, amado sea, déjeme en paz, no turbe mi vida!

III. Él me ha entrado por mi parte débil, dándome a entender que, amando, amado fuera, y jamás de él me lamente de otra prenda; este es el precio que no mancha el corazón del hombre. Completamente desesperado de esto, me dejé de amar por tiempo perdurable, pero he vuelto más que otro amador de aquel amor que no incluye el honesto; y pues me viene sin otro acompañado, no pensé fuese en mí tan esforzado.

IV ¿Qual tan cortès   qui de amor excepte
    cas lleig o fort,   puix que Amor lo mane?
    ¿Qui és tan foll   qui ·ncontr· Amor se vane,
    dient: —Yo só   qui lleix e qui mi acepte—?
    Tot enaxí   com l'ànima infusa,   35
    racional   sobre l'inraonable
    fa tot son fet   per via raonable,
    —tot quant fa l'hom   per lo seu decret usa—,
    tal és Amor,   que si en hom se llança,
    tot quant és d'ell   torna en sa semblança.   40

V   ¿Qui és lo foll,   donchs, qui d'Amor no tema,
    si ha sentit   son poder no vencible?
    No·s defèn d'ell   sinó l'hom insensible;
    no só aquell,   car part n'he presa strema.
    E, atrevit,   pensant haver defensa   45
    encontr· Amor,   li he tenguda cara.
    Pensant haver   de ma raó empara,
    yo no·m pensí   ell bastàs fer-m· ofensa
    tal que, volent   mi de Amor defendre,
    ell me pogués   la sua força stendre.   50

VI ¡O, quant és poch   per on Amor se fica,
    e per aquell   en lloch dispost molt obra!
    Per no sabuts   mijans en nós fa obra,
    lo temps e lloch   lo creix o mortifica.
    Amor sab mils   lo que a nós agrada   55
    que nós mateixs   no bastam a conèxer,
    e, quant pensam   que nostr· amor deu créxer,
    en aquell punt   és desagraduada.
    Quant nós pensam   que·ns lleixa, ell nos toca:
    ab un fil prim   se tira una roca.   60

VII Delits passats   de la que am m'acorden
    contra mon grat,   e les dolors m'obliden.
    ¿Qui són aquells   que dins lo meu cor criden
    e par a mi   que són vèrmens qui·m morden?

60 Refrán.

IV. ¿Quién tan cortés que de amor exceptúe caso feo o fuerte, pues que Amor lo mande? ¿Quién está tan loco que frente al Amor se vanaglorie diciendo: "Yo soy quien dejo y quien acepto"? Lo mismo como el alma infusa, racional, sobre la irrazonable hace toda su acción por vía razonable —todo cuanto hace el hombre lo usa por su decreto—, tal es Amor, que si sobre el hombre se lanza, todo cuanto es de él se vuelve a su semejanza.

V. ¿Quién es el loco, entonces, que de Amor no tema si ha sentido su poder invencible? No se defiende de él sino el hombre insensible; no soy él, ya que la parte extrema he tomado. Y, atrevido, pensando tener defensa contra Amor le he mantenido la cara. Pensando tener amparo de mi razón, yo no pensé que él bastase a hacerme ofensa tal que, queriéndome defender de Amor él me pudiese alcanzar con su fuerza.

VI. ¡Oh, cuán reducido es por donde Amor se mete pero, y por él, en sitio preparado, mucho obra! Por desconocidos medios en nosotros actúa, el tiempo y el lugar lo crece o mortifica. Amor sabe mejor lo que nos agrada pues nosotros mismos no bastamos a conocer, y cuando pensamos que nuestro amor debe aumentar, en aquel instante disminuye. Cuando pensamos que nos deja, él nos toca: con un delgado hilo se tira una roca.

VII. Los deleites pasados de la que amo me aferran a pesar mío y los dolores me olvidan. ¿Cuáles son los que dentro de mi corazón gritan y me parece que son gusanos que me muerden? Esos son deseos con-

Ço són desigs   contraris qui·m turmenten,   65
car vull delits   qui dolor me aporten;
vull desamar,   mas ells no·m ho comporten;
a mon voler   los apetits dissenten.
Pensar se pot   quant a raó contrasten,
qu· ells entre si   a plaure no s'abasten.   70

VIII   Com lo malalt   que la causa ignora
del accident,   e no sap lo que·l mata,
veent tot si   que per dolor esclata,
e semblant mal   no sentí algun· hora,
—no cal dubtar   si roman en sospita   75
si·l vench d'excés   lo mal o de natura,
e, si d'excés,   quin fon que tant procura,
a si mateix   tot lo passat recita—,
axí d'Amor   yo·m dolch e no puch creure
que per tan poch   en tant me degués veure.   80

IX   No puch oir   de la que am paraula
que senyal gran   ella en mi no faça:
si bona és,   gran delit me atraça;
mala essent,   la dolor és en taula.
No passa res   que d'ella ymagine,   85
que no·m escalf   o que tot no·m refrede;
tots los mijans   de mi apart e vede,
en airar   o amar sí pens fine.
Cascú d'aquests   té causa ·n mi que·s tinga;
no sé jutjar   en mi qual se retinga.   90

X   L'imaginar   altre bé no·m esmenta,
sinó aquest   qu· he sentit per aquesta;
té ·m lo cor pres,   molt poca part ne resta
per allogar   Ira quant se presenta,
fent mudament   tan gran en ma persona   95
qu·en suor vinch   quant Ira ·n mi comença;
lladonchs Amor   no pot fer que la vença,
ans son poder   del tot li abandona;
no passa molt   que llur poder s'eguala
e venç Amor,   entrant-me sens escala.   100

trarios que me atormentan, ya que quiero deleites que dolor me aporten; quiero desamar, mas ellos no lo toleran; a mi voluntad los apetitos disienten. Se puede pensar cuanto contrastan con la razón pues ellos entre sí a complacer no se abastan.

VIII. Así como el enfermo que la causa ignora del accidente y no sabe lo que le mata, viéndose todo que por el dolor revienta, y semejante mal no sintió nunca —no hace falta dudar, si queda en sospecha, si el mal le vino de exceso o de natura, y si de exceso, que fue, que tanto procura, para sí mismo todo lo pasado cuenta— así de Amor yo me duelo y creer no puedo que por tan poco en tanto deba verme.

IX. No puedo oír, de la que amo, palabra que gran señal de ella no me haga: si buena es, gran deleite me causa; siendo mala, el dolor está preparado. No hay cosa que de ella imagine, que no me encienda o que completamente no me enfríe; todos los medios aparto de mí y vedo, en odiar o amar así pienso termine. Cada uno de estos tiene causa que se encuentra en mí; no sé juzgar cuál en mí se retenga.

X. El imaginar otro bien no me viene a la memoria, sino este que he sentido por ésta; me tiene el corazón cogido, muy poca parte queda para alojar la Ira cuando se presenta; haciendo mudanza tan grande en mi persona, que a sudor llego cuando Ira en mí comienza; entonces Amor no puede hacer que la venza, antes su poder completamente abandona; no pasa mucho que su poder se iguala y vence Amor, entrándome sin escala.

XI No·s pot bé dir   amor de home propi
    lo que yo sent,   car per la carn és tota;
    d'açò ·m delit   com no·n pas una gota
    en l'esperit,   e si hu fa, com repropi.
    E·m delit més   com no pot ser que dure   105
    molt lo desig   que fartament aporta;
    mas hom veu que   natura no comporta
    que lo fruyt vert   cayga sens que madure.
    Lo meu voler   és obs que tal cós faça,
    o volrà Déu   que natura ·s desfaça.   110

XII E que fos l'hom   tant com serà lo segle,
    tostemps veurà   en si coses novelles,
    prenint, jaquint   les noves per les velles;
    lo que fon tort   un temps, puix li és regle.
    Novellament   casos a nós avenen,   115
    per no ser tals   o per altra costuma;
    esperiment   cascun jorn se consuma,
    e los juís   en molta error vénen.
    Fins a la mort   és mester hom se tema,
    perquè Amor   en les carns tostemps crema,   120

XIII Amor, Amor,   yo he pres ferma tema:
    que vostre bé   porta dolor extrema.

CXVI

I Cert és de mi   que no me'n cal fer compte
    per fer contrast   a ·Mor, qui tant me força.
    Ira, yo· prech   que lo meu cor m'esforça;
    los meus afanys   sol ha tu los recompte.
    Envergonyit,   confés la mia colpa,   5
    com no·m esforç   contra ·l desig horrible
    que·m ve d'Amor,   si bé ·l trob molt terrible.
    Semblant a ·quell   qui·ls sants alguns encolpa,

XI. No se puede bien llamar amor propio del hombre el que yo siento, puesto que está todo en la carne; de él me deleito pues no pasa una gota al espíritu, y si lo hace, como reacia. Y me deleito más cómo no puede ser que dure mucho el deseo que hartazgo aporta; mas el hombre ve que natura no tolera que el fruto verde caiga sin que madure. Mi querer es menester que tal curso haga, o querrá Dios que natura se deshaga.

XII. Y aunque durase el hombre tanto como será el mundo, siempre verá en él cosas nuevas, tomando, dejando las nuevas por las viejas; lo que fue torcido un tiempo, después le está derecho. Nuevamente casos nos vienen, para no ser tales o para otra costumbre; la experiencia cada día se consuma y los juicios a mucho error vienen. Hasta la muerte es menester que el hombre se tema, porque Amor, en las carnes, siempre quema.

XIII. Amor, Amor, yo he tomado firme tema: que vuestro bien trae extremo dolor.

CXVI

I. Seguro estoy que no preciso reflexionar para hacer contraste a Amor, que tanto me fuerza. Ira, yo te ruego que mi corazón esfuerces; mis afanes sólo a ti los cuento. Avergonzado, confieso mi culpa, cómo no me esfuerzo contra el deseo horrible que me viene de Amor, si bien lo encuentro muy terrible. Semejante a aquel que a algunos santos inculpa, yo me consuelo

yo prench conhort   com per son colp tals jaen:
Infern és ple   dels qui Amor complaen.   10

II Tant com en mi   és e fon soportable
de contrastar   e vençre la batalla,
yo he complit,   dins mi sentint baralla,
tal que no·m fon   un altre comparable.
Yo desig tant   com lo cor me soporta,   15
e per aquest   desig am y aire;
puix la que am   ab grat e desgrat mire,
torbat me sent,   costum passat no·m porta.
Yo am e·m dolch   coneixent mi que ame;
d'ella ·m delit,   e més com la desame.   20

III Los béns que hy sent   en ell· amar m'enpenyen,
e los seus mals   per avorrir no basten,
e són tan grans   e tant a mi contrasten,
que moltes veus   als béns de mort estrenyen.
No passa molt   que Amor los empara   25
e fa qu· oblit,   sens perdó, sa gran falta;
Ira no mor,   mas està com malalta,
mentre Amor   té gran força encara.
Quant Ira ·s mou,   Amor de mi· s desterra;
romanch en pau,   com entr· ells no ha guerra.   30

IV D'esperiment   no passe gran fretura.
Yo sé Amor   e Ira com s'avenen
dins l'amador,   e de quant aquell penen
de tal dolor   que no sofir mesura.
Si amat só,   dolor serà ma vida;   35
si desamat,   al risch serà mon viure;
mas tost seré   de mal o bé delliure:

---

10 Bohigas (*Poesies*) al comentar este verso se pregunta si podemos ver un recuerdo del *Infierno* de Dante. "Cuando la alegoría dantesca invadió por completo nuestra literatura, Macías fue personaje obligado en todos los Infiernos de Amor, desde el que compuso Don Iñigo López de Mendoza hasta los que metrificaron Guevara y Garci Sánchez de Badajoz." Menéndez y Pelayo, *Antología de poetas líricos castellanos*, Ed. Nacional, I,

cuando por su golpe tales caen: el Infierno está lleno de los que al Amor complacen.

II. Tanto como en mí es y fue soportable de contrastar y vencer la batalla, yo he cumplido, sintiendo lucha dentro de mí, tal que no me fue otra comparable. Yo deseo tanto como el corazón me permite, y por este deseo amo y odio, pues ante a la que amo con agrado y desagrado miro, me siento turbado, la costumbre pasada no me arrastra. Yo amo y me duelo sabiéndome amar; en ella me deleito pero más cuando la desamo.

III. Los bienes que siento en ella a amar me empujan, y sus males para aborrecer no bastan, y son tan grandes y tanto me contrastan, que muchas veces a los bienes oprimen mortalmente. No transcurre mucho pues Amor los ampara y hace que olvide, sin perdón, su gran falta; Ira no muere, mas está como enferma, mientras que Amor tiene todavía gran fuerza. Cuando la Ira se mueve, Amor de mí se marcha; quedo en paz cuando entre ellos no hay guerra.

IV. De experiencia no tengo gran necesidad. Yo sé cómo se avienen Amor e Ira en el amador, y de cuánto penan, en él, con tal dolor que no sufre medida. Si soy amado, dolor será mi vida; si desamado, en riesgo estará mi vivir; pero pronto estaré libre de mal o de bien: en breve estará la batalla acabada. Ser amado

---

p. 388. La idea que manifiesta Ausias March más bien parece tópica y no presume, creo, ninguna influencia directa de Dante.
11-20 Sobre la antítesis en Ausias March, véase pp. 62-65 de la Introducción.
16 Hemos seguido a Bohigas que da *am y ahire*. Pagès *a mi ahire*.

breu serà ·n mi la batalla finida.
Ésser amat és dolor mentre visca,
mas lo desig sens consell mi arrisca. 40

v ¿Qui és lo foll qui ·ncontr· Amor s'ergulla?
Segurs són d'ell los morts y els no sensibles,
mas no alguns qui són d'Amor passibles;
qui vol ser fort, de la carn se despulla.
En mi he vist un singular exemple: 45
quant he pensat d'Amor del tot estorçre,
contra mi vaig camí que no puch torçre,
portant-me'n part, la qual si bé contemple,
no puch dar pas plaent a mon coratge,
ab cor tirat vaig faent mon damnatge. 50

vi En temps passat sentí dolor estrema,
mas no és menys aquesta present, fresca.
Aquesta ·s fel, no toca res de bresca,
e par a mi qu·ab mans lo cor me prema.
No pot durar que no·m lleix o que·m mate; 55
ella és fort perqu· ab delit no·s mescla:
on lo delit e dolor fan sa mescla
ésser no pot que·l cor on són esclate;
perqu· a mi plau que muyra o que·m passe:
esclatar vull més que, si llanguint, llasse. 60

vii Semblant a ·quell qui la Mort vol empendre
e quant l'és lluny ab raons la menaça,
veent-la prop si, pau vol e ell· abraça,
jurant que may tal assaig volrà ·npendre,
ne pren a mi qu· encontr· Amor m'esforce, 65
durant l'esforç tant com ma raó basta,
e pert-se tost, car no té ferr· en asta;
fugir vull d'ell, si bast fer que no·m force,
mas tot mon cos, per ell, contra mi s'arma
e poca part rebel·lada del arma. 70

---

47 Sigo a Pagès: *vaig*. Bohigas considera mejor *veig*.

es dolor mientras viva, mas el deseo sin consejo me arriesga.

v. ¿Quién es el loco que frente a Amor se enorgullece? Seguros están de él los muertos y los insensibles, mas no algunos que son pasibles; quien quiere ser fuerte, de la carne se despoja. En mí he visto un singular ejemplo: cuando he pensado apartarme completamente de Amor, contra mí veo un camino que no puedo torcer, llevándome a una parte, la cual si bien contemplo, no puedo dar paso que plazca a mi coraje, con terco corazón voy haciendo mi daño.

vi. En tiempo pasado sentí dolor extremo, mas no es menor este presente, fresco. Éste es hiel, no toca nada de miel, y me parece que con las manos el corazón me aprieta. No puede durar que no me deje o que me mate. Es fuerte porque con el deleite no se mezcla: donde el deleite y el dolor hacen su mezcla no puede ser que el corazón, en donde están, reviente; porque me place que muera o que me pase, reventar quiero aunque, así languideciendo, me canse.

vii. Semejante al que la Muerte quiere lograr y cuando le está lejos con razones la amenaza, viéndola cerca de sí, quiere paz y la abraza, jurando que nunca tal acción querrá tomar, me ocurre a mí que contra el Amor me esfuerzo, durando el esfuerzo tanto como mi razón consiente, pero se acaba pronto ya que tiene hierro en el asta; huir quiero de él, si basta hacer que no me fuerce, mas todo mi cuerpo, por él, contra mí se arma y poca parte rebelde del alma.

VIII Partir no·m puch   del lloch on la he vista.
  Donchs, ¡quant desig   de veure sa persona
  e tem de mort   si bon esguart no·m dóna!
  E, si·l me fa,   dolor altra m'entrista,
  car ymagín   que altre l'ha sentida,   75
  la su· amor   e son esguard benigne,
  e yo he vist   aquell bo e maligne.
  Plaent me fon   e molt adolorida,
  e tant com més   en ella yo·m delite,
  pensant que tal   féu ab altre, despite.   80

IX ¡Plagués a Déu   que perdés yo la pensa,
  perquè·m jaquís   aquesta gran congoxa!
  En pijor vinch   si aquella ·m afloxa,
  puix quant hi torn,   yo reb major ofensa,
  car no·s pot fer   algun delit no·m membre,   85
  e per aquell   més dolor me turmenta.
  Davant la tinch   e sembla'm que la senta;
  no sé la nit   o lo jorn qual dech tembre;
  yo fuy amat,   e no tant com pensava;
  sens retenir,   mon voler bandonava.   90

X Tots los senyals   que·l amador acaben
  yo trob en mi,   que no fall u que hy sia;
  per ella vinch   en tristor y alegria:
  tots los meus senys   forans e dins ho saben;
  car no veig res   sinó ella que·m alte,   95
  no desig toch   de ningun· altr a dona;
  alguna veu   no·m par que sia bona,
  son cos no bell,   e yo no me'n desalte.
  Ymaginant,   car no hy sé pus en ella,
  ses parts pel tot   am en gran maravella.   100

XI No solament   la pens haver perduda,
  e, per açò,   dolor mortal m'agreuja,
  mas he sabut   que Amor no·m alleuja
  de tot son pes,   mas la manera ·m muda;
  e perquè yo   en los deserts habite,   105
  ha'm fet saber   que amat no puch ésser,

VIII. No puedo partir del lugar donde la he visto. Entonces, ¡cuánto deseo ver su persona y temo mortalmente si no me da buena mirada! Pero si me la ofrece, otro dolor me entristece ya que imagino que otro la ha sentido, su amor y su benigna mirada, pues yo la he visto buena y maligna. Placiente me fue y muy dolorida, y tanto cuanto más en ella me deleito, y pensando que tal hizo con otro, me desespero.

IX. ¡Quisiera Dios que yo perdiera el pensamiento para que me dejase esta gran congoja! A peor vengo si cede pues cuando a ello vuelvo recibo mayor ofensa, ya que no se puede hacer que de algún deleite no me acuerde, y por él más dolor me atormenta. Delante la tengo y me parece que la sienta; no sé la noche o el día a cuál debo temer; yo fui amado pero no tanto como pensaba; sin retener mi voluntad abandonaba.

X. Todas las señales que alcanzan al amador yo encuentro en mí, pues no falta una que sea; por ella vengo a tristeza y alegría: todos mis sentidos foráneos e interiores lo saben; puesto que no veo cosa sino ella que me agrade, no deseo contacto con ninguna otra mujer; alguna vez no me parece que sea buena, su cuerpo no es bello, pero yo no me desagrado. Imaginando, ya que no sé más de ella, sus partes por el conjunto amo con gran sorpresa.

XI. No solamente pienso haberla perdido, y por eso un dolor mortal me agravia, mas he sabido que Amor no me alivia de todo su peso, mas la manera me cambia; y para que yo en soledad habite, me ha hecho saber que no puedo ser amado, pero yo primero quisiera mi muerte que si de amor, yo aman-

e volgra yo   primer lo meu desésser
que si d'amor,   yo amant, no·m delite.
No·m plau amar   e menys que a mi amen;
mas si yo am,   muyren los qui·m desamen.   110

XII Yo creguí ferm   que sentir no poguera
en mi amor   ne·n la person· amada,
ne per la carn   l'hagués tant desijada,
no ymaginant   qu· en ser amat venguera;
un gest mostrant   dona ficta honesta   115
e sentiment   practicant d'amor acte,
sens recelar   ha fet en mi fals tracte,
prenint-me·l cor   e part alguna ·m resta.
La que roman   té ocupada Ira,
e, quant se mou,   tot quant só a si·m tira.   120

XIII Lo gest dels ulls   e de aquells la forma
fet han en mi   passió molt estranya,
per l'apetit   que tot per carn se guanya
ab altre molt   que d'opinió se forma;
e d'aquest és   lo tot d'ella l'objecte,   125
no sol lo cos,   mas tota ensemps presa.
En açò és   ma voluntat atesa
molt tardament,   no volent tal efecte.
No vull amar,   e mon apetit ama:
sobre neu veig   maravellosa flama.   130

XIV Axí com és   en nós l'ànima tota
en tot lo cos   e tota ·n cascun membre,
tallant algú,   no cal per açò tembre
que per aquell   ella romanga rota,
la mi· amor   és en lo tot d'aquesta,   135
e, si·l veig res   que per desalt m'altere,
no sent en mi   que d' amor despodere;
en lo seu tot   la mia tota resta,

---

130 Cita Pagès la Sextina 2 de Petrarca: *Vedrem ghiacciare il foco, arder la neve* y añade: "C'est une nouvelle preuve de la relation commune d'Auzias March et de

do, no me deleito. No me place amar y menos que me amen; mas si yo amo, mueran las que me desamen.

XII. Yo creí firmemente que no pudiera sentir amor en mí ni en la persona amada, ni por la carne la hubiera tanto deseada, no imaginando que a ser amado llegara; mostrando una actitud la mujer se finge honesta, y el sentimiento practicando el acto amoroso, sin recelar ha hecho conmigo falso trato, prendiéndome el corazón pero alguna parte me queda. Lo que me queda la tiene ocupada la Ira, y cuando se manifiesta, todo cuanto soy hacia sí me inclina.

XIII. El gesto de los ojos y de ellos la forma han hecho en mí pasión muy extraña, por el apetito que todo por la carne se gana, con otro que mucho de opinión se forma; y en éste está todo el objeto de ella, no sólo el cuerpo, mas tomada toda en conjunto. Con lo que está mi voluntad conseguida muy tardíamente, no queriendo tal efecto. No quiero amar, pero mi apetito ama: sobre nieve veo maravillosa llama.

XIV. Así como está en nosotros toda el alma en todo el cuerpo y toda en cada miembro —cortando alguno, no es necesario temblar por eso que por su causa ella quede rota—, mi amor es completamente lo mismo, pues si le veo algo que por desagrado me altere no siento en mí que de amor me desprenda;

Pétrarque avec les troubadours chez qui abondent les antithèses de ce genre". *Auzias March,* p. 271.

XV

Yo vull Amor   ab condicions tales,
que, segons ell,   grans contraris empliquen;
ell és tot mal,   e més los qui·l pratiquen
tots són eguals   en llurs qualitats males.
Son ferm estat,   si és, saber no·s lleixa;   145
aquell instant,   no·s jaqueix bé conèixer:
tostemps està   en lo minvar o créixer;
sent-ho aquell   qui molt ab ell se feixa.
Axí com só   compost de molts contraris,
ma voluntat   e l' apetit són varis.   150

XVI

Amor, Amor,   los vostres letovaris
són molt amarchs   y a sanitat contraris.

CXVII

I

Lo cinquèn peu   del moltó ab gran cura
yo he cercat   e no·n té sinó quatre,
volent honest   en amor deshonesta
e llealtat   en cor de falsa fembra;
e per amor   he volgut ser alegre,   5
menys de ser trist,   e ferm en un prepòsit.
Gran amador   de semblant no s'escuse
e que·s trobàs   de Salamó pus savi.

II

No solament   m'ha romàs en la pensa,
ans ho volguí   en les obres foranes;   10
aquest· amor   de contemplar no·s farta
si bé a temps   en pensa hom ho forja.

---

151 *letovari* o *lletovari*, castellano *letuario*: 'especie de mermelada'. DRAE.
Valencia debía ser famosa por este dulce a juzgar por estos versos del Arcipreste de Hita (*Libro de Buen Amor*, copla 1338):

en su todo el mío todo queda, así como la mar en nada se altera si el hombre saca una gran albufera.

xv. Yo quiero Amor en tales condiciones, que, según él, grandes contrarios implican; él es enteramente malo y más los que lo practican todos son iguales en sus malas cualidades. Su firme estado, si es, conocer no se deja; aquel instante no se deja conocer bien: siempre está en el menguar o crecer; lo siente el que mucho con él se aferra. Así como estoy compuesto de muchos contrarios, mi voluntad y el deseo son variables.

xvi. Amor, Amor, vuestros letuarios son muy amargos y a la salud contrarios.

CXVII

i. El quinto pie del carnero con gran atención yo he buscado —pero no tiene sino cuatro—, queriendo honesto en amor deshonesto y lealtad en corazón de falsa hembra; y por amor he querido estar alegre, sin estar triste, y firme en un propósito. Gran amador semejante no se excuse aunque se encontrase más sabio que Salomón.

ii. No solamente me ha quedado en el pensamiento, antes lo quise en las obras foráneas; este amor no se harta de contemplar si bien, a veces, en el pensamiento el hombre lo forja. Yo, empleando feas y bellas

---

Monpeller, Alisandría e la nonbrada Valençia
Non tienen letuarios tantos nin tanta espeçia...
1-2 Parece que hace referencia a un refrán. Recuérdese "Buscar tres pies al gato".

Yo, praticant   d'amor lleigs e bells actes,
ymaginí   tals contraris factibles,
e no·m dolch prou   del temps que·m he vist
                                    [córrer   15
perquè ·m roman   en pensa plaent hàbit.

III L'engan conech,   mas per obra no·l mostre,
puix que d'amor   del tot yo no·m despulle;
fluix me penit,   car dolor no·m agreuja:
solament bast   aÿrar mi, si ame.   20
Al grau primer,   bo, del pecant me trobe
que del mal fet   ha conexença fosca,
e, sinó quan,   a temps desig me torba,
yo só content   ell e son delit perdre.

IV Volgra'l jaquir   sens elecció mia,   25
mas que vengués   per alguna ventura
plagués a Déu   per ser malalt o pobre,
car si·l jaqueixch,   cert yo sé que me'n repte.
Si bé raó   encontr· Amor se arma,
veent que·s pert   per ell ma bona obra,   30
no·m trob esforç,   que del tot m'abandona,
ab tot que més   de contemplar no passe.

V En quantitat   en delit gran no puge,
ans és molt poch,   mas fort per a disolre;
fastig no tem,   por ne sperança ·l tempta,   35
la sua fi   tota dins mi se'n entra.
Puix que no pot   ésser en aquells actes
que de amor   los amadors pratiquen,
pren un remey: qu·en contemplar se'n munta,
e d'allò viu   que d'amor no·l pot tolre.   40

VI Si fos axí   que sens passar principis
yo fos al ple   que Amor l'amant alça,
on ha delit,   coneixença perduda,

---

40 Pagès (*Obras*) sigue el ms. B y acepta *dolor*. Bohigas prefiere *d'amor* que aparece en los otros mss. y ediciones. Seguimos a Bohigas.

acciones amorosas, imaginé factibles tales contrarios, y no me duelo bastante del tiempo que me he visto pasar porque me queda en el pensamiento placiente hábito.

III. Conozco el engaño, aunque por obra no lo muestro, pues que de Amor completamente no me despojo; flojamente me arrepiento ya que el dolor no me enoja: solamente basta a airarme, si amo. En el primer grado, bueno, del pecador me encuentro que del hecho malo tiene conocimiento oscuro, y, si no, a veces, cuando el deseo me turba, yo estoy contento de él y de perder su deleite.

IV. Quisiera dejarlo sin elección mía, mas que viniese por alguna ventura —quisiera Dios por estar enfermo o pobre—, ya que si lo dejo, yo sé cierto que me reprenda. Si bien la razón en contra de Amor se arma, viendo que por él se pierde mi buena obra, no me encuentro esfuerzo, pues del todo me abandona, con todo que más de contemplar no paso.

V. En cantidad, al deleite grande no subo, antes es muy poco, pero fuerte para disolverse; hastío no temo, miedo ni esperanza lo tienta, su fin todo en mí se introduce. Pues que no puede estar todo en aquellos actos amorosos que los amadores practican, toma un remedio: que en contemplar se eleva, y de ello vive pues no lo puede impedir de amor.

VI. Si fuese así que sin pasar principios yo estuviese en la plenitud que Amor eleva al amante, donde tiene deleite, perdido el conocimiento, yo estoy muy

yo só ben cert   qu·en oy Amor no·m fóra.
Mas ¿qui serà   qu·en delit passar vulla   45
per gran dolor,   si d'aquell no sent purna?
E yo no am,   e menys amat puch ésser,
e la raó   tant res no abomina.

VII   La voluntat   Amor no·m senyoreja,
hoc l'apetit,   fins que de mi·m recorde,   50
mas quant yo pens   totes les circunstàncies,
entre Amor e mi   és gran barrera;
car yo no pens   qu·n ser amat abaste
ne·n sent delit,   per bé que m'hi disponga.
És veritat   que no sé què me'n jutge,   55
essent amat   si·l retria lo deute.

VIII   Axí me·n pren   com aquell qui contempla
l'ésser del hom   e com és de Déu obra,
e puix ell ve   a contemplar sos actes,
¡tant avorreix   trobar-s· en lo món home.   60
Com de Amor   son ésser ymagine
e·ls gentils fets   qu·en l'entendre ·m romanen,
yo·m adelit,   e com al voler passe,
per llur excés   e qualitat m'agreuge.

IX   Entench no bé   los mals que Amor atraça,   65
perqu· altres béns   no sentí en ma vida:
qui·n carçre viu   del començ d'infantea,
ab dol se'n ix   puix en àbit li torna.
Renunciar   no puch lo franch arbitre
de obeir,   si Amor me demana,   70
e quant amant   e amat ésser pense,
no trob en mi   ésser cosa possible.

X   Per un portal   ixch de l'hostal de Venus,
per altre hy torn   ab les cames trencades,

67-68 Hay una copla popular —creo que de Manuel Machado— que dice: "Todo es acostumbrarse / cariño le coge el preso / a las rejas de la cárcel".

cierto que en odio Amor no me tuviera. Mas ¿quién será que el deleite pasar quiera con gran dolor si de él no siente una chispa? Y yo no amo, y menos amado puedo ser, y la razón nada abomina tanto.

VII. Amor la voluntad no me domina, sí el apetito, hasta lo que de mí me acuerdo, mas cuando yo pienso todas las circunstancias, entre Amor y yo hay gran barrera; puesto que yo no creo que en ser amado baste ni siento deleite, por bien que a ello me disponga. Es verdad que no sé en qué me baso, siendo amado si le pagaría la deuda.

VIII. Me ocurre así como al que contempla el ser del hombre y como es obra de Dios, pero después él va a contemplar sus actos, ¡tanto aborrece encontrarse hombre en el mundo! Cuando de Amor su ser imagino y los gentiles hechos que en el entendimiento me permanecen, yo me deleito, pero cuando al querer paso, por su exceso y cualidad me enojo.

IX. No entiendo bien los males que Amor causa, porque otros bienes no sentí en mi vida: quien en cárcel vive desde el comienzo de la infancia, con dolor sale pues en costumbre se le vuelve. Renunciar no puedo al libre albedrío de obedecer, si Amor me lo pide, pero cuando amante y ser amado pienso, no encuentro en mí ser cosa posible.

X. Por una puerta salgo del hostal de Venus, por otra allí vuelvo con las piernas rotas, y no pienso que

e yo no pens   qu·en ser amat abaste,   75
ne·m plau amar,   ne menys me'n desespere.
Yo só aquell   qui·n lleig ofici ·s cria,
sab e no sab   qu· és mal e no·n pren altre
car no pot ser   hàbit sens delit reste,
e açò par   en covarts hòmens d'armes.   80

XI Mi e mos fets   yo mir ab vista fosca,
    no pas com orb,   ne ab la vista clara;
    conech mon dan,   mas no tant que me'n dolga:
    lo cor no·l sent,   solament bast a creure.
    Quant yo·m esforç   que Amor de mi llance,   85
    son bé ·m recort   e los mals tots m'obliden;
    si·l pens seguir,   de sa dolor m'acorde,
    e só membrant   del bé del honest viure.

XII Semblant a ·quell   qui ha mal de diable,
    e, quant lo pren,   Déu no coneix ne honra,   90
    perqu· és d'aquell   qui té ses virtuts preses,
    e puix, jaquit,   torna ·n sa coneixença,
    quant per la carn   Amor me passiona,
    no·m sent raó   ne mal que per ell vinga,
    e quant d' Amor   la part pura contemple,   95
    yo sent delit;   si pas avant, m'agreuja.

XIII Sí com se pert   lo poder de la vista
    si·l hom està   llongament en tenebres,
    axí ·l voler   se pert si no executa
    los fets aquells   d'on havia costuma.   100
    Per ço Amor   sol en la pensa ·m resta,
    perqu· à llonch temps   que l'obra no pratique;
    a mon delit   la dolor no contrasta,
    car no sent por   ne sperança ·l falaga.

XIV Mentre Amor   dels hàbits no arranque,   105
    yo·m dubte molt   qu·en algun temps no brote;
    ja no pot ser   qu·en mi·s crie gran arbre:
    mon cor li és   com terra molt exorca.
    Lloch troba ·n mi   on se vulla que·s tinga,

ser amado baste, ni me place amar, ni menos me desespero. Yo soy aquel que en feo oficio se cría, sabe y no sabe que está mal pero no cambia, ya que no puede ser que el hábito sin deleite quede, y eso sucede en cobardes hombres de armas.

XI. A mí y a mis hechos yo miro con mirada fosca, no como ciego, ni con la vista clara; conozco mi daño, mas no tanto que me duela: el corazón no lo siente, solamente basta a creerlo. Cuando yo me esfuerzo para que Amor de mí arroje, me acuerdo de su bien y todos los males se me olvidan; si lo pienso seguir, de su dolor me acuerdo, y estoy recordando el bien del honesto vivir.

XII. Semejante al que tiene el mal del diablo, y cuando lo coge, a Dios no conoce ni honra, porque es de aquel que tiene tomadas sus virtudes, pero después, liberado, vuelve en su conocimiento, cuando por la carne Amor se apasiona, no siento razón ni mal que por él venga. Pero cuando contemplo la parte pura de Amor, yo siento deleite; si pasa adelante, me enoja.

XIII. Así como se pierde el poder de la vista si el hombre está mucho tiempo en tinieblas, así la voluntad se pierde si no ejecuta aquellos hechos que tenía costumbre. Por eso Amor sólo en el pensamiento me queda, porque hace mucho tiempo que la obra no practico; a mi deleite el dolor no contrasta, ya que no siento miedo ni esperanza lo halaga.

XIV. Mientras no arranque los hábitos de Amor, mucho me temo que no brote en algún tiempo; ya no puede ser que en mí se críe gran árbol: mi corazón le es como tierra muy estéril. Lugar encuentra en mí donde se quiere que se tenga, esperando tiempo el más

sperant temps   lo pus dispost que trobe;   110
abasta ell,   qu·en sola pensa resta
per l'hàbit pres,   que si pèl rau no squinça.

xv Quant de Amor   indiferent yo parle,
sia entès   lo que tot l'home lliga,
e no aquell   qui sols a l'àngel toca,   115
e menys als bruts,   puix de raó freturen.
Aquest és dit   amor de home propi,
car és compost   de ses dues natures:
bell és a lleig,   segons de qual més toca,
mas no pot fer   que reste menys de mescla.   120

xvi Si·l voler d'hom   en ser amat termena,
és dit amor,   car de la fi pren forma;
e si en carn,   sens res abstraure fina,
és brut voler,   puix més avant no passa.
Axí com és   tot· arma bon· u mala   125
segons que pren   d'acer e ferre tempre,
Amor és tal   que, segons és composta,
sa valor pren,   lo tal e qual la honren.

xvii Res sens esguart   no ·s d'hom pròpia cosa,
car general   és als bruts e als arbres;   130
del sentiment   lo brut al arbr· avança,
e la raó   al hom d'aquells separa.
Donchs l'apetit,   on la raó no·s mescla,
no ·s propi d'hom,   per bé qu·en ell se trobe,
e tant és hom   com més ne participa,   135
e segons quant,   d'hom se llunya u s'acosta.

xviii No·s dón· Amor   ab tan egual balança
que poch o molt   una part no decante:
o l'apetit   del cos més a si·l tira,
o l'arm· a si   per sa part lo se'n porta.   140
Sí com en l'hom   un· humor predomina,
que no és u   que per egual les haja,
e ve per temps   que·s cambia ·l domini,
axí Amor   pratica en nosaltres.

dispuesto que encuentre; le basta que sólo en el pensamiento quede tomado por el hábito, si por lo raído no se despedaza.

xv. Cuando de Amor, indiferente, yo hablo, sea entendido lo que a todo hombre une, pero no al que sólo al ángel pertenece, y menos a los irracionales, pues carecen de razón. Éste es llamado el amor propio del hombre, ya que está compuesto de dos naturas; bello es y feo, según del que más participa, mas no puede hacerse que quede sin mezcla.

xvi. Si el querer del hombre en ser amado termina, es llamado amor, puesto que toma forma del fin; y si en la carne, muere sin nada abstraer, es brutal querer, pues más adelante no pasa. Así como es toda arma buena o mala según se toma de acero y hierro templado, tal es Amor que, según está compuesto, su valor toma: el tal y cual lo honran.

xvii. Cosa sin consideración no es propio del hombre, puesto que es general a los irracionales y a los árboles; en el sentimiento el bruto supera al árbol, y la razón al hombre de ellos le separa. Entonces el apetito, donde la razón no se mezcla, no es propio del hombre, por bien que en él se encuentra, y tanto es hombre cuanto más participa, y, según cuánto, se acerca o se aleja de hombre.

xviii. No se da Amor con tan igual balanza que poco o mucho una parte no se decante: o el apetito del cuerpo más hacia sí lo atrae, o el alma hacia sí por su parte se lo lleva. Así como en el hombre un humor predomina, que no hay uno que por igual los tenga, y ocurre a veces que se cambia el dominio así Amor lo hace con nosotros.

XIX Ésser no pot   que l'arma obre sola   145
     e que lo cos   sens aquella res faça;
     res no fa l'hom   que tot no hy comunique,
     segons ses parts   del acte han semblança.
     Per bé que·l cos   no vulla res abstracte
     e l'esperit   materials no vulla,   150
     d'ells abduys junts   ix Amor que·s diu mixte,
     prenint lo nom   d'aquella a qui més sembla.

XX   L'enteniment   no és d'amor la causa,
     mas l'apetit,   de què·ls bruts no han falta;
     donchs de amor   axí mateix ne senten,   155
     ab fort desig,   tal qu·en ràbia torna.
     La duració   veu hom no ésser molta,
     e d'est· amor   los més hòmens s'encenen:
     alguns tostemps,   altres segons los troba,
     seguint Amor   per l'esguart que·ls inclina.   160

XXI Si·n gran excés   per son desig l'hom puja,
     tot lo compost   ses potences té preses,
     car segons és   e a qui és amable,
     axí ses parts   de amor les carrega,
     tirant, fluixant,   creixent, minvant, fent cambis,   165
     volent l'honest,   aprés tot lo contrari
     açò segons   se porta ·n fantasia:
     a temps volent   com hom, com brut, com àngel.

XXII Tot enaxí   com lo foch no ·s en acte
     en lo acer,   mas l'obra ·s en potença,   170
     e mes al foch   la calor lo desperta,
     car si·n l'acer   no hy fos, no scalfaria,
     amor en temps   està ·n l'hom com defuncta,
     e puix reviu,   mostrant-se ·n part o tota,
     d'on se veu clar   que restava en l'hàbit,   175
     prest en obrar,   mogut per son consemble.

---

151 *amor mixte* o *homenivol* (humano) o *deleitable* (agradable).

XIX. No puede ser que el alma actúe sola y que el cuerpo no haga nada sin ella; no hace nada el hombre que todo no se comunique, según sus partes tienen semejanza del acto. Por bien que el cuerpo no quiera nada abstracto y el espíritu materiales no quiera, de ellos, ambos juntos, sale el amor que se llama mixto, tomando el nombre del que más se asemeja.

XX. El entendimiento no es la causa de amor, sino el apetito, del cual los animales no carecen; entonces, así del mismo amor sienten con fuerte deseo, tal que en rabia se vuelve. La duración se ve no ser mucha, pero de este amor la mayoría de los hombres se encienden: algunos siempre, otros según los encuentra siguiendo a Amor por la consideración que los inclina.

XXI. Si el hombre sube en gran exceso por su deseo, todo el compuesto tiene tomadas sus potencias, ya que según es y de quién es amante, así sus partes las carga de amor, tirando, aflojando, creciendo, menguando, haciendo cambios, queriendo el honesto, después todo lo contrario, eso según se tiene en fantasía; queriendo a veces como hombre, como bruto, como ángel.

XXII. Lo mismo como el fuego no está en acción en el acero, mas la obra está en potencia pues al fuego el calor lo despierta, ya que en sí en el acero no estuviese, no calentaría, el amor a veces está en el hombre como difunto, pero después revive, mostrándose en parte o todo, de donde se ve claro que permanecía en la costumbre, presto a obrar, movido por su semejante.

XXIII Tot element elementat no ·s simple,
 ans és compost d'un altre son contrari;
 mas és tan poch lo que del altre s'ampra,
 que bé no·s pot açò pels senys conèxer. 180
 Tal és Amor, que·ls actes no ha simples,
 car sensuals són e d'esperit toquen,
 mas una part al altra sobremunta,
 qu· ella ·s diu tot, segons qual, bella u lleja.

XXIV Semblant me trob del assetjat en plaça, 185
 on és lo burch e fort castell e vila,
 e armejant, perdent forces, lo·n meten
 fins al pus fort, on no fa ne tem armes;
 axi Amor: mos pensaments lo llancen
 fora de mi, d'un acte aprés l'altre, 190
 fins que roman en l'hàbit sol de pensa,
 e· n lo voler, com a correu, se'n passa.

XXV Sí com lo foll en pensa rey se forja
 fins que perceb que no ha de rey actes,
 e dura tant estar en ignorança 195
 com ell roman en pensa de rey ésser,
 axí Amor, en pensa m'adelita
 fins que la fi pens què se'n deu atènyer:
 ans que yo pens a qui amar, yo ame;
 quant l'imagín de la millor m'espante. 200

XXVI Sí com l'avar los diners per ells ama,
 que no veu res per què aquells despenga,
 a si mateix no diu que no se'n ampre,
 mas no·n sab cas ne pensa qu· ésser pusca;
 axí Amor no veig a què·m profite: 205
 en tant me plau, que de la fi no pense.
 Yo no esper, ne·n desesperar baste;
 entre lo mig d'aquests estrem alleuge.

XXVII Un hom és tal que ama per natura
 son fill en tant qu· avorrir no·l poria, 210
 e si és foll, de sos fets se desalta

XXIII. Todo elemento elemental no es simple, antes es compuesto de otro contrario suyo; mas es tan poco lo que del otro se toma que no se puede saberlo bien por los sentidos. Tal es Amor, que no tiene los actos simples, puesto que sensuales son y participan del espíritu, mas una parte a la otra sobrepasa, que ella se dice toda, según cuál, bella o fea.

XXIV. Me encuentro semejante al sitiado en plaza, donde está el arrabal y fuerte castillo y villa, y guerreando, perdiendo fuerzas, lo meten hasta [el lugar] más fuerte, donde no lucha ni teme las armas; así Amor: mis pensamientos lo arrojan fuera de mí, con una acción después de otra, hasta que queda sólo en el hábito del pensamiento, y en la voluntad, como correo, pasa.

XXV. Así como el loco se forja rey en el pensamiento hasta que percibe que no tiene acciones de rey, pero dura tanto en ignorancia como él permanece con el pensamiento de ser rey, así Amor, en el pensamiento me deleita hasta que el fin pienso que se debe alcanzar: antes que yo pienso a quién amar, yo amo; cuando imagino lo mejor de ella, me espanto.

XXVI. Así como el avaro los dineros por sí mismos ama, pues nada ve en que los gaste, asimismo no dice que no se pida, mas no conoce caso ni piensa que pueda ser. Así Amor no veo que me aproveche: me place en tanto que del fin no pienso. Yo no espero, ni alcanzo en desesperar: en el medio de estos extremos me alojo.

XXVII. Un hombre es tal que ama por natura a su hijo, en tanto que aborrecerle no podría, y si está loco, de sus hechos se disgusta porque tal lo ve y lleno de

perquè ·l veu tal   e ple de cabdals vicis,
   axí d'Amor   ses penses me deliten
   per l'hàbit pres   que natural repute;
   mas per mon temps   de sos fets me desalte,   215
   car totalment   lo trob a mi dessemble.

XXVIII Amor me plach   tant per sos actes nobles
   que de per si   yo·l am sens esguart altre,
   semblant aquell   que son bon amich ama
   pel que ha fet   e no per lo que faça.   220
   En tant me plach   per delitables obres,
   qu·en mi roman   tal signe o caracte,
   que perdent yo   l'esguart per qui amava,
   aquell delit   am qu·en la pensa ·m resta.

XXIX Los meus desigs,   si de passió mouen,   225
   del hàbit pres   llur moviment comença;
   ymaginant   com aquells yo sentia,
   aquells yo sent   e fa que yo·ls desige;
   regonegut,   en dol me converteixen,
   conexent mi   no poder aquells rebre   230
   sinó com veig   e dels passats m'acorde;
   ma passió   no·s mou e menys per altre.

XXX Axí com és   la sciença del metge
   bella ·n estrem,   segons si e on guarda,
   axí ·n estrem   és la pràtica lleja,   235
   e tots los senys   quasi fastig ne senten;
   tal és Amor,   que·l seu ésser és noble,
   lo praticar,   odiós e terrible,
   car l'esperit   ne pren molt gran angoixa
   e lo cos fam,   y en fastig, volant, passa.   240

   Amor, Amor, qui vostr' amarch no tasta
   no porà dir lo dolç que en si mescla.
   Yo be hu puch dir, puis tinch esperiença,
   que de les arts es la que mes profita.

vicios capitales. Así de Amor sus pensamientos me deleitan por el hábito adquirido que reputo natural; mas a mi vez de sus hechos me desagrado ya que totalmente lo encuentro distinto de mí.

XXVIII. Amor me place tanto por sus actos nobles que de por sí le amo sin otra consideración, semejante al que a su buen amigo ama por lo que ha hecho y no por lo que haga. Y tanto me complazco con deleitables obras, que en mí queda tal signo o carácter, que perdiendo yo la condición por que amaba, amo el deleite que en el pensamiento me queda.

XXIX. Mis deseos, si mueven de la pasión, del hábito tomado su movimiento empieza; imaginando como yo los sentía, yo los siento y hace que yo los desee; reconocido, en dolor me convierten, sabiendo no poderlos recuperar sino como veo y de los pasados me acuerdo; mi pasión no se mueve y menos por otra.

XXX. Así como la ciencia del médico es bella en extremo, como tal y donde cuida, así en extremo es el ejercicio feo, pues todos los sentidos casi asco sienten. Tal es Amor, que su ser es noble; practicarlo, odioso y terrible, puesto que el espíritu toma muy gran aflicción y el corazón hambre, y con hastío, volando, pasa.

XXXI. *Amor, Amor, quien vuestro amargo no prueba no podrá decir lo dulce que en sí mezcla. Yo bien lo puedo decir, pues tengo experiencia, que de las artes es la que más aprovecha.*

CXVIII

I
No cal dubtar que sens ulls pot hom veure,
puix, sens desig de ser amat, yo ame;
d'Amor no·m clam, ne de persona ·m clame:
natura ·n mi fa obra de no creure.
Yo sent delit que no sé d'on pren força. 5
Si és de carn, ¿d'on li ve que no·s farta?
Si d'esperit, ¿com l'infinit aparta?
Si del compost, ¿d'on ve que tot no·m força?
La carn lo vol e lo perquè s'amaga;
ab no vist colp só ferit de gran plaga. 10

II
¿Com se pot fer tal voluntat no passe
a fer voler que ser amat cobeje?
¿Què pot bastar que d'amor yo·m neteje,
e que ma carn se fart e que no·s llasse?
Açò és vist: que la nostr· arma ·s baixa 15
en los delits del cos e s'hi delita;
si no· ls sent purs, mesclats los habilita,
sa part ne pren, lo cos ne creix sa raixa.
Aquest delit ma carn sola empara,
e tot me pren lo temps, que·n és avara. 20

III
E si·n delit de ser amat abaste,
açò és quant la carn per si desija;
si·l pensament tot altr· esguard remija,
no sent delit, ans algun despit taste.
Ymaginant, si·l delit no ymagine, 25
no·m plau amar e menys que amat sia;
fora la carn, mon delit fa sa via;
tot mon desig començ per ella y fine.
Naturalment tot quant delit aporta,
no·l fall Amor per via dreta u torta. 30

IV
Tostemps fuy cert que yo dins mi portava
encontra mi una mala persona:
aquesta és qu·a tots natura dóna,

CXVIII

I. No hace falta dudar de que sin ojos puede el hombre ver, así sin deseo de ser amado, yo amo; de Amor no me quejo, ni de nadie me quejo: natura obra en mí para no creer. Yo siento deleite que no sé de dónde toma fuerza. Si es carnal ¿de dónde le viene que no se harta? Si espiritual, ¿cómo lo infinito aparta? Si del compuesto, ¿de dónde viene que no me esfuerza todo? La carne lo quiere y el por a qué se esconde; de invisible golpe estoy herido de gran llaga.

II. ¿Cómo se puede hacer que tal voluntad no pase a hacer querer que ser amado codicie? ¿Qué puede bastar para que de amor yo me limpie y que mi carne se harte y que no se canse? Eso está visto: que nuestra alma se rebaja a los deleites del cuerpo y se deleita; si no los siente puros, mezclados los habilita, su parte toma, el cuerpo crece su lujuria. Este deleite mi carne sola ampara y todo el tiempo me toma pues es avara.

III. Y si el deleite de ser amado alcanzo, lo es cuando la carne por sí desea; si el pensamiento toda otra consideración promedia, no siendo deleite, antes algún disgusto pruebo. Imaginando, si el deleite no imagino, no me place amar y menos que amado sea; fuera de la carne, mi deleite hace su vía; todo mi deseo comienza en ella y termina. Naturalmente todo cuanto el deleite aporta, no le falla Amor por vía derecha o torcida.

IV. Siempre estuve seguro que yo dentro de mí llevaba contra mí una mala persona: ésta es la que a todos da natura: reina en los más y esclava de muy

reyna ·n los més   e de molt pochs esclava.
Mas ara sent   un terç qu·en mi·s descobre   35
e son poder   sentí sens conexença;
menys de raó,   ve de passió volença:
yo he volgut   ço que sens mon grat obre.
Habit antich   és lo terç que·us nomene,
que·m fa seguir   la vida que yo mene.   40

V Aquells delits   d'on bons amadors viuen,
ço és: amar   e delit d'amat ésser,
e la dolor   que·s pren en lo desésser,
tals passions   de mon cor no deriven.
Yo pas dolor   si·m conech ser amable,   45
e met poder   qu· amat ésser no crega;
ab tot açò   mon apetit aplega
sentir delit   a temps però durable;
ma carn lo sent,   e yo·l trob ab la pensa;
quant me trob fart,   obra ·n mi la defensa.   50

VI Quant sent d'amor   y el que sentir solia
és occasió   que de mi yo·m espante;
am y avorreixch,   no sé on me decante,
altrament sent   amor que no sentia.
Si és ver dir   que tot quant delit porta   55
deu ser amat,   per ço que hom se ama,
amador só,   yo·m encench d'esta flama
que no rellú,   ans viva està morta.
Quant a la carn,   ha vida per set vides;
quant l'esperit,   totes li són fallides.   60

VII Axí com és   lo cor primer en vida,
és lo derrer   qui mor de tots los membres;
pels amadors,   axí hòmens com fembres,
lo cor se vol   ans que altra partida,
e quant Amor   se'n va de la persona,   65
derrerament   l'altr· Amor abomina:
primer del cos   fartant se desveina;
lo que volgué   primer, derrer bandona.
Açò és quant   fastig, Amor, lo'n llança,
o cor irat   li 'n fa perdr· amistança.   70

pocos. Mas ahora siento una tercera que en mí se descubre y su poder sentí sin conocimiento; sin razón, viene de la voluntad de la pasión: yo he querido eso, que sin mi deseo obre. Hábito antiguo es la tercera que os nombro, que me hace seguir la vida que yo llevo.

v. Aquellos deleites de donde los amadores viven, eso es: amar y el deleite de ser amado, y el dolor que se toma en el no ser, tales pasiones en mi corazón no se originan. Yo paso dolor si me conozco ser amante y pongo fuerza para que no crea ser amado; con todo eso mi apetito llega a sentir deleite a veces; pero durable mi carne lo siente, y yo lo encuentro con el pensamiento; cuando me encuentro harto, obra en mí la defensa.

vi. Cuanto siento de amor y el que sentir solía, es ocasión para que de mí mismo me espante; amo y aborrezco, no sé dónde me inclino, de otro modo siento el amor que no sentía. Si es verdad decir que todo cuanto trae el deleite debe ser amado, por lo que el hombre ama, amador soy, yo me enciendo de esta llama que no reluce, más que viva está muerta. Cuanto a la carne, tiene vida por siete vidas; en cuanto al espíritu, todas le fallan.

vii. Así como es el corazón lo primero en la vida, es el último que muere de todos los órganos; para los amadores, así hombres como hembras, el corazón se quiere antes que otra parte, pero cuando Amor se va de la persona, finalmente el otro Amor abomina: primero del cuerpo, hartando se desavecina; lo que quiso primero, último abandona. Eso es cuando el enojo, Amor, lo lanza, o el corazón airado le hace perder la amistad.

VIII ¿Qui és aquell   qu·en altre juí faça
e res de si   en temps venidor jutge?
Del que sofir   no pot ésser bon jutge:
pensant que fuig,   lo llaç al coll s'enllaça;
e ço per què   amau alguna dona   75
serà per temps   d'un jorn que ja no us alta,
e tant serà   una part que us desalta
que no veureu   res d'ella sia bona.
Quant és Amor   entre ·ls amants contenta,
fa mudament,   car desig la sustenta.   80

IX ¿A qui ha dat   favor tanta natura,
que no ignor   com dins ell Amor obra?
Pensant que·s pert   Amor, lladonchs la cobra;
no·s pot saber   què·l empeny o l'atura.
Per delit creix   o per delit aminva,   85
per mal se mor   e mal en vida ·l torna,
e no tostemps,   car varietat l'orna;
sa força ·s gran   quant hom pensa que·s minva.
Açò és ferm   que sens desig menyscaba,
lo seu poder   sens dolor no·s acaba.   90

X Per lo garró   que lo rey véu de Caba
se mostr· Amor,   que tot quant vol acaba.

CXIX

1 Maleyt lo jorn   que·m fon donada vida,
puix tant só vist   en mos volers contrari;
yo só aquell   qui·l pensament he vari
e voluntat   del tot desaunida.

91-92 "La obra [*Crónica Sarracina*] se difundió rapidísimamente aun fuera de Castilla: Ausias March, hacia 1450, en su canción "No cal duptar", parece tener presente el capítulo de Corral de cómo Rodrigo se enamoró cuando la Cava, jugando con otras doncellas, "alçó las faldas, pensando que no la veía ninguno, y mostró ya quanto de las piernas, e teníalas blancas como la

VIII. ¿Quién es el que de otro juicio haga y nada de sí en tiempo futuro juzgue? Quien del sufrir no puede ser buen juez, pensando que huye, la soga al cuello se liga; y el porqué améis alguna mujer será en el término de un día que ya no os agrade, y tanto será que una parte os desagrada pues no veréis cosa de ella que sea buena. Cuando está Amor contento entre los amantes hace mudanza ya que el deseo le sustenta.

IX. ¿A quién ha dado tanto favor natura que no ignore cómo en él obra Amor? Pensando que se pierde Amor, entonces lo cobra; no se puede saber qué le empuja o le detiene. Por el deleite crece o por el deleite disminuye, por el mal se muere pero el mal a vida le vuelve, pero no siempre ya que la variedad le adorna; su fuerza es grande cuando el hombre piensa que disminuye. Eso es firme pero sin deseo se menoscaba su poder, sin dolor no se acaba.

X. Por el talón que el rey ve de la Caba se muestra Amor, que todo cuanto quiere alcanza.

CXIX

I. Maldito el día en que me fue dada la vida, pues tanta contradicción he visto en mis voluntades; yo soy el que el pensamiento tiene variable y la voluntad del todo desunida. Con desagrado amo y aborrezco

---

nieve"; situación a que el poeta valenciano alude como conocida de todos cuando dedica la Tornada de su canción a nuestra leyenda." Ramón Menéndez Pidal, *Floresta de leyendas heroicas españolas*, Clásicos castellanos, I, p. C.

1 *Job*, III, 3.

Ab desgrat am e avorreixch ensemble; 5
mos senys en mi conech ésser discordes:
l'ull e lo toch dabans foren concordes;
si pens qui só, al que fuy punt no semble.
Avorriment ab Amor en mi foren,
mas ab desalt ensemps en mi llavoren. 10

II ¿Qui pot amar dona de què·s desalte?
Mas bé pot ser que d' ira ple molt ame.
Mas ¿què serà que refret e qu· enflame
e fastig port e qu· ensemps hom se'n alte?
Tant és l'escalf que pel gest m'enamora, 15
que no sent res del fret que·l toch me porta,
ans tot és foch quant la pensa ·m reporta;
l' imaginar l'amarch dolç assabora,
sí com la mar los rius la obeexen
qu·en s· amargor llur dolçor convertexen. 20

III Sens mon voler yo no·n parteix la pensa
per un desig que no·m par amor sia,
car no cobeig la su· amor fos mia,
ans ve a temps que·m plau me fes ofensa;
car per s· amor la mia se'n obliga 25
e mi no plau de tal preu fer-li paga.
No vull son bé e tinch-ne al cor plaga
de lleig fet nou e de llegea antiga,
e ve que dich que·m plau que·l avorreixca,
mas no pot ser qu·en tal pensa feneixca. 30

IV Quant ymagín d'aquest· amor la causa,
no la perceb e menys on té son siti:
crech que desam, e quant ne pens ser quiti,
mon pensament un gran delit se causa,
e no sé com en tant e tal s'estenga 35
e trob raó per desgrat e per ira.
Quant desgrat sent, Amor tost a si·m tira,
o almenys fa que lesió no·n prenga;

15 *gest*, 'actitud, desenvoltura'.

ꝏ Las obras del excelen
TISSIMO POETA MOSSEN
Ausias March, cauallero Valenciano. Tra-
duzidas de lengua Lemosina en Castellano por Iorge de Montemayor.

¶ DIRIGIDAS AL ILLV
strissimo Señor Don Iuan Ximenez de Vrrea,
conde de Aranda, Vizconde de Viota. &c.

En Caragoça en casa de la biuda de Bartholo-
me de Nagera. Año. M.D.LXII.
¶ Vendese en casa de Miguel de Suelues, infançon.

Portada de la traducción de Ausias March
por Jorge de Montemayor. Zaragoza, 1562.

LAS OBRAS
DEL EXCE
LENTISSIMO POETA AV
sias March Cauallero Valenciano Tradu
zidas de lengua Lemosina en Castellano
por el excelente Poeta Iorge
de Monte Mayor

AGORA DE NUEVO CORREGA
do y emendado en esta segunda impression

Con licencia, Impressas en Madrid, en casa de
Francisco Sanchez Año de 1579

Portada de la traducción de Ausias March por
Jorge de Montemayor. Madrid, 1579

juntamente; mis sentidos conozco estar en mí discordes: la vista y el tacto antes estuvieron concordes; si pienso el que soy al que fui en nada semejo. Aburrimiento con Amor en mí estuvieron, mas, con desagrado, en mí laboran juntamente.

II. ¿Quién puede amar mujer de la que se desagrade? Pero bien puede ser que muy lleno de ira ame. Mas ¿qué será que frío y que inflame y que hastío lleve y que juntamente el hombre se contente? Tanto es el ardor que por la actitud me enamora, que no siento nada del frío que me da el tacto, antes todo es fuego cuanto el pensamiento de nuevo lo recuerda; el imaginar lo amargo dulce sazona, así como a la mar los ríos la obedecen que es su amargor su dulzor convierten.

III. Sin mi voluntad yo no separo el pensamiento por un deseo que no me parece que de amor sea, ya que no deseo que su amor fuese mío, antes ocurre a veces que me place que me hiciese ofensa; puesto que por su amor el mío se obliga pero no me place de tal precio darle pago. No quiero su bien pero tengo en el corazón la herida del feo hecho nuevo y de fealdad antigua, y ocurre que digo que me place que la aborrezca, mas no puede ser que en tal pensamiento acabe.

IV. Cuando imagino de este amor la causa, no la percibo y menos donde tiene su lugar: creo que desamo pero cuando pienso estar libre en mi pensamiento un gran deleite se produce, y no sé cómo en tanto y tal se extiende y encuentro razón para desagrado y para ira. Cuando siento desagrado, Amor rápido hacia sí me tira o al menos hace que lesión no me prenda;

en hora ·m ve que son lleig m'és bellea,
mas per tostemps de sos fets he ferea. 40

v Grat e desgrat ensemps ab mi·s juntaren
en algun temps, amant alguna dona
car yo volguí la malvada fer bona,
mas tots los grats de la carn s'hi trobaren.
De present veig contrasts qu·en mi·s desperten 45
car de per si lo toch e l'ull desamen,
e per lo gest de gran desig s'inflamen;
aquest esguart fa qu·en amar s'acerten:
l'ull de per si e·l toch llur bé no hy senten;
per los senys dins llurs delits se asenten. 50

vi Lo toch, per si molt no s'hi adelita:
quant pren delit, l'imaginar lo hy porta
pel gest, que tal pensament me reporta
que tot mi ·nsemps per ella tota ·m cita.
En amagat Amor en mi fa obra; 55
no trob raó perquè tant la cobege,
e lo que veig no basta que pledege
tal heretat, de la bossa tan pobra.
Algun temps fon amar ço que desalta,
no a la carn, mas per fer a ·Mor falta. 60

vii Axí com és torbat algun bon metge
com del malalt lo mal no pot conèxer,
e veu bon polç e sa vida descréxer,
ab bon cervell, cor, ventrell, melsa, fetge;
dels vuit senyals mortals qu· Ypocràs posa, 65
no·n veu algú e sa vida s'abreuja,
axi me·n pren qu· Amor en mi alleuja
e no sé on que·m degués fer tal nosa.
Puix que no vull amar ne amat ésser,
¿com és en mi de Amor lo seu ésser? 70

65-66 Hipócrates, *Aforismos,* que le eran familiares, según
Pagès (*Auzias March,* p. 279). Véase también la larga
nota de Bohigas (*Poesies*), donde sospecha que el cono-

al punto me viene que su fealdad me es belleza, mas siempre de sus hechos tengo miedo.

v. Agrado y desagrado a la vez en mí se juntaron en algún tiempo amando a alguna mujer, ya que yo quise a la malvada hacer buena, mas todos los agrados de la carne allí se encontraron. Ahora veo contrastes que en mí se despiertan ya que de por sí el tacto y la vista desaman, pero por la actitud de gran deseo se inflaman; esta consideración hace que en amar se encuentren. La vista y el tacto de por sí su bien no lo sienten; por dentro de los sentidos sus deleites se asientan.

vi. El tacto, de por sí, mucho no se deleita: cuando siente deleite el imaginar lo alcanza por la actitud, pues tal pensamiento me trae de nuevo que todo en mí juntamente por toda ella me cita. Escondido, Amor en mí hace obra; no encuentro razón para que tanto la desee, y lo que veo no basta para que pleitee por tal heredad, de bolsa tan pobre. Algún tiempo fue amar lo que desagrada, no a la carne sino hacer a Amor ofensa.

vii. Así como está turbado algún buen médico cuando el mal del enfermo no puede conocer, y ve buen pulso pero su vida decrecer, con buen cerebro, corazón, vientre, bazo, hígado; de las ocho señales mortales que Hipócrates dice, no ve ninguna pero su vida se abrevia; así me ocurre, pues Amor en mí se aloja pero no sé dónde que me deba hacer tal enojo. Pues que no quiero amar ni ser amado, ¿cómo está en mí el ser del Amor?

---

cimiento que tuvo Ausias March de esto que habla en sus versos puede proceder de segunda mano.

VIII Com lo malalt   que sobre si vol veure
      com li sdevench   son accident de febra,
      diu que menjant   carn de bou o de llebra
      o per fredor   o per mal· aygua beure,   75
      e no veu res   que per l'accident baste,
      de què·l coyé   en gran sospita caure,
      ne pren a mi,   que no puch juí traure
      quin delit és   lo que d'amor yo taste.
      No és en carn,   e la carn mi enclina:
      entra per l'ull   e·n lo tot d'ella fina.   80

IX   Axí com és   bella una persona
     tota ensemps,   e no en parts jutjada,
     e no·s veu bé   perqu· és tal estimada,
     puix no ha res   qu· als bells natura dóna
     en àls està   que·l cors li acompanya,   85
     ço és lo gest   qu·en tal cas l'ull engana;
     Amor pel gest   cors lleig amar me mana,
     tant qu·en mi veig   speriença stranya:
     si·l pens en parts,   la pensa d'ell aparte,
     e quant la veig   o toch, sens alt, no·m farte.   90

X   Quant yo·m acort   de res qu·en ira ·m torne,
     si poca és,   lo meu desig s'esforça,
     e, si és gran,   la ira ·n mi pren força
     que no ymagín   qu·en amor yo retorne.
     Dubte'm que am,   puix son bé no desige,   95
     ans ve a temps   que sa mort no·m és crua;
     no prench delit   en res del amor sua
     e·m plaurà bé   que d'ella yo·m fastige.
     Ab tot açò   mon delit és en ella,
     prenent-l·en parts   per lo tot de aquella.   100

XI   Amor, Amor,   yo·m done maravella,
     de vostres fets,   si degú ·s maravella.

---

71 Bohigas (*Poesies*) tanto para este verso como para el
   77 prefiere la variante del ms. E: *Sí co·l malalt*.
73 Sobre la alusión o juego de palabras que ve Bernardo
   Sanvisenti en el vocablo *Bou*, véase nota al v. 30, canto
   XL.

VIII. Como el enfermo que de sí quiere ver cómo le sucedió su accidente febril, dice que comiendo carne de toro o de liebre o por enfriamiento o por beber agua mala, y no ve nada que para el accidente baste, lo que le hizo caer en gran sospecha, me ocurre a mí, que no puedo entender qué deleite amoroso es el que yo pruebe. No está en la carne y a la carne me inclina: entra por la vista y en el todo de ella termina.

IX. Así como una persona es bella en todo su conjunto y no juzgada parcialmente, y no se ve bien porque es tal estimada, pues no tiene nada de lo que a los bellos da natura, en otros está en el cuerpo que les acompaña, está en la actitud que en tal caso la vista engaña; Amor por la actitud cuerpo feo amar me manda, tanto que en mí veo experiencia extraña: si lo pienso por partes, el pensamiento de ella aparto, pero cuando la veo o toco, sin agrado, no me harto.

X. Cuando yo me acuerdo de algo que en ira me vuelva, si poca es, mi deseo se esfuerza, pero si es grande, la ira en mí toma fuerza pues no imagino que al amor yo retorne. Dudo que amo, pues su bien no deseo, antes ocurre a veces que su muerte no me es cruel; no siento deleite en nada de su amor y me placerá bien que de ella yo me enoje. Con todo eso mi deleite está en ella, tomando las partes por el todo de ella.

XI. Amor, Amor, yo me asombro de vuestros hechos, aunque nadie se sorprenda.

CXX

I Si·n algun temps   me clamí sens raó,
   cuydant que fos   de mals afortunat,
   yo só ben cert   que fuy molt viciat;
   molt fon millor   que·l present en què só.
   Per sol haver   mon desig no complit,   5
   lo qual no·s pot   en aquest món fartar,
   e majorment   en la via d'amar,
   pensí que fos   l'hom pus adolorit.

II Mon foll voler   me tolgué lo delit,
    perquè hy volguí   més bé qu·en ell no és;   10
    si la valor   d'aquell jutjar sabés,
    lo meu voler   no fora escarnit.
    Sí com vexell   no pot més recollir
    despuix qu· és ple,   tot l'àls perdre's cové,
    axí lo seny   en delit pus no ve,   15
    sinó en tant   com son poder sofir.

III Axí com pert   hom lo veure y l'oyr,
     e lo poder   és perdut de tot seny
     quant son esguart   en gran excés ateny,
     e pot ser tant   que·l seny pert lo sentir,   20
     axí mateix   lo qui més delit vol
     que d'on lo trau,   hoc e d'ell, no·s requer,
     no pot sentir,   sens gran dolor, plaer,
     e, si·n pren part,   en mòlta més se dol.

IV No·l pren axí   a l'enteniment sol: 25
    per excessiu   son delit no ·s desert;
    orgue no ha,   per ço ·l poder no pert,
    e son esguart   algun excés no tol.
    Incorporal   és tot quant ell entén,

> Es, sin duda, una de las poesías más íntimas y doloridas del poeta en la que nos abre plenamente su sentir en esos años de ancianidad, con su lucha ante un mundo que ama y que él ya encuentra hostil. En la súplica

CXX

I. Si en algún tiempo me clamé sin razón pensando que fuese afortunado en males, yo estoy muy seguro que estuve muy regalado; fue mucho mejor que el presente en que estoy. Por sólo tener mi deseo no cumplido, lo cual no se puede en este mundo hartar —y mayormente en la vía amorosa—, pensé que fuera el hombre más dolorido.

II. Mi loco querer me quitó el deleite porque quise más bien que en él hay; si el valor de él juzgar supiese mi querer no fuera escarnecido. Así como la vasija no puede contener más después que está llena, todo lo otro conviene perderse, así el sentido en el deleite no viene más sino en tanto como su poder soporta.

III. Así como se pierde el ver y el oír, y es perdido el poder de todo sentido cuando su consideración a gran exceso alcanza y puede ser tanto que el sentido pierde el sentir, asimismo el que más deleite quiere que de donde lo saca, también de él, no se requiere, no puede sentir, sin gran dolor, placer, y si toma parte en mucha más se duele.

IV. No lo toma así el entendimiento sólo: por excesivo, su deleite no está solo; órgano no hay, por eso el poder no pierde, y su consideración no le quita ningún exceso. Incorporal es todo cuanto él entiende,

---

final, a la Virgen, pide que interceda a su Hijo para que le dé fuerza para tomar el mundo que vive como un lugar en el que está exiliado.

faent juí   en generalitat;   30
mas devallant   en particulartat,
mescla-hy un seny,   e menys, no s'hi entén.

v Lo fort voler   tot saber se defèn,
per què·m conech   ser del tot ignorant,
yo·m delití   e fuy sobresamant,   35
sentí delit   del que Amor car ven.
Ara no am   e sent molta dolor,
no ·n cas present,   mas com no sent venir
algun delit,   e·m acost a morir.
¡No·s pot saber   la mia gran tristor!   40

vi No solament   delit fuy sentidor,
mas de la mort   jamés dolor sentí
ne·n perdre ·l mon,   yo viu, me recordí:
tastí per ço   lo dolç sens amargor.
Ja pert delit   qui pensa que·l perdrà,   45
e ja molt més,   si de la mort se tem,
e yo ·n pensant,   sentí aquest estrem,
e ja la tem.   Donchs ¿qui·s delitarà?

vii ¿Qui ser· aquell   qui tant me amarà
que·m dón conhort   d'haver perdut lo món?   50
Semblant de mi   veig que molts caygutsz són,
e qui no hy és,   que molt prest hi serà.
Yo planch mon mal   e cascú planga ·l seu:
aquest remey   és poch en tant afany.
Yo pert lo cos   e l'ànima no guany;   55
e puch-ho fer,   e no faent, m'és greu.

viii A tot hom dich   lo que confés a Déu:
que tant no faç   que tolga de mon seny
aquell delit   a què ma carn m'enpeny,
e lo voler   no·l desdenya per seu.   60
Dona que·m alt,   yo·n desig ser amat;
regonegut,   tal delit avorrexch;
lo de la carn   maldich e no·m partexch;
lo d'esperit   a temps he com forçat.

haciendo juicio en general; mas bajando a lo particular, mezcla ahí un sentido, y sin [él], no se entiende.

v. El gran querer de todo saber se defiende, porque me conozco ser completamente ignorante, yo me deleité y fui amante excesivo, sentí el deleite que Amor vende caro. Ahora no amo y siento mucho dolor, no en el caso presente, mas como no siento venir ningún deleite y me acerco a morir. ¡No se puede saber mi gran tristeza!

vi. No solamente del deleite fui sentidor, mas de la muerte jamás dolor sentí ni de perder el mundo, viviendo, me acordé: por eso gusté lo dulce sin amargor. Ya pierde deleite quien piensa que lo perderá, y ya mucho más si se teme de la muerte, y yo, pensando, sentí este extremo y ya la temo. Entonces ¿quién se deleitará?

vii. ¿Quién será la que tanto me amará que me dé ánimo por haber perdido el mundo? Semejantes a mí veo que hay muchos caídos, y quien no es, pues muy presto lo será. Yo lloro mi mal y cada uno llore el suyo: este remedio es poco en tanto afán. Yo pierdo el cuerpo y el alma no gano; y puedo hacerlo, y no haciéndolo, me es penoso.

viii. A todos digo lo que confieso a Dios: que tanto no hago para que quite de mi sentido el deleite al que mi carne me empuja, pues la voluntad no lo desdeña por suyo. Mujer que me contenta, yo deseo ser amado; reconocido, tal deleite aborrezco; el de la carne maldigo pero no me aparto; el del espíritu a veces tengo como forzado.

IX No puch amar   e menys ésser amat,   65
    e no·s pot dir   què seria, si fos;
    estat és ja   home vell amorós
    e, majorment,   si hu fon en temps passat.
    Déu guart a mi   e done'm mort abans
    que tornar lla   on tot lo temps perdí;   70
    puix que·m fall ço   per què Amor fallí,
    la fi no·m plau   e molt menys los mijans.

X   Dels actes folls,   d'on tothom reb engans,
    ¿quin deu ésser   a mi aquell espant?
    Quant yo·m afín,   açò ymaginant,   75
    jóvens disposts,   si amen, tinch per vans.
    Donchs, ¿què·farà   qui Amor no·l acull
    de son hostal,   per ésser grosser vell?
    Valencià   de tal cas no·s apell;
    en ell e tals   la follia ·s recull.   80

XI Encontr· Amor   no puch haver orgull,
    que totalment   e·n breu lo met a part;
    mas los meus senys   forans tinch de sa part,
    per què·ls d'ins prench   e dels defora l'ull.
    ¡O, tu, recort,   no·t recorts bé algú,   85
    e del present   perda l'imaginar,
    e, tu, mon ull,   res no vulles mirar!
    Lladonchs lo toch   no farà molt sens tu.

XII Puix no·m serveix   al que vull fer algú,
    e plau-los ço   que no·m plau que·ls plagués, 90
    si dels que·ls plau   yo puch ésser defès
    de llurs delits   soferré ser dejú.
    Lleixe'm en pau   qui no·l plau que·m ajut,
    car, si no·m nou,   per temps perdrà ·l poder;
    puix no faré   lo que·m és lleig de fer,   95
    en aquest temps   l'hàbit serà perdut.

XIII Del lloch on és   mon esforç prech que·s mut,
     no pas del cor,   puix li és natural
     vulla mudar   tot lo accidental

ix. No puedo amar y menos ser amado, y no se puede decir qué sería, si fuese; ya es la condición del viejo amoroso, y mayormente si lo fue en tiempo pasado. Dios me guarde y antes me dé muerte que volver allá donde perdí todo el tiempo; pues que me falta eso porque al Amor falté, el fin no me place y mucho menos los medios.

x. De las acciones locas, de donde todo hombre recibe engaños, ¿cuál debe ser para mí el espanto? Cuando yo me esfuerzo imaginándolo, jóvenes dispuestos, si aman, tengo por vanos. Entonces, ¿qué hará quien Amor no le acepta en su hostal por ser viejo grosero? Valenciano en tal caso no se llame, en él y tales la locura se acoge.

xi. Frente al Amor no puedo tener orgullo, pues totalmente y en breve lo pongo aparte, mas mis sentidos foráneos tengo de su parte porque los de dentro tomo y la vista para los de fuera. ¡Oh tú, memoria, no te acuerdes de ningún bien y del presente pierde el imaginar! ¡Y tú, vista mía, nada quieras mirar! Entonces el tacto no hará mucho sin ti.

xii. Pues no me sirve nadie para lo que quiero hacer, y les place lo que no me place que les placiera, y si de lo que les place yo puedo estar protegido, sufriré estar ayuno de sus deleites. Déjeme en paz el que no le place ayudarme, ya que si no me daña, con el tiempo perderá el poder; pues no haré lo que me es feo hacer, en este tiempo, el hábito se perderá.

xiii. Del lugar donde está, mi esfuerzo considero que está mudo, no del corazón, pues le es natural que quiera cambiar todo lo accidental y gane lo que por

    e guanye ço que per colp· ha perdut. 100
    De mals delits és volgut ser nodrit,
    per què·m trob huy més que la cera moll,
    donant-me tal delitament que·m toll
    tot quant dech fer que tost no·m torn delit.

XIV Si res he fet que bé pusca ser dit, 105
    no·l he obrat sinó per passió;
    si·m ha semblat que hu ha fet la raó,
    a mi mateix certament he mentit.
    Lo moviment per passió vingué,
    o esdevench per aventurat cas, 110
    axí com l'hom qui·s trau de nom d'escàs
    per passió que aquella vencé.

XV Qui de virtut hàbit format no té,
    casi quant fa per passió ·s obrant,
    en tots sos fets se troba vacil·lant, 115
    e dins un punt son dolor va e ve.
    Qui passió en algun fet lo mou,
    res no farà que d'ell sia segur,
    e si ve cas qu·en aquell se atur,
    lo començat ab lo finit no clou. 120

XVI Al bon delit negun mal temps li nou,
    car per tostemps és presta la saó;
    puix dins està en l'ús de la raó,
    no hy fa empaig any sech o si molt plou.
    Als mals delits és obs temps e afany, 125
    e tot açò, si basta, no és ferm,
    per què·n açò tothom deu star ferm,
    qu·en tals delits lo perdr· és un gran guany.

XVII ¡O Dona, vós qui Déu per fill vos tany,
    vullau parlar ab ell, com mar· ab fill: 130
    que aquest món yo prenga per exill
    e que no lleix lo fin or per estany!

culpa ha perdido. De deleites malos ha querido alimentarse, por lo que me encuentro hoy más blando que la cera, dándome tal deleitamiento que me quita todo cuanto debo hacer para que pronto no me vuelva el deleite.

xiv. Si algo he hecho que bien pueda ser dicho, no lo he obrado sino por la pasión; si me ha parecido que lo ha hecho la razón, a mí mismo ciertamente me he mentido. El impulso por pasión vino o aconteció por aventurado caso, así como el hombre que se salva de nombre de menguado por la pasión que venció.

xv. Quien de virtud no tiene hábito formado, casi cuanto hace por pasión está obrando, en todos sus hechos se encuentra vacilando, en un instante su dolor va y viene. Quien la pasión a algún hecho le mueve, nada hará que de él esté seguro, y si viene el caso que en ella se detenga, el comenzar con el terminar no concluye.

xvi. Al buen deleite ningún mal tiempo le daña ya que siempre está presta la sazón, pues dentro está en el uso de la razón, no le causa contratiempo año seco o si mucho llueve. Para los malos deleites es necesario tiempo y afán, y todo eso, si basta, no está firme, porque en eso todo hombre debe estar seguro, que en tales deleites el perder es una gran ganancia.

xvii. ¡Oh Señora, vos a quien Dios os pertenece por hijo, queráis hablar con Él, como madre con el hijo: que este mundo yo tome por exilio y que no deje el oro fino por el estaño!

CXXI

I Molt me par be que pens de l'altre món,
puix que·l present no·m veda lo pensar;
graexch a Déu com veig, mas no pas clar,
la gran error en què ma pensa fon.
Yo trobe solt lo meu enteniment, 5
e só llibert, a temps, del que dech fer,
mas tost llevar l'hàbit no tinch poder:
mudar costum no·s fa prest en volent.

II Lo qui pogués haver coneximent
en lo començ, ans del hàbit format, 10
quant fa de mal aprés qu·és engenrat
e quant en nós sa força és potent,
guardara com se llançàs al delit,
perquè no fes un altre d'ell senyor.
Ell en l'entrar porta molt gran dolçor, 15
e quant entrat, ¿qui·l traurà de son llit?

III Com se pot fer hom aprén per scrit
no bastantment, car no hy ateny raó;
un seny qui·s diu dels actes col·lació,
en tal juí deu ser ab ell unit. 20
L'enteniment sens lo seny no sab pus
sinó que·s fa per un costum revés,
trobant lo mig on moral virtut és:
Ço és parlar, que va de sus en sus.

IV Qui assajat no ha de jaquir l'ús, 25
envellit ja e ranciu de temps llonch,
no sent l'afany, ne de aquell qui ·nbronch
està e vol- se fer dret com lo fus.
No ha temptat de perdre hàbit vell
qui fàcilment se pensa que·s farà; 30

---

19 *col·lació*. Pagès indica que es palabra procedente del vocabulario de Santo Tomás: *Commentaire*, p. 146.

CXXI

I. Muy bien me parece que piense en el otro mundo, pues que el presente no me veda el pensar; agradezco a Dios cuando veo, mas no claro, el gran error en que mi pensamiento estuvo. Yo encuentro libre mi entendimiento, y soy libre, a veces, de lo que debo hacer, mas de quitarme pronto el hábito no tengo poder: mudar costumbre no se hace rápidamente queriendo.

II. Quien pudiese tener conocimiento, en el principio, antes de formado el hábito, ¡cuánto mal hace después que está engendrado y cuán potente en nosotros su fuerza es!, cuidara como se lanza al deleite para que no hiciera a otro señor de él. Él al entrar lleva muy gran dulzor, pero cuando dentro, ¿quién lo sacará de su cama?

III. Como se puede hacer, el hombre aprende en lo escrito no suficientemente, ya que no le alcanza la razón; un juicio que se llama colación de los actos, en tal juicio debe estar con él unido. El entendimiento sin el juicio no sabe más sino que se hace por una costumbre contraria, encontrando el medio donde está la virtud moral. Eso es hablar, pues va a la superficie.

IV. Quien no ha intentado dejar el uso, ya envejecido y rancio por largo tiempo, no siente el afán, ni aquel que torcido está y quiere hacerse derecho como un huso. No ha intentado perder el hábito viejo quien fácilmente se piensa que se hará; pues al ves-

---

24 *de sus en sus*. No se encuentra esta locución en el DCVB. En provenzal significa 'a la superficie'. X. de Fourvières, *Lou Pichot Tresor*. Avignon, Aubanel, 1975.

puix al vestir   plaentment lo trobà,
  al despullar,   tal pensa trob aquell.

V Solen pensar   de fer-hi aparell
  per a jaquir   tan singular amich;
  sí creu no sab   que li sia ·nemich   35
  puix gran delit   li és vengut per ell
  n· altre senyor   ha vist ne conegut:
  ¿Com lo perdrà   per fama d'altr· oir?
  No farà poch,   si vol aquell jaquir,
  car de mudar   molt hom és decebut.   40

VI Vici jaquir   e pendre la virtut:
  entr· aquest mig   se troba un gran vay;
  lo caminant   és en terrible glay
  quant és al mig   sens lo socors vengut,
  perquè alguns   veu hom tornar atràs,   45
  mostrant paor   per a passar avant,
  e ·ntre aquests   se troba tal espant
  que de llur lloch   jamés no mouen pas.

VII Qui·ls hàbits bé   llur natura cercàs,
  trobara ·lguns   sobre opinió,   50
  axí mateix   sobre complexió,
  e sol costum   hi basta, y no escàs.
  E tant és fort   l'hàbit segons on cau,
  e yo·ls trob tals   e tots los esproví:
  lo del costum   no tost, mas yo·l perdí;   55
  lo que·m mogué   natura ·m féu esclau.

VIII Los no sabents,   yo vull que sapiau
  que l'hàbit ja   no està raygat prou:
  com lo voler   encontra d'ell se mou,
  l'enteniment   lo vert no té per blau.   60
  Mas ¿qui·s mourà   may per un cas tan fort

---

37 Sigo el texto propuesto por Bohigas (*Poesies*). Pagès
acepta el de D, E, II, III, IV, V. La justificación la
da en *Commentaire*, p. 146.

tirse placenteramente lo encontró, al desnudarse, tal pensamiento él encuentra.

v. Suelen pensar en hacer aparejo para dejar tan singular amigo; así cree y no sabe que le sea enemigo pues gran deleite le es llegado por él, ni otro dueño ha visto ni conocido. ¿Cómo lo perderá por oír la fama de otro? No hará poco, si le quiere dejar, puesto que de cambiar mucha gente está engañada.

vi. Dejar el vicio y tomar la virtud: entre este medio se encuentra un gran trecho; el caminante está en terrible espanto cuando está en el medio sin la llegada del socorro, porque a algunos se ve volverse atrás, mostrando pavor en pasar adelante, y entre estos se encuentra tal espanto que jamás mueven un paso de su sitio.

vii. Quien bien los hábitos de su natura busca, encontrará algunos opinables, asimismo sobre la complexión, y sólo la costumbre basta ahí, y no escasa. Y es tan intenso el hábito según donde se halla, y yo tales los encuentro pues todos los probé; el de la costumbre no pronto, mas yo lo perdí; el que me movió natura, me hizo esclavo.

viii. Los ignorantes, yo quiero que sepáis que el hábito ya no está bastante arraigado: cuando la voluntad se mueve contra él, el entendimiento lo verde no tiene por azul. Mas ¿quién se moverá jamás en un

    de rellexar   son delit principal,
    en lo qual mes   tot lo seu bé e mal,
    e per ell volch   la vida, sens la mort?

IX Los uns per Déu,   o per si, o per sort,   65
    o per sentir   vergonya dels fets llurs,
    e sens ulls clars   mas la mitat escurs,
    han redreçat   lo fust qui era tort,
    menys de sentir   la dolor del malfet
    qu·en l'hom és obs   per no ser ignorant,   70
    car per saber   solament ser errant,
    no és per ço   d'ignorança sostret.

X Sentir lo mal   no fa saber perfet,
    mas una part,   perquè·l juí ·s compleix;
    la qualitat,   l'entendre la coneix,   75
    mas quantitat   l'entendre no sosmet.
    L'enteniment,   ab l'estimar unit,
    ha fer juhí   del acte singular,
    e farà prou   si·l porà clar jutjar:
    no serà, donchs,   al entendre subdit.   80

XI Qui del malfet   no és adolorit,
    és senyal cert   qu·en l'act· és ignorant;
    a tot malfet   raó és contrastant,
    e mal, en si,   fa contrast a delit.
    Donchs qui dolor   no sent quant obra mal,   85
    no coneix ço   qui·l daria dolor,
    d'on se veu clar   aquella part ignor
    que lo sentir   tant com l'entendre val.

XII Amor, Amor,   cosa és general
    que tot delit   se mescl· ab desplaer,   90
    e que la fi   ab dolor se requer:
    un punt de bé   molts ne porta de mal.

caso tan difícil de dejar su principal deleite, en el cual pone todo su bien o mal, y por él quiere la vida sin la muerte?

IX. Los unos por Dios o por sí o por suerte o por sentir vergüenza de sus actos, y sin ojos claros mas la mitad oscuros, han enderezado el madero que estaba torcido, sin sentir el dolor de lo mal hecho que en el hombre es necesario para no ser ignorante, ya que por saber solamente estar equivocado, no es por eso de ignorancia sacado.

X. Sentir el mal no hace saber perfecto, sino una parte, porque el juicio es complejo; la cualidad el entendimiento la conoce, mas la cantidad el entendimiento no la somete. El entendimiento, con el estimar unido, ha de hacer juicio de la acción singular, y hará bastante si lo podrá claramente juzgar; no será, entonces, sometida al entendimiento.

XI. Quien de lo mal hecho no está dolorido es señal cierta que es ignorante de la acción; a todo lo mal hecho la razón está contrastando, y el mal, en sí, hace contraste al deleite. Entonces, quien no siente dolor cuando obra mal no conoce lo que le daría dolor, de donde se ve claro que ignora la parte en que el sentir vale tanto como el entender.

XII. Amor, Amor, cosa es general que todo deleite se mezcle con el desplacer y que el fin se requiere con dolor: un instante de bien muchos trae de mal.

CXXII a

[AL REI ALFONS EL MAGNÀNIM]

I   Tots los delits del cors he ja perduts,
e no atench al[s] propis d'espirit;
en los mijans ha ésser mon delit,
e si no·l he, yo romanch decebuts.
E sol d'aquests me resta lo caçar,   5
per què·us soplich, mon car e bon Senyor,
que del falcó me siau donador,
un pelegrí lo qual té nom Suar.

II   Si lo falcó, Senyor, no·m voleu dar,
causa sereu de ma perdició   10
car tornaré a ma complexió,
d'on era tolt, ço és, dones amar.
Car no vull ser ociós animal,
no vulla Déu que yo stiga en foll:
més am anar en part on rompa ·l coll   15
que si estich segur entre bé y mal.

III   Ja la edat a mi no ·s cominal;
seré jutjat de tots per galant vell,
y a dones plau l'hom quant és jovencell:
totes són carn, y en carn és llur cabal.   20
Tant quant a ço recapte ·ls donaré:

Como indica Pagès (*Obres*) este poema es una primera redacción del CXXII b.
Esta Demanda está dirigida al rey Alfonso el Magnánimo pidiéndole un halcón para poderse olvidar de las mujeres. Hay en este poema cierto humor ya que nos habla de su condición de viejo aunque, con arrugas el cuerpo sigue bien proporcionado: estr. III.
Pagès recuerda que Gómez Manrique también pide un halcón a Fernando el Católico, "nuestro señor, porque non le quería dar un halcón que la había mandado fasta que le fyziese unas trobas". *Cancionero Castellano del siglo XV*, núm. 413. Ordenado por Foulché-Delbosc.
4 *decebuts*, forma provenzal. Es singular y rima con el plural *perduts*.

CXXII a

(Al rey Alfonso el Magnánimo)

I. Todos los deleites del cuerpo ya he perdido, y no alcanzo los propios del espíritu; en los del medio ha de estar mi deleite, y si no los tengo yo quedo decepcionado. Y sólo de éstos me queda el cazar, por lo que os suplico, mi querido y buen señor, que del halcón me seáis dador, un peregrino el cual tiene de nombre Suar.

II. Si el halcón, señor, no me lo queréis dar, causa seréis de mi perdición, ya que volveré a mi complexión, de donde estaba apartado, eso es: amar mujeres. Puesto que no quiero ser ocioso animal, no quiera Dios que termine en loco: más amo ir a la parte donde me descalabre pues así estoy seguro entre el bien y el mal.

III. Ya la edad en mí no es la común; de todos seré considerado un viejo verde, y a las mujeres les place el hombre cuando es jovencillo; todas son carne y en la carne está su cabal. Tanto cuanto a eso, fiel

---

8 *falcó pelegrí*: "espècie que ve de lluny i de la qual no es troba el niu. En certs documents sembla donar-se com a sinònims els noms de *falcó pelegrí* i *falcó de muntanya*... cast. *halcón montano*". DCVB. "El criado en los montes, que por no haber sido enseñado desde joven, era siempre zahareño". DRAE. El *Falco peregrinus* se le conoce también como halcón común.
8 *Suar*, Pagès (*Auzias March*, 177) una alusión a la poetisa Isabel Suaris, que había intercambiado cartas amorosas con Mossèn Fenollar. "Le nom de *Suaris* paraît avoir été, en effet, por lui, [Ausias] comme pour Fenollar, l'occasion d'un mauvais jeu de mots".

dels membres só   bé proporcionat;
mas és lo mal   que·l ull tinch ja ruat,
y, en llur esguart,   vell me reputaré.

IV Moltes raons   bastantment los diré, 25
    mas no iré   per los carrers cantant:
    a dones plau   l'hom qui va follejant;
    mas a la fi   tot quant volran faré.
    No porà ser   que no hu trop del temps meu,
    ab lo pols blanch,   ros Diumenge matí: 30
    d'argent fan or.   Donchs, ¿què diran de mi?
    De llur amor   quisvol pot ser hereu.

V   Donchs vós, Senyor,   d'ocasió ·m toleu,
    e porà's fer,   si lo falcò ·m donau
    o, si aquell   a vós donar no plau, 35
    a Déu y a vós   un home llevareu.
    A vós és dat   curar dels sperits:
    donchs, en lo meu   hajau-hi vostr· esguart:
    dau mi remey   e no vinga molt tart,
    per qu· entretant   no preng· altres delits. 40

VI Mon car Senyor,   tot hom cerca delits,
    segons cascú   sa qualitat requer,
    mas a present   la dona y lo diner
    són los déus dos   en lo món favorits.

CXXII b

I Mon bon senyor,   puix que parlar en prosa
   no·m val ab vós   per haver un falcó,
   en rims ho dich,   sens por que·m digau no;

   Pagès fecha este poema en los últimos años del poeta
   (*Auzias March*, p. 110): "Lucrèce d'Alagno avait, dans
   une audience solennelle, sollicité de Calixte III, ancien
   évêque de Valence, son consentement au divorce du
   roi et de Marie de Castille afin de pouvoir épouser
   ensuite son royal amant. Lucrèce chez le pape! Cet
   événement, qui était bien de nature à frapper l'imagi-
   nation des contemporains, eut lieu le 13 octobre 1457,
   et c'est entre cette date et le 27 juin 1458, jour où

cuenta les daré: de los miembros soy bien proporcionado; mas el mal está que los ojos tengo ya arrugados, y, a su consideración, por viejo me reputaré.

IV. Muchas razones abundantemente diré, mas no iré por las calles cantando: a las mujeres place el hombre que va loqueando; mas al fin todo cuanto quieran haré. No podrá ser, pues no me encuentro de mi tiempo; con el polvo blanco, rubio el domingo por la mañana, de plata hacen oro. Entonces, ¿qué dirán de mí? De su amor cualquiera puede ser heredero.

V. Pues vos, señor, de ocasión me quitáis y se podrá hacer, si el halcón me dais; o si el dármelo no os place a Dios y a vos un hombre quetaréis. A vos es dado cuidar de los espíritus: entonces en el mío poned vuestra consideración; dadme remedio y no venga muy tarde, para que entretanto no tome otros deleites.

VI. Mi querido señor, todo hombre busca deleites, según su cualidad cada uno requiere, mas ahora la mujer y el dinero son los dos dioses favoritos en el mundo.

CXXII b

I. Mi buen señor, pues que hablar en prosa con vos no me vale para tener un halcón, en rimas lo digo, sin miedo que me digáis no; esto será el texto mas

---

mourunt le roi Alphonse, qu'Auzias March a écrit ses deux pièces, 'en deçà du Phare', comme il le dit, c'est-à-dire à Valence".
Dada la vejez y achaques del poeta en ese año es lo que le mueve a Pagès (p. 109) a considerar que la tal petición era "Simple prétexte, en réalité, pour lui décerner de nouvelles louanges et s'attirer les bonnes grâces de son ambitieuse maîtresse".

hoch serà ·l test, mas dubte'm de la glosa.
Mas ¿com serà que·l costum vostre ·s mut, 5
puix fes començ en vós naturalment
e vós aprés lo complís moralment,
perfeccionant sa noble habitut?

II Tots los delits del cos he ja perdut,
e no atench los propis d'esperit, 10
e no sent molt del animal delit:
sé, mas no sent, dels de moral virtut.
Tot mon delit resta sols en caçar;
per que·us suplich, dels hòmens vós millor,
que d'un grifaut me siau donador, 15
tal que a vós escayga lo donar.

III Si per ma sort no puch tant acabar,
complaure vull a ma complexió
e fer-me tort que·m lluny tant de raó
que Foll· Amor yo torne praticar. 20
Mas no vull ser ociós animal,
no vulla Déu qu· estiga fret o moll;
més am anar en part on rompa ·l coll
qu· estar segur menys de fer bé o mal.

IV Amor me fon tostemps descominal 25
per yo amar per bon desig e bell;
dona del món no vol cor ni cervell:
¿hon serà, on, la que no·s troba tal?
Deçà lo Far yo no la trobaré:
en Nàpols és, si bé serà cercat; 30
d'un sant mereix propòsit revocat,
e d'un gran rey sa cativada fe.

20 *Foll Amor*, el amor pecaminoso. Así en el Arcipreste de Hita: "el pecado del amor loco deste mundo. E desto dize el salmista: *Qui diligistis Dominum, odite malum*, etc. E por ende se sigue luego la segunda razón del verso que dize: *Et instruam te*. E desque el alma con el buen entendimiento e la buena voluntad, con buena remenbrança escoge e ama el buen amor, que es el de Dios". *Libro de Buen Amor*, Introducción.

me temo de la glosa. Mas ¿cómo será que la costumbre vuestra se cambie, pues comenzó en vos naturalmente, y después vos lo cumplís moralmente, perfeccionando su noble costumbre?

II. Todos los deleites del cuerpo ya he perdido, y no alcanzo los propios del espíritu, y no siento mucho el deleite animal: sé, mas no siento, los de virtud moral. Todo mi deleite queda sólo en cazar; por lo que os suplico, a vos el mejor de los hombres, que de un gerifalte que seáis dador, tal que vos caiga bien el darlo.

III. Si, por mi suerte, no puedo tanto alcanzar, quiero complacer a mi complexión y hacerme injuria que me separe tanto de la razón que el loco amor yo vuelva a practicar. Mas no quiero ser ocioso animal, no quiera Dios que esté frío o blando; más prefiero ir a la parte donde me descalabre que estar seguro sin hacer bien o mal.

IV. Amor me fue siempre fuera de lo común por amar yo con deseo bueno y bello; la mujer mundanal no quiere corazón ni cerebro: ¿dónde estará, dónde, la que no se encuentre tal? De acá del Faro yo no la encontraré: en Nápoles está, si bien estará cercada; de un santo merece propósito revocado y de un gran rey su cautivada fe.

---

29 Deçà lo Far, en Valencia, véase el comienzo de las notas de este canto. Bohigas (*Poesies*) lo interpreta "deçà lo Far de Messina, en Nàpols".
31 Véase el comentario de Pagès al comienzo de estas notas sobre el Papa y Lucrecia. Ausias Borja, primo hermano del papa Alejandro VI, camarlengo del rey Alfonso V, estuvo casado con Luisa de Alagno.

V Aquesta és l'exemple de tot bé.
¿Qui serà, donchs, que la puga stimar?
E rey valent se jaquex raonar, 35
mas dona tal en maravella ve.
Un fènix hom dona semblant requer,
e Déu permet que Amor aquests juny,
e mostra's clar portant aquell de lluny
per fer unir dos cors en un voler. 40

VI ¡O quant són pochs qui d'Amor han saber!
E quasi tots d'aquell han sentiment
d'un gros desig que han naturalment
los animals qui fan menys saber fer.
Mas ¿qui sabrà d'est· amor discernir 45
com té units contraris apetits,
en lo finit volent los infinits,
ço que no pot natura consentir?

VII La carn vol carn, no s'hi pot contradir;
son apetit en l'hom pren molta part: 50
si no ·s unit ab l'arma, tost és fart;
d'ells dos units sent hom un terç exir.
Aquell qui sent d'esperit pur· amor,
per àngel pot anar entre les gents;
qui d'arma y cos junts ateny sentiments, 55
com perfet hom sent tota la sabor.

VIII No sent delit ans de haver dolor
qui totalment ama de part del cos;
hom famolent no està en repòs:
menjant pert fam, e, prop de fart, tristor; 60
si pass· avant, més que del mester ha,
en fastig ve perquè hy recau excés,
de semblant cas l'amador no ·s defès:
entre desig e fastig son bé va.

33 "Avec tous les auteurs de son temps, il croit ou feint
de croire à la pureté de leurs relations. A l'entendre,
jamais union plus chaste ne fut mieux assortie, et il
crie au miracle parce que le vaillant roi a trouvé dans

v. Esta es ejemplo de todo bien. ¿Quién será, pues, quien la pueda estimar? Y el valiente rey se deja razonar, mas tal mujer en maravilla se convierte. Un hombre fénix requiere semejante mujer, y Dios permite que Amor una a estos, pues muestra claro trayendo a él de lejos para hacer unir dos corazones en un querer.

vi. ¡Oh cuán pocos son quienes de Amor tienen sabiduría! Pero casi todos de él tienen sentimiento de un grosero deseo que tienen naturalmente los animales que hacen sin saber hacer. Mas ¿quién sabrá discernir de este amor como tiene unidos contrarios apetitos, en el finito queriendo los infinitos, lo que no puede natura consentir?

vii. La carne quiere carne, no se puede contradecir; su apetito toma mucha parte en el hombre: si no está unido con el alma, pronto se harta; de ellos dos unidos siente el hombre un tercero salir. El que siente el puro amor espiritual, como ángel puede ir entre las gentes; quien de alma y cuerpo juntos alcanza sentimientos, como hombre perfecto siente todo el sabor.

viii. No siente deleite antes de tener dolor quien totalmente ama la parte del cuerpo; hombre hambriento no está en reposo: comiendo pierde hambre y casi harto, tristeza; si pasa adelante, más de lo que tiene necesidad, en enojo viene porque recae en el exceso, de semejante caso el amador no está defendido: entre deseo y fastidio su bien va.

---

une femme l'exemple de tout bien" (*Auzias March*, p. 109).
59 Frase proverbial o refrán.

IX D'amor honest   hom no carregarà 65
    tant que, d'aquest   senta l'extrem d'excés:
    massa o poch   contrari no li és,
    dolrós desig,   fastig ne zel tendrà.
    Tot lo revés   porta lo cos amant:
    fastig reb tost   e gran desig li nou; 70
    l'amor qu· ensemps   met cos e arma ·n jou,
    ix d'un poder   de tots participant.

X   Si per grosser   só vist, escur parlant,
    o per sentir   d'amor algun secret,
    per demostrar   com ne per què hu he fet, 75
    si·m és manat,   yo passaré nadant.

XI Dona que vós   haveu sovint davant
    satisfaent   vostres senys e raó,
    yo la supplich   que us suplich del falcó,
    e si hu farà,   ja·m veig ab ell caçant. 80

CXXIII

I   Mentre d'Amor   sentí sa passió,
    d'ell no haguí   algun conexíment;
    quant he perdut   d'aquell lo sentiment,
    yo bast assats   donar d'ell gran raó.
    Per son esguart   he vist sa qualitat 5
    e com d'honest   té poch e profitós,
    e com està ·n   l'apetit cobejós,
    e del irós   com se'n ampra forçat.

II Qui de amor   delitabl· és tocat
    y en son voler   esperança no sent, 10
    e son delit   és tot en lo present,
    del cobejós   és vist pasionat;

Sobre el análisis de las clases de amor en este poema, véase Pagès, *Auzias March,* pp. 248, 286, 288, 294-95, 334, 336.

ix. De amor honesto el hombre no cargará tanto que de éste sienta el extremo del exceso: demasiado o poco no le es contrario: doloroso deseo, fastidio ni celo tendrá. Todo lo opuesto trae el cuerpo, amando: fastidio recibe pronto y gran deseo le daña; el amor que juntamente pone cuerpo y alma en juego, sale de un poder participando de todos.

x. Si por descortés soy considerado, hablando oscuro, o por sentir algún secreto de amor, para demostrar cómo y porqué lo he hecho, si me es ordenado, yo cruzaré nadando.

xi. Señora que vos tenéis frecuentemente delante satisfaciendo vuestros sentidos y razón, yo la suplico que os suplique el halcón, y si lo logra, ya me veo con él cazando.

CXXIII

i. Mientras de Amor sentí su pasión, de él no tuve ningún conocimiento; cuando de él he perdido el sentimiento, asaz me basto para dar de él gran razón. Por su condición he visto su cualidad y cómo de honesto y provechoso tiene poco, y cómo está con el apetito codicioso, y cómo se presta obligado del irascible.

ii. Quien de amor deleitable está tocado pero en su querer esperanza no siente, y su deleite está todo en el presente, del codicioso se ve apasionado; mas

mas qui dolor com no ·s amat sofir
y ab gran desig, altr· amant, vol haver,
en lo irós és fundat son voler: 15
sper e por lo fan pus fort sentir.

III Sí com lo cos bé format se pot dir
quant egualment los membres ha formats,
tal és Amor quant ses tres qualitats
en actes tres hom veu aquell exir; 20
car hom veu clar l'apetit corporal
e del compost d'on pren forma l'honest,
dels quals és l'hom, si bé ama, conquest:
sens tots aquests eguals, Amor poch val.

IV Aquest· amor no es angelical, 25
ans més al cors qu· a l'arm· ha son esguart;
diu-se d'aquell del qual pren major part:
sa força ·s gran com toca ·n general.
Lo qui Amor per tres parts ha sentit,
toca de tot: d'àngel e d'hom e brut, 30
segons de qual, tal nom ha merexcut,
e si de tots, de tants és revestit.

V Primerament lo cos li és subdit
e per ell és l'ànima ·n tal voler;
si·n fastig ve, lo cos pert son poder, 35
axí mateix pert d'amor l'esperit.
Moltes veus és que l'hom coneix bé clar
qual més hi fa, l'ànima o lo cos,
e més del temps hom no sab en què·s pos,
qual del compost lo mou en més amar. 40

VI A l'esperit s'esguarda lo durar,
e lo començ al cors, e·l desig gran;
acompanyats tots llurs actes estan
en duració y en l'acte de amar.
Tal com és l'hom de tal amor és pres 45
e segons hon la su· amor ha sguart,
hoc e per temps ha fam e tost és fart,
seguint lo for del amor qui l'ha ·mpes.

quien dolor sufre cuando no es amado y con gran deseo otro amando quiere tener, en lo irascible está fundado su querer: esperanza y miedo lo hacen sentir más fuerte.

III. Así como el cuerpo bien formado se puede decir cuando armónicamente los miembros tiene formados, tal es Amor cuando sus tres cualidades en tres acciones el hombre ve de él salir; ya que el hombre ve claro el apetito corporal y el compuesto, de donde toma forma el honesto, de los cuales está el hombre, si bien ama, alcanzado: sin todos estos iguales, Amor poco vale.

IV. Este amor no es angelical, antes más al cuerpo que al alma tiene su consideración; dícese de aquel del cual toma mayor parte, su fuerza es grande pues afecta en general. El que Amor por tres partes ha sentido, participa de todo: de ángel y de hombre y de animal, según de cual, tal nombre ha merecido, y si de todos, de tantos está revestido.

V. Primeramente el cuerpo le está sometido y por él está el alma en tal querer; si en hastío viene, el cuerpo pierde su poder, asimismo pierde de amor el espíritu. Muchas veces ocurre que el hombre conoce bien claro cuál allí hace más, el alma o el cuerpo, y mayor tiempo el hombre no sabe en cual se encuentra, cuál del compuesto le mueve a más amar.

VI. Al espíritu se considera el durar, y el comienzo al cuerpo, y el gran deseo; acompañadas todas sus acciones están en duración y en el acto de amar. Tal como es el hombre, de tal amor está tomado, y según donde su amor ha considerado, también y durante tiempo tiene hambre pero pronto está harto, siguiendo la ley del amor que le ha empujado.

VII Axí com és   l'amant per interès
     a son amich,   del qual gran bé li ve,   50
     ell am· aquell   e més son propi bé,
     no veu son foch   per dos parts ser encès,
     axí són dos   esguarts d'aquest amor,
     e no·s veu bé   que sia sinó u:
     comença ·l cors   e puix se fa comú   55
     per dos esguarts   e per u contador.

VIII ¿Quin estament   és d'aquell amador
     no desijant   res d'acte deshonest
     e ja molt menys   d'aquell qui és honest
     e sia ·ncès   d'amorosa calor   60
     per un voler   anant entr· aquests dos,
     confús a temps   e puix determenat
     per gran desig   mortal de ser amat
     e puix per gran   desig luxuriós?

IX   D'amor no sab   qui·s cuyda ser ginyós,   65
     e, menys sabent,   tots los ciny en un grau;
     lo rey se fa   de la serventa sclau
     e d'ella vol   l'honest y el delitós.
     En Amor veig   dues dificultats:
     una ·n saber   qui és, d'on ve, què fa,   70
     altra ·n exir   d'ell qui·n ses mans està,
     e quant e com   fa contents sos criats.

X   A Déu, a Déu   sien acomanats
     mos pensaments,   qui m'han donat delit;
     ells són aquells,   mas l'esguart és fallit,   75
     e ja en mi   yo·ls trobe alterats.

---

66 Bohigas (*Poesies*) propone *ciny* en vez de *cinch* o *tinch* que aparece en los mss. y ediciones.

VII. Así como es el que ama a su amigo por interés, del cual gran bien le viene, él le ama pero más su propio bien, no ve su fuego estar encendido por dos partes, así son dos aspectos los de este amor, y no se ve bien que sea sino uno: comienza el cuerpo y, después, se hace común por dos relaciones y por una predominante.

VIII. ¿De qué condición es el amador que no desea nada del acto deshonesto, y ya mucho menos del que es honesto, pero que está encendido de amoroso ardor por un querer que va entre estos dos, confuso a veces, y después determinado por el gran deseo mortal de ser amado, y después por grande deseo lujurioso?

IX. De amor no sabe quien se preocupa de ser ingenioso, y menos conocedor, todos [los deseos] los reduce a una categoría; el rey se hace esclavo de la sirvienta y de ella quiere el honesto y el deleitoso. En Amor veo dos dificultades: una en saber qué es, de dónde viene, qué hace; otra en salir de él quien en sus manos está, y cuándo y cómo hace contentos a sus criados.

X. A Dios, a Dios sean encomendados mis pensamientos, que me han dado deleite; ellos son aquellos, mas el aspecto está fallido, y ya en mí yo los encuentro alterados.

CXXIV

Demanda feta per mossen Ausias March a Joan Moreno *

1
Ab molta raó   me desenamore
car tot lo del món   trob desagradable;
la mia edat   no veig delitable
e ja lo meu cor   a Déu l'empenyore.
Mas yo·m maravell   del jove afable,   5
Moreno Joan,   que tinga fort torre
al combat d'Amor   que dins l'home corre,
de vós me digau   si cast o amable.

---

* Juan Moreno le contesta con un poema: *Senyor Mossén March, ja no m'enamore...* que se encuentra en el ms. B y que reproducen Pagès y Bohigas en sus ediciones. A pesar de las intenciones que muestra el joven Juan Moreno de preservarse de los efectos del amor (tal vez lo fingió para halagar a su "maestro y señor", que ya encontraba desagradable todo lo del mundo) es completamente lo contrario lo que manifiesta pasados los sesenta años, es decir: una edad más avanzada de la que tenía Ausias March cuando le hizo la pregunta. En *El procés de les olives e disputa dels jovens i dels vells* (Valencia, 1497), Juan Moreno muy seguro de sí y de sus facultades amorosas suelta lo siguiente:

> *Yo no so en temps de renunciar*
> *car fort en mi sent rebrotar natura.*

Se ignora la fecha de nacimiento de Juan Moreno. Debió haber gran amistad con Ausias March ya que figura en el testamento del poeta como testigo y allí se le nombra como estudiante, también en el codicilo. Aparece su firma en el inventario de los bienes de Ausias March y se le llama escudero. Fue notario. Figuran obras suyas en *Les trobes en lahors de la Verge María* (Valencia, 1474), en *Jardinet de Orats*. Véase: F. Martí Grajales, *Ensayo de un Diccionario biográfico y bibliográfico de los poetas que florecieron en el Reino de Valencia* (Madrid, 1927); José Ribelles Comín, *Bibliografía de la lengua valenciana*, vol. II (Madrid, 1915); Rafael Ferrer y Bigné, *Estudio histórico-crítico sobre los poetas valencianos de los siglos XIII, XIV y XV* en *Boletín de la Sociedad Económica de Amigos del País de Valencia*, Enero-Junio, 1873.

CXXIV

1. Con mucha razón me desenamoro puesto que todo lo del mundo encuentro desagradable; mi edad no veo deleitable y ya mi corazón a Dios lo empeño. Mas yo me maravillo del joven afable, Moreno Juan, que tenga fuerte torre para el combate de Amor que dentro del hombre corre. Decidme de vos si casto o amador.

CXXV

DEMANDA FETA PER MOSSEN AUSIAS MARCH A LA SENYORA NA TECLA, NEBODA DEL PARE SANT *

I
    Entre ·ls ulls y les orelles
yo·m trob un contrast molt gran,
e d'aquell jutgessa us fan,
parlant de vós meravelles.
Dien los ulls que val més 5
de vós lo veure que·l oir;
elles no volen consentir,
dient que lo contrari és.

II
    Vós, qui de totes valeu més,
axí defora com dedins, 10
d'aquests dos senys mirau les fins
e no l'esguart que propi ·ls és.

*   "Hoydes vostres rahons belles,
bon mossèn March, a qui·m coman,
responch-vos breu al que dit han,
segons juhí que faç d'aquelles.

    Molt poch estim lo qu. en mi és;
mas puix forçat és lo meu dir,
al qui dirà: "Més val que·m mir",
yo li comdamne lo procés.

    Però si parle lo revés,
de veritat mudant camins,
a vós remet los meus juhins,
qui sou de tots lo més entès."

Vuestras palabras he oydo,
Ausias March, y bien notado;
respondo a lo preguntado,
según lo tengo entendido.
No estimo lo qu'es en mí,
mas ya qu'es fuerça juzgar,
quien más alaba el mirar
condénolo desde aquí.
Y si no lo he bien sentido,
todo lo remito a vos,
pues vemos que os hizo Dios
más que todos entendido.

                    Trad. Jorge de Montemayor

CXXV

Demanda hecha por Mosén March a la señora Doña Tecla, sobrina del Santo Padre.

I. Entre los ojos y las orejas yo encuentro un contraste muy grande y de él árbitro os hacen, hablando maravillas de vos. Dicen los ojos que vale más de vos el ver que el oír; ellas no lo quieren aceptar, diciendo que lo contrario es.

II. Vos que valéis más que todas, así por fuera como por dentro, de estos dos sentidos mirad los fines y no el aspecto que les es propio.

Doña Tecla de Borja, segunda hermana del Papa Alejandro VI (1431-1503), nació en Játiva. A partir de 1441 pasó su vida en la ciudad de Valencia, donde falleció en 1459 a causa de la peste negra que hubo en la ciudad. En el códice P. 28 de la Biblioteca Nacional se encuentra una larga elegía, en latín, escrita por el clérigo de Parma Antonio Tridentone, en la que llora la muerte de esta noble poetisa valenciana. Este poema fue escrito para el hermano de doña Tecla que entonces era cardenal. No se conocen otras obras de doña Tecla de Borja. Sobre ella consúltese: Pedro de Roo, *Los Borjas de la leyenda,* traducción del inglés, corregida y aumentada por Ventura Pascual y Beltrán (Valencia, 1952), pp. 339 y sigs.

CXXVI

Resposta de Ausias March
[a una demanda feta per mossen Fenollar] *

1 Quant més amau, tant més temor teniu,
   vós e cascú, de perdre lo guanyat;
   d'ací ·s segueix que tostemps presumiu
   altre sens vós la vostr· amor combat.
   E tal pensar, ab lo recel mesclat, 5
   donant de vós semblant sospició,
   causa lo reny, duptant mutació
   per lo plaer de altra calitat.

---

* Ausias March, como era usual en esta clase de poemas en los que se requería una contentación, responde empleando el mismo orden de rimas dispuesto en el envío que le hizo Bernardo Fenollar:

> "Per mitigar l'enuig gran de l'estiu
> e per sentir- lo fins ahuy duptat,
> al meu qüesit, de vós ara confiu
> me respondreu, per mi tan suplicat.
> Enamorats conech dos en ciutat
> que·s volen bé sens tota fictió,
> e may estan sens contradictió,
> tostemps renyant així com goz e gat.
>
> *Tornada*
> Vós, magnific, que sou molt avisat,
> dir-m'eu, si·us plau, què mou tal passió,
> per què de vós aja solució
> lo dubte meu en cobla o dictat."

Mosén Bernardo Fenollar nació en Valencia, según unos eruditos, y en la provincia (Penáguila), según otros. Fue sacerdote. En 1467 se le nombra "sotsobrer" (capataz) de las obras de la catedral de Valencia. En 1510, catedrático de Matemáticas de la Universidad levantina. Murió en 1516.
Fue secretario del certamen poético que se celebró en Valencia en honor de la Virgen, publicado en Valencia, 1474, con el título *Les trobes en Lahors de la Verge María,* libro que se cree el primero que se imprimió en España. Fenollar recopiló todas las poesías, entre las que se encuentran dos de él: una, a la Virgen, y otra, la Sentencia del jurado. En el *Cancionero General* hay tres composiciones en valenciano y dos en castellano de Fenollar (números 152, 919, 939, 246, 251). Compuso

CXXVI

Respuesta de Ausias March a una pregunta hecha por Mosén Fenollar

1. Cuanto más amáis, tanto más temor tenéis, vos y todos, de perder lo ganado; como consecuencia siempre presumís que otro sin vos vuestro amor combate. Y tal pensar, con el recelo mezclado, dándoos semejante sospecha, causa el reproche, dudando el cambio por el placer de otra calidad.

Historia de la pasió de Nostre Senyor Deu Jesu Christ, Valencia, 1493, y Valencia, 1564. Es un diálogo en colaboración con Pedro Martínez, "poema casi dramático que tiene algunos pasajes de gran fuerza patética, dignos de ser comparados con los mejores del auto castellano de Lucas Fernández. (Menéndez Pelayo, *Antología de poetas líricos castellanos,* Santander, 1944, III, pág. 407.)
Es el autor de una parte de *Lo procés de les olives, e disputa des jovenes i des velles. Fet per alguns trobadors avant nomenats e lo Sompni de Joan Joan,* Valencia, 1497. Dice Cerdá y Rico: "Es obra ingeniosa, en la que bajo de la metáfora de las olivas se describen los escollos en que caen los jóvenes y viejos que se entregan a los deleites mundanos. Precede una prefación de Almudévar [se refiere a la edición de 1561] y después se siguen las *Demandas* de Fenollar, menos castas de lo que correspondía a su estado y a la piedad con que poco antes había escrito la historia de la pasión de Jesucristo".
Fue muy celebrado por sus contemporáneos. De él nos dice Joan Ruiz de Corella: "Fenoll molt dolc... que parla flors en rims pus verts que'l edra". Y Gazull: Eclesiastich-molt gracios y molt fantastich —y molt sabut— y entre la gent molt conegut per excellent". Menéndez Pelayo lo consideró "el mejor poeta valenciano de su tiempo".
Y Gaspar Gil Polo en su alabancioso "Canto de Turia" de la *Diana enamorada* nada menos que lo compara a Títiro. Véase, para Fenollar, J. Ribelles Comín, *Bibliografía de la lengua valenciana* (Madrid, 1915) I, y Martín de Riquer, *Historia de la Literatura catalana,* III.

II Tractant d'amor, ab la qual tot hom viu,
    lo natural, d'on promou amistat, 10
    mou tal contrast que abduy fan l'esquiu;
    temorejant cascú ser transformat
    en altr· amor, mouen tots jorns debat;
    car res que am ab inclinació
    gelós vol ser, si ha perfecció 15
    e veu per què renyant cascú ·s amat.

III Tots los doctors que yo he cartejat
    trob que hu han dit, fent-ne conclusió:
    l'speriment, sens operaçió,
    dupten los més, ab gran necesitat. 20

CXXVII *

[LAI]

A Déu siau, vós, mon delit,
car tot mon bé és ya fallit
    tant quant al món.
Yo·m recort bé del que ya fon,
e lo plaer m'acorda on 5
    l'aconseguí.
Mas yo no·l sent com lo sentí,
e poch temps ha que yo·n perdí
    lo sentiment.
Per bé que no·l hagués present, 10
sentia un saboriment
    molt delitant,
que·m aparia fos davant
aquell delit, no pas semblant,
    mas propri ell. 15
Ara no sent sabor d'aquell,
perquè lo temps és ya molt vell

---

* Publicado por primera vez por J. Massó Torrents en *Manuscrits catalans de la Biblioteca Nacional de Madrid*. Barcelona, 1896, pp. 8-19. Sigue el ms. D.

II. Tratándose de amor, en el que todo hombre vive, el natural, de donde se promueve la amistad, mueve tal contraste que ambos hacen el esquivo; temiendo cada uno ser transformado en otro amor, todos los días provocan pelea; puesto que nada que ame con inclinación celosa quiere ser, si hay perfección. Y ved porque riñendo cada uno es amado.

III. Todos los doctores que yo he hojeado encuentro que lo han dicho, haciendo conclusión: la experiencia, sin la práctica, dudan los más, con gran necesidad.

CXXVII

Quedad con Dios, vos, mi deleite,
ya que todo mi bien está ya acabado
    en cuanto al mundo.
Yo me acuerdo bien del que ya fue,
y el placer me recuerda donde   5
    lo conseguí.
Mas yo no lo siento como lo sentí,
y poco tiempo hace que yo perdí
    el sentimiento.
Aunque no lo tuviera presente,   10
sentía un saboreamiento
    muy deleitable,
que me parecía fuese delante
aquel deleite, no semejante,
    sino él mismo.   15
Ahora no siento sabor de él,
porque el tiempo es ya muy viejo

qu· és l'hàbit ras;
e ya no·s pot fer que tornàs
haver delit e que usàs 20
del que usí;
e tostemps par lo temps a mi,
tant que no sent més qu· un fadrí,
mesell me trob.
En sofirença no só Job, 25
ans volria tirar l'estrob,
essent dispost:
car si algun delit m'acost,
de fet aquell me llunye tost,
un altre ·n vull, 30
car mon sentiment no·l acull
a rebre'l, axí com fer sull,
d'on pas avant,
e tots los delits vaig cercant,
prenent algú, altre lleixant 35
d'aquells primers.
Regoneguts, no·m són plaers,
ans los trob tots per lo revers
quant los pratich.
Ells són aquells, en cert ho dich, 40
mas yo qui·ls reb, açò·us publich
que altre só
en lo sentir, no ·n la raó;
e del temps he perdut saó,
e tot jorn pert, 45
e vench [en]un delit desert.
Un altre ·n cerch, ab ull despert
per ell trobar,
tal com lo solia tastar;
mas a mi no·l veig acostar 50
sí com dabans,
cercant com me fes [sos] engans,
temps allargant; mas yo veig vans
mos pensaments.
De mi no·m cal esperiments; 55

y está el hábito raído;
y ya no se puede hacer que vuelva
a tener deleite ni que usase
   del que usé;
y siempre parece el tiempo en mí,
aunque que no siento más que un mozo.
   Infestado me encuentro:
en sufrimiento no soy Job,
antes querría perder la paciencia,
   estando dispuesto,
puesto que si algún deleite se me acerca,
de hecho de él me alejo pronto,
   otro quiero,
ya que mi sentimiento no se presta
a recibirlo, así como suelo hacer,
   de donde paso adelante,
y todos los deleites voy buscando,
tomando alguno, otro dejando
   de los primeros.
Reconocidos, no me son placenteros,
antes los encuentro al contrario
   cuando los experimento.
Ellos son aquellos, ciertamente lo digo,
mas yo que los recibo, os declaro
   que otro soy
en el sentir, no en la razón;
pero del tiempo he perdido sazón,
   y cada día pierdo,
y llego a un deleite vacío.
Otro busco, con ojo avizor
   para encontrarlo,
tal como lo solía gustar;
mas no lo veo acercárseme
   así como antes,
buscando como me hiciera sus engaños,
con el tiempo; mas yo veo vanos
   mis pensamientos.
De mí no me precisan experiencias;

no·m poden més portar los vents
    en algun port,
per què la mort no·m pot fer tort:
si·m pren en camí dret o tort,
    per ella ·m tinch.   60
En passar temps la vida princh,
e aquella a mi no retinch
    per altre bé,
car de ma obra a mi no·n ve
algun delit, e açò sab bé   65
    mon pensament,
que àls no porta en esment,
sinó de mi avorriment
    e menysprear.
L'entendre no·m pot delitar,   70
puix res a mi no pot donar
    que del món fos,
e yo no·m trobe virtuós
ne d'entendre tan abundós
    que·m delitàs   75
en què la veritat trobàs
e obres de virtut obràs,
    on és tot bé;
car benaventurança ·s té
sobr· aquests pilars, e no sé   80
    que·s tinga ·n àls.
Alguns són aží tots carnals,
creents qu·en delits corporals
    açò està;
altres, qu·en les honors serà.   85
L'avar diners ajustarà,
    essent tant foll,
creent que·l diner tot mal toll,
sens mils menjar e jaure moll
    los vol haver,   90
e null senyal se pot haver
que li vinga per lo diner;
    e viu content

no pueden ya llevarme los vientos
    a ningún puerto,
porque la muerte no me puede hacer agravio:
si me toma por camino derecho o torcido,
    para ella me tengo.   60
En pasar el tiempo tomo la vida,
y en mí no la retengo
    para otro bien,
ya que de mi obra no me viene
ningún deleite, y eso lo sabe bien   65
    mi pensamiento
que nada lleva en la memoria
sino mi aborrecimiento
    y menospreciar.
El intentar no me puede deleitar   70
pues nada me puede dar
    que del mundo fuese,
y yo no me encuentro virtuoso
ni de entender tan colmado
    que me deleitase   75
en que la verdad encontrase
y obras de virtud obrase,
    donde está todo el bien;
puesto que bienaventuranza se basa
sobre estos pilares, y no sé   80
    que se tenga en otra cosa.
Algunos son así, todos carnales,
que creen que en deleites corporales
    eso está;
otros, que en honores estará.   85
El avaro dineros juntará,
    siendo tan loco;
creyendo que el dinero todo mal quita,
sin mejor comer ni yacer blando
    los quiere tener,   90
pero ninguna señal se puede tener
que le llegue por el dinero;
    pero vive contento

a son semblant, mas famolent
té l'apetit contínuament;   95
　　e viu penat,
car per null temps veurà ·cabat
son foll voler, e fos bastat
　　a nombr· aquell.
Sent e no sab la dolor d'ell,   100
per qu· és la causa dins sa pell,
　　e no en l'or.
¿Qual és l'avar sens esta ·rror?
Del qu· imagina ser senyor
　　no ·s menys qu· esclau.   105
D'aquestes fins parlar no·m plau,
car savis molts crech sapiau
　　que·hu han dit tot.
De vanaglòria fora glot,
furtant sentència o mot   110
　　d'aquells primers.
Poques natures de plaers
són que no hy mesclen desplaers:
　　ço sab cascú;
mas qui menja carts no's dejú,   115
e qui no pren conduyt algú
　　mor-se de fam.
Yo só aquell e de mi·m clam,
puis per ma colpa ·n part no am
　　res d'aquest món;   120
e ço és que pus me confon
com mes penses no tenen on
　　hajen camí,
car mal e bo, com lo perdí,
altre mellor yo no·n prenguí   125
　　per on anàs.
Entreforçat me trobe llas,

---

127 *entreforçat* en B, D. Esta palabra no se encuentra en DCVB, sí *entreforcar*, sin *ç*, con el significado de 'bifurcar, enredar, complicar, liarse'.

a su parecer, mas hambriento
tiene el apetito continuamente;
    y vive apenado,
porque jamás verá acabado
su loco deseo. ¡Como si fuese posible
    alcanzarlo!
Siente pero no conoce su dolor,
porque está la causa dentro de su piel,
    y no en el oro.
¿Cuál es el avaro sin este error?
Del que imagina ser señor
    no es sino menos que esclavo.

De estos fines hablar no me place,
ya que muchos sabios creo sabéis
    que lo han dicho todo.
De vanagloria fuera goloso,
hurtando sentencia o frases
    de los primeros.
Pocas clases de placeres
hay que no mezclen desplaceres:
    eso lo saben todos;
mas quien come cardos no ayuna,
y quien no toma conducho alguno
    muérese de hambre.
Yo soy aquel, y de mí me lamento,
pues por mi culpa en parte no amo
    nada de este mundo;
y es lo que más me confunde:
como mis pensamientos no tienen donde
    tengan camino,
ya que malo y bueno, como lo perdí,
otro mejor yo no tomé
    por donde andase.
Confuso me encuentro, fatigado,

no vaig avant ne torn atràs,
   camí perdut.
En part forçat hi só vengut,   130
car per edat hy só vengut
   e per seny poch,
car puix me viu a l'enderroch,
yo degra cambiar [lo] joch,
   mudant delit,   135
lo qual haguí prop de complit;
mas per dues parts m'és fugit,
   segons sabreu:
la una que·l entendre meu
lo defalt coneix, e·l és greu   140
   com l'ha vist tart;
l'altra, que·m trob[e] ya vellart,
e no·m valdria giny ne art
   que fos amat.
D'açò ·m trob tan entrenyorat   145
que·m ha del món tot apartat,
   si bé ·n ell visch,
e yo de tot son bé ·m desisch,
puix que no·s trob en mi lo visch
   on Amor cau.   150
Aquell que fa del rey esclau
e d'esclau rey de fet torna-hu
   perquè fer sab,
no hy ha res que tost no acab:
si pren lo cos, és pres lo cap   155
   del pus sabent.
Ses ungles contra mi o dent
no han poder, e só'n content,
   puix me trob tal;
car si·m fos l'edat cominal   160
yo pendria ·n bé lo seu mal,

---

152 Hay dislocación de acento en *torna u* tal como ofrecen este verso Pagès y Bohigas. Ramírez i Molas considera inaceptable esta lectura y da la de *tornau*, segunda persona del plural. "El poeta s'adreça sovint al lector en aquesta composició (vv. 41, 107, 138, 176...)". *La*

no voy adelante ni vuelvo atrás,
    camino perdido.
En parte forzado aquí he venido,   130
ya que por edad aquí he llegado
    y por poco juicio,
pues que me vi aniquilado,
yo debiera cambiar el juego,
    cambiando el deleite,   135
lo que tuve casi conseguido;
mas por dos partes me ha huido,
    según sabréis:
la una, que mi entendimiento
la falta conoce, y le es desabrido   140
    cuando lo ha visto tarde;
la otra, que me encuentro ya anciano,
y no me valdría ingenio ni arte
    para que fuese amado.
De eso me encuentro tan dolorido   145
que me ha apartado completamente del mundo,
    si bien en él vivo,
pero yo de todo su bien me desprendo,
pues no se encuentra en mí la liga
    donde Amor cae.   150
El que hace del rey esclavo
y de esclavo de hecho rey lo vuelve,
    porque hacer sabe,
no hay nada que pronto no acabe:
si prende el cuerpo, es prendida la cabeza   155
    del más sabio.
Sus uñas contra mí o dientes
no tienen poder, y estoy contento,
    pues tal me encuentro;
ya que si fuese de edad corriente   160
yo tomaría como bien su mal,

---

poesia d'Ausiàs March, p. 109. Cabe también *torna-hu,* que es como yo lo interpreto. La dislocación de acentos en sílabas que deben llevarlos no es infrecuente en nuestro poeta.

e ya fon fet.
Puix és axí que·m trob sostret
dels béns que natura promet,
    yo m'abandon   165
ab tal dolor, que no sé on
haja refugi ·n part del món
    en què·m repòs.
Ya lo procés me trobe clos,
e la sentència tinch al dós: 170
    remey no hy ha.
Ya l'anafil diu: "Ta, ta, ta:
aquest és qui del món se'n va
    e fuig a Déu"
No só ·n la terra al parer meu,   175
menys en lo cel, segons veeu:
    yo só ·ntre dos.
¡O quin estat tant graciós,
que l'hom estiga sospitós
    del lloch on és!   180
Quant en lo món Déu al hom mès
y als animals, secret promès
    dar fi e bé.
Quant animal, hom sa fi té,
d'on és content, e no hy cal fe: 185
    raó hy ateny.
Sa pròpria fi ha cascú seny
en l'obra sua qui·l empeny
    en delit gran;
per què és cert que·ls hòmens han 190
alguna fi per la qual van
    al fi darrer,
car si la part son bé requer,
lo tot la deu molt mils haver,
    dubtar no hy cal.   195
Açò ateny tot animal,
e par que hy basta ·l vejetal
    de menys valor.
Tot ço que sent fuig a dolor
e v· a delit per sa dolçor,   200

que ya fue hecho.
Pues es así que me encuentro apartado
de los bienes que natura promete,
　　yo me abandono　　　　　　　　　　　165
con tal dolor que no sé donde
tenga refugio en parte del mundo
　　en que repose.
Ya el proceso encuentro cerrado,
y la sentencia tengo acuciándome:　　　　170
　　no hay remedio;
ya el añafil dice: "ta, ta, ta:
este es quien del mundo se va
　　y huye de Dios!"
No estoy en la tierra a mi parecer,　　　　175
menos en el cielo, según veis:
　　o estoy entre los dos.
¡Oh que estado tan gracioso,
que el hombre esté sospechoso
　　del lugar a donde está!　　　　　　180
Cuando en el mundo Dios al hombre puso
y a los animales, secretamente prometió
　　dar el fin y el bien.
En cuanto animal, el hombre su fin tiene,
por lo que está contento, y no hace falta fe:　　185
　　la razón lo alcanza.
Su propio fin tiene cada sentido
en su obra, que le empuja
　　a gran deleite;
porque es cierto que los hombres tienen　　190
algún fin por el que van
　　al fin postrero,
ya que si la parte su bien requiere,
el todo le debe mucho mejor tener,
　　no hace falta dudar.　　　　　　195
Eso alcanza todo animal,
y parece que basta al vegetal
　　de menos valor.
Todo lo sensible huye del dolor
y va al deleite por su dulzor,　　　　　　200

no pensant d'ell;
mas de la obra ix aquell,
lo qual és gran, poch, lleig o bell,
    l'obra semblant.
E, donchs, no·s vaj· algú clamant,   205
si ha dolor del qu· és obrant,
    puix que mal fa;
car del mal fer tal guardó ha,
e lo ben fet cascú pagà
    més del degut.   210
Tal delit no he yo perdut,
car per saber l'he conegut,
    mas no sentit;
car si·l hagués aconseguit,
jamés l'haguera derrenclit,   215
    ne ell a mi;
e jamés hom l'asaborí
que no·l seguís tot lo camí,
    mentres visqués.
¿Qui és aquell que·s desisqués   220
del senyor, qui tant bé li fes,
    per un dolent?
E de tal só estat servent
... ...
... ...
mas tal com fon, fuy mig content,
no pensant que·l defalliment   225
    dins en mi fos;
mas que per ser malventurós,
e no per no ser prou ginyós
    tal fi m'és fuyt.
D'un arbre bort volguí bon fruyt   230
e trobar aygua ·n vexell buyt
    per mi fartar.
Mas almenys podia gustar
y en lo començ mi contentar
    en molta part,   235

       no pensando en él;
mas de la obra sale él,
el cual es mucho, poco, feo o bello,
       semejante a la obra.
Y entonces no se vaya nadie clamando, 205
si tiene dolor por lo que está haciendo,
       pues que mal actúa;
ya que de mal hacer tan galardón tiene
y de lo bien hecho cada uno pagó
       más de lo debido. 210
Tal deleite yo no he perdido,
ya que por saber lo he conocido,
       mas no sentido;
ya que si lo hubiera conseguido,
jamás lo hubiera abandonado, 215
       ni él a mí;
pero jamás nadie lo saboreó
que no le siguiese todo el camino,
       mientras viviese.
¿Quién es aquel que se librase 220
del señor que tanto bien le hizo,
       por uno malo?
Pero de tal he sido sirviente
… … … … … … … … … …
… … … … … … … … … …
mas tal como fue fui medio contento,
no pensando que la falta 225
       en mí estuviese;
mas por ser desventurado
y no por no ser bastante ingenioso
       tal fin me ha huido.
De un árbol borde quise buen fruto 230
y encontrar agua en vasija vacía
       para saciarme.
Mas por lo menos podía gustar
y en el comienzo contentarme
       en gran parte, 235

no pas en tot; e no hy val art
que·l bé honest romang· a part
　　e l'hom trob fi.
És ver que yo m'adelití
e tot altre delit prenguí　　　　　　　　　　240
　　e veus que·m dolch,
e tant com puch ma dolor colch,
que res d'aquella yo no tolch,
　　ans la complach.
E sé qu· és lleig com no amach　　　　　245
la gran tristor que·m fa ser flach,
　　veent quin só,
e lo món de bella saó
e mi en disposició
　　que·l he jaquir.　　　　　　　　　　　　　250
¿Qui pot tal dolor soferir?
Que·m sembl· ahir poguí sentir
　　los béns abdós,
ço és: l'útil e·l delitós,
dels quals assats fuy abundós,　　　　　255
　　a mon semblant.
L'útil per si no·m fon davant:
jamés diners fuy desijant,
　　mas per haver
lo que al delit fon menester,　　　　　　260
on despenguí tot mon saber
　　e part dels béns.
Mas a present me són turments
aquells semblants que han les gents,
　　d'on se veu clar　　　　　　　　　　　265
... ...
... ...
　　puix que bé és
molt ha durat e só'n reprès

252-265 Parecen versos autobiográficos aunque no concuerdan en algunos aspectos con la realidad de su vida, sobre todo eso de que jamás deseó la riqueza.

no en toda; y no vale arte
que el bien honesto permanezca aparte
    y el hombre encuentre fin.
Es verdad que yo me deleité
y todo otro deleite tomé
    y veis que me duelo,
y tanto como puedo mi dolor cultivo,
pues nada de él yo no quito,
    antes lo complazco.
Y sé que está feo pues no escondo
la gran tristeza que me hace ser débil
    viendo quien soy,
y el mundo de bella sazón
y yo en disposición
    de que he de dejarlo.
¿Quién puede tal dolor sufrir?
Que me parece ayer pude sentir
    ambos bienes,
esto es: el útil y el deleitoso,
de los cuales asaz estuve abundoso,
    en mi opinión.
El útil de sí no me fue principal:
jamás estuve deseando dineros,
    sino para tener
lo que al deleite fue menester,
donde empleé todo mi saber
    y parte de los bienes.
Mas ahora me son tormentos
los semblantes que tienen las gentes,
    de donde se ve claro
… … … … … … … … … …
… … … … … … … … … …
    pues que bien es
mucho ha durado y estoy arrepentido

com no llegesch fi on metés
    propòsit ferm,
e no pot ser que no·m referm, 270
puix no tinch cor e cap enferm
    d'aquell bé fals.
Si res amprench, no pot ser àls
sinó ver bé, porgat de mals,
    fi del desig. 275
Enans sentí [molt gran] fastig;
no ·n lo començ, mas en lo mig
    sentí afany.
Yo he perdut sens algun guany;
yo só que isch de un calt bany, 280
    e·n un romanch.
Als delits la porta yo tanch,
e com los sent, contínuu planch
    per llur contrast,
car mi recorda del fin past; 285
mes ya no sent res lo meu tast,
    segons quin só.
L'enteniment, son companyó,
veent açò, mostra's felló
    e·l ha jaquit, 290
y ab lo voler és aunit
per fer tal obra d'on delit
    puguen haver;
mas no encòntran lo carrer;
en general saben què fer 295
    e no fan res,
per què ·n saber tal bé no ·s pres
ne·s pot haver per ser entès,
    mas per l'obrar;
car sens virtuts no·s pot gustar, 300
la qual naix del continuar
    actes de bé.
Virtut ab gran delit se té,
sinó ensemps, no les hagué
    home algú. 305
Ací fall lo juí comú,

como no eligiera fin donde pusiera
    firme propósito,
y no puede ser que no me reafirme,   270
pues no tengo corazón y cabeza enfermos
    del falso bien.
Si cosa solicito no puede ser otra
sino el verdadero bien, purgado de males,
    fin del deseo.   275
Antes sentí muy gran enojo;
no en el comienzo, sino en el medio
    sentí afán.
Yo he perdido sin ninguna ganancia;
yo sé que salgo de un baño caliente   280
    y en uno permanezco.
A los deleites la puerta yo cierro,
pero como los siento, continuo lloro
    por su contraste,
ya que me recuerda la delicada comida,   285
pero ya nada siente mi paladar,
    según quien soy.
El entendimiento, su compañero,
viendo eso, se muestra airado
    y lo ha rechazado,   290
pero con la voluntad está unido
para hacer tal obra de donde deleite
    puedan tener;
mas no encontrarán el camino;
en general saben qué hacer   295
    pero no hacen nada,
porque saber tal bien no es captado
ni se puede tener por ser entendido,
    sino por el obrar;
puesto que sin virtudes no se puede gustar,   300
lo cual nace del continuar
    actos de bien.
La virtud con gran deleite se tiene,
sino que juntamente no los tuvo
    ningún hombre.   305
Aquí falla el sentido común,

si no és poch, o sap cascú
    qu· ensemps estan.
Saber se pot, mas no hu sentran
los qui mals fets practicaran   310
... ...
... ...
perdonen-mé los qui mal fan
    que ·n tal cas són.
Altres ne sé, de qu·és ple ·l món:
sabents lo bé què és e on
    és assegut,   315
ço és: en l'obra de virtut,
mas en l'obrar no han vengut,
    per què·n començ
la dolor la voluntat vença.
Ço fa que yo res no començ,   320
    e tots som tals:
no pas los bons ne·ls de tot mals;
mas los que hom diu cominals
    axí ·ls avé.
Ells han propòsit de fer bé,   325
mas no han l'hàbit, ço per què
    s'ateny delit.
Los bons han llur camí complit
havent llur intent conseguit
    e són contents;   330
los malvats són cas· impotents
d'esmenar llurs defalliments,
    d'on han dolor.
Lo pus mal hom té mal pijor,
e lo més bo delit major,   335
    no hu cal provar.
Açò no ·ntèn lo popular:
entre mil bé poden comptar
    lo qui se'n trau.
És molt que ferm açò cregau: 340
que la dolor delit tornau,
    bon hàbit fet.
Lladonchs se mostra ser perfet,

si no es menguado, todos saben
    que juntos están.
Saber se puede, mas no lo sentirán
los que malos hechos emplearán
… … … … … … … … … …
… … … … … … … … … …
perdónenme los que mal hacen
    pues en tal caso están.
Otros sé, de los que está lleno el mundo:
sabedores lo que es el bien y donde
    está asentado,
esto es: en la obra virtuosa,
mas en el obrar no han llegado,
    porque al comienzo
el dolor vence a la voluntad.
Eso hace que yo nada comience,
    y tales todos somos:
no los buenos ni los del todo malos;
mas a los que llamamos comunes
    así les acaece.
Ellos tienen propósito de hacer bien,
mas no tienen el hábito, por el que
    se logra el deleite.
Los buenos tienen su camino cumplido
habiendo su intento conseguido
    y están contentos;
los malvados son casi impotentes
para enmendar sus faltas,
    de donde tienen dolor.
El hombre más malo tiene mal peor,
y el más bueno deleite mayor,
    no hace falta probarlo.
Esto no lo entiende el vulgo:
entre mil bien pueden contar
    los que se apartan.
Es mucho que firmemente lo creáis:
que el dolor en deleite cambiais,
    hecho buen hábito.
Entonces se muestra ser perfecto,

       com la raó ha tot constret
           lo sensual.   345
   Yo sé lo bé, mas faç lo mal;
   perquè ·l entench en general,
           no ·n singular.
   Lo mal he volgut praticar:
   sabut e sentit he molt clar   350
           y el bé·n confús.
   No per bon seny he perdut l'ús,
   mas per lo temps m'és dat refús:
           estich axí
   que ·n nulla part yo·m veig camí: 355
   mes obres no guarden ull fi,
           viu só e mort.
   Los delits passats me recort;
   açò ·m roman qui·m fa report
           d'algun pensar: 360
   no res que·m puixa delitar,
   car en res no puch aturar
           lo pensament;
   e qui no ·ntén, no és volent,
   e valgra'm més mal eligent   365
           qu· estar torbat,
   no havent res delliberat
   per lo juí la voluntat,
           d'on romanch va.
   Que ·n fi alguna cor no·m va,   370
   es lo pejor estat qu· està
           l'hom en tal cas.
   No sé al món que hom trobàs
   semblant de mi e que·l cercàs
           en los dos móns.   375
   Yo só despullat d'aquests dons
   que vells e jóvens e minyons
           han per dret llur.
   Cascú té fi per ell adur

---

356 *ull*, latinismo, de *ullus*, 'alguno'.

pues la razón ha constreñido todo
    lo sensual.
Yo conozco el bien mas hago el mal;
porque lo entiendo en general,
    no en singular,
el mal he querido practicar:
es sabido y sentido muy claro
    pero el bien me confunde.
Por buen sentido no he perdido el uso
mas con el tiempo me ha rechazado:
    así estoy
que en ninguna parte veo camino;
mis obras no esperan algún fin,
    vivo estoy y muerto.
De los deleites pasados me acuerdo,
eso me queda y me relaciona
    con algún pensar:
nada que me pueda deleitar,
ya que en nada puedo detener
    el pensamiento;
y quien no entiende no está deseando,
y más me valiera eligiendo mal
    que estar turbado,
no habiendo nada deliberado
con el juicio la voluntad
    por lo que quedó vacío,
pues a ningún fin el corazón me va.
Es el peor estado que está
    el hombre en tal caso.
No sé en el mundo que hombre encontrase
semejante a mí aunque lo buscase
    en los dos mundos:
yo estoy despojado de estos dones
que viejos y jóvenes y muchachos
    tienen por su derecho.
Cada uno tiene el fin de llevarle

en aquell lloch on li procur   380
    l'apetit seu;
en nulla part me porta ·l meu,
car ço que·m plach, ara ·m és greu,
    e res no veig
de tot quant fas no sia lleig,   385
mas no hu am tant que yo hu pledeig:
    forçat ho vull;
car ço que alta tost al ull
yo hu enterromp, puix no hy acull
    lo que fer dech.   390
Fulles e flors vull d'un fust sech,
e no vull dir que bé hu conech;
    en part ignor
bé si merex un agre plor;
[a]çò fa un virtuós cor,   395
    mas yo·m reprench
car mon penssament no estench,
e, ginyant, aquell no estrench
    en algun fi,
ço és en Déu, puix vol a mi,   400
llexant lo món pobre y mesquí,
    puix ell no·m vol.
No ·m fa procés que fer no sol.
Yo li perdó, passant mon dol
    ab cor no clar,   405
car no puch ab mi acabar
ab cor sancer de perdonar,
    e mal no·m fa.
Quant regonech açò com va,
la dolor que dins mi està   410
    me tol poder
que no ús de mon poch saber;
com passa ço, no hy és mester
    dir-ho pus llarch.
La passió nos fa embarch,   415
que ço qu· és dolç nos par amarch
    e pel revés;
nostre juí pren menys o més

a aquel lugar donde le procura
    su apetito;
a ninguna parte me lleva el mío
ya que lo que me placía, ahora me es desabrido
    y nada veo
que todo cuanto hago no sea feo.
Mas no lo amo tanto que pleitee:
    forzado lo quiero;
ya que lo que pronto agrada a la vista
yo lo interrumpo, pues no acepto
    lo que debo hacer.
Hojas y flores quiero de un madero seco,
y no quiero decir que bien lo conozca;
    en parte ignoro
si bien merece un amargo lloro;
eso hace un virtuoso corazón,
    mas yo me reprendo
ya que mi pensamiento no extiendo,
y, discurriendo, no lo restrinjo
    en algún fin,
esto es: en Dios, pues me quiere,
dejando el mundo pobre y mezquino,
    pues no me quiere.
No me hace proceso pues hacerlo no suele.
Yo le perdono, pasando mi dolor
    con turbio corazón,
ya que no puedo acabar conmigo
de perdonar con el corazón entero
    y mal no me hace.
Cuando reconozco eso como va,
el dolor que en mí está
    me quita poder
pues no uso de mi poco saber;
como ocurre esto no es menester
    decirlo más largo.
La pasión nos confunde,
pues lo que es dulce nos parece amargo
    y al revés;
nuestro juicio toma menos o más

segons lo voler serà stes
en bé o mal. 420
Encara fa lo que menys val:
que fa la cosa ser no tal
com és en ver,
aquella que ab lo saber
conegués, ans que·l gran voler 425
vos carregàs.
Perquè no·s pot fer hom obràs
ab passió, que no·s torbàs
nostre juí;
aytant és flach, més que mesquí, 430
d'aquell qui és semblant a mi
e d'altres molts.

CXXVIII

A mi acorda un dictat
per nom *Contemptus* nomenat,
avisant los hòmens del món
qu·en les coses que d'ell són
no esperen bona fi 5
car són via e camí
de trobar perdició.
E remembra'm de la saó
quant llegí ·l dictat aquest,
que·m fon [lo] llegit manifest, 10
mas no entenguí ·l significat;

Se publicó por vez primera por J. Massó Torrents en *Manuscrits catalans en la Biblioteca Nacional de Madrid*. Barcelona, 1896, pp. 19-37. Sigue el ms. D.
Este larguísimo poema, a pesar de las incorrecciones y descuidos y también de, como señala Bohigas (*Poesies*), no estar bien terminado es considerado como de Ausias March por Pagès y Bohigas. Razones muy sólidas y convincentes, a nuestro parecer, da Pere Ramírez i Molas, en el extenso comentario que a este poema dedica, para no poder atribuirlo al poeta valenciano. *La poesia d'Ausiàs March*, pp. 109-118.
2 *Rhythmus de Contemptu mundi*, breve poema atribuido

según voluntad esté extendida
    al bien o mal. 420
Aunque hace lo que menos vale:
pues hace la cosa no ser tal
    como es de verdad,
la que con el saber
conoció antes que gran voluntad 425
    os atacase.
Porque no se puede hacer que se obre
con pasión, que no se turbe
    nuestro juicio;
es tan débil, más que infeliz, 430
el que es semejante a mí
    y a otros muchos.

CXXVIII

Me acuerdo de un poema
por nombre *Contemptus* titulado,
advirtiendo a los hombres del mundo
que de las cosas que en él son
no esperen buen fin, 5
ya que son vía y camino
para encontrar perdición.
Y me recuerda a la sazón
cuando leí este dictado,
que me fue lo leído manifiesto, 10
mas no entendí el significado;

---

a San Bernardo de Claraval, también a Walter Mapes. El Papa Inocencio III (1160-1216) escribió *De contemptu mundi* para edificación religiosa, "que sólo hacia el final de la Edad Media parece haber alcanzado su mayor difusión". J. Huizinga, *El Otoño de la Edad Media*. Madrid, Rev. de Occidente, 1945, p. 200. *El Kempis* era conocido en la Edad Media con el título *De contemptu mundi*. Todos ellos tienen de común el recargado desprecio de las cosas terrenas y el amor a Dios.

aprés, quant fuy hom per edat,
l'entenguí sens saborir;
ara més tart començ sentir
lo mal e bé que·hy és entès. 15
Lo mal, en les coses no és:
instrument són ab què hom fa;
per ço en elles mal no ha.
Natura hy ha mès bé molt gran;
al estimar és nostr· engan 20
perquè ·n prenem d'elles estrem,
e lo mig bé no·l conexem
perqu· és amagat en lloch fosch,
e veig a tothom ésser llosch
per a poder-lo divisar. 25
Hom pot bé del mig disputar:
entendre's pot, mas no sentir;
no ·s conegut, mils se pot dir;
abasta ·l nom tan solament
e que·l obrant sia volent; 30
virtut lo cor més que·l cap vol.
Lo mig de la cosa ·b què sol
obrar virtut que·s diu moral,
és punt tan sobtil que no hy val
vista de home previst, 35
e vol que hom no sia trist
volent per lo mig caminar
o tant com s'hi pot acostar,
car no és en ell lo punt saber.
Per ço alguns han més poder 40
que altres per als forans fets;
mas basta que sien discrets
los hòmens per voler la fi,
e si no ·ncontren lo camí
dins llur voler, l'hàbit està; 45
e si·l saber hi fallirà,
son hàbit no·n reb lesió,
car son voler e la raó
a la virtut no han fallit.
Volent fer bé, no sens delit 50

después, cuando fui hombre por edad,
lo entendí sin saborear;
ahora, más tarde, comienzo a sentir
el bien y el mal que ahí está entendido.   15
El mal, en las cosas no está:
instrumento son con que el hombre actúa;
por eso en ellas mal no hay.
En natura hay mucho más gran bien;
en el estimar está nuestro engaño   20
porque tomamos de ellas el extremo,
pero el bien medio no lo conocemos
porque está escondido en oscuro lugar,
y veo a todos estar cegatos
para poderlo divisar.   25
Se puede bien del medio disputar:
se puede entender, mas no sentir;
no es conocido, mejor se puede decir;
abasta el nombre tan solamente
y que el que actúa lo quiera;   30
virtud quiere en corazón más que en cabeza.
El medio de la cosa con que suele
obrar la virtud que se llama moral,
es punto tan sutil que no vale
la vista del hombre prevenido,   35
y no quiere que nadie esté triste
queriendo por el medio caminar
o tanto como se puede acercar,
ya que no está en él saber el punto.
Por eso algunos tienen más poder   40
que otros para los hechos foráneos;
mas basta que sean discretos
los hombres para querer el fin,
pero si no encuentran el camino
dentro su voluntad, el hábito está;   45
pero si el saber les fallara,
su hábito no recibe lesión,
ya que su voluntad y la razón
a la virtud no han faltado.
Queriendo hacer bien, no sin deleite   50

l'acte de virtut se complex,
e si·l saber hi defallex
no ·s culpa de la voluntat
on aquest bé tot és causat,
e lo saber serveix al ull.　　　　　　　　55
Per ço d'aquest bé parlar vull,
e dels dos altres parlaré,
e per llinatges los partré,
segons d'ells és ya menció,
d'on surt gran delectació　　　　　　　　60
qu· aprés de l'obra ·s mostra fi.
Lo bé delitable per si
és pus comú e general,
tocant al hom e·l animal.
Lo profitós és per esguart　　　　　　　　65
e per aquest hom aprèn art;
mas tot retorna en delit,
car si res fa l'hom per profit,
açò és per adelitar;
per què·m vull dispondre parlar　　　　　　70
dels actes més particulars
que·ls hòmens han familiars
per ses fins poder conseguir.
Darrerament de tot, vull dir
del bé honest un gran procés,　　　　　　　75
e serà poch, segons ell és,
mas, segons mi, serà ·lgun tant.
Tants són e tals qui·m van davant,
parlants de tal material,
e majorment en general,　　　　　　　　80
que·m cové dir dels singulars,
e, com mils sabré, dir-los clars,
mas no en tant qu·en fastig torn,
e menys de pendre altre born,
de tot lo bé faré un munt,　　　　　　　　85
enaprés lo metré desjunt,
partint aquell per moltes parts,
e no·m calrà consell ne arts,
car yo qui hu sent, par[lar]-ne puch.

el acto se llena de virtud,
pero si el saber allí falta
no es culpa de la voluntad
donde este bien está todo se causa,
y el saber sirve a la vista. 55
Por lo que de éste quiero bien hablar,
y de los dos otros hablaré,
y por linajes los separaré,
según de ellos es ya la mención,
de donde surge gran delectación 60
pues después de la obra se muestra el fin.
El bien deleitable de por sí
es más común y general,
respecto al hombre y al animal.
El provechoso es por relación 65
y por éste el hombre aprende el arte;
mas todo se vuelve en deleite,
ya que si cosa hace el hombre por provecho
es para deleitarse;
por lo que me quiero disponer a hablar 70
de los actos más particulares
que a los hombres son familiares
para sus fines poder conseguir.
Finalmente, quiero decir
del bien honesto un gran proceso, 75
y será poco, según él es,
mas, según yo, será algún tanto.
Tantos son y tales que me van delante,
hablantes de tal materia
y, mayormente, en general, 80
que me conviene decir de los singulares,
y, como mejor sabré, decirlos claro,
más no tanto que se vuelvan fastidio.
Y sin tomar otro rodeo,
de todo el bien haré un montón; 85
después lo pondré separado,
dividiéndolo en muchas partes,
y no me hará falta consejo ni arte,
puesto que yo que lo siento, hablar puedo.

No és algú tan desastruch
que no puixca dir lo que sent.
Ço que jutja l'enteniment
no nessessari, no és clar.
Lo seny no pot hom enganar
de ço que sent de bé o mal.
Primer diré-hu en general,
que·l bé munda tant com és bell
és lleig lo mal qui·s met prop d'ell,
esperant que·s meta ·n son lloch.
D'on tinch per foll, e no per joch,
tot hom qui·s vol treballs donar
per un aparent bé trobar,
car volent bé, vol tot son mal
e cau en error capital,
si pensa que mesclats no són.
Axí com l'abella ·s confon
com pus fort vol donar son pich,
se mostra contra s· enemich
qui en excés un tal bé vol.
Cercant aquell, en part se dol,
e conseguit, dolor ateny;
e si aquest és hom de seny,
veu aquell bé molt poch durant.
No té ·l perill tostemps davant,
mas si per cas la pensa hy ve,
al menys ho creu, si no hu sab bé,
que aquell bé tost perdre's pot:
no coneix tant, que veja ·l clot
on prestament serà caygut.
Per hàbit sab, mas no ·s astut,
o, per mils dir, no és prudent,
car lo delit qui·l és present
pel motiu de la passió
li enfosqueix tant la raó
que no·l jaqueix clar dicernir,
ne·l bé ·n singular apetir;
e no ·s de franch arbitre tolt,
hoch tant difícil que no ·s solt

No es nadie tan desdichado
que no pueda decir lo que siente.
Lo que juzga el entendimiento
no necesario, no está claro.
El juicio no puede a nadie engañar
de lo que siente de bien o de mal.
Primero lo diré en general,
que el bien mundano tanto como es bello
es feo el mal que se pone cerca de él,
esperando meterse en su lugar.
De donde tengo por loco —y no es broma—
a todo el que se quiera a trabajos dar
por encontrar un aparente bien,
puesto que queriendo el bien, quiere todo su mal
y cae en error capital
si piensa que mezclados no están:
así como la abeja se turba
cuando más fuerte quiere picar,
se muestra contra su enemigo
quien con exceso un tal bien quiere.
Buscándolo, en parte se duele,
pero conseguido, alcanza dolor;
pero si éste es hombre sensato,
ve el bien muy poco duradero.
No tiene el peligro siempre delante,
mas si por caso al pensamiento le viene,
por lo menos lo cree, si no lo sabe bien,
que el bien pronto se puede perder:
no conoce tanto que vea el hoyo
donde prestamente caerá.
Por hábito sabe, mas no es astuto,
o, por mejor decir, no es prudente,
ya que el deleite que le está presente,
por motivo de la pasión
le oscurece tanto la razón
que no le deja discernir claro,
ni el bien singular apetecer;
pero no está privado del libre albedrío,
sí tan difícil, que no está libre

lo bé honest poder amar.
Ell porà bé vers ell anar, 130
mas cor tirat, buyt de saber,
tostemps és solt lo franch voler
a fer defora ·l que li plau.
Mas, si al apetit desplau,
no pot fer qu·en plaer li torn 135
menys que no faça un gran born
faent-li perdre l'hàbit pres,
puix és en lo sensual mes,
lo qual no ·s de raó forçat.
Bé pot ésser per temps ginyat, 140
mas no sobrat en un instant,
e porà ser tan rebel·lant,
c· ab delit jamés l'obrarà.
Los actes ell bé complirà,
tot quant pertany a la raó, 145
mas no·s tolrà de passió
ne serà ·b ella clar veent,
e, no ·ntenent, és no volent.
Voler li fall tant com saber:
no sab tot hom qual és primer 150
d'aquests en l'obra de virtut,
car si l'entendr· és decebut,
lo voler és mal ordenat,
e si·l voler és mal reglat,
l'enteniment no jutja bé. 155
D'açò pus llarch no parlaré;
lo gran philòsoph vos acús,
qui·n ha tocat e no dessús.
Tot llarch en l'*Etica* ho diu:
en lo *Sisè*, temps ha que hu viu, 160
yo·m acort bé com hi està.
Tornant al punt, hom no farà

156-162 Dice Ramírez i Molas (obra citada, p. 115): "no podem creure que l'autor d'aquests versos sigui el mateix Ausiàs March que tan sovint ens posa dificultats d'interpretació pel seu concentrat laconisme". El estilo de

de poder amar el bien honesto.
Él podrá bien ir hacia él, 130
mas con corazón terco, vacío de saber;
siempre está suelto el libre albedrío
para hacer fuera lo que le place.
Mas si al apetito desagrada,
no puede hacer que en placer le vuelva 135
sin que no haga un gran rodeo
haciéndole perder el hábito adquirido,
pues está en lo sensual metido,
lo cual no está forzado por la razón.
Bien puede ser modificado con el tiempo 140
mas no cambiado en un instante,
y podrá ser tan rebelde
que con deleite jamás le afectará.
Los actos bien él cumplirá,
todo cuanto pertenece a la razón, 145
mas no se librará de pasión
ni será con ella claro vidente,
pues, no entendiendo, no está queriendo.
Voluntad le falta tanto como saber:
no sabe nadie cuál es primero 150
de estos en la obra virtuosa,
ya que si el entendimiento está engañado,
el querer está mal ordenado,
y si el querer está mal reglado,
el entendimiento no juzga bien. 155
De esto más extenso no hablaré;
al gran filósofo os señalo,
que ha tratado y no por encima:
extensamente en la *Ética* lo dice,
en el *Sexto,* tiempo ha que lo vi, 160
yo recuerdo bien cómo allí está.
Volviendo al tema, nadie hará

---

esta composición lo considera este crítico "baix, carrincló, llefiscós". Es decir, ramplón, pegajoso.
157 *lo gran philòsoph,* Aristóteles.
159-160 Pagès, *Commentaire,* p. 154.

que, de llonch temps habituat,
per algun vici delitat,
aquell jaquesca ·n un instant.   165
Déu ho pot fer, qui és tirant
lo cor del hom en un moment,
mas no·s pot fer naturalment
sens perdre hom de temps espay.
Tot hom deuria haver esglay   170
en algun delit carregar,
car molt és dur aquell lleixar,
e ço qu· és menys no té ·l saber.
E donchs, bé ·s foll qui son poder
vol metr· en cercar tal delit,   175
en fermetat molt defallit;
e dolor és la sua fi,
per bé que·n tots haj· algun fi,
exceptat lo de la virtut;
mas entre·ls mals és mal pus brut,   180
e ·ntre los béns és major bé.
Delits vol hom que mal no·n ve
e pot aquells ben elegir
en aquells, puix no hy vol sentir
sinó deport en recrear,   185
e no vulla ·n aquells pensar
sinó ser via per l'honest.
Mas ací ·s causa ·l mal aquest:
que puix l'honest no ·s principal,
l'hom per natura ·s animal   190
que requer dels béns lo millor,
e si·n l'honest no·s trob· amor,
dels falsos ha d' ésser vassall,
mas entr· aquells és entrevall
de valor, segons oÿreu,   195
e d'açò gran exempl· haureu
dels folls qui són encadenats,
qu· essent de follia sobrats
prengueren falsa opinió,
e tant com és lluny de raó   200
és foll qui·n ella posa fi.

que, de largo tiempo habituado,
por algún vicio deleitado,
lo deje en un instante. 165
Dios lo puede hacer, que es tirando
del corazón del hombre en un momento,
mas no puede hacerse naturalmente
sin perder el hombre espacio de tiempo.
Todo hombre debería tener espanto 170
de cargar con algún deleite,
ya que es muy duro dejarlo,
y lo que es peor, no tiene el conocimiento.
Y entonces, bien loco está quien su poder
quiere poner en buscar tal deleite, 175
de firmeza muy falto;
y dolor es su fin,
por bien que en todos haya algún fin,
exceptuando el de la virtud;
mas entre los males es el mal más sucio, 180
y entre los bienes es el mejor bien.
Deleites quiere el hombre de los que no viene mal
y los puede bien elegir
en aquellos, pues no quiere sentir
sino diversión en recrearse; 185
pero no quiera en ellos pensar
sino ser camino para el honesto.
Mas aquí se causa este mal:
pues que el honesto no es el principal,
el hombre por natura es animal 190
que requiere de los bienes lo mejor,
y si en el honesto no se encuentra amor,
de los falsos ha de ser vasallo;
mas entre ellos hay diferencia
de valor, según oiréis, 195
y de eso gran ejemplo tendréis
en los locos que están encadenados,
que estando excesivamente locos
tomaron falsa opinión,
y tanto como se está lejos de la razón 200
está loco quien en ella pone el fin.

L'hom qui tras honor té camí
e vol ésser molt afamat,
per dues vies és orat:
volent aquelles en excés, 205
e per cercar-les al revés
d'on les poria encontrar;
e qui riquesa vol justar
ja per açò no erra pas,
mas per ser foll qu· imaginàs 210
trobar son desijat repòs,
e que tinga son compte clos
que per sos diners serà ·mat.
Bé ·s porà fer sia honrat
dementr· esperen què farà; 215
regonegut, si res no·n fa,
sens mal fer serà mal volgut.
Cascú deu ser apercebut
que on no és discreció
regeix la sola passió, 220
la qual va orba, menys de fre,
qu·en lo mig lloch no va ne ve,
e si l'encontra no hy roman.
Molts hòmens són qui bé faran
no sabent lo perquè ne com; 225
açò no cau en savi hom;
mas no sab [bé] lo que [ell] fa
en aquells delits que·l cos va,
axí com lo toch e lo gust.
L'hom és de carn e no de fust; 230
per qu· és forçat que s'hi delit,
e tolén enuig e despit,
gran és llur delectació;
per què té molt fre la raó
que aquests puxa´ bé domar. 235
L'oyr, lo veure y l'odorar
no han gran força de per si,
e no és gran delit llur fi
si al toch fi no hu prevenen,
e será molt, si tant estenen 240

El hombre que tras honor sigue camino
y quiere ser muy afamado,
por dos caminos está loco:
queriendo aquello con exceso,
y por buscarlos al revés
de donde los podría encontrar;
y quien riqueza quiere juntar
ya por eso no yerra
sino por estar loco pues imaginó
encontrar su deseado reposo,
y que tenga su conclusión
de que por sus dineros será amado.
Bien se podrá hacer que se le honre
mientras esperan qué hará;
reconocido, si no hace nada,
sin hacer mal será mal querido.
Cada uno debe estar apercibido
que donde no hay discreción
rige solamente la pasión,
la cual va ciega, sin freno,
pues en el lugar medio no va ni viene,
y si lo encuentra no queda allí.
Muchos hombres son que el bien harán
no sabiendo el por qué ni cómo;
lo que no ocurre en hombre sabio;
mas no sabe bien lo que el hombre hace
en los deleites que al cuerpo van,
así como el tacto y el gusto.
El hombre es de carne y no de madera;
porque está forzado que se deleite,
y quitan enojo y despecho,
grande es su delectación;
gran freno tiene la razón
que estos pueda domar.
El oír, el ver y el oler
no tienen gran fuerza de por sí,
y no es gran deleite su fin
si fino tacto no previenen,
y será mucho, si tanto alcanzan

llur fi al seny interior;
car lo delit e la dolor
que porten pe[r] l[o]s senys forans
e imaginacions grans
d'on mal e bé se'n conseguex,   245
lo toch e·l gust, clar se parex
que són senys portants delit gran.
Aquests delits que hòmens han,
del sensual han de surtir;
altres sab hom forçats d'exir   250
de la pensa tant solament.
En aquest[s] res lo cos no sent
perquè son lluny de corporals;
aquests són delits animals,
los quals partexen del compost,   255
e no fa poch qui sab dir tost
quin és aquell voler que·ls vol
e per què tan fort los col
puix naturals no li són.
E tant res no prea ·l món   260
com honor e diners e fama;
sobre aquesta flaca rama
tot hom fa sos tempraments:
lo cos no·n sofir sentiments,
car no són de s· aprensió;   265
defora ·ls senys (e que·m perdó)
no sent per si, mas com ajunt.
Tot hom qui sab, assi apunt
que tal delit és lo pijor
que pus tost passa en dolor,   270
e de natura és pus lluny.
Lo seu delit té fora ·l puny
qui·n joch de daus met tot son bé,
e qui·n amor de donas té
lo seu entendre y voluntat   275
en un instant és trastornat
l'estament de aquests abdós,
e de cert és més perillós
que estament altre algú:

su fin al sentido interior;
ya que el deleite y el dolor
que llevan, por los sentidos exteriores,
y grandes imaginaciones
de donde mal y bien se consigue, 245
el tacto y el gusto, claro parece
que son sentidos que llevan gran deleite.
Estos deleites que los hombres tienen,
del sensual han de surgir;
otros sabemos forzados a salir 250
del pensamiento tan solamente.
En estos nada siente el cuerpo
porque están lejos de los corporales;
estos son deleites animales,
los cuales se dividen del compuesto, 255
y no hace poco quien sabe decir presto
cuál es el querer que los quiere
y porque tan fuerte los venera
pues naturales no le son.
Pero tanta cosa no aprecia el mundo 260
como honor y dineros y fama;
sobre esta débil rama
todos hacen sus equilibrios:
el cuerpo en no sufrir sentimientos,
ya que no son de su aprehensión; 265
fuera los sentidos (y que me perdone)
no siente por sí, mas como unión.
Todo hombre que sabe, aquí señalo
que tal deleite es el peor
pues más pronto pasa a dolor, 270
y de natura está más lejos.
Su deleite tiene fuera del puño
quien en juego de dados pone todo su bien,
y quien en amor de mujeres tiene
su entendimiento y voluntad; 275
en un instante está trastornado
el estado de estos dos,
y ciertamente es más peligroso
que el estado de ningún otro:

val e no·hy val ser importú, 280
e lo mestre no hy sab res.
Tots los que natur· ha mes
lluny d'est com a reprovats,
qui en tal se són delitats,
en raó són defallits; 285
aprés los metré·n per escrits
en l'orde que·ls delits met.
¿Par-vos ésser foll perfet
hom qui·n la mar sa vida fa,
jurant que jamés s'hi veurà 290
quant se veu prop de la mort,
passat lo cas, no ha deport
altr· en lo món que navegar?
¿E què·us parrà si deu passar
per hom foll lo gran caçador, 295
no per ser menys de gran error,
per defalt de enteniment?
No ha senyals d'hom entenent
l'hom qui molt se adelita;
causa dóna de sospita 300
d'ésser tingut per hom pech.
Quant hi pens, de mi renech,
del que·n passí en secret
e lo publich, lo que·n he fet:
gen[t]s ne fan lo testimoni. 305
Bo seria estremoni
per tancar l'ull dels veents.
Yo vull dir mal de les gents
qui [no] meten sa esperança
en la cosa qu· és fermança, 310
no curant del principal.
Açò és al món gran mal,
segons clarament veureu
e de cert ab mi sereu
faents part en lo juí. 315

---

306 *estremoni*, estramonio, "planta herbácea de la familia de las solanáceas". DRAE.

vale y no vale ser importuno, 280
y el maestro no sabe nada.
Todos los que natura ha puesto
lejos de éste como reprobados,
quien en tal caso se deleitan,
de razón están faltos; 285
después los pondré escritos
por el orden que da los deleites.
¿Os parece estar completamente loco
el que en el mar hace su vida,
jurando que jamás allí se verá 290
cuando se ve cerca de la muerte,
y pasado el suceso, no hay diversión
alguna en el mundo si no es navegar?
¿Y qué os parecerá si debe pasar
por hombre loco el gran cazador, 295
no por ser menos de gran error,
por falta de entendimiento?
No hay señales de hombre inteligente
en el hombre que mucho se deleita;
da causa de sospecha 300
de ser tenido por hombre necio.
Cuando lo pienso, de mí reniego,
de lo que me pasé en secreto
y en público, lo que he hecho;
personas dan el testimonio. 305
Bueno sería el estramonio
para cerrar los ojos de los videntes.
Yo quiero decir mal de las gentes
que no ponen su esperanza
en la cosa que es firmeza, 310
no cuidándose de lo principal.
Eso es para el mundo gran mal,
según claramente veréis,
y ciertamente conmigo estaréis,
tomando parte en el juicio. 315

Qualsevol via o camí
per alguna fi anar,
no deuria deturar
la sperança de algú.
Tot cavaller, en comú,   320
poch li val temptar lo cors,
ne dret estar sobr· aspre dors
d'un fort cavall e bé regir;
si·ls afers d'armes vol fugir,
tot quant ha fet és casi va.   325
Algú és qui bé junyirà
e lluytarà vestit e nuu,
que jamés vestí arnès cruu
ne altre per armes a fer;
e tals fets no són, en ver,   330
per contentar-se d'aquells,
mas per passar a pus bells,
sí qu· és fundat son ofici,
e trob un terrible vici
aturar-se l'hom aquí.   335
Molt poch se val metge a si,
[qui] medicin' ha studiat
si no ·s dispost sanitat
ministrar al hom malalt;
e aquell qui en puig alt   340
al estrem muntar emprèn,
no fa res, si no·s estén
a passar del mig avant.
Molt deu ser hom recelant
[que] del que fa la fi e guart   345
e que no·s atur en part
que·l treball sia perdut,
y en lo que fa sia astut
que guart la fi e la via;
si és bona, Déu la guia,   350
[e], si mala, dich-li foll.
No sab com se rompa ·l coll,
mas veu la via per on va.
Del honest bé res no sabrà;

Cualquier vía o camino
para ir algún fin,
no debería detener
la esperanza de nadie.
Todo caballero, en general,   320
poco le vale tentar la carrera,
ni derecho estar sobre áspero lomo
de un fuerte caballo y bien dominarlo,
si de los hechos de armas quiere huir,
todo cuanto ha hecho es casi inútil.   325
Alguien hay que bien justará
y luchará vestido y desnudo,
que jamás vistió rígido arnés
ni otro para luchar con armas;
pero tales casos no son, en verdad,   330
para contentarse con ellos,
sino para pasar a más bellos,
así está fundado su oficio,
y encuentro un terrible vicio
detenerse el hombre aquí.   335
Muy poco se vale el médico en sí,
estudiando medicina,
si no es dispuesto la salud
a dar al hombre enfermo;
y el que en colina alta   340
a la cúspide subir emprende,
no hace nada, si no alcanza
a pasar más allá de la mitad.
Muy receloso debe estar el hombre
que mire lo que hace el fin,   345
y que no se detenga en la parte
que el trabajo sea perdido;
pero el que lo hace, sea astuto,
que mire el fin y la vía;
si es buena, Dios la guía,   350
pero si mala, le llamo loco.
No sabe cómo se desnuca,
mas ve la vía por donde va.
Del honesto bien nada sabrá;

lo fals bé sab e com hi van; 355
la fi que·n vol és ple d'engan,
però bé hy va pel carrer dret.
Sol una fi és qui promet
lo gran repòs del apetit;
les altres, no; mas són delit 360
segons la valor d'hom e llur.
E l'hom és pech qui no·s procur
les fins segons discreció;
e sens valent disposició
ses fins no valdran un pugès, 365
car volrà coses de no res
y en lloch tal metrà tot son bé.
De tres llinatges a nós ve
delit e bé que·ns pot venir.
Del bé honest res no·m cur dir, 370
fins que los dos sien tractats;
lo profitós, tantost com nats
som, ab gran cuyta requerim,
car de fet aquell prenim
movent-nos a la mamella, 375
car natura ·ns aparella
ço per què la vida crexem,
mas no sabent lo per què·hu fem,
no·l volem com a profitós;
per ço natura ·l dóna a nós, 380
qui sab lo com e lo perquè.
Lo delitós sens esguart ve,
car puix havem tastat la llet,
de fet l'apetit és costret
voler aquella sens esguart. 385
Tot quant hom fa per algun· art
o per alguna ·lecţió,
se fa per sol· afecció
d'alguna fi per què entén,
e una fi moltes ne pren 390
per [a] venir-s'hi acabar;

365 *pugès,* véase CVI, 164.

sabe el falso bien y cómo allí va; 355
el fin que quiere está lleno de engaño:
pero el bien allí va por el camino derecho.
Sólo un fin hay que promete
el gran reposo del apetito;
los otros, no; mas son deleite 360
según el valor del hombre y suyo.
Y es necio el hombre que no se procura
los fines con discreción;
y sin valiente disposición
sus fines no valdrán un ochavo, 365
ya que querrá cosas sin valor
y en tal lugar pondrá su bien.
De tres linajes nos viene
el deleite y el bien que nos puede venir.
Del bien honesto no me cuido nada decir, 370
hasta que los dos estén tratados;
el provechoso, tan pronto como nacidos
somos, con gran cuita requerimos,
ya que de hecho lo tomamos
moviéndonos hacia la teta, 375
ya que natura nos apareja
eso para que en la vida crezcamos,
mas no sabiendo el por qué lo hacemos,
no lo consideramos como provechoso;
por eso natura nos lo da, 380
que sabe el cómo y el por qué.
El deleitoso sin consideración viene,
ya que hemos probado la leche,
de hecho el apetito está constreñido
a quererlo sin miramiento. 385
Todo cuanto el hombre hace por algún arte
o por alguna elección,
se hace por la sola afección
de algún fin por quien entiende,
y un fin muchos prende 390
para venir allí acabar;

perquè·l darrer se deu jutjar
per lo pus bell e lo millor.
E qui nau fonch construÿdor
per victòria conseguir, 395
molt millor fi volch apetir
que·l mercader per a guanyar,
y aquest millor que·l qui robar
volgués ab ella dels amichs;
e qui per guarda d'enemichs 400
en pla sab fer un fort castell
ab tot lo seu gran aparell,
de molts oficis hach mester
e tant quant l'obra ho requer.
Fins en ésser acabada, 405
dins la gran fi és trobada
una fi d'altra pus gran;
e les que més prop li estan
són pus belles e stimades,
e les que són apartades 410
d'aquella fi verdadera,
són molt lluny de la carrera
per conseguir son repòs.
En tot· altra fi no·l pos
yo tot sol l'afalliment; 415
hom ho sent per sentiment,
e la raó no hy contradiu,
a cascun savi açò diu.
Ell és regla en tal fet:
a son juí és hom constret, 420
e lo recors és sol a Déu.
En la terra no podeu
a millor jutge recórrer.
E qui·ls delits vol discórrer
e les fins d'on ells se prenen, 425
delits són que a nós vénen,
que la vid· a nós procura;
ella no passa fretura
d'honor, fama e riquesa,
ne ha volentat encesa 430

porque el último se debe juzgar
por el más bello y el mejor.
Y quien fue armador de una nave
para conseguir victoria,　　　　　　　　　　395
mucho mejor fin quiere apetecer
que para ganar el mercader,
y éste mejor que el que robar
quisiera con ella a los amigos;
y quien para defensa de enemigos　　　　400
en llano sabe hacer un fuerte castillo
con todo su gran aparejo,
de muchos oficios hubo menester
y tanto como la obra lo requiere
hasta estar terminada.　　　　　　　　　　405
Dentro el gran fin es encontrado
otro fin más grande;
y los que más cerca le están
son más bellos y estimados;
y los que están apartados　　　　　　　　　410
de aquel fin verdadero,
están muy lejos del camino
para conseguir su reposo.
En todo otro fin no le pongo
yo solamente la debilidad;　　　　　　　　415
el hombre lo siente por el sentido,
y la razón no lo contradice,
y todo sabio lo dice.
Él es regla de tal hecho:
a su juicio está el hombre obligado　　　　420
y el recurso es sólo a Dios.
En la tierra no podéis
acudir a mejor juez.
Y quien los deleites quiere discurrir
y los fines de donde ellos se toman,　　　　425
deleites son que a nosotros vienen,
que la vida nos procura;
ella no pasa necesidad
de honor, fama y riqueza,
ni tiene la voluntad encendida　　　　　　430

en voler victòri· atènyer.
En altres no·ns cal empènyer,
los quals són requests per viure;
altres que no vull escriure
e són los actes d'engendrar 435
per l'espècia conservar,
que, si no fos, periria
en natura maestria,
que·l animal proveeix
de delit, a açò pareix 440
en l'hom, animal comú.
Açò sab bé casi cascú,
mas pels grossers ho diré.
En general tot hom sab bé
que naturalment l'animal 445
sab bo lo dolç, e l'amarch, mal,
e quant ha son, li plau dormir.
De la spècia yo vull dir
que tal cosa plau al ca
que lo bou ne fugirà, 450
e·l hom, com animal semblant.
Del indivíduu só pensant
que Joan una tal cosa vol
que Martí de si la tol.
Molt és açò manifest; 455
altre delit és deshonest
per sol costum reprovat,
qu·en llonch temps serà causat
y a natura molt desplau.
Açò crech bé sapiau 460
qu· altra natura fa costum:
gran seria lo volum
per llonch exemplificar.
Natura molt se vol mostrar
cruel, aspra, fort e dura, 465
que tal complexió ·ns procura
faent-nos senblants als bruts,

449-450 Parece que se trata de un refrán.

en querer alcanzar victoria.
En otros no es necesario anhelar,
los que son requeridos para vivir;
otros que no quiero escribir
y son los actos de engendrar 435
para la especie conservar,
que, si no fuese, perecería
en natura maestría,
que al animal provee
de deleite, y eso aparece 440
en el hombre, animal común.
Eso lo saben bien casi todos,
mas para los rudos lo diré.
En general todos saben bien
que por naturaleza el animal 445
le sabe bueno lo dulce y lo amargo mal,
y cuando tienen sueño, le place dormir.
De la especie, yo quiero decir
que tal cosa gusta al can
que el toro de ello huirá, 450
y el hombre, como animal, semejante.
Del individuo estoy pensando
que Juan una tal cosa quiere
que Martín de sí la tira.
Muy evidente está eso; 455
otro deleite es deshonesto
por la sola costumbre reprobado,
que por largo tiempo será realizado
pero que mucho desagrada por natura.
Eso creo que bien sepáis 460
que la otra natura hace costumbre:
grande sería el volumen
para ampliamente ejemplificar.
Natura mucho se quiere mostrar
cruel, áspera, fuerte y dura, 465
pues tal complexión nos procura
haciéndonos semejantes a los brutos,

axí com fa molts sorts e muts
e diformes molt estranys.
De aquests no passen anys 470
qu· entre nosaltres vejam.
És veritat que si obram
e conseguim algun delit,
aquell és molt pus defallit
que de natura és pus lluny; 475
lo que raó tirant s'ajuny
e natura lo acull,
no en tant com lo veure l'ull,
car necessari no li és,
quant és reglat, no és reprès, 480
mas a tot hom prou li faça.
Ell falaga, mas ab maça
dóna colp que trenca ·l front.
Tantost al primer afront
par qu·en ell tot bé fenesca; 485
lo primer bocí és bresca,
lo més voler és més que fel.
Davant ell està un gros vel
que a pochs se dexa veure;
terrenal déu se fa creure 490
per l'hom sabent e lo millor.
Aquest és l'ídol de honor
e de fama lleig guanyada.
Per aquest vida penada
passen los qui bé ·n esperen, 495
e jamés altre ·n saberen
sinó ·l bé aquell que·n surt,
no conexent si han de furt
tot lo bé per on les han,
e per mal saber, ab engan, 500
o per molt malvats mijans.
Fer de malalt home sans
és la fi de tot bon metje;
l'especier no sab fetge
si és sans o entecat: 505
a ell no és comanat

así como hace muchos sordos y mudos
y diformes muy extraños.
De estos no pasan años   470
que entre nosotros veamos.
Es verdad que si obramos
y conseguimos algún deleite,
él es mucho más incompleto
pues de natura está más alejado;   475
el que, siguiendo la razón, se allega
y natura lo acoge,
no tanto como ver el ojo,
ya que necesario no le es,
cuando es ordenado, no aumentado,   480
mas que a todos suficiente les sea.
Él halaga, mas con maza
da golpe que rompe la frente.
Tan pronto, a la primera afrenta,
parece que en él todo bien fenezca;   485
el primer bocado es miel,
el querer más es más que hiel.
Delante de él está un tupido velo
pues a pocos se deja ver;
terrenal dios se hace creer   490
por el hombre sabio y el mejor.
Éste es el ídolo de honor
y de fama feamente ganada.
Por esta vida penosa
pasen los que bien esperan,   495
y jamás otro supieron
sino ese bien que se manifiesta,
no conociendo si tienen engañosamente
todo el bien por vergüenza lo tienen,
y por mal saber, con engaño,   500
o por muy malvados medios.
Hacer de enfermo hombre sano
es el fin de todo buen médico;
el boticario no sabe el hígado
si está sano o entecado: 505
a él no está encomendado

sinó dar materials:
aquesta és sa fi, no àls,
e aquells bé confegir.
E qui bé vol inquirir, 510
herbolari ·s diu qui·ls cull;
sa fi tota s'hi recull
e pus avant no s'estén.
Males fins vol qui amprèn
de haver honor e fama; 515
molts hi van ab coxa cama,
mas no en justar riquesa;
e qui voluntat encesa
té per lo gust [tot] son ser,
axí del tot que·l seny requer. 520
L'enteniment mal reglat,
e·l voler mal ordenat
se ordene ·n males fins,
a part de fora e de dins,
segons bones los aparen, 525
tals per si, altres que·n paren
per la major conseguir.
Tot hom pot bé per fi tenir
ço en què sa sperança met,
e son voler no mostra set 530
en altre que·n conseguesca
... ...
sa darrera intenció.
La primera volició
en què hom met son voler,
allò és fi, puix és primer 535
per què totes coses obra;
e si aprés mes hi sobra
altra intenció aprés,
l'altre no ·s fi, mas via és
per aquella anadida. 540
Tantost és la fi jaquida

519 Pagès añadió a este verso cojo *tot*. Bohigas prefirió *e*.

sino dar las substancias;
este es su fin, no otro,
y bien mezclarlas.
Y quien más quiera inquerir
herbolario se llama quien las recoge;
su fin todo aquí mantiene
y más adelante no se extiende.
Malos fines quiere quien solicita
tener honor y fama;
muchos allí van con pierna coja,
mas no en juntar riqueza;
y quien voluntad ardiente
tiene por su gusto y su hacer,
así todo lo que el sentido requiere
el entendimiento mal reglado,
y la voluntad mal ordenada
se ordena en malos fines,
en la parte de fuera y de dentro,
según buenos les aparecen,
tales de por sí, otros que parecen
para él mejor conseguir.
Todo hombre por fin puede bien tener
lo que en su esperanza pone,
y su voluntad no muestra sed
en otro que consiga
... ...
su última intención.
La primera volición
en que el hombre pone voluntad,
ello es el fin, pues es lo primero
por lo que hace todas las cosas;
pero si después puso allí además
luego otra intención,
el otro no es el fin, mas vía es,
añadido por aquélla.
Enseguida cesa el fin

541-546 Para Ramírez i Molas (obra citada p. 115) se "acosten al galimatias".

si la intenció ·s darrera,
la darrera pres ab primera,
puix la primera ·s més atràs,
e serà via e pas 545
per conseguir la novella.
Axí com lo qui·s aparella
a fer vida filosofal
e vol puix l'apostolical
perquè li apar pus alta, 550
e d'aquest món se desalta
puix tant l'abelleix lo Çel,
de si mateix hach bon zel
y en virtuts morals mes fi,
aprés girà lo seu camí 555
en celestial virtut.
Tot axí com l'hom astut
e de vils parents e amichs
qui·s vol metre en fer-se richs
per avançar sos parents, 560
e girant sos pensaments
pujar volch en senyoria;
d'una fi en altra tench via
per muntar en pus alt lloch,
on sentrà molt glaç e foch 565
y en tot quant per muntar farà.
E qui diners ajustarà
per satisfer altre desig,
de grosser passa molt lo mig
qui de avar li metrà nom; 570
de la fi pren sobrenom,
puix en aquella s'atura,
e per la fi mès sa cura
en les coses que hy anà,
e d'aquelles no·s amprà 575
sinó per un passament.
E qui met son pensament
en les dones y esperança,
e per ço diners avança,
bé pot ser dit luxuriós 580

si la intención es posterior,
la última tomada por primera,
pues la primera es puesta atrás,
y será vía y paso 545
para conseguir la nueva.
Así como el que se prepara
para hacer vida filosófica,
y quiere luego la apostólica
porque le parece más elevada, 550
y de este mundo se disgusta
pues tanto le gusta el cielo.
De sí mismo tiene buen celo
y en virtudes morales pone el fin;
después cambiará su camino 555
en virtud celestial.
Lo mismo que el hombre astuto
y de viles parientes y amigos
que se quiere meter en hacerse rico
para superar a sus parientes, 560
pero cambiando sus pensamientos
elevarse quiere al señorío;
de un fin al otro tuvo vía
para subir en más alto lugar,
donde sentirá mucho hielo y fuego 565
y en todo cuanto hará para subir.
Y quien dineros juntará
para satisfacer otro deseo
de grosero pasa mucho el medio
pues le pondrán nombre de avaro; 570
del fin toma sobrenombre,
pues en aquel se para,
pues más se cuida por el fin
que en las cosas que allí fue,
pero de ellas no se aprovechó 575
sino como de paso.
Y quien pone su pensamiento
en las mujeres y esperanza,
y por eso dineros da,
bien puede ser llamado lujurioso 580

durant lo temps que n'és ginyós.
La fi li és tostemps davant
e per ses vies és obrant,
mas la fi està dins ell;
defora ·s mostra l'aparell 585
per la fi aconseguir;
e per ço veu hom fallir
lo juí de moltes gents,
jutjant los fets aparents,
los quals hom veu, mas no·l perquè. 590
¿Aquell qui·l fa, quina fi té
secreta ·n son amagat si?
Si bona o mala és la fi,
la intenció la jutjarà.
Poques fins hom ampendrà 595
havents les vies sens dolor:
al desijar tot és dolçor;
al posseyr, dupte no hy fall.
No és mester qu·ab escandall
hom vulla saber aquest fons: 600
ací veu hom reys e peons
en esta mar ser ofegats;
los primers són trastornats,
e lo darrer passa primer,
e per açò no és mester 605
que hy pens lo qui vol navegar,
mas que vulla los ulls clucar,
afermant lo compte de tots,
donant rialles e sanglots.
Mas alegria no han ja, 610
car de falç bé jamés serà
content lo seu posseÿdor,
car veu-lo molt prest perdedor
e dins ell molt terribl· afany.
No·n diré pus, car dins un any 615
cascuna llengua dirà poch.
E donchs, llunyem-nos de tal joch,
que tot lo guany és dolorós,
e lo cercar molt afanyós.

durante el tiempo en que está obsesionado.
El fin le está siempre delante
y por sus vías está obrando,
mas el fin está dentro de él;
fuera se muestra el aparejo 585
para conseguir el fin;
y por eso el hombre ve fallar
el juicio en muchas personas,
juzgando los hechos aparentes,
los cuales el hombre ve, mas no el por qué, 590
aquel que lo hace, que el fin tiene
secreto en su escondido seno.
Si bueno o malo es el fin,
la intención lo juzgará.
Pocos fines el hombre emprenderá 595
teniendo los caminos sin dolor:
al desear todo el dulzor;
al poseer, allí no hay duda.
No es menester que con escandallo
quiera conocer este fondo: 600
aquí ve el hombre, reyes y peones,
en este mar estar ahogados;
los primeros vueltos a atrás,
y el último pasa a primero,
y por eso no es menester 605
que lo piense el que quiera navegar,
mas que quiera los ojos cerrar,
afirmando la cuenta de todos,
dando risas y sollozos.
Pero alegría no tienen ya, 610
puesto que de falso bien jamás estará
contento su poseedor,
ya que lo ve muy pronto perdedor
y en él muy terrible afán.
No diré más, ya que en un año 615
toda lengua dirá poco.
Pues entonces alejémonos de tal juego,
pues toda la ganancia es dolorosa
y buscar, muy afanoso.

Al posseyr, de tot se'n treu, 620
per què ací cloure poreu
que lo delit d'aquell fals bé
no ·s ver delit; açò sent bé
molt hom qui hu passa e no hu sab.
E no penseu jamés acab 625
de saber l'apassionat
l'estament on està posat
car no escapa d'ignorant:
lo fals delit qui·l va davant,
acompanyat de la dolor, 630
mescla lo dolç ab l'amargor,
e bon delit mesclat no és
ab la dolor, ne·l prea res
qui aquell pur ha bé sentit.
Mas l'home de virtut fallit 635
aquest delit li par estrany,
e no creuria dins un any
que sia res, puix que no·l sent;
no té senyal, si· aparent
que tal delit se puix· haver. 640
Ell no sent res, sinó ·l plaer
que li presenta ·l delit mal,
lo qual li torna ·n natural,
e dins en la dolor se viu,
e de aquella no ·s esquiu 645
puix altre bé no coneix.
E clarament açò pareix
en los conversants malament,
car, de cert, viuen en turment:
delit en ells e dolor cau, 650
e si bé feyen, no·ls escau,
ans no volrían que Déu fes
que llur mal hàbit se perdés
per aquell bo de la virtut,
lo qual és fi e fort escut 655
per què no tem dolor lo pas,
e qui·l se vist no·s troba llas,
ans lo treball li dóna cor

Al poseer, se saca de todo, 620
porque aquí concluir podréis
que el deleite del falso bien
no es verdadero deleite; eso sienten bien
muchos hombres que lo pasan y no lo saben.
Y no penséis que jamás acabe 625
de saber el apasionado
el estamento donde está situado,
puesto que no escapa de ignorante:
el falso deleite que le va delante,
acompañado del dolor, 630
mezcla lo dulce con lo amargo;
pero el buen deleite mezclado no está
con el dolor, ni le aprecia
quien el puro bien ha sentido.
Mas al hombre carente de virtud 635
este deleite le parece extraño,
y no creería en un año
que sea nada, pues que no lo siente;
no tiene señal, sea aparente
que tan deleite se pueda tener. 640
Él no siente nada, sino el placer
que le presenta el mal deleite,
el que se le hace natural,
pero en el dolor vive,
y de él no es esquivo 645
pues otro bien no conoce.
Y claramente lo parece
en los que malamente lo practican,
ya que, ciertamente, viven en tormento;
en ellos se encuentra deleite y dolor, 650
pero si bien hicieran, no les sienta bien,
antes preferirían que Dios hiciese
que su mal hábito se perdiera
por el bueno de virtud,
la cual es fino y fuerte escudo 655
para que no tema que le traspase el dolor,
y quien lo usa no se encuentra lacio,
antes el esfuerzo le da coraje

que no·l ateny de por dolor,
e ço que promet, ell atteny;   660
e tant pot fer que nos estreny
que venim a molt prop de Déu,
e pot hom dir: —Açò és meu—.
Los altres béns, de altre són,
car són de natura o del món,   665
e lo saber és casi fum;
sol aquell bé qu· és en costum
de tenir dompdat l'apetit
a la raó, estret, subdit,
pot ésser dit propri del hom;   670
no·1 pot haver sinó lo prom
e de aquell deu ésser entès
car per saber en gran excés,
sens lo voler bé arreglat,
tal hom sabent e malvat   675
e valgra més que fos grosser
car no haguera tant poder
d'exir en obra de mal fet;
saber indiferent se met
car no termena l'hom a bé.   680
Lo bé que per natura ve,
si sdevé en l'home mal,
no porà ser sinó tal
com lo qui pot d'aquell usar,
e la color que·l volrà dar   685
pendrà com drap del tintorer.
Semblant és lo nostre voler,
que tot quant li porta lo juí
anar farà per lo camí,
d'on pendrà nom de mal o bo.   690
Tot quant que la fortuna dó
e quant ha donat e darà
serà segons ne usarà
l'hom ab l'arbitre ministrant.
No vull dir pus d'ací avant   695
per no ser dit feixuch per llonch;
per ço lo meu parlar estronch.

para que el dolor no le dé miedo,
y lo que promete, él logra; 660
y tanto puede hacer que nos constriña
que llegamos a muy cerca de Dios,
y puede el hombre decir: "Eso es mío".
Los otros bienes, de otro son,
ya que son de natura o del mundo, 665
y saberlo es casi humo;
sólo el bien acostumbrado
a tener domado el apetito
a la razón, reducido, sujeto,
puede ser dicho propio del hombre; 670
no lo puede tener sino el prohombre
y de él debe ser entendido,
ya que por saber en demasía,
sin la voluntad bien ordenada,
tal hombre sabio y malvado 675
le valdría más que fuese rudo,
para que no tuviera tanto poder
de salir con obra hecha de mal;
saberse indiferente
puesto que no determina el hombre al bien. 680
El bien que viene de natura,
si se convierte en el hombre mal
no podrá ser sino tal
como lo que puede de él usar,
y el color que le querrá dar 685
tomará como trapo del tintorero.
Semejante es nuestra voluntad,
que todo cuanto le lleva al juicio
hará ir por el camino,
de donde tomará nombre de mala o buena. 690
Todo cuanto la fortuna da,
y cuanto ha dado y dará
será según empleará
el hombre administrado el albedrío.
No quiero decir más de aquí adelante 695
para no ser llamado pesado por lo extenso,
por lo que mi hablar interrumpo.

VARIANTES Y MÉTRICA DE LOS CANTOS

(Las variantes que siguen proceden de la edición crítica de *Les Obres de Auzias March*, que dio A. Pagés de manera tan exhaustiva. Tan sólo se reproducen las más significativas y necesarias)

I. *Axí com cell qui·n lo somni·s delita·*

Manuscritos: A, B, D, E, F, G², K, L, N.

Ediciones: I, II, III, IV, V.

Variantes: 1. Si com aquell B. — 5. sabut de cert L; vehent star B; sentint venir laguayt de ma dolor D, E, F, G², I, II, III, IV, V. — 6. e no ignor que L; sens F, I. — 7. temps por venir F. — 8. ço ques no res a m. e. l. m. D, E, F, G², K, L, N, I, II, III, IV, V; que no es G²; spant me pren de tot lo venidor B. — 9. Al temps passat me trobe gran amor B, D, E, F, G², K, L, I, II, III, IV, V. — 10. amant no res puys tot es ja finit B, D, E, F, G², K, N, I, II, III, IV, V; e fam no res L; es ja tot E. — 11. yo sent molt gran delit B. — 12. tristor B; dobles ma gran dolor L. — 13. com es aquell B. — 14. e creurel fan que della scapara B. — 15. e li es dit E, L; e per lonch temps en la pensa sta B. — 20. de mals F, I; aport B, E, F, L, I. — 22. li pren A, B, L; pren lin F, I. — 23. veni F. — 24. seni F. — 27. males ... gitem F; quim fan Deu car tener E. — 29. llanc F, I. — 30. lafani B, F. — 32. tot lo dinar al ventrall li podreix L. — 34. daquelles F. — 35. tant ha D, E, F, G², I, II, III, IV, V; tan fa L; que lo F; lloch E, G², IV; los poblats L. — 36. per furtuit un cas laparex B. — 38. s. q. plaer N.

Traducciones: Romaní, Montemayor, Riquer, Gimferrer.

Métrica: 5 octavas *croadas capcaudadas* y 1 tornada.

II. *Pren-m· enaxí com al patró qu·en plaja*

Manuscritos: A, B, D, E, F, G^2, G^3, K, L, N.
Ediciones: I, II, III, IV, V.

Variantes: 1. platga F, plaja A, G^3, L, N, I, II, III, IV, V, platja B, D, E, G^2. La rima con haja parece indicar que corresponde plaja por lo que modifico la variante de F. — 3. e veu lo cel L; v. l. temps A; v. l. sol I. — 7. fa son juhi D, E, G^2, II, III, IV, V; es gens L. — 8. cerquar F los demás ms. cercar o sercar. — 9. mas (mes N) a les (las L) veus es lo vent fortunal D, E, G^2, G^3, L, N, II, III, IV, V. — 10. exir N. — 11. quins B, D, G^2, K, I, II, III, IV, V; quens E; quis G^3, N; quis FL; tancha A, L; tanca B, E, G^2, G^3, L, N, I, II, III, IV, V; tanqua F. — 13. car fuy enamorat E, L. — 14. sobresgat B. — 15. no te l. v. A, B, E. — 18. dins l'aygua fan repos B; dins l'aygu'auran sojorn E, L. — 19. ma gran amor L; mia I; no pens mudar se gos B. — 20. coneixent D, E, II, III, IV, V. — 27. si com lo sol N. — 28. cremal cos meu B. — 32. cest ell B; cest e A, E, K, L, N, II, III, V; çest D, IV. — 33. raho la desencolpa B. — 34. calitat A, E, G^3, L, N, I, IV; puys vol son be tostemps aquell seguint B. — cos B, D, E, G^2, I, II, III, IV, V. — 39. car lo cors gras.

Traducciones: Romaní, Montemayor, Anónima, Riquer, Ros, Gimferrer.

Métrica: 5 octavas *croadas capcaudadas* y 1 tornada.

III. *Alt e amor, d'on gran desig s'engendra*

Manuscritos: A, B, D, E, F, G^2, H, K, L, N.
Ediciones: II, III, IV, V.

Variantes: 1. Permolt amor A, B, K, L, N, II, III, IV, V; Vençut per alt E. — 2-4. vinent amor per aquests dos graons / me fa sentir estranyes passions, / si que mes carns han pres color de çendra. — 2. y esperiment D, II, III, IV, V. — 4. languir c. t. — 11. malat F. — 18. vos ma tenits per certa A.

Métrica: 2 octavas *croadas capcaudadas* y 1 tornada. La acentuación precisa, en la cuarta sílaba, obliga a acentuar el pronombre enclítico del verso 7: *Socoreu-me*.

Traducciones: Montemayor, Riquer, Ros, Icardo, Gimferrer.

IV. *Axí com cell qui desija vianda*

Manuscritos: A, B, D, E, F, G[1], K, N.

Ediciones: I, II, III, IV, V.

Variantes: 9. forment A. — 18. vostra gran avantatje E. — 19. se tenian damnatje E. — 20. que ço perdes don era delitos. — 23. sentir F. — 26. a son plaer B. — 33. cell es aquell qui sobra qualitat E. — 35. lo discret jutjament E. — 36. sclavas diu sua la voluntat D, E, II, III, IV, V. — 41. desdeny B. — 42. tots G[1]. — 43. tots desitxa B; festigs A. — 44. e tots jorns nas enseny E. — 49. al mon se pot saber B. — 51. en sperançal F; en delit ha sperança E. — 52. foll es e pech, molt pejor que grocer B.

Métrica: 7 octavas *croadas capcaudadas* y 1 tornada que sólo repite la rima de dos versos de los cuatro últimos de la estrofa anterior.

Traducciones: Romaní, Montemayor, Anónima, Ros, Badosa, Gimferrer.

V. *Tant he amat, que mon grosser enginy*

Manuscritos: A, B, D, E, F, G[1], K, L, N.

Ediciones: I, II, III, IV, V.

Variantes: 1. engeny B. — 3. leixant D, E, II, III, IV, V. — 4. quels amados han pel qual yo mengeny B. — 6. desitx luxurios B. — 7. de ques hom congoxos E; ell es molt gran e fa lom sospitos B. — 8. si es amor mes per tal nos deu dir B. — 9. si no A, B, D, G[1], L, II, III, IV, V. — 10. com ni perque jeyan lo verge ventre E. — 27. despullat A, B, D, E, G[1], L, I, II, III, IV, V. — 28. mon dan per vos ven gut E, IV, V. — 32. haure mon seny despes L; puys que haure mon seny per vos despes B;

puix que mon seny per vos havie despes I. — 38. e per
null cas me pens que no dissenta F. — 42. quen t. A, B,
E, G¹, K, L, N. — 44. puy F; pus A; puis E, IV; puix
D, G¹, II, III, V.

Traducciones: Romaní, Montemayor, Anónima, Quevedo, que las dieron incompletas. Juan Ramón Masoliver completa las estrofas que omitieron.

Métrica: 5 octavas *croadas capcaudadas* y 1 tornada que sólo repite las rimas de dos de los cuatro versos finales de la estrofa anterior.

VI. *Molt he tardat en descobrir ma falta*

Manuscritos: A, B, D, E, F, G¹, G², K, L, M.
Ediciones: II, III, IV, V.
Variantes: 2. per lo jovent D, G², II, III; negue A,
K. — 4. e majorament A, D, E, G², L, M, II, III, IV,
V. — 6. patio m. — 10. hon delit vol haver B; hon vol
gran pler aver M. — 14. lenteniment en amor contemplant
E, L, M. — 17. juhy no te dar B; en tal juy nos clar L;
quen tal j. n. e. c. M. — 20. tant com les vol prear B. —
23. munte A. — 24. quun infant poch desfa E, L, M. —
28. algun B; degun E, G¹; nengun G²; ningun II, III, IV,
V. — 29. vehent qui m. IV, V. — 30. donant D, E, G¹,
G², K, II, III, IV, V. — 35. altrecuydat A, B, F; laltre
cuydat L, M; Lentre cuydat E; ultracuydat G¹, G². —
36. garners F. — 37. bon seny te prou qui no hanteniment
B. — 38. per encontrar subtilment la raho B. — 39. de
mal F; de son bon componyo L, M. — 42. que juy. —
44. ne l'asa blanch. — 45. don'alguna B; de nalguna
M. — 46. nentenga be lo que requer amor B. — 48. e de
bon seny E; e de son seny G², L, M. — 50. diran A. —
51. pus franc D, E, G¹, G², II, III, IV, V.

Traducciones: Montemayor.

Métrica: 6 octavas *croadas capcaudadas* y 1 tornada. En las estrofas II y III combina las rimas consonantes con las asonantes, versos 9, 12, 13, 14, 15, 16, 17, 20, 21, 24.

VII. *Si com rictat no porta béns ab si*

Manuscritos: A, B, D, E, F, G², H, K, L, M, N.
Ediciones: II, III, IV, V.
Variantes: 4. mancha F; e may degu forçadament regi. — 6. falsetat L; dins A, L, M; sos D, G², II, III, IV, V; en lur armari closa E. — 7. o soterrats son de fexuga llosa E; o es ligat D, G², L, M, II, III, IV, V. — 12. ne subtil gens A, L, M. — 16. ten poch A, L; tan poch D, E, G², H, II, III, IV, V. — 18. per dret damor hom deu esser be volgut B; erem A, D, G², K, L, M; eram H. — 21. Aço fon ver mentramor fon amic B. — 22. stretament de vera conexença B; coneixença D, E, II, III, IV, V. — 23. mas entrells ara tal malvolença B. — 24. qu(e) damistat no pens que sia pratich B. — 26. lany A, L, M, V; se encorria A, L; quant un amor per altras conqueria B. — 31. mes A, K, L, M; certament A. — 32. c. v. b. ells A, L, M. — 33. raho H. — 40. com A, E, G², L, M; mort E, G², M; suy e vay no se hon E; so e vaig no se hon M; fuy e. v. G²; no se ahon A; no se hon L. — 41. primor F. — 43. enviats A. — 45. lam e just A, L, M. — 46. forts A, L, M. — 47. moviments B. — 48. dastral; mal D, II, III, IV, V; moll E. — 51. dient li donchs D, II, III, IV, V. — 60. me trobat A, L, M. — 62. dins e fora natura B. — 64. entendre A, E, H, L, M, IV, V. — 67-68. e dura fins quEbro puscampenyer / laygual reves e pels alts putxs stendre B.

Traducciones: Montemayor traduce sólo cinco estrofas.
Métrica: 8 octavas *croadas capcaudadas* y 1 tornada.

VIII. *Ja tots mos cants me plau metr·en oblit*

Manuscritos: B, D, E, F, G², H, K, N.
Ediciones: I, II, III, IV, V.
Variantes: 1. vull metr. N, I. — 4. si com flas dent yre cerquant delit N. — 5. ja nos conquer com aquell temps aymia I. — 6. cobles sospirs IV, V. — 7. no pogui may haver I. — 8. ni en aquest temps ni quant favor havia I. — 15. foll en pensar saber entendrel ver E. — 16. e com null temps use de maestria E; foll es y pech I. — 24.

quant es fermat en cap de gran follia E. — 25. bosch jorn e nit B. — 30. p. dolors sens alterar voler B. — 31. sino amar servir çelat tener E. — 42-44. quen aquest seny ne faça remaner / donant m'enginy per dexar lo carrer / hon son perduts çells qui damor fan guia.

Traducciones: Romaní, Montemayor, Anónima.

Métrica: 5 octavas *croadas unisonants* y 1 tornada. La obligada cesura del verso 4, después de la cuarta sílaba, es violenta al tener que hacer pausa entre el adjetivo y el sustantivo que califica.

IX. *Amor se dol com breument yo no muyr*

Manuscritos: A, B, D, E, F, G^2, H, K, L, N.

Ediciones: I, II, III, IV, V.

Variantes: 1-24. faltan en H. — 3. ginyes E; car sos enginys m'an duyt en aytal part E. — 11. en dar o. A, B, D, E, G^2, K, I. — 13. lo qui no sap B. — 15. mas ligals fets quen veritat stan B. — 16. e sabra molts de grat la mort passar B. — 16. e semblant mort Na Tisbe volch passar E. — 18. que segueixque l'aman B. — 21. carech F. — 25. e tot sol m'empeguesch E; e sol yo m'empeguesch K. — 30. tant largament A, B, D, E, H, II, III, IV, V; tan l. G^2.

Traducciones: Romaní, Montemayor, Anónima.

Métrica: 5 octavas *croades capcaudades* y 1 tornada.

X. *Si com un rey, senyor de tres ciutats*

Manuscritos: A, B, D, E, F, G^2, H, K, N.

Ediciones: I, II, III, IV, V.

Variantes: 1. hom G^2; de tres ciutats senyor I, IV, V. — 3. venjar A. — 4. lexa vençut A; vençes aquell B; l'a ja vençut E; menys de ser vencedor I, IV, V. — 13. vahent A. — 14. del dit possehidor A. — 15. del una A; del altre D, E, H, II, III, IV, V. — 18. e no fonch may B. — 19. perdre A, B. — 24. d'altre usar non gos A. — 28. tant es cargat mon dos A; çesta carg'a mon dos E. — 29. plaher A, D, E, G^2, I, II, III, IV, V; plahent H. — 31.

sa visibla pença A; sa invisible D, IV, V; sa vensible E; sa invinsible G²; lança B, F, H. — 34. per conseller me pres A. — 35. valer D, G². — en lur A, B, D, G², H, II, III, V; llur E, I, IV. — 38. cascu servint B. — 41. lir entre carts A. — 42. amar D, E, II, III, IV, V. — 43. amar A.

Traducciones: Romaní, Montemayor, Anónima, Riquer, Badosa, Gimferrer.

Métrica: 5 octavas *croades capcaudades* y 1 tornada. Hay, posiblemente, una intención de rima interior que se realiza de manera poco uniforme:

> ans del sol p*ost*   pel rey era venç*ut*
> fins qu·en les h*ost*   contra·l rey fon veng*ut* (6-7)
> lladonchs lo r*ey*   perdé la senyor*ia*
> de les ciutats,   sens ulla posseir
> mas l'enemich   dues li'n volch jaquir
> dant fe lo r*ey*   que bon compte·n retr*ia* (9-12)

instant-foragitant (19-20), vençut-calgut (21-22), vedat-grat (26), cascú-rebut-cascú-algú (36, 38-39). En la tornada:

> com per Am*or*   vénen grans sentim*ents*
> e per Am*or*   pot ser hom ignosc*ents*.

XI.   *¿Quins tan segurs consells vas encercant*

Manuscritos: A, B, D, E, F, G², H, K, L, N.

Ediciones: II, III, IV, V.

Variantes: 1. tants A, L. — 7. lo mon no te res qu'en ton plaer torn B. — 8. perque donchs futxs B. — 16. qui viu en llur sabor E. — 17. plorants F. — 18. rompents H. — 19. la mort me vol E. — 27. a mi l'esser d'Amor B; a mi l'esforç d'Amor D, II, III, IV, V. — 28. todos los ms. y ediciones, excepto F, poderosa. — 29. sagramenteregaran F; sagramentejaran A, D, E, G², II, III, IV, V; sagramentaiaran B; sagramenteraran L. — 30. que per null temps los tenran son poder B. — 31. recort B, D, E, L, II, III, IV, V. — 37. queb mi es a. E.

Traducciones: Montemayor, Riquer, Icardo, Batlló, Badosa, Gimferrer.

Métrica: 5 octavas *croades capcaudades* y 1 tornada.

XII. *Ja no esper que si· amat*

Manuscritos: B, D, E, F, G², H, K, N.

Ediciones: lo publica por primera vez, siguiendo el manuscrito F, J. Massó Torrents, *Manuscritos catalanes en la Biblioteca particular de S. M.*, Barcelona, 1888.

Variantes: 2. Pere Ramírez i Molas (*La poesia de Ausias March*, p. 27) opina que la variante *veu* del manuscrito F es incorrecta y hay que suplirla por *ven* (ve.n) que figura en los ms. B, E, G², H, con este sentido: 'no arriba a ésser conegut per vós'. En las ediciones de Pagès y de Bohigas se sigue el m. F que también tiene claro sentido: 'ya que mi querer no os ve responder (o corresponder) a mi esfuerzo.' — 11. heus fes venir en punt y acort E. — qual vol E. — 13. nom puch aiudar. — 15. dient F. — 17. be justat B. — 18. no fer recort E. — 22. sofrir F. — 24. en lo gran carrech aparençar E. — 30. ans me resclou per n. s. E. — 33. No pusch collir aquell desgrat E. — 39. evadir D, E. — 40. on F.

Traducciones: ninguna.

Métrica: 5 octavas *croades unisonants* y una tornada. Los versos son octosílabos a la manera provenzal ya que no cuentan con una sílaba más por terminar en agudo, según la versificación castellana. Este octosílabo de Ausias March, con unas pocas excepciones, acentúa en las sílabas 4 y 8 lo que divide simétricamente en dos partes convirtiéndolos en una serie de versos tetrasílabos, con rima los pares.

XIII. *Colguen les gents ab alegria festes*

Manuscritos: A, B, D, E, F, G², K, N.
Ediciones: I, II, III, IV, V.

Variantes: 1. ab molt alegres festes I. — 3. e delit ab los orts B. — 4. records A; recort I. — 9. cascun B. — 15. yames sera finat. — 17. tixion A, D, E, G², II, III, IV, V. — 19. si qu'en menjar E. — 22. los quals no cessan rompre B. — 24. no a dispensa I. — 29. pendre B. — 30. no poden be complir A. — 32. no sera hom qui pugs be amar A. — 34-35. ahon lo be es ab tot compliment / alli sabre de vos complidament I. — 36. d'est'amor F. — 38. e martre per amor B. — 39. prenent delit en la sua dolor B.

Traducciones: Romaní, Montemayor, Anónima, Riquer, Icardo, Batlló, Badosa, Gimferrer.

Métrica: 5 octavas *croades-capcaudades* y 1 tornada.

XIV. *Malventurós no deu cercar Ventura*

Manuscritos: A, B, D, E, F, G², H, K, L, N.
Ediciones: I, II, III, IV, V.
Variantes: 2. crohar A, B; crehuar o creuar D, G², H, II, III, IV, V; cruar I. — 9. jaquesch B; elegeixch D. — 13. mudans A, L; mondans degu no es major E. — 18. car temps gran es passat B; son ja cinch a. p. D. — 26. socos a ma gran set B; prou aygua a ma gran set D. — 28. nos pot D, E, G², H. — 41. pendre A, D, H, K, I, II, III, V. — 44. qui A, B, D, E, H, L, II, III, IV, V.

Traducciones: Romaní, Montemayor, Anónima.
Métrica: 5 octavas *croades capcaudades* y 1 tornada.

XV. *Si prés grans mals un bé·m serà guardat*

Manuscritos: B, D, E, F, G², H, K, N.
Ediciones: I, II, III, IV, V.
Variantes: 2. en delits (delit H) convertran D, H, II, III. — 3. passats los mals B. — 9. pensant en amor pença H. — 12. desconffensa F. — 17. lo foch B, H, I. — 18. que son entorn de aquell I. — 29. c. fets B, E, H. — 35. yo pas dolor mes que no diu mon gest B. — 36. e com mes pens ma pensa hi disent H. — 37. ans mira la hon sa te per embolta H. — 42. un hom B. — 48. los jovencells E.

Traducciones: Romaní, Anónima.
Métrica: 6 octavas *croades-capcaudades* y 1 tornada.

XVI. *Junt és lo temps que mon goig és complit*

Manuscritos: A, B, D, E, F, G², H, K, L, N.

Ediciones: I, II, III, IV, V.

Variantes: 1. que mos goigs son complits E. — 3. despertat D, II, III, V. — 4. quen mi no fou esllits. — 6. fort es stat com pot amor donar B. — 7. torbant H; cuytat F; penssant durment me cove despertar. — 9. qui deu sovint smenta I. — 11. insenssats e c. B. — 14. tal demanar hon fos pres tot mon alt B. — 15. resta mon cos malalt B. — 17. dolor sobrat ne ve D, II, III. — 19. plor G². — 20. damnosos me soste E. — 21. tals y tant forts B. — 22. sa f. A, B, D, H, I, II, III, V; ma f. E, G², IV. — 24. de sola por ja fuig l'entenimen E. — 25. nom hofen E; deffenent D, II, III. — 27. si prim sentits hoyrets los sanglots E. — 28. passament D, H, I, II, III; que m'arma fa d'aquest debatiment E, IV, V. — 35. ne p. e. p. F. — 40. ma gran desaventura E, G², H, IV, V. — 42. una F; bona K; gran pes d'amor ab laugera sperança B. — 44. e del retorn B.

Traducciones: Romaní, Montemayor, Anónima.

Métrica: 5 octavas *croades-capcaudades* y 1 tornada. En los vs. 21, 24, 25 y 28 emplea la licencia poética de suprimir la t final para la rima en -en, que difiere en la acentuación ortográfica que se da a estas palabras pero cuya pronunciación de e cerrada es idéntica en la región valenciana.

XVII. *Si Déu del cors la mi· arma sostrau*

Manuscritos: A, B, D, E, F, G², H, K, L, N.

Ediciones: I, II, III, IV, V.

Variantes: 7. no pot (esser D) coneguda D, II, III, IV, V. — 12. ab invisible mall B. — 13. est es Amor D, I, II, III, IV, V. — 14. quant per null temps pens ser de vos amat I. — 16. port a nos l'esperar D, G², H; porta n nos (vos III, IV, V) l'esperar E, II, III, IV, V; porta l desesperar I. — 20. amar G². — 23. o amados vullau grayr a deu B, K. — 24. com tots son farts d'amor e yo deju B, K. — 30. esperant rebre volta D, H, I, II, III; quin forças veu sperant ser anpes B. — 31. e quin delits sa vidan bolta es B. — 33. report F. — 34. que molts la mort per amor sostengueren I. — 40. tan ardiment D, E, G², H, I, II, III, IV, V. — 42. soferta F. — 48. d'aquell amor que avorrex conçell B. — 56. que de amor los defenes abtesa E. — 59. e pas dolor B.

Traducciones: Romaní, Montemayor, Anónima.

Métrica: 7 octavas *croades-capcaudades* y 1 tornada.

XVIII. *Fantasiant, Amor a mi descobre*

Manuscritos: A, B, D, E, F, G², K, N.

Ediciones: I, II, III, IV, V.

Variantes: 6. s'aparta A, B .— 8. gens A, E; torba A, K; trobe F, G², I. —12. que may A, D, III; que m'en pogues menys (may V) ardre D, II, III, V. — 14. amor F. — 17. alguna cosa (stable G²) stabla A, G²; cosa per si estable E. — 23. castich A, B, D, E, G², I, II, III, IV, V; assats A. — 26. aquesta llum A, E, G². — 28. sentiren A, B. — 31. qui del sper me mouen G². — 33-48. *estrofas intercambiadas en* F. — 34. vers A, F. — 36. tenebra D, G², II, III, IV, V. — 37. l'enteniment m'arrapa E. — 40. ver sentiment nom torbe A. — 41. filosoff A; philosofe B, G²; philosoff D, II, III, IV, V; philosof E, I. — 48. aquell desig del momenta delicte E, G². — 50. que amor no revela I. — 51. revelats A, B, D, E, G², II, III, IV, V; sino aquells que son estats son martres I. — 53. a mi sols donchs a mostrar sos miracles I. — 59. aço famor A; amor ho fa B, II, III, IV, V; l'amor ho fa D. — son gran secret a mi sol se descobre B.

Traducciones: Romaní, Montemayor, Anónima, Riquer, Badosa, Gimferrer.

Métrica: 7 octavas de rima libre y 1 tornada.

XIX. *Oiu, oiu, tots los qui bé amats*

Manuscritos: A, B, D, E, F, G², K, L, N.

Ediciones: II, III, IV, V.

Variantes: 1. amau B. — 4. en los passats y en los qui amor cau B. — 14. e tot quant fas se que torn'a mon dan E. — 15. me trob en poder gran E, IV, V. — 16. per dir vos lo que sent B. — 17. yo ame tant quel cos nom o consent B. — 18. lo meu desitx no es en costumat us B. — 19. mostre que am e vos men scus B. — 20. perque yo tem de vos tot mudament B. — 21. vetx paradis e infern davant mi B. — 22. desitx e tem mas la por davant va B. — 23. amor manpeny e lo contrari fa B. — 24. no dretament mas per altre cami B. — 25. si algun temps B. — 26. venges de mi B; be m'ha repres D, E, G^2, II, III, IV, V. — 27. lo veu voler yo confes en publich B. — 28. yo dich que am mas no gos dir a qui B. — 29. lo voler meu es en gran abundança B. — 31. e puys lo dir es pel voler regit B. — 32. com no gos dir B.

Traducciones: Montemayor, Riquer, Badosa, Gimferrer.

Métrica: 5 octavas *croades-capcaudades* y 1 tornada.

XX. *Alguns passats donaren si a mort*

Manuscritos: B, D, E, F, G^2, H, K, N.

Ediciones: II, III, IV, V.

Variantes: 2. qu'amor H. — 8. per vos tinch farts l'entendre y lo centir. — 10. tinch tot mon goig davant del esperit D, II, III, IV, V. — 14. hon mon mal y be feneixen D, II, III, IV, V. — 19. d'amor H. — 21. no pietat G^2, H; grans crueltats d'aquest be tenen guarda B. — 24. detrayment E; del prim motiu G^2; que vostre grat secret a mi no guarda B. — 44. nom f. F.

Traducciones: Montemayor. Dejó sin traducir la octava III. Gimferrer.

Métrica: 5 octavas *croades-capcaudades* y 1 tornada. Los versos 9-12 y los 33-36, además de las rimas ABBA, los hace rimar entre sí en asonante. Aliteración en el verso 3.

XXI. *Tant en Amor ma pens. ha consentit*

Manuscritos: A, B, D, E, F, G^2, H, K, L, N.

Ediciones: II, III, IV, V.

Variantes: 3. pusc H. — 8. ço que no's car tot mon desig confon D. — 9. mes A, B, D, H, L, II, III, IV, V. — 15. me tench trop abatut D. — 20. sentiment B;

sostinent E. — 22. que est F. — 27. que tenebres B, D, H, II, III, IV, V. — 28. y el de natura jau B; ma dama N. — 30. que no consent cresca vpstre voler B. — 31. no perde son poder B.

Traducciones: Montemayor.

Métrica: 5 octavas *croades-capcaudades* y 1 tornada.

XXII. *Callen aquells que d'Amor han parlat*

Manuscritos: B, D, E, F, G^2, K, N.

Ediciones: I, II, III, IV, V.

Variantes: 13. per esser es qui no trop tot son alt B; car nos un noble tot merce son alt. — 15. e yo non trob una dona tan sana E. — 16. quem fart lo seny em faça ser malt E. — 18. de res qu'a vos haja donat natura E. — 19. los F; de quant pot dar vos no passats fretura E. — 20. mas vostre cor vers amor no es calt E; per gran desig cascun esta malalt G^2. — 27. car per mon sentiment D, II, III, IV, V; com tan acordament E; com tan groceramen G^2; davent mi cau tot mon consentimen I. — 28. he cautivats sentiments (sentiment G^2) e raho E, G^2. — 29. del cos sens voler pus I; amors F. — 32. ab la qui te l'ull clus B. — 38. fuy per amor ences B.

Traducciones: Romaní, Montemayor, Anónima.

Métrica: 5 octavas *croades-capcaudades* y 1 tornada.

XXIII. *Llexant a part l'estil dels trobadors*

Manuscritos: A, B, D, E, F, G^2, K, N.

Ediciones: I, II, III, IV, V.

Variantes: 2. qui solen dir mes de la veritat B; qu'en llur escalf passen la veritat I. — 4. trop A, B, G^2; trob II, III, IV, V. — 5. aquest dictat I. — 8. encontra mi A, B. — 11. col pratich e subtil E, I. — 12. calor D, F. — 15. talle blancor pora molt be saber I. — 16. jui no sabra far I. — 23. no dorm E. — 26. per fer les bones dones I. — 40. a cobejar so que naturaus da I.

Traducciones: Romaní, Montemayor, Anónima, Riquer, Icardo, Badosa, Gimferrer.

Métrica: 5 octavas *croades-capcaudades* y 1 tornada. Aliteración en el v. 25.

XXIV. *No sech lo temps mon pensamen inmoble*

Manuscritos: A, B, D, E, F, G², H, K, N.

Ediciones: II, III, IV, V.

Variantes: 1. no semblal temps B. — 2. respost F; e nos muda ja d'un esser en altre A. — 3. pendre A, B, II, III, V. — 4. l'amistat A; acepta B, D, II, III, IV, V. — 5. e res qu'en sent al pus dins de son centre A. — 6. enasprit ha los torns de sa gran roda A. — 7. qu'ellisant A; c'allisant B, D, G²; qu'allisant E, II, III. — 8. e sera lla A. — 10. son desamich lo senta E, IV, V. — 11. del dan A. — 12. sent l'affany A. — 14. car son delit vol fer proces denulla. — 17. col turmentat A, E. — 19. volgra sofrir K. — 21. desig may no fartable A, E. — 24. par sentiment de bonba A; volents part de la pompa E. — 25. com lo castor B. — 27. car per estinch A. — 28. sent qui son mal ve tot per aquell membre A. — 31. matant mel cors espessagant me l'arma A. — 33. que lo desig me (sobta E) sopte A, E. — 34. e que fos tan adintre A. — 35. e que pensas A. — 38. nes te per cert que L'ivern tornar pusque A. — 39. axi son jo. — 40. veure no puix que esser content baste A. — 41. si l'engeny del gran poble B; lir entre carts lo meu voler se trempa. — 42. en ço que null amador sab lo tempra A; és tan grocer no bastant vos compenrre B. — 43. ffas ho perço que ma vida emprengua A. — 44. e los estremps durada no han largua A.

Traducciones: Montemayor.

Métrica: 5 octavas de rima libre (*estramps*) y 1 tornada.

XXV. *No·m fall recort del temps tan delitós*

Manuscritos: B, D, E, F, G¹, G², H, K, N.

Ediciones: II, III, IV, V.

Variantes: 1. yom recort be D, II, III, IV, V; Bem ven recort E, G². — 2. e james tal sera B; ignor si tal venra D, E, G², II, III, IV, V. — 4. pietat B, D, E, G¹,

G², H, II, III, IV, V. — 6. mostrant n'aver dolor com d'un mesqui B. — 11. la part F; e morint ell ma sperança falrra B. — 12. eyo so mort si moren aquests dos B. — 13. fon un temps que vos los albergaveu B. — 14. obrant en vos no tant mas com en mi B; car per ma fe vers vos james falli E. — 17-24. van colocados después 25-32 en B. — 20. mostraval cor hyros E. — 21. e vos de goig B, E, G², H, IV, V. — 27. lo sens amor un altra non sentra. — 28. l'hom B, D, E, G², H, II, III, IV, V. — 29. pensaveu F. — 34. llurs pensaments alça E. — 35. e qui d'apres vendra D, II, III; e qui mi llegira E; e quim ellegira G².

Traducciones: Montemayor.

Métrica: 5 octavas *croades unisonants* (con la misma rima) y 1 tornada. Estas octavas *unisonants* fueron empleadas preferentemente por el padre de Ausias, Pere March (*Al punt c'om naix comença de morir...; Yo·m meravelh com no y ve qui huylls ha...; Cest falç de Mon no·l presi puges...; Dompna·m platz ben arreada...; Tots grans senyors qui be vol avenir...; Cest qui ço fay don li deu seguir dan...*). La repetición de los dos últimos versos de cada estrofa o estribillo es conocida en la poesía provenzal aunque entre los trovadores es mucho más frecuente que los versos del estribillo sean de mayor número de sílabas que los otros que forman la estrofa. Por otra parte el uso del estribillo en la poesía arabigoandaluza prueba su antigüedad y ha dado, como se sabe, motivo de polémicas sobre su influencia en la lírica provenzal. Véase, R. Menéndez Pidal, *Poesía árabe y poesía europea,* en Colección Austral, núm. 190; Juan Coromines, *Del Pidal de don Ramón (Estudios dedicados a Menéndez Pidal)* I, pp. 19-54, Madrid, 1950 (las pp. 30-39 tratan del estribote); H. R. Nykl, *Hispano-arabic Poetry and its relations with the old Provençal troubadours,* Baltimore, 1946; Henri-Iréné Marrou, *Les troubadours,* Paris, 1971, pp. 113-131.

Los vs. 25 y 28 emplean licencia poética en la rima: *dolors:plorós,* y ya sigue con *-ors* en los vs. 33 y 36.

XXVI. *Yo crit lo bé si·n algun lloch lo sé*

Manuscritos: A, B, D, E, F, G², H, K, N.
Ediciones: I, II, III, IV, V.
Variantes: 1-24. No figuran en A y están reemplazados por los versos 1-16 del canto XXX. — 1. negun B; ningun K. — 3. car en dir mal yo no trobe delit; negu no p. d. H. — 8. e conegut tampoch no sen aumenta I. — 9. cristians B; cristianas D, I, II, III, IV; crestianas E, G², H; crestians F; christiana IV. — 12. perque say be viçi l'a dat empenta E; pegesa la ab vici dada empenpta I. — 13. salomo D, I, II, IV, V. — 14. e yo conech en menys homens virtut E; e yo conech en molt menys la virtut I. — 19. e cascun dias fon B. — 20. que fall calor en los fets de bonesa E. — 21. del pensament de la virtut s'asombren B; desombren III; bes lo nom tant dels que virtut desonren I. — 22. donchs hon sera l'executor algu B. — 23. oyr lo crit comu I. — 24. se desombren B, H; s'asombren II, III, IV, V. — 25. d'actes honest aombren B; de llurs bons actes honren E, I; d'actes honests descombren H. — 29. dant B, D, E, F, G², H, II, III, IV, V. — 31. fet A, B, D, E, G², H, I, II, III, IV, V. — 32. dient F, H. — 42. d'Armogenes A; d'Ermogenes E, G². — 43. mostrareu S, H; Sampso A, H; Samso B, D, II, III; Sanso E, G²; hon es la gran forsa d'aquell Sanso I. — 48. corrent cami sus (lla I) per la mar anava E, I. — 53. fallorem tots B. — 54. no ca a deu cuytar lo mon perir I. — 55. son poch a poch per si ha de finir I. — 56. seral ferrer deu y natura lo mall I.

Traducciones: Romaní, Anónima.

Métrica: 7 octavas *croades-capcaudades* y 1 tornada. El verso 1 por la rima *bé:sé* se convierte en un pareado de 5 y 7 sílabas, a la manera castellana o de 4 y 6 a la provenzal y francesa. Los versos 46-47 tan sólo presentan diferencia de rima ortográfica, ya que *mill* se pronunciaba *mil*. En la variante del ms. H aparece la forma *subtill*. El verso 21 tiene rima asonante con respecto a los 24, 25 y 26: *deshonren:aombren:desombren:escombren*. El ms. B da la variante *asombren*, véase el resto del verso en variantes.

XXVII. *Sobresdolor m'ha tolt l'imaginar*

Manuscritos: A, B, D, E, F, G¹, G², H, K, L, N.
Ediciones: II, III, IV, V.

Variantes: 3. dolt es A, D, E, L, II, III, IV, V; es dolç B, H; que li covench abatre B. — 4. lo meu mal sab quil vol dins mi cercar B. — 5. e veuram mi la discordia tanta B. — 6. no tinch en parts partit E; no A, B, D, F, G², H, L, II, III, IV, V. — 9. lo flach A, B, L. — 12. sab A, D, II, III, IV, V; sap L; fer H; no pot delliberar B. — 17. es mal senyal del cos mal sufferant E. — 18. com pert sentir per sobresgran dolor E. — 19. james guerra fins que senta calor E. — 20. ab sentiment del qui l'esta metjant E. — 21. axi m'a pres car ma raho s'absenta E. — 22. per gran treball quim tol lo pensament E. — 23. e sens aquell no esper guariment E. — 24. si be lo mal per miga dell lo senta E. — 25. si com la nau en lo golf perillan E; perllian F; perillant B, D, H, II, III. — 36. contrariis F. — 37. james desitxs B. — 38. de vida y mort B; qual dells millor seria IV. — 39. mestestria A. — 43. contra mon mal es poch remey dir ay B. — 44. mes propi es que pogues tost morir B. — 45-48. Ms. A, en el margen, con el título *Endreça:*

> *Plena de seny, lo meu cors departir*
> *del spirit   veurets ans que us desam.*
> *En l'ayre alt fara cridant un clam,*
> *pensant en vos, si us volrets penedir.*

Traducciones: Montemayor.

Métrica: 5 octavas, *croades* y 1 tornada. Las octavas I y II tienen las mismas rimas y lo mismo ocurre con las III y IV. Son, pues, *unisonats*. La V tiene rima independiente. Los vs. 25 y 28, que deben rimar con los 17 y 20, carecen de la -t final. En algunos ms. y ediciones (véase en variantes) aparece, en el v. 25, *perillant*.

XXVIII. *Lo jorn ha por de perdre sa claror*

Manuscritos: A, B, D, E, F, G², K, L, N.

Ediciones: II, III, IV, V.

Variantes: 2. que mostra les t. B. — 3. dormint (dormen G²) los senys e del cos (cor G²) les palpebres E, G². — 5. mals factes B. — 9. fac F; fas d'altra part peior que si matas B. — 10. m. h. junts G². — 15. via 's. F. — 16. complir ma o. D, G²; del qual voler dispensa E. — 19. vida d. A, E, II, III, IV, V.

Traducciones: Montemayor, Gimferrer.

Métrica: 2 octavas *croades-capcaudades* y 1 tornada. Emplea rimas equívocas (*pensa*), vs. 14 y 18.

XXIX. *Si com lo taur se'n va fuyt pel desert*

Manuscritos: A, B, D, E, F, G², H, K, L, M, N.

Ediciones: II, III, IV, V.

Variantes: 1. la taur N; se va A, L, M, N; fugint B; fuit G²; per A, B, D, E, G², L, N, II, III, IV, V. — 3. ne (no IV, V) vol tornar D, H, II, III, IV, V. — 8. los pensaments quim porten (portan B) les (las B, N; pahos B, L) paors A, B, L, M, N.

Traducciones: Icardo, Gimferrer.

Métrica: 1 octava *croada* o *esparza*. Vs. 1-4, rimas equívocas.

XXX. *Vengut és lo temps que serà conegut*

Manuscritos: A, B, D, E, F, G¹, K, N.

Ediciones: II, III, IV, V.

Variantes: 1. junt es lo temps A; Er son en temps que seran coneguts E. — 2. çells q. s. c. hauran E. — 3. qui es aquell havent tan sobtil art B. — per tal no sia haguts E. — 9. se deu metrel conort A, D, E; hom se pot fer perfetament fort B. — 10. volent la fi a que la virtut va B. — 11. sil cor es flach legea no fara B. — 12. mas flacament pendra patien mort B. — 13. dos actes son dels quals lo qu'es primer B. — 14. haver cascu si vol complidament B. — 15. ço es voler usar ardidament B. — 16. mas en lo cas vol e no ha poder B; contra si pratica tal mester K, N. — 18. mas no pora cloure l'ull del sabent B. — 19. vera lahor algu ja no consent B. — 20. e donchs quant mes l'a pres ab mal saber B; arbitraran qual del noms deu haver E. — 35. o per son Rey si compte lin es fet E. — 36. e si nou fa lo restant lo y guardona E. — 48. aquell F. — 53. algu B, N; mirar della penell E. — 56. si la sent c. d'e. E. — 58. m. de si B; m. del cos E, G[1].

Traducciones: no está traducido.

Métrica: 7 octavas *croades-capcaudades* y 1 tornada. Los cuatro últimos versos de cada octava reproducen la rima en los cuatro primeros de la estrofa siguiente, excepto los versos 18-19, que en vez de -en es -an. En las variantes del ms. B figura -ent (véase variantes). También en la tornada ocurre la misma discrepancia.

XXXI. *Molts hòmens oig clamar-se de Fortuna*

Manuscritos: A, B, D, E, F, G[2], H, K, N.

Ediciones: II, III, IV, V.

Variantes: 1. molt home veig clamar de sa fortuna A. — 2. en m. F. — 3. volents fermar ab ella uns tals pactes. — 4. quels donas be per tostemps essent una B; tals quen lur be per tots temps fos una E. — 5. volent mudar E. — 10. menys delits que affanys B. — 12. envers l'aver A. — 16. e vol A. — 19. f. menys mal A. — 20. p. cobrar A. — 22. que ab llur pes tan gran força retinguen K. — 23. ne ginys ne arts no faran que no vinguen A, E, G[2]. — 24. quey seran A. — 25. e (en E) per null temps A, E. — 26. llonchs plants d. l. terra a m. A. — 30. quen molt breu temps B; spay E, G[2], II, III; ell l'aura feta buyda A. — 31. el pobre hom B; que enrequir no cuyda A. — 34. spendre B; que pot fortuna sperdre E. — 37. mas l'hom qui es A. — 39. e d'altra part no aiuda encara A.

Traducciones: no traducido.

Métrica: 5 octavas *croades-capcaudades* y 1 tornada.

XXXII. *L'home pel món no munta·n gran valer*

Manuscritos: A, B, D, E, F, G¹, G², H, K, N. El ms. B tiene la primera estrofa repetida, reproducida por equivocación. El ms. D da dos veces todo el canto, que está borrado por otra mano.

Ediciones: II, III, IV, V.

Variantes: 1. pujar no pot algu (negu A, H) en molt (mes A, H) valer A, D, E, G², H, II, III, IV, V. — 3. la restant. — 4. e val se poch A; e no val se poch E; val e no ha sens les altres honor B. — 5. les altres B, D. — 6. car l'aver E. — 12. mas de saber l'esturment (l'estrument G²) ha cordar A, G²; menys de saber l'esturment acordar E. — 15. m. son c. A, E. — 16. quel haver d'hom hi cal A, D, E, G², H, II, III, IV, V. — 21. mas a las veus A; e a las veus E. — 22. fara F. — 24. s. falta A, E. — 25. esperiment virtut en l'hom procura E. — 26. cahent en l'hom qu'es dispost a virtut E. — 27. e sens aquell tothom porta escut E. — 28. pera cobrir lo seny o l'oradura E. — 29. aytant es bo l'om sens spariença E. — 30. c. l'avar A; com es dolent si per tal nos demostra E. — 31. virtuts morals no son menys de la mostra E. — 32. per l'acte fet A; l'act'es primer que no es la potença E. — 36. amants a si menyspreant (menyspresant A) la temença A, E. — 37. del jutjadors (jugadors A) refrenants ab vergonya A, E. — 38. per no guastar lur preu A, E.

Traducciones: ninguna.

Métrica: 5 octavas *croades-capcaudades* y 1 tornada. Vs. 22-23, la rima *sab-cap* es idéntica en la pronunciación *sap-cap*. Las variantes de G¹, H, II, III dan *sap* y G² *cab*. Los vs. 30-31 son de rima derivativa según la denominación provenzal, ya que riman dos formas procedentes de la misma raíz, la palabra simple con su compuesta.

XXXIII. *Sens lo desig de cosa deshonesta*

Manuscritos: A, B, D, E, F, G², K, L, N.
Ediciones: I, II, III, IV, V.
Variantes: 4. e car A, L; car totaus vull honesta B. — 11. tirant me vos B. — 16. d'un tal morir D, II, III.

quim tol 1. p. A, L. — 19. ço qu'es f. a. E. — 20. e pren de nou lo novell pensament E. — 23. partida D, G², II, III, IV, V. — 24. noy es molt esforçada D, E, G², II, III, IV, V. — 31. serials A, B, E, G², IV, V. — 37. aquest voler es qui no consent terme B. — 38. perço que amor de mi james nos parta D, II, III, V. — 39. la part d'amor B; car l'amador qui son voler no farta D, E, G², II, III, V. — 40. no crial cor B; nol rou d'amor D, E, G², II, III, V.

Traducciones: Romaní, Montemayor, Anónima.

Métrica: 5 octavas *croades-capcaudades* y 1 tornada. Vs. 41 y 44, de rima derivativa. Véase el apartado métrica del canto XXXII.

XXXIV. *Tots los desigs escampats en lo món*

Manuscritos: A, B, D, E, F, G², K, L, N.

Ediciones: I, II, III, IV, V.

Variantes: 3. segons mon juy e lo ferm del comu A. — 4. e llonch E, G², I, IV; son pochs sguart del qu'en mi lonc temps fon B. — 6. lo meu voler al desig pot mancar E. — 7. l'es forçat sperar B. — 8. bo ne mal p. E. — 12. del perillos turment E. — 13. car solament me plau donar entendre E. — 14. los s. F. — 15. e sabent vos que porta l'alt dins me E. — 20. lo meu voler no vol passar apendre E. — 21. degu no pot sos moviments mudar E. — 22. prin miviment es fora del juhi E. — 23. en veritat be puch ser dit mesqui E. — 24. com virtuos nom gos fer nomenar E. — 25. Virtut complesch, Dona, en vos amar E. — 26. car mon voler no vol passar en viçi: E. — 27. donchs no dech ser per vos tengut per niçi E. — 28. dats m'ardiment queus pug'amor mostrar. E. — 29. Orgue temprat no es pus acordant, E. — 30. que mon voler ab la virtut acorda, E. — 31. tirat de nou amador per tal corda, E. — 32. car nom trob si per ser gentil amant E. (*Al margen de estos versos 25-32 del ms. E se encuentra otra redacción de esta estrofa que presenta algunas variantes respecto a la que figura en el texto de este canto.*) — 26. n'amar fara venir E. — 29. discordant D; en mi so discordant E. — 32. l. m. poder A, B, D, E, G², L, I, II, III, IV, V. — 33. sta F, IV. — 36. e fer nou pusch E; que fer no puch

G². — 37. e voluntat L. — 38. llur semblan E. — 39. molt diversos estan E. — 40. nom sembla dret qu'en tanta part descorden B.

Traducciones: Romaní, Montemayor, Anónima.

Métrica: 5 octavas *croades-capcaudades* y 1 tornada. Hay rima interior en los versos 3-4 (*peu:meu*) y 25-26 (*amor:amador*).

XXXV. *Sia cascú per ben oir atent*

Manuscritos: B, D, E, F, G², K, N.

Ediciones: II, III, IV, V.

Variantes: 5. l. m. per hon passen E. — 7. com lo B. — 14. com no pusch desijar E. — 15. d'aquell desig qui solen costumar E. — 16. çells qui del foch del deu d'amor s'ençenen E. — 20. que d'esta pensa venen E. — 21. volgra morir e fas partit de viure E. — 29. no demanant merçe B. — 30. a vos en qui penja la mia vida B. — 31. e ja nos temps que ma veu sia hoyda B. — 32. fallit F; sol acomes p. m. E, G²; per mon defalt lo qual tot no dire B. — 33. havent penssat dins me B. — 37. axi suy eu qui null temps he attes E. — 40. de mort m'ayr e fora deu quant es B. — 42. prim en D.

Traducciones: Montemayor. No traduce la estrofa IV.

Métrica: 5 octavas *croades-capcaudades* y 1 tornada. Son forzadas las cesuras de los versos 19 al tener que separar el pronombre enclítico pospuesto al verbo, y el 30 con la pausa del relativo con el verbo. El verso 29 ofrece rima interna *me:mercè*.

XXXVI. *¡O mort, qui est de molts mals medecina*

Manuscritos: A, B, D, E, F, G¹, K, L, N.

Ediciones: II, III, IV, V.

Variantes: 1. del mon la mediçina I. — 3. e contra A, D. — 6. anant A, L. — 10. que aquella trespasse E. — 12. un altren vol dant pena infinida D, E, II, III, IV, V. — 14. yo pens remey D, II, III, IV, V. — 17. per degun temps m'esmenta B. — 18. dolor d'algu e donchs quant mes la mia B. — 19. que no don plor B. — 23. no sera poch B. — 27. lo meu voler al vostre (vostra A) s'abandona A, B, L. — 28. en aquest mon per deeseus (dehessaus B, L) v. c. A, B, L. — 31. l. g. dolor B.

Traducciones: Montemayor, Badosa.

Métrica: 5 octavas *croades-capcaudades* y 1 tornada. En la estrofa II hay rima interior en asonante: -an:-al:-any: -ant; -eny:-ey:-or:-ort.

XXXVII. *La mia por d'alguna causa mou*

Manuscritos: A, B, D, E, F, G¹, H, K, L, N.

Ediciones: II, III, IV, V.

Variantes: 2. si bel juhí E; b. sser D, II, III, IV. — 5. qu'es aço donchs II, III, IV, V. — 10. causa no veig E. — 15. me trop tal pensament B; e tan espessament G¹. — 16. a mi es cosa serta H. — 18. d. q. he poch parlat E. — 21. celar H. — 22. e per tostemps B; mon voler A, K, L. — 28. de si nous vol donar B. — 32. forçant a vos. — 33. t. greus A, L. — 34. g. sperar B. — 36. p. podeu H. — 38. consciencia F. — 40. q. v. conech E. — 41. no dire ja D, E, H, II, III, IV, V; no dire may E. — 42. yo tinch D, E, II, III, IV, V. — 44. volguera G¹, H; enans A. — 47. de sa virtut defall E, IV, V.

Traducciones: Montemayor.

Métrica: 6 octavas *croades-capcaudades* y 1 tornada. Encabalgamiento vs. 17-18.

XXXVIII. *Si bé mostrau que mi no avorriu*

Manuscritos: A, B, D, E, F, G¹, H, K, N.

Ediciones: II, III, IV, V.

Variantes: 6. non part mas tot entegre B. — 7. lo mon e mi renegue B; tot mon voler es (negue D) negre D, E, II, III, IV, V. — 9. trobar H. — 15. m'aportara A, D, H, II, III, IV, V. — 22. que en F. — 29. al i. A, B, D, E, G¹, H, II, III, IV, V. — 33. vostre D; voler II, III, IV, V.

Traducciones: Montemayor.

Métrica: 5 octavas *croades capcaudades* y 1 tornada. Los primeros hemistiquios de los vs. 1 y 2 riman entre sí.

XXXIX. *Qui no és trist, de mos dictats no cur*

Manuscritos: A, B, D, E, F, G¹, H, K, N.

Ediciones: II, III, IV, V.

Variantes: 1. dictants F. — 3. mal A. — 5. mostrants A, B, D, E, H, II. — 7. tal tristor B. — 8. per vos sens vos amor la m'a portada B. — 9. torbada A; orbada B; estada F. — 15. del p. F. — 18. les penses (pensas B, festes G¹) d'amor c. A, B, E, G¹. — 22. qui p. F; quem D, II, III, IV, V. — 26. de no haver en mon pus bell partit A. — 28. retant d. A. — 29. e la maior part de mon delit es A. — 33. gents A, B, D, E, G¹, H, II, III, IV, V. — 35. mas no d'amor cuyt haver gran conquista A. — 36. puys tal be y ha Deu mes; sentir sos mals pus en ells delit es A. — 37. speriencia F. — 40. per sa gran benvolença A, E. — 44. e pres lo seu A; e per ell seu E.

Traducciones: Montemayor, Sánchez de las Brozas (El Brocense), Riquer, Icardo, Badosa, Gimferrer.

Métrica: 5 octavas *croades-capcaudades* y 1 tornada. Encabalgamiento en los vs. 38-39.

XL. *Cell qui d'altruy reb enug e plaer*

Manuscritos: B, D, E, F, G¹, H, K, N.

Ediciones: II, III, IV, V.

Variantes: 1. lo qui d'algu B, D. — 4. desplaer B, H. — 8. quant es pus lluny E; enoyarament F. — 17. yra met l'om sovent en desesper B, D. — 19. en tan falex l'ome quant es irat B, D. — 21. ama l'om B, D. — 25. egualat de poder B, D. — 27. fins quel vencra ho d'ell sera sobrat B, D. — 28. juhuy F. — 29. per semblant cas B, D. — 30. desordenat B. — 33. darrer B, D, II, III, IV, V. — 35. darrerat B, H; derrerat D; nderrerat E. — 36. si quem pensi no poder se refer B, D. — 39. quel çel fos traspassant E. — 40. cridant raho e venc en sa valença E.

Traducciones: Montemayor.

Métrica: 5 octavas *croades unisonants* y 1 tornada. Hay rima interior en algunos versos de las estrofas I, II y III. El v. 43, una forzada cesura tras la cuarta sílaba.

XLI. *Volgra ser nat cent anys o pus atràs*

Manuscritos: B, D, E, F, G¹, H, K, N.
Ediciones: II, III, IV, V.
Variantes: 2. car yo s. B. — 4. sa vilessa H. — 6. prop la força te casa B. — 7. futx per barranchs e rasa B. — 9-44. faltan en el m. F. — 13. lo malvat hom B. — 15. molts s. B. — 24. prop es d'aver nom de mals desijos B. — 30. d'açoms retrau B. — 31. quin lo ben dir s'enflama B. — 32. no scalfadament B. — 35. l'es molt greu D, E, H, II, III, IV, V; quant hou levar la suma B.

Traducciones: ninguna.

Métrica: 5 octavas *croades-capcaudades* y 1 tornada.

XLII. *Vós qui sabeu de la tortra·l costum*

Manuscritos: A, B, D, E, G¹, H, K, M, N.
Ediciones: II, III, IV, V.
Variantes: 8. p. g. voler A, M. — 9. penseu A, M. — 11. v. vostra carn B. — 12. e pens quel nom En Joan junyent cayga B. — 17. vos conaxeu A, M. — 18. volgues amar n'Armangol cavaller B. — 19. en pler A, M. — 20. se dara. — 21. molt sutzeada A, M; la'msutzada D, G¹. — 23. barrejat B; baretat H, K. — 32. o tortres sens cardada A, M; tortra ho cugulada N. — 35. us nomenaran A, M. — 36. en lo respost nous mostreu empetxada A, M. — 42. Muntbuy A, M; Monboy D, G¹, H, IV, V.

Traducciones: ninguna.

Métrica: 5 octavas *croades-capcaudades* y 1 tornada. Hay rima interna en los vs. 1-2, 20-21. Acentuación forzada, licencia poética, en el v. 28 e mostren-hó.

XLIII. *Coratge meu, a pendr· esforç molt tart*

Manuscritos: B, D, E, F, G¹, H, K, N.
Ediciones: II, III, IV, V.
Variantes: 1-8. *faltan en* F. — 18. yom F. — 19. qu'es semblant E. — 21. algun fort acte B. — 24. amor feu lo contracte B; per amigables pactes H. — 25-44. *faltan en* H. — 30. m. en apparença E. — 32. qu'ardiment D, E, G¹, II, IV, V. — 42. *falta* fi *del segundo hemistiquio.*
Traducciones: Montemayor.
Métrica: 5 octavas *croades* y 1 tornada.

XLIV. *Tot metge pren càrech de gran consciença*

Manuscritos: A, B, D, E, F, G¹, H, K, L, N.
Ediciones: II, III, IV, V.
Variantes: 4. son dels mals conexença H. — 5. cl. mon merexer D, II, III, V, *en D escrito por una segunda mano.* — 10. algun t. B; ningun t. E; aparra E; aportara G¹, IV, V. — 12. fet mal A, B, L. — 18. venir ja no poran II, III, V. — 20. corrent E, IV, V; fos jo amat un jorn ans de morir B.
Traducciones: Montemayor.
Métrica: 3 octavas *croades-capcaudades* y 1 tornada.

XLV. *Los ignorants Amor e sos exemples*

Manuscritos: A, B, D, E, F, G², K, L, N.
Ediciones: I, II, III, IV, V.
Variantes: 7. axi com es la mort d. g. s. E. — 8. qu'en gran dolor A; mescla A, D, E, I, II, III, IV, V; e qu'en delit dolor d'amor se mescla B. — 14. en poch temps E, G². — 17. Deu e lo cel B. — 18. volgre'nfluir B; dors F; d. p. invencibles D, G², II, III, IV, V. — 19. mi enclinant ab natura diversa B. — 22. sentint B; mudada B. — 24. ans al cech (seu A) foch complidament se lliura (lliure) A, D, E, G², II, III, IV, V. — 29. que delitabl'es dita B. —

30. e son exces a desonestat guarda B. — 31. menys de saber (sentir E, G²) dins mi aport ses armes D, E, G², II, III. — 33. per los senys forans entra B; per un (hu G²) dels senys dins entra E, G². — 37. e per quel cors en grau delitos munte A, D, E, G², II, III. — 39. de la person'amada B. — 40. desigants A; desijants II, III, IV, V; requer l'amant B. — 41-100. *faltan en* L. — 45. n. t. cança; falga B; folga D, E, G², I, II, III, IV, V. — 54. delitant s'en la forma E, G². — 58. es mig forçat A, E, G²; aquests abdos complaure E, G²; casi forçat es aquests dos complaure D, II, III, IV, V. — 62. e d'aquells tots los actes bons Qu'en ixen A. — 64. son pus ardents D, E, G², II, III, IV, V. — 67. la raho d'om B. — 69. lo juy gens no e. A. — 70. e de la carn tant b. c. A. — 86. qui t. D, F. — 88. e foch mes que tenebra B. — 94. pel gran delit A, B, I; la vida llur en un espirit penja D, E, G², II, III, IV, V. — 96. n. s. qui est B; n. s. quant pots E. — 97-100. *faltan en la ed.* I. — 100. natural ignorança A.

Traducciones: Romaní (excepto la tornada), Montemayor, Anónima (excepto la tornada).

Métrica: 12 octavas de rima libre (*estramps*) y 1 tornada.

XLVI. *Veles e vents han mos desigs complir*

Manuscritos: A, B, D, E, F, G¹, H, K, N.

Ediciones: I, II, III, IV, V.

Variantes: 1-12. *faltan en ms.* H. — 1. mon D, II, III, IV, V. — 3. amar F. — 8. que tots ensemps I. — 17. Los marines H. — 20. quals confessors I; descubert no auran H; q. d. a. c. n, s'hauran B. — 21. cauran A. — 22. notare A. — 23. ma ferma voluntat A, B. — 30. no metau mi en o. IV. — 32. c. vos B, D, G¹, H, I, II, III, IV, V. — 33. quant sere mort B. — 34. sia tostemps I; tots A, B, D, F, H, II; tosts G¹. — 42. apres de qui la vida deus li tol I. — 60. per que de vos james yo no sabre E.

Traducciones: Romaní, Montemayor, Anónima, Riquer, Ros, Icardo, Batlló, Badosa, Gimferrer.

Métrica: 7 octavas *croades-capcaudades* y 1 tornada.

XLVII. *Bé·n maravell com l'ayre no s'altera*

Manuscritos: B, D, E, F, G¹, H, K, N.
Ediciones: II, III, IV, V.
Variantes: 16. no trobareu pus scusa'n mon dir. — 17. u. c. t. fer B, E. — 19. mas jo som cert B. — 21. p. s. favor B. — 22. sens pensar liga. — 24. e pot se fer B, D, E, G¹, H, II, III, IV, V. — 25. e si es ver E; s'ivern G¹. — 27. *falta* un *en* F. — 32. e ja s'en ha sospita B; majorment qu'es sospita E. — 39. fins quels prelats portaran al coll fusta B; e planyent mi de si Amor injusta IV. — 40. per vos cremar de foch mes calt ardent B. — queu F.
Traducciones: Montemayor, Gimferrer.
Métrica: 5 octavas *croades-capcaudades* y 1 tornada.

XLVIII. *Ab vós me pot Amor ben esmenar*

Manuscritos: B, D, E, F, G¹, H, K, N.
Ediciones: II, III, IV, V.
Variantes: 1. be H; stimar B. — 4. se pora compenssar B. — 5-6. *invertidos en* F. — 6. lo mal qualardonat D, II, III, IV, V. — 11. que so vostre servent E. — 17. creu F, G¹. — 18. a vos esser plaent B. — 20. seram leuger B. — 26. si m'aveu grat B. — 27. seguretat B. — 33. no pera pus bellaus volch Deu dar E. — 36. pot li H; pot donar F. — 43. ha millorat G¹, H.
Traducciones: Montemayor.
Métrica: 5 octavas *croades-unisonants* y 1 tornada.

XLIX. *A mal estrany és la pena estranya*

Manuscritos: A, B, D, E, F, G¹, H, K, N.
Ediciones: II, III, IV, V.
Variantes: 1. e. l. pensa e. A. — 5. sacostal impossible B. — 8. plenament H. — 15. desatentant A; desasentant B, D, G¹, IV, V; dessatentat H. — 16 tenia ja l'orella D, II, III, IV, V. — 17-44. *faltan en* H. — 18. passades D, II,

III, IV. — 23. los muts los cechs vehessen G¹. — 26. sius membrau A; Arnal E; Daniell F, H, K, N; Daniuel D. — 28. sabreu A; ves mi A. — 29. la que yo am B. — 38. que sens bastol castiga B.

Traducciones: Montemayor, Gimferrer.

Métrica: 5 octavas *croades-capcaudades* y 1 tornada. La cesura tras la sílaba cuarta del verso 3 es forzada.

L. *Si com aquell qui per sa·nfinitat*

Manuscritos: A, B, D, E, F, G¹, H, K, N.

Ediciones: II, III, IV, V.

Variantes: 1. sinfinitat A; sa infinitat K, IV. — 5-44. *faltan en* H. — 7. amar A, D, E, II, III, IV, V. — 8. d. m. me f. g. n. D, G¹, II, III, IV, V. — 10. calitat A; no f. A, B, D, E, G¹, II, III, IV, V. — 11 car mon desig D, II, III. — 13. perque jous ame tant A, B. — 17. nom m. D, II, III. — 19. que tant en vos sentis B. — 21. de tant no lou B; no llou d'aytant E. — 25. delit B. — 28. qui mes qu'a si us amas E. — 29. per molt'amor E. — 31. los sobrevench lur mal B. — 38. c. nom A. — 39. e sab me greu D, E, II, III, IV, V; offensa A. — 42. non solament mas entrat per la vista B.

Traducciones: Montemayor.

Métrica: 5 octavas *croades-capcaudades* y 1 tornada. Aliteración en los vs. 15-16.

LI. *Tal só com cell qui penssa que morrà*

Manuscritos: A, B, D, E, F, G¹, H, K, N.

Ediciones: II, III, IV, V.

Variantes: 1. Atal com çell H. — 6. e (que N) no tem prou (preu A) ne ferm (fer F) pot esperar A, B, F, N. *Dos versiones en* F, *una común a* A, B, F, N, *la otra a* D, F, G¹, H, II, III, IV, V. *Esta última, la que acepta Pagès en su edición y también Bohigas, fue tachada en el ms.* F. — 7. a vos ferm desijar E, F, N; sens per vos *tachado y reemplazado por* a vos ferm en F. — 8. nen puch restar B; desesperat B, H. — 15. l. m. esforç A, B. — 19. aquell'es

mon D, G¹, II, III. — 22. offerint B. — 24. e fallint ell
Amor es en fallença IV. — 25. jeson G¹. — 26. teseu B,
G¹; tesseu H; ariana D, E, II, III, IV; adiana F; ariadna
V. — 28. encas F; encas he en D, II. — 37. benviure B,
II, III, IV, V; belliure F; belliura H.

Traducciones: Montemayor.

Métrica: 5 octavas *croades-capcaudades* y 1 tornada.
Rima interior en los vs. 8-9 y en otros rimas asonantes.
La cuarta sílaba del v. 20, la átona "yo" hay que acentuarla. Es forzada la cesura de este verso y del anterior.
Los vs. 18-19 la rima *defen*:*turment,* como licencia poética.

LII. *Clamar no·s deu qui mal cerca e troba*

Manuscritos: B, D, E, F, G¹, K, N.

Ediciones: II, III, IV, V.

Variantes: 1. molt B, F, N. — 8. que deu no pot fer
tort B. — 11. si be no es son saber constrenyent B. — 12.
no sera menys B. — 13. ell sera tal B. — 17. fort punt
B; vengut B, E. — 19. luny D, II, III, IV, V. — 23. j, veig
G¹; despendre B. — 24. mon p. B. — 31. vendra F. —
33. veig a. E, G¹, V; eb difamat loch amich vos vetx siure
B; en humanal loch amich no us veig siure D, II, III,
IV. — 38. sil pren de vos merçe B. — 40. que us te secret
la que haveu servida B. — 45. algu n. B.

Traducciones: Montemayor.

Métrica: 6 octavas *croades-capcaudades* y 1 tornada.

LIII. *Ab tal dolor com l'espirit s'arranca*

Manuscritos: A, B, D, E, F, G¹, H, K, N.

Ediciones: II, III, IV, V.

Variantes: 1. aranqua F; aranca H. — 4. alterra F;
tornat-se E. — 5-8. *estos versos aparecen 6,7,5,8 en* H. —
6. partint se d'ell la sua s. E, IV, V. — 11. si no mudar
de ligch H. — 17. desarets A; desaret B; gran deserets
D; deserets F; descrets H; grau de secrets II; flachs bes-

trets III, IV, V. — 23. 1. flama n. B, IV, V. — 24. sant A, B, G¹, IV, V.

Traducciones: Montemayor.

Métrica: 5 octavas *croades-capcaudades* y 1 tornada.

LIV. *¿Qui, sinó foll, demana si·m enyor*

Manuscritos: A, B, D, E, F, G¹, K, N.

Ediciones: II, III, IV, V.

Variantes: 2. vivint a. B. — 3. qui's F. — 5. é trespassat A. — 7. rete res volent A. — 8. sol esparat A; sol esperant A, E, N. — 11. si nol entench A. — 12. haure infern t. A. — 17. conech que m'abandona E. — 22. si qu'esser pus la persona d'aquella A. — 23. seria molt al mon gran m. A, E. — 25. viura plasent A. — 26. car aquell es A. — 31. quescuna poch que munda A. — 36. m. golosa A. — 40. quin m. obra d'A. p. A. — 43. d. g. amor D, E, G¹, II, III, IV, V; nom cal F, G¹. — 44. que sera donchs dels quen llurs mals estan B.

Traducciones: Montemayor, Gimferrer.

Métrica: 5 octavas *croades-capcaudades* y 1 tornada.

LV. *Per molt amar ma vida és en dupte*

Manuscritos: A, B, D, E, F, G¹, H, K, N.

Ediciones: II, III, IV, V.

Variantes: 3. de jorn en jorn B. — 6. puys m'a anpes e vol me drenqlir B. — 7. mas si del tot de mi s volrra partir B. — 8. desitx mora qui m'es fort patio B; e c. delit A. — 9. donat m'a deu A, E. — 10. se guarda A, D. — 11. ffent als serveys molt ben acompanyar A; contemplar H. — 13. yo am amor A, D, E, H, II, III, IV, V. — 14. per ellam nou A. — 16. a. vall que sa culpas A; colpa B. — 18. el dret grat d. p. A. — 20. tembra l. m. fama A. — 22. ellam volgue A; volgue B, G¹. — 23. envergonint A. — 24. valer D, II, III, IV, V. — 25. mos dies ab tristor B. — 27. estremament. — 29. abrassat A; no bastant D, II, III. — 31. en colpa A. — 38. qui es al cos fexuch B. — 39. una ora F; que sere destruch B. —

40. q. perdal m. sere millor p. A; si totalment del mon no sere partit B. — 44. que morra sil desig es complit D, H, II, III, IV, V.

Traducciones: Montemayor.

Métrica: 5 octavas *croades capcaudades* y 1 tornada. El v. 8 es bimembre.

LVI. *Ma voluntat, amant-vos, se contenta*

Manuscritos: A, B, D, E, F, G¹, H, K, N.

Ediciones: II, III, IV, V.

Variantes: 1-12. *faltan en* F. — 2. y en lo finit infinitat lis mostra E, IV, V. — 3. e donchs de mi vullats (vullau IV, V) haverne mostra E, IV, V. — 4. si pas les lleys qu'amor als seus presenta E, IV, V. — 5. car en amor no pusch terme atenyer E, IV, V. — 6. hon los mes aquest terme atroben E, IV, V. — 7. d'amar A, D; propietat de ver amor derroben E, IV, V. — 8. e yon tal cas B; el cami llonch en poch volent (lo'strenyer IV, V) estrenyer E, IV, V. — 9. nom A. — 16. recont H; qui seraquell qui parle d'a. g. B. — 17. en grossa t. B. — 19. als no E. — 25. Ab gran delit B. — 26. v. en amor B. — 28. car p. B; me *falta en* F. — 29. pocamor B. — 34. per hon alt B. — 35. tal alt fa mi (me fa H) r. D, H, II, III, IV, V; e si della en bax me fa remetre B. — 38. en lo cami pendra ma vida terma B. — 39. deu vulle quel c. B. — 42. no delit durant e que contenta B. — 43. lo meu es tant que nos pot fer aumenta B. — 44. m'aterra G¹, II, III, IV, V; als cels menaça guerra B, K.

Traducciones: Montemayor.

Métrica: 5 octavas *croades-capcaudades* y 1 tornada.

LVII. *Por de pijor a molts fa pendre mort*

Manuscritos: B, D, E, F, G¹, H, K, N.

Ediciones: I, II, III, IV, V.

Variantes: 8. qu'es en (e V) nostre juhi D, G¹, H, II, III, IV, V. — 9. a. p. mort I. — 12. p. l. dolor I. — 14. lo poder B. — 16. qui pert lo cos E. — 17-24. *faltan en* I. —

19. no pogen desviar B. — 23. es vençut B, H. — 27. mor F; *la t es añadida por otra mano, señala Bohigas.* — 30. sa peticio I. — 32. de spirit lo suplica B. — 35. mas los que raho mana B. — voler m. B. — 38. qual f. F, G¹, IV, V. — 39. que preu tan rich causa E; segons lo molt que costa I; gran es en si e segons quil sacosta B. — 40. rende H; per dues parts tal be nos pot comprendre B. — 41-44. *faltan en* I. — 43. los no tocats B. — 44. dependre E.

Traducciones: Romaní, Anónima, Badosa.

Métrica: 5 octavas *croades-capcaudades* y 1 tornada. Los versos 1-4, además de la rima abrazada son monorrimos asonantados. Intensifican esta asonancia la aliteración del primer hemistiquio del verso inicial (*Por de pijor*) y *mort* en el primer hemistiquio del verso tercero. Los vs. 21 y 24 riman *cors:mos*; los mss. B, D, E, G¹ y las ediciones II, III, IV tienen la forma *cos*. En cuanto a los vs. 33 y 36, la rima *iniqua:riqua*, los mss. E, H y la ed. I dan la variante *inica*, usada antiguamente junto con *iniqua*. También se empleaba *iniga*. Posiblemente Ausias March *iniqua* lo pronunciaba *inica*. Los mss. D, E, H y las ediciones I, II, III, IV, V dan la forma *rica* y no *riqua*.

LVIII. *Si com l'hom rich que per son fill treballa*

Manuscritos: A, B, D, E, F, G¹, H, K, N.

Ediciones: II, III, IV, V.

Variantes: 4. tots goigs A; e lo cap de goigch talla H. — 6. lo be B. — mon delit H; atendre A, B; compendre D, E, G¹, II, III, IV, V. — 8. lo quem fonch gotx ara prench en despit B. — 16. a aquest F; d'aquest meu dir nps façau ergullosa E. — 19. d'aquest B, D, E, II, III, IV, V; t. no son F. — 20. si fiu en ell, ma pensa es dubtosa E. — 23. e donchs D, H, II, III, V; dincert E. — 24. torbant G¹. — 28. ço fa que pot E. — 36. que li dona punctura A; del qual es sa factura D, E, H, II, III, IV, V. — 45-48. Los mss. D, H y las ediciones II, III ofrecen la tornada siguiente:

> Lir entre carts, quant lo desig es gran,
> vol compliment per fugir a dolor,

> e, ja complit, ensemps mor ab amor:
> en mi tot sol tal us es ja erran.

El ms. E y las ediciones IV y V reproducen los dos textos.

Traducciones: Montemayor.

Métrica: 5 octavas *croades-capcaudades* y 1 tornada. La obligada cesura tras la sílaba 4 es bastante forzada en algunos versos (17, 19) por la relación inmediata entre las palabras o a causa de los encabalgamientos (9-10 y 41-42).

LIX. *Sí co·l malalt que·l metge lo fa cert*

Manuscritos: B, D, E, F, G[1], H, K, N.

Ediciones: II, III, IV, V.

Variantes: 1. Si com aquell B. — 3. si de veri no beu un plen anap D, E, H, II, III, IV, V. — 11. on creu B, D, E, G[1], H, II, III, IV, V. — 13. la mi' arma D, II, III, IV, V. — 17. ja veig penjar la mola B, D, E, H, II, III, IV, V. — 20. mes H. — 30. y ab cuytat B. — 31. no havent pus B. — 38. non meriu tan gran colpe E. — 39. de present v. e. E, IV, V.

Traducciones: Montemayor, Badosa.

Métrica: 5 octavas *croades-capcaudades* y 1 tornada. Vs. 14-15, las rimas *matex:jaqueix*. Los mss. D, E, H y las ediciones II, III, IV y V: *mateix*.

LX. *Mes voluntats, en gran part discordants*

Manuscritos: B, D, E, F, G[1], H, K, N.

Ediciones: II, III, IV, V.

Variantes: 4. conech per vos l'arror e mos angans B. — 9. nom cal reposat siure B. — 12. de certs a. B. — 18. mal ella p. B. — 25. no m'ha del tot derrenclit ma'sperança H. — 33. no trench B, D, E, G[1], H, II, III. — 36. null hom j. en p. t. s. v. E. — 44. p. m. sentir H.

Traducciones: Montemayor, Badosa.

Métrica: 5 octavas *croades-capcaudades* y 1 tornada.

LXI. ¡*O fort dolor!, yo·t prech que mi perdons*

Manuscritos: B, D, E, F, G¹, H, K, N.
Ediciones: I, II, III, IV, V.
Variantes: 2. 'mseguesch D, F; si viure vull contra ta v. B. — 4. de tos dons E. — 10. a ton poder E. — 14. luara F; de mi j. l'aura B, D, E, G¹, II, III. — 17. la mia vidat H; la mianima jat do G¹. — 20. vols H. — 22. cart F. — 24. yo durment se contenta I. — 28. desatenta B, D, E, G¹, H, I, II, III, IV, V. — 30. e fa gran tort D, E, H, II, III. — 31. a vos coman d'aquestos (de aquests E, H) dos la guia D, E, H, II, III. — 32. car d. D, H, II, III. — 35. n. temps B. — 37. me pora fer absent I. — 39. e roman escarnida E. — 40. menaçant fort de mordrem ab sa dent. 41-44. *faltan en la ed.* I.

Traducciones: Romaní, Montemayor, Anónima.

Métrica: 5 octavas *croades-capcaudades* y 1 tornada.

LXII. *¿Qui·m mostrarà la Fortuna lloar*

Manuscritos: B, D, E, F, G¹, H, K, N.
Ediciones: II, III, IV, V.
Variantes: 26. e lo crehent B. — 28. va per lo mig mas fi no pot haver D, E, II, III, IV, V. — 30. es ver amor e si lus departeix E. — 31. lo nu d'amor E. — 32. per amador no deu esser comptat B, D, H, II, III, IV, V; e pot pot se dir voler enamorat E. — 33. mes i. B. — 41. ull yo t. E. — 47. mon mal n. D, II, III, IV, V. — 50. fer traure IV, V. — 59. li tol vera sentença D, E, H, II, III, IV, V. — 60. en çell qui's amoros E.

Traducciones: Montemayor.

Métrica: 7 octavas *croades-capcaudades* y 1 tornada. En los vs. 1-2 hay encabalgamiento. Es forzoso hacer la cesura del v. 2 tras la cuarta sílaba separando el adjetivo y el sustantivo que califica. Este verso al oído métrico castellano resulta dos exasílabos. Los vs. 25-28 además de la rima abrazada riman todos ellos en asonante, lo mismo ocurre con 37-40.

LXIII. *¿Qui·m tornarà lo temps de ma dolor*

Manuscritos: B, D, E, F, G¹, H, K, N.
Ediciones: II, III, IV, V.

Variantes: 2. la franca ll. E; temps de ma libertat G¹. — 10. nom F. — 15. ço F. — 20. desesperar B, G¹; no delit no es lançat B. — 23. del qual F. — 33-40. *faltan en* F. — 37. per donal mon vivent D, II, III, IV, V; en donal mon vivent E. — 38. v. habitar H. — 39. tal es l. m. B; semblam E. — 48. cobrar H. — 49. tan pora fer ...furor B. — 51. n. pensara E. — 52. trobat III, IV, V. — 56. e. m'es l'hom d'a. ignorant D, II, III, IV, V. — 58. si d'humor mal sera vist netejat D, II, III, IV, V. — 59. color F, IV, V. — 60. gastat B, E, H; guastat F; gustat D, II, III. — 63. qui mostra falliment B. — 64. e mor de set que basta sadollar B.

Traducciones: Montemayor, Badosa, Gimferrer.

Métrica: 8 octavas *encadenada-unisonants* y 1 tornada. Hay forzadas cesuras en los vs. 17, 41, 58, etc.

LXIV. *Lo temps es tal que tot animal brut*

Manuscritos: A, B, D, E, F, G¹, H, K, N.
Ediciones: II, III, IV, V.

Variantes: 4. per ço dolç es tengut B. — 6. l. parell D, II, III, IV, V; de tal cant s'enamora D, E, II, III, IV, V; en lur cantar quels amats anamora B. — 10. amants D, II, III, IV, V. — 17. com es aquell B. — 19. amat A, B, E, H. — 20. sabent e foll en amor so vengut B. — 21. en als qu'en vos ma pensa nos decanta B. — 24. es no saber vos aquest'amor tanta B.

Traducciones: Montemayor, Gimferrer.

Métrica: 3 octavas *croades-unisonants* y 1 tornada.

LXV. *No só gosat en demanar mercè*

Manuscritos: B, D, E, F, G¹, H, K, N.
Ediciones: II, III, IV, V.
Variantes: 8. mi no han B. — 10. ajudat H. — 11. d'oy e d'amor B. — 19. lo v. F. — 23. m'estench IV, V. — 25. consellar G¹; quim (quem H) puxa (pusca E, IV, puga H) consolar D, E, H, II, III, IV, V. — 31. qui mills (mils D, E) t'aja servit D, E, H, II, III, IV, V. — 35. yo pens e mir E. — 39. l'altres II.
Traducciones: Montemayor.
Métrica: 5 octavas *croades-capcaudades* y 1 tornada.

LXVI. *Algú no pot haver en si poder*

Manuscritos: B, D, E, F, G¹, H, K, N.
Ediciones: I, II, III, IV, V.
Variantes: 6. qui es aquell E. — 7. nos vençe nes p. f. E. — 10. nom vulles denegar E. — 18. fas venir B, D, E, G¹, H, I, II, III, IV, V. — 25. com lo malalt B; fiança K. — 35. i. sab ell D E, II, III, IV, V. — 41-44. *faltan en* I.
Traducciones: Romaní, Montemayor, Anónima, Gimferrer.
Métrica: 5 octavas *croades-capcaudades* y 1 tornada.

LXVII. *¡Ja de amor tèbeu jamés no sia!*

Manuscritos: B, D, E, F, G¹, H, K, N.
Ediciones: II, III, IV, V.
Variantes: 1. j. yo s. B, D, G¹, K, II, III, IV, V. — 8. s. sustenta E; lo que nol descontenta B. — 9. fin a. D, E, H, II, III, IV, V. — 10. no sent e. B. — 11. ardiment H. — 14. en l'amat n. l. p. B. — 24. per centre seu pledeija B. — 25. als frets par cosa leija B. — 26. altres alguns l'entenen e nol senten B. — 27. e tenen H. — 29. circunstançes B; circustances E; circunstanças H; çircunstançies IV. — 32. ignorancies D, II, III, IV, V; innorancies G¹;

ignorançes B, E. — 37. cor turmenta H. — 40. l'aumenta H. — 49. A. A. vos p. D, II, III, IV, V; vaja B, D, G¹, H, II, III, IV, V; vaga F. — 51. v. rendir F.

Traducciones: Montemayor.

Métrica: 6 octavas *croades-capcaudades* y 1 tornada.

LXVIII. *No·m pren axí com al petit vaylet*

Manuscritos: B, D, E, F, G¹, H, K, N.
Ediciones: II, III, IV, V.
Variantes: 5. e preant molt H. — 9-16. *faltan en* B, D, E, F, G¹, H, K, N, II, III: se sigue el texto de IV, V. — 19. p. lochs H. — 21. que may no fo vassall H. — 22. de prestar h. B.

Traducciones: Montemayor, Riquer, Ros, Badosa, Gimferrer.

Métrica: 3 octavas *croades-capcaudades* y 1 tornada.

LXIX. *Clar és e molt a tots los amadors*

Manuscritos: A, B, D, E, F, G¹, K, N.
Ediciones: II, III, IV, V.
Variantes: 7. d'affalagar B. — 9. cercat B, D, E, G¹, II, III, IV, V. — 19-20. *invertidos en* D, II, III. — 22. los qui A, B, D, E, G¹, II, III, IV, V. — 26. quant lo mon ull vos pot ben divisar F. — 27. que m'es forçat mi matex oblidar B. — 28. de cor F. — 29. sim D, E, II, III, IV, V. — 38. naturall F. — 39. f. parçial B. — 42. m'ensurt A; ne surt B, D, E, G¹, II, III, IV, V. — 44. n'e F. — 45. que de grat ho dira B; qu'ella molt be u dira D, IV, V. — 54. menys saber lo per que E. — 57. qu'ab los ulls cluchs estas E. — 61. l'incomparable B.

Traducciones: Montemayor.

Métrica: 8 octavas *croades-capcaudades* y 1 tornada. Hay rima interior en el v. 48 y en los vs. 66-67.

LXX. *¿Per què m'és tolt poder delliberar?*

Manuscritos: B, D, E, F, G¹, H, K, N.
Ediciones: II, III, IV, V.
Variantes: 1. perque ns tolt H. — 2. ta mal H. — 4. com l. v. F. — 11. jo l'encerch per saber B. — 13. ab si qui ls p. B. — 15. ira li ve d'amor la senyoria B. — 17. dolor gran B, E. — 18. fins que en son saber B; fins fer lay ha saber D, II, III, IV, V. — 19. no puch sentir plaer B. — 23. volent H. — 24. e perdre lo turment B. — 25. recordar H. — 39. puys que m'jgnor trob yo tal cortesia B. — 40. quem sia dit com so'n lo mon present B. — 41. penssament F; passatemps H. — 42. v. l'amant G¹; s'amat II, III, V; se amat IV. — 43. pech (?) e. F. — 50. e bon v. F. — 60. que tant meresch que nom pot fer content B; quey pert l'enteniment II, III, IV, V.

Traducciones: Montemayor.

Métrica: 7 octavas *croades-encadenades-unisonants* y 1 tornada: ABBA:CDCD, etc.

LXXI. *¿Què·m ha calgut contemplar en Amor*

Manuscritos: A, B, D, E, F, G¹, H, K, N.
Ediciones: I, II, III, IV, V.
Variantes: 1. ha valgut B. — 2. be servir A. — 5. y arbitre franch le dat I. — 6. y lo jovent I; tot per e. III, IV, V. — 7. james me so repres B. — 9. mon g. B, E, I, IV, V. — 10. sens haver vist I. — 13. en aquest temps D, II, III. — 17-24. *faltan en la ed.* I. — 19. deu A, B, D, G¹, II, III, IV, V. — 22. aie volgut res pera mi no complit B. — 24. han continu esper D, II, III; han d'ell continu sper E. — 26. damor la major part I. — 27. per sentiment regles e dat per art B. — 30. prenent delit en mi per lo meu dir B. — 31. veheu A, III, IV, V. — 33-48. *faltan en* I. — 37. aquell qui no enten E. — 41. yo so molt penident D, II, III; parlar perea m pren. — 49. r. v. de pregon E. — 50. estats I. — 51. psassats I. — 52. hon l'apetit gran fon E. — 54. de trons portant r. E. — 59. poch v. B; f. v. crech D, II, III. — 63. tocar F. — 65-108. *faltan en* I. — 70. e lo delit III, IV, V. — 78. mou l'apetit A, B. —

80. si com en ell E. — 82. ab la pensa sens pus D, H, II, III. — 83. l'enteniment D, H, II, V; enteniment III. — 91. vergonya y por les port'a paradis B. — 92. no per virtuts son toltas de mals fets B. — 95. lo moviment primer es mestre seu B. — 96. ans F. — 97. fahent a mi tant be B; com m'a fet t. d. b. E. — 99. nou d. D, H. — 105. maldit G¹, II, III; lo jorn H.

Traducciones: Romaní, Montemayor, Anónima, incompletas.

Métrica: 13 octavas *croades-capcaudades* y 1 tornada. Hay rimas interiores en algunos versos: 6-7 (*jovent:present*), 44 (*enteniment:cossent*), 51 (*degradats:estats*).

LXXII. *Paor no·m sent que sobreslaus me vença*

Manuscritos: B, D, E, F, G², K, N.

Ediciones: II, III, IV, V.

Variantes: 7. en donar lloch e senyalen la fama G²; e senyalar l. f. E. — 22. qu'en molt poch temps B. — 23. aquestralta F, G². — 26. bous D, II, III, IV, V; boschs E, G². — 29. en (despoquant F) despocar F, II, III, IV, V. — 30. l. m. sens colpa ha fetes retre B, E. — 32. en un sols hom en aquest ho demostra B. — 40. e d. Ll. l. tartres D, G², II, III, IV, V.

Traducciones: ninguna.

Métrica: 5 octavas libres, *stramps*, y 1 tornada.

LXXIII. *No pens algú que·m allarch en paraules*

Ediciones: B, D, E, F, G¹, H, K, N.

Variantes: 6. repossen H. — 9. no han amor çells qui ab E; s'acorden H. — 15. calor II, III; color IV. — 18. der F; s. valleiat B. — 19. si mon cor sent criar contramor verme B. — 20. e la raho al nodrir es consenta B. — 21. cercar veri ma pensa james vaga B. — 22. per que raho ab lo verm aquell muyra B. — 23. ladonchs amor en gran delit abuyra B. — 24. com en ferm te la mia pensa vaga B; ffinis F. — 26. en pur amor E, IV, V. — 27. en pensament algun delit no prenen B. — 28. si en aquell prop l'esper nols falaga B. — 37. lo gran strem B; l'altre strem IV, V. — 44. son delit B. — 47. e mi mateix avorresch sim desama D, E, G¹, II, III, IV, V, *el ms. G¹ da esta variante y el texto que aparece en la edición de Pagès*. — 49. dins mi m. B. — 52. ses passions D, H, II, III, IV, V. — 60. que l'opinio guarda H; e lo restant les dos qualitats guarda B.

Traducciones: Montemayor, Gimferrer.

Métrica: 7 octavas *croades-capcaudades* y 1 tornada. La tornada repite las mismas palabras rimas de los cuatro versos precedentes, excepto los vs. 55-59 (*creatura:dura*). Hay rimas idénticas y equívocas en estos ocho versos. Sobre el *mot tornat* véase *"Torcimany" de Luis Averçó*, I, pp. 139-142. Ed. de José M.ª Casas Homs. Barcelona, CSIC, 1956.

LXXIV. *Als fats coman tot quant serà de mi*

Manuscritos: B, D, E, F, G¹, G², K, N.

Ediciones: II, III, IV, V.

Variantes: 1-16. *faltan en* G². — 6. e no vull ço que vol ma voluntat G², *texto añadido*. — 10. *falta en* F. — 14. del cos no tinch plangut B. — 15. lo de raho no vens n'es tot vençut B; l'altre per mi en tot no's complagut E. — 16. don sens cor fas tot quant de mi vejau B, E; e sens cor faç tot quant de mi vejau D, II, III, IV, V. — 17. als mals G². — 20. señal D, II; senyal G¹, G², III, IV, V. — 22. g. conbat E; ab l'apetit B. — 24. proiant est temps E; penjant l. t. B, F. — 27. dolçors E. — 29. de tots sos mals e bens G². — 40. bem f. F. — 49. en goig viu l'esperit IV, V.

Traducciones: Montemayor, Badosa.

Métrica: 6 octavas *croades-capcaudades* y 1 tornada. Rima interior vs. 27-29.

LXXV. *¿Qui és aquell qui en Amor contemple*

Manuscritos: A, B, D, E, F, G², K.

Ediciones: II, III, IV, V.

Variantes: 1. qual seraquell A, K; qui seraquell E, IV, V. — 8. ma voluntat no resta que no reny B. — 9. c. çert

E, G². — 12. lo meu voler del seny B. — 15. vol he d.
F. — 20. a t. vull a. B. — 27. no troban B; troben D, E,
II, III, IV, V. — 28. vida A, E, II, III, IV, V. — 30.
scient A, B. — 31. volents. — 33. val A, B, E; Pallas sa
veu rugallosa no val D, G², II, III, IV, V. — 50. y deu
aquell A; e aquell deu B. — 51. dels deus B, D, F, G²,
II, III, V. — 52. stants F. — 63. Mercurius e Pallas no
volria A; Diana yo smentar yo volrria B. — 64. parlar
d'aquest A; e pallas menys B. — 68. quel cor gentil sens
prech lo reduex B. — 71. j. negra D, II, III, IV, V. — 74.
continu an gran brega G²; han pau A, B, D, E, II, III,
IV, V. — 82. cel A, B, D, G², II, III, IV, V. — 86. m. j.
l. b. B. — 87. asusta K; encontr'aquell qui llur mal fet no
calla B. — 88. totes son tals pagesa es princessa B. — 90.
tota vergonya talla B. — 91. quil baralla B; l'afusta A,
D, F, II, IV, V; la frusta E; l'ajusta G²; l'affusta K,
III. — 92. en lo public lo bon hom se confessa B.

Traducciones: ninguna.

Métrica: 11 octavas *croades-capcaudades* y 1 tornada.

LXXVI.   *¿On es lo lloch on ma penssa repose?*

Manuscritos: A, B, D, E, F, G¹, G², H, K, N.

Ediciones: II, III, IV, V.

Variantes: 6. ara's en mi D, II, III, IV, V. — 6. plaga
F. — 7. la causa B, H. — 9. que yo F; com yo B. — 10.
m'encenia E, IV. — 16. non A, B, D, G¹, G², H, II, III,
IV, V. — 20. ja no es temps B; me'n deffendre F. — 26.
spera A, B. — 27. desespera A. — 29. a son deu qui l'a
feta E. — 35. es desfeta A.

Traducciones: Montemayor, Badosa.

Métrica: 5 octavas *croades-capcaudades* y 1 tornada.
Presentan este esquema: ABBA:CDDC, CEEC:FGGF.

LXXVII.   *No pot mostrar lo món menys pietat*

Manuscritos: A, B, D, E, F, G¹, H, K, N.

Ediciones: I, II, III, IV, V.

Variantes: 3. manteix F, *mantenida por Pagès en su
edición.* — 5. qui sens E. — 8. l'altre A, B, D, G¹, H, I,

II, III, IV, V. — 9. a tu amor requir mercçe B. — 10. tu est aquell quim donas la dolor B. — 11. los homens tots ya son de aspre cor B. — 12. per planyer hom qui d'amor mal soste. — 14. ventura fa F; les pations d'amor e jo sentir B. — 15. e pas dolor com no les puch be dir B. — 16. pensats A, D, I; passants E; penssats F, K; pensants G[1]; passant II, III, IV, V; ans solament nom puch donar senyal B. — 20. crech d. v. B, F, I. — 23. tan sobrat y vençut D, II, III, IV, V. — 25-28. *faltan en* I.

Traducciones: Romaní, Montemayor, Anónima, Riquer, Icardo, Badosa, Gimferrer.

Métrica: 5 octavas *croades-capcaudades* y 1 tornada: ABBA:CDDC, CEEC:FGGF. Aliteración en el v. 14.

LXXVIII. *No guart avant ne membre lo passat*

Manuscritos: A, B, D, E, F, G[1], H, K, N.
Ediciones: II, III, IV, V.
Variantes: 16. vencel voler D, E, H, II, III, IV, V. — 17. en vos es mes A, B, D, E, G[1], H, II, III, IV, V. — 22. e tan ho vull que so tostemps dubtant B. — 23. si tristaus vetx yo stic sospiros B. — 24. fins quem parlau vostra pensa mostrant B. — 27. de com B; de çom H; de açom IV, V. — 32. per sobramar D, E, II, III, IV, V; per sobramor H. — 33. e perçom pens quem deveu desamar D, E, H, II, III, IV, V. — 39. tem q. II, III, IV, V. — 41. martell D, II, III, IV, V; mançell E. — 48. ab m. F. — 49. sempre sent p. G[1]. — 53. passio mor H. — 60. e m. mesq. no sotsmetreu a j. B.

Traducciones: Montemayor.

Métrica: 7 octavas *encadenades-capcaudades* y 1 tornada: ABAB:CDCD, CDCD:EFEF. En el v. 60 hay que hacer sinalefa en *y a*. Hay abundancia de rimas interiores en consonante y en asonante: vs. 1, 2, 3-4, 9-11, 21-23, 41-42, etc.

LXXIX. *O vós, mesquins, qui sots terra jaeu*

Manuscritos: B, D, E, F, G^1, G^2, H, K, N.

Ediciones: II, III, IV, V.

Variantes: 11. cascuns han a sentir E, G^2, H. — 14. qu'es anomenat G^1. — 17. que llonch temps ha que fon E, G^2. — 19. e sens acort una B. — 22. ja lo seu colp no pot esser mortal B. — 25. son vuy B; es huy lo seu deport D, E, G^2, H, II, III, IV, V. — 28. report D, G^2, H, II, III. — 29. ab c.s. F; c. sagur H. — 31. n. c. cercar G^2. — 33. mor F; finau D, E, F, G^1, G^2, II, III, IV, V. — 35. ls dona quem feri B. — 37. pau te B.

Traducciones: Montemayor, Riquer, Ros, Badosa, Gimferrer.

Métrica: 5 octavas *croades-capcaudades* y 1 tornada: ABBA:CDDC, CEEC:FGGF. Aliteración v. 13.

LXXX. *Tot llaurador és pagat del jornal*

Manuscritos: A, B, D, E, F, G^1, K, M, N.

Ediciones: II, III, IV, V.

Variantes: 7. e mes deu en oblit B; fent ne a Deu despit D, II, III, IV, V; fahent n'a Deu despit E, G^1. — 8. dos anys B. — nous basta lo p. D, E, II, III, IV, V. — 10. per fer un hom aytant com jo amar A, M.

Traducciones: Montemayor.

Métrica: esparza con tornada. La octava de cuatro rimas masculinas distintas: ABBA:CDDC y la tornada CEEC.

LXXXI. *Axí com cell qui·s veu prop de la mort*

Manuscritos: A, B, D, E, F, G^1, K, M, N.

Ediciones: II, III, IV, V.

Variantes: 1. Com es aquell B.

Traducciones: Montemayor, Icardo.

Métrica: esparza: ABBA:CDDC, rima masculina.

LXXXII. *Quant plau a Déu que la fusta peresca*

Manuscritos: A, B, D, E, F, G¹, K, N.

Ediciones: II, III, IV, V.

Variantes: 2. pert ancores D, G¹, II, III, IV, V. — 3. molts homnes morir veig E. — 6. sab m. D, II, III, IV, V.

Traducciones: Montemayor, Icardo, Gimferrer.

Métrica: esparza de cuatro rimas: ABBA:CDDC que se combinan femeninas (1, 4, 5, 8) y masculinas (2, 3, 6, 7).

LXXXIII. *Si co·l malalt qui llonch temps ha que jau*

Manuscritos: A, B, D, E, F, G¹, K, N.

Ediciones: II, III, IV, V.

Variantes: 1. Com lo malalt B. — 7. car la forç'a mi tol D E, II, III, IV, V. — 8. atractat A.

Traducciones: Montemayor.

Métrica: esparza de cuatro rimas: ABBA:CDDC. Además de este juego de rimas perfectas el poeta establece entre ellas las asonantes o imperfectas: -ór -ól -ól -ór.

LXXXIV. *Tant he amat que vinch en desamar*

Manuscritos: B, D, E, F, G¹ H, K, N.

Ediciones: II, III, IV, V.

Variantes: 1. desamor K. — 5. contentas del semblant B. — 15-16. sino fort poch lo qual es tost fallit / en ser amat es lo gotx o tristor B. — 16. no mor F. — 17. amar B. — 36. cregut B. — 53. perdent B, D, E, G¹, H, II, III, IV. — 54. veura B, D, E, G¹, H, II, III, IV, V. — 59. voleu queus sia dat B.

Traducciones: Montemayor.

Métrica: 8 octavas y tornada. Son estrofas o *cobles croades capcaudades:* ABBA:CDDC, CDDC:EFFE... La tornada sólo repite las rimas 1 y 4 de los cuatro versos últimos de la estrofa anterior. Los versos 2 y 3 corresponden en rima asonante.

A. Pagès hace notar que por razones de acentuación en el verso 11 Ausias March comete una metátesis, así escribe *sintent* en vez de *sentint* (*Obras,* I, p. 158).

LXXXV. *Llexe la Sort lo seu variat torn*

Manuscritos: B, D, E, F, G², H, K, N.

Ediciones: I, II, III, IV, V.

Variantes: 8. aquell delit B, D, I, II, III, IV, V. — 9. Cert es a mi D, II, III; ser maior aq. be B. — 10. no nem cal compte fer I. — 15. mas de present tem quem (quen I) B, I, IV, V. — 18. tant com lo fals amich B; tant com a enemich D, II, III, IV. — 20. aquell nuu cech D, II, III, IV, V; lligat H; qu'en vos es huy aytant G². — 23. laltre voler D E, II, III, IV, V; l'altre que tot en patio sta B. — 28. voler sentir I. — 37. de nou t. D, G², II, III. — 38. m. d. he G², H, II, III. — 41. Vostre voler K; fa qu'en amor so pres B. — 42. e mon voler ques vostre e no meu I. — 43. el grat s. B. — 46. mesclats F, IV. — 55. sense d. E, G², H. — 56. es lo mes pobrejant D, E, G², I, II, III, IV, V. — No so G²; Tal es amar questa d. — 61-62. Tothom que ama es per ser ne volgut / car son delit d'amar ella s nodreix I. — 63. lo seu delit B.

Traducciones: Romaní, Montemayor, Anónima.

Métrica: 8 octavas o *coblas capcaudades* con tornada: ABBA:CDDC, CEEC:FGGF.

LXXXVI. *Si·m demanau lo greu turment que pas*

Manuscritos: D, E, K. Texto de D.

Ediciones: II, III, IV, V.

Variantes: 1. gran E. — 3. not E.

Traducciones: Montemayor.

Métrica: esparza de ocho versos con tornada de dos: ABBA:ACCA, DD. Emplea la rima *derivativa* en la terminología provenzal, y equívoca en los versos 1 y 5. Este procedimiento de añadir letra o sílabas a la palabra simple es frecuente en la manera de rimar de algunos cantos de Ausias March. Véase Rafael Ferreres, "La versificación de Ausias March", *Revista Valenciana de Filología*, tomo VII, n.º 4, 1979.

LXXXVII. *Tot entenent amador mi entenga*

Manuscritos: A, B, D, E, F, G¹, G², H, K, N.
Ediciones: I, II, III, IV, V.
Variantes: 1-161 *faltan en* G¹. — 1. amoros A; a mi K. — 3. que per sa carn B, D, II, III. — 5. amados B. — 7. e lo terç (tercer G²) es nostre es nostre p. a E, G², H. — 8. d'aquest me call puis los dos lo desamen E, G², H. — 11. ha F; a lurs (llurs B, IV, V; llur E) esguarts (seguexen B) segueixen B, D, E, II, III, IV, V. — 14. c. l'abellexen B, III; l'abelleixen D, E, II, III, V. — 16. b infinits E, G², H; v. de v. B, D, II, III, V. — 17. lo seu adjunt B, D, II, III; l'anballca F; s'emlaça V. — 18. mas com no es B, D, II, III. — 19. l'arma y el cos cascun l'altre s delita E, G², H, IV. — 20. que no regit tots los mals li responen B, D, II, III, V; esperiment als prechs trau de sospita E, G², H, IV. — 31-130 *faltan en* H. — 31. aquest voler d. B, D, II, III, V. — 37. e tan aquest a la raho fa nosa B, D, II, III, IV, V. — 38. com son esguart B, D, II, III; plahentment lis presente B, D, II, III, IV, V. — 39. car si vol hom res que mesclat haire B, D, II, III, IV, V. — 40. tot (tost B) se fara (pot fer B) que'n hairar se gire B, D, II, III, IV, V. — 41. confusament l.t. n'e. B, D, II, III. — 42. senten aquell (aquest II, III) e no saben quils t. B, D, II, III. — 44. lurs a. deriuen B, D, II, III. — 53. que (que'n E, G², I) tot de sis (si B, D; hun III) partesca A, B, D, G², I, II, III, IV, V. — 54. sin (en E, G², IV) part no (nos A, G², IV, V) mor mas es cosa (quasi E, I; adormida I) dormida A, B, D, E, G², I, II, III, IV, V. — 59. q. raho n'ordena B, D, II, III; r. o. IV, V. — 60. y el cos mesqui mor e no sent la pena B, D, II, III, IV, V. — 63. se acorden B. — 66. destrohint q. B, D, II, III, IV, V. — 68. en tot no plau a la n. n. B, D, II, III, IV, V. — 73. ne del cors es pus que d'un brut l'efecte B, D, II, III. — 74. aquests u. componen B, D, II, III. — 75. esser li bandonada B, D, II, III. — 76. la voluntat d. l. d.q. a. B, D, II, III. — 77.

l'amant E, G², I; ama la molt e destruu li sa fama B, D, II, III. — 80. car l'apetit del compost lo n'aparta B, D, II, III. — 83. nunca s'aaraxa D, E, II, III. — 85. per lo delit (plaer B) del cors l'arma s'inclina A, B, D, E, G², I, II, III, IV, V. — 99. e fa quels altres tinguen B, D, II, III, IV, V. — 102. nes p. A; e de aquell se plaen B, D, II, III; complauhen y desplauhen E. — 106. si ques mester que l'arma quel reforce B, D, II, III, IV, V. — 107. es mester quel cors força A. — 108. l'arma domdant si la veu ser o. A. — 125-130. *faltan en* H. — 131. lo cor (cos E) d'amor s'e. E, G², I, IV, V. — 132. foch d. G². — 136. e nols ve luny A, B, D, E, G², I, II, III, IV, V. — 144. tota esta en pura coneixença E, G², H. — 156. ignorat (hignorant H) l'an sentint en ell sa obra E, G², H. — 158. que si nes menys (luny H) fastig li dona bpenta G², H. — 162. tota sa part a nostra carn s'esguarda E, G¹, H, IV. — 163. e passions y grossos plaher guarda E, G², H. — 169. honestament B, D, II, III, IV, V; amor d'arma perçebre E, G¹. — 171. dels (del G²) cors (cos E) nostrarma lliguen E, G², H. — 174. ulls cechs II, III, IV, V. — 176. lurs arguments tots (tot H) se refiren (refir en acta H) acte G¹, H. — 181. fundadan la nostr'arma G². — 182. e l. v. F. — 184. quel seu cor desarma G²; quel cors del seu desarma H. — 185. contraris son y ensemps a mi (en mis prengueran H) prengueren E, G², H. — 188. actes ensemps e sengles en mi feren B. — 202. que nostra carn abraça D, G², H, II, III, IV, V. — 203. dues amors natur'a mi (abraça H) atraça D, G², H, II, III, IV, V. — 204. per sim vendra cascuna sim c. D, G², H, II, III. — 215. en g. F. — 221. Aquell voler D, E, G², H, II, III, IV, V. — 223. e l'altra amor que (ques G², H) de vici deslliura D, G², H, II, III, IV, V. — 224. no troba loch merexent s'amor fina D, G², H, II, III, IV, V. — 225. per est'amor solament desig (viura H) viure D, G², H, II, III, IV, V. — 241. aquells carn que nostra arma abriga I. — 242. lo cel no volch que contr'amor fos tolta I. — 248. puix voluntat hi sia refermada D, G², H, II, III, IV, V. — 250. qu'amar no la poria A. — 252. l. b. suspirant B. — 253. e per son giny. — 301. en l'apetit D, E, H, II, III, IV, V; que nostra carn desija D, G², H, II, III, IV, V. — 303. mas lo delit que la miarma tasta D, G², H, II, III, V. — 304. es durador car finits noy remija D, G², H, II, III, V. — 310. e l'espirit per tostemps lo fa (creixer D, G², H) esser D, G², H, II, III, IV, V. — 319. donchs am la carn e (vostre II, III) nostre espirit ame D, G¹, H, II, III, V; e l'arma pe si ama B; cascu per si no ame E, IV.

Traducciones: Romaní, Montemayor, Anónima.

Métrica: 34 décimas: ABBA:CDDC:EE.

LXXXVIII. *Malament viu qui delit pert de viure*

Manuscritos: A, B, D, E, F, G¹, H, K.

Ediciones: I, II, III, IV, V.

Variantes: 16. son poder F. — 33. dolor a mi novament molt turmenta B. — 58. se veu A, B, G¹, I, IV; san veu D, H, II, III. — 60. pensament d. I. — 67. p. dolent B, D, E, G¹, H, II, III, IV, V; do F; dolent en part la esforsa I.

Traducciones: Romaní, Montemayor, Anónima.

Métrica: 9 octavas *croades-capcaudades* y 1 tornada. Hay algunos versos con rimas interiores. La cesura tras la cuarta sílaba en el verso 45 es forzada.

LXXXIX. *Cervo ferit no desija la font*

Manuscritos: A B, D, E, F, G¹, H, K, N.

Ediciones: I, II, III, IV, V.

Variantes: 2. autant A; ab v. H. — 11. res no se I. — 16. si tost nos fa poria esser difunt I. — 18. per al meu c. A, B, I; intentar III. — 22. prenent gran colp no caura lanegant B. — 29. si tal cas ve A, B, I. — 37. complit D, E, G¹, H, I, II, III, IV, V. — 40. en vostres mans B. — 42. mos p. A, D, H, II, III, IV, V; ab tal varietat D, H, II, III, IV, V; meus ab la varietat I. — 48. seguretat B, F; seguritat G¹; per lloch segur teniu I. — 54. que a vos matexa ameu I.

Traducciones: Romaní, Montemayor, Anónima, Quevedo (incompleta, deja sin traducir los vs. 13-16, 19-32, 49-60), Gimferrer.

Métrica: 7 octavas *croades-capcaudades* y 1 tornada. Encabalgamiento en 13-14, rima interior en 37-38, 58-59.

XC. *No·s maravell algú perquè·m enyor*

Manuscritos: A B, D, E, F, G¹, H, K, N.
Ediciones: I, II, III, IV, V.
Variantes: 6. c. molt H. — 8. yl lloch ahon I. — 17. si en cas semblant a nengu veig dolor I. — 19. e trobe gran d. A, B, I; e ab l'oy he d. G¹. — 20. d'amor B, D, H, I, III; de amor IV. — 22. quel be d'amor sentra D, II, III, IV, V; del be d'amor sentra E. — 29. nostr'enemich dintrel cos aportam B. — 30. qui menys de nos A, B, I. — 31. e f. vos A; de barranchs un estol I. — 32. si c. l. fum I. — 39. fastix lo fa'smortir B. — 57-60. *faltan en* I.

Traducciones: Romaní, Montemayor, Anónima.

Métrica: 7 octavas *croades-capcaudades* y 1 tornada. Algunos versos tienen rima interior: 30-31, 41-46, 59-60.

XCI. *En aquell temps sentí d'Amor delit*

Manuscritos: B, D, E, F, G¹, H, K, N.
Ediciones: I, II, III, IV, V.
Variantes: 7. fats B, D, E, G¹, H, I, II, III, IV, V. — 9. ab delit G¹; c. mostr'ab lo delit D, I, II, III, IV, V; clar mostre lo delit H. — 16. y arranch ab dret B; debats D, E, H, II, III, IV, V. — 33. los mals d'amor yo no sent nels oblit B. — 34. mas lo pus fort es son prest mudament B. — 41. he scrit E. — 42. molts altres son B. — 49. los fets m'acort si bel tinch avorrit. — 52. tant ha que fon que passan per scrit B. — 55. p. amar E; que d'aquell yo hagui B. — 60. trob len mi pus avant desmortit B. — 63. puys quel loch fall qu'estench amor en mi B. — 64. ya nos en mi quel pusca retenir B. — 65. se mostra defallit B. — 66. mas en amor es lo s. B. — 69. fermament B.

Traducciones: Romaní, Montemayor, Anónima.

Métrica: 9 octavas *croades-unissonants* y 1 tornada. Juego de rimas consonantes y asonantes. También rima interior en algunos versos: 37, 68-69. Aliteración en el v. 52.

XCII. *Aquelles mans, que jamés perdonaren,*

Manuscritos: A, B, D, E, F, G[1], K, N.

Ediciones: I, II, III, IV, V.

Variantes: 3. quius s. d'aquest m. desaxida A. — 10. d. no crech se tinga A. — 25. m'arme 's enbolicada A. — 35. aquest del tot ella no illumina B. — 36. no pot fer tant B. — 42. tost finara sa vida B. — 43. lo del compost qui te virtut sens mida B. — 44. pot deffallir car no te ferma causa B. — 45. ell es fundat en lo concupissible B. — 46. car l'iraçible toqua B. — 47. no de per si mas l'esperançal broca B. — 48. havent sguart a prop de l'impossible B; E par a mi ques pot dir hirascible N. — 49. aquest voler F. — 50 p. bornen A, B, E, F, G[1], N, I, IV, V. — 52. p. los senys ab la raho c. B. — 61. que d'amor he sentides B. — 63. molt diverses carreres B. — 64. e dolos infinides B. — 67. altra maior de molt en mi descobre B. — 68. pensant l'amor per mort perduda nostra D, H, II, III. — 69. en honestat se funda B. — 70. mals F; en gran delit abunda B. — 80. comença'n nos e la fi noy h. B. — 103. e de remey nom cure de p. B. — 109. sens lo c. A, B, H, I, IV, V; absent lo c. c. D, E, G[1], II, III. — 143. e com F. — 151. que jon pler p. A. — 172. al qui la mort per dret natural plaga B. — 175. la pietat vers mi cruel se mostra I. — 176. tant tinch torbada del tot ma conexensa I. — 184. l. l'or A, B, D, H, I, II, III, IV, V. — 191. substancia F; sustancia I. — 205. del huma mes A. — 244. hon es lo seu sepulcre A. — 247. amor e mort farien d'una plague A. — 250. se troben junts al llevar nostres cossos I.

Traducciones: Romaní, Anónima.

Métrica: 15 décimas: ABBA:CDDC:EE. Carece de tornada.

XCIII. *¿Qui serà aquell del món superior*

Manuscritos: A, B, D, E, F, H, K, N.

Ediciones: I, II, III, IV, V.

Variantes: 3. aquella font A, H. — 6. mals A, D, F, II, III, IV, V. — 9. lo que de vos pens es molt desegual

B. — 10. xi divers es o contrariejant A; hoch e divers e contrariiant B. — 16. segons qu'en mes passions tals son B. — 17. tan doloros be no crech james fon B. — 18. strany per grau B. — 19. en ell complit tot lo que m'a plagut B. — 25-72 *faltan en* F. — 30. ab g. molt desumil B. — 32. en los ulls porta vel B. — 35. morir A. — 39. qu'en tal temps lo acabs D, II, III, IV, V. — 45. de tres colps m'a ferits D, II, III. — 47. del cel perdes lo cors A. — 52. tal quent altre que yo met oblit B. — 65. mas si raho james dol comporta B. — 97-100 *faltan en* A, F, H, K, N, I.

Traducciones: Romaní, Anónima.

Métrica: 12 octavas *croades-capcaudades* y 1 tornada.

XCIV. *Puys me trob sol en amor, a mi sembla*

Manuscritos: A, B, D, E, F, G^1, G^2, H, K, N.

Ediciones: I, II, III, IV, V.

Variantes: 1-32 *faltan en* G^1; 1-96 *faltan en* H. — 2. tot sol A, D, E, G^2, I, II, III, IV, V; que sols e mi B. — 7. qui veres coses E, G^2, I. — 11. no crech B. — 15. secament me fa dolrre G^2. — 16. mesclat ab dolor dolça B. — 18. lur voler A. — 22. avidentment han diversos contraris G^2. — 40. t. ferts F; fet I. — 72. no haja franch arbitre A, D, II, III. — 78. mi per c. F. — 93. e son alguns que trista lam demostren B. — 99. l'altre A, B, D, E, G^2, H, I, II, III, IV, V. — 104. als engendrats dessemble A, H. — 105. q. a. c. perdent ella n. a. B. — 106. pero dolor per lo recort li resta B.

Traducciones: Romaní, Quevedo, Anónima. La traducción de Quevedo sólo parcial.

Métrica: 16 octavas y 1 tornada. Rima libre.

XCV. *Què val delit puys no és conegut,*

Manuscritos: A, B, D, E, F, G^2, H, K, N.

Ediciones: I, II, III, IV, V.

Variantes: 9-16 *faltan en* K; 9-76 *faltan en* H. — 10. estramador A; stremamor B; estremat cor D, II, III;

fervent ardor E; estremador F; ab estremat ardor G². —
17. lo que ve puys e va A; molt perden ço que ve tost
e s'en va B. — 20. per mes cobrar que fortunals leva
B. — 23. e nom dolch molt com delits perduts he A,
D. — 24. mas planch la mort A, D. — 26. entre mos
mals sentilla sent de be B. — 33. per tostemps e confon
B. — 35. mateix F; ha tolt a mi la vida sens matar B. —
47. qu'amor *falta en* F. — 73-76 *faltan en* G², I.

Traducciones: Romaní, Anónima.

Métrica: 9 octavas *croades-capcaudades* y 1 tornada.

XCVI. *La gran dolor que llengua no pot dir*

Manuscritos: A, B, D, E, F, G², H, K, N.

Ediciones: I, II, III, IV, V.

Variantes: 27. vach A, B, D, E, II, III; valch *en otra
redacción de este canto en* F. — 40. encontra mi lo t. p.
sten B. — 41-44 *faltan en* I. — 41. tris e. A.

Traducciones: Romaní Anónima, Icardo, Badosa.

Métrica: 5 octavas *croades-capcaudedes* y 1 tornada:
ABBA:CDDC, CDDC:EFFE...

XCVII. *Si per null temps creguí ser amador*

Manuscritos: A, B, D, E, F, G², H, K, N.

Ediciones: I, II, III, IV, V.

Variantes: 1-24 *faltan en* H. — 5. que fonch lo temps
passat G². — 6. e quant amor B. — 11. be sostenir A. —
14. nom record A. — 22. que peçes tot A, D, II, III. —
25. Q. es a. A, B, D, E, G², H, I, II, III, IV, V. — 26.
l'enamorat a mal de mort vengut E. — 29. e l'e. A, B,
D, E, G², H, I, II, III, IV, V; de por A, B, D, E, G²,
H, I, II, III, IV, V. — 36. la s. F. — 46-60 *faltan en* F. —
46. desesper E, G². — 48. nom vull A. — 51. entristit
visch A. — 55. ans yo perdre D; abans perdre H. —
57-60 *faltan en* I. — d'amor v. A.

Traducciones: Romaní, Anónima, Icardo, Batlló, Badosa.

Métrica: 7 octavas *croades-capcaudades* y 1 tornada.

XCVIII. *Per lo camí de mort he cercat vida*

Manuscritos: A, B, D, E, F, G¹, H, K, N.

Ediciones: I, II, III, IV, V.

Variantes: 4. yo so vengut B; sol he vengut E. — 7. a mi sdeve que vull tot delit traure B. — 8. d'amor qui es de mals e dolor forma B. — 9-76 *faltan en* H. — 9. g. e. m. mal segons lo primer plaure B. — 12. plau men estrem mas tot lo viurem torba B. — 13. d'est perdiment no puch fer que nom dolga B. — 14. puys tots mos senys d'aquest delit s'aiudan B. — 15. lo be entenc mies nom sent nem delita B. — 16. t. carrera franca I; essent amor per tot quant me dich home B. — 24. sentire p. F. — 26. e t. fort B. — 46. car jo vull ço que mos habits no volen B. — 47. calitats son no façilment lexades B. — 48. dins mi he fet encontra mi un altre B. — 53. yo vull e nom sforçe B. — 55. pus lo conech c. B, I. — 61. quant los delits yo pens qu'estats no fossen B. — 62. per entrenyor yom dolch per dolor dolça B. — 63. si pens mon temps perdut sens haver cobre B. — 64. yom dolch e par que la fel pels ulls plora B, I. — 68. algu nom done colpa B. — 69. no·ls jutia B. — 73-76 *faltan en* I. — 76. donchs perque quest hus mistarranque A.

Traducciones: Romaní, Montemayor, Anónima.

Métrica: 9 octavas de rima libre, *estramps*. Hay de forma irregular abundancia de rimas asonantes tanto al final de los versos como tras la cesura: 1, 4, 6 (*vida:riba:camina*) y también consonantes, 2, 3, 5 (*trobat:guiat:malvat*), etcétera.

XCIX. *Aquesta és perdurable dolor.*

Manuscritos: A, B, D, E, F, G¹, H, K.

Ediciones: II, III, IV, V.

Variantes: 1-24 *faltan en* H. — 26. primer qu'en p. A, B, D, II, III, IV, V. — 34. per qu'esperancem dol A. — 56. e lo cami H. — 66. c. amor A, D, E, F, G¹, II, III,

IV, V. — 70. nol F; quel am F, G¹, K. — 80. no ten
A, B, D, E, G¹, H, II, III, IV, V. — 90. abundat A.

Traducciones: Montemayor, Gimferrer.

Métrica: 11 octavas *croades-capcaudades* y 1 tornada.
Hay algunas rimas asonantes interiores.

C. *Entre Amor só portat e Fortuna*

Manuscritos: A, B, D, E, F, G¹, H, K.

Ediciones: I, II, III, IV, V.

Variantes: 1. s. posat D, E, G¹, H, II, III, IV, V. —
12. y als mals sabents no plaga B. — 32. contentar se
deffensa A, B, D, H, II, III, IV, V. — 41. penssan F. —
44. serventa f. d. s. r. r. B. — 45. qui delits del cos tasta
I. — 46. car difinit es l'om de part d. l'a. B. — 50. fa lo
quel plau e tot lo restant lexa B; so que li plau y lo r.
ll. I. — 59. e com aquell qui les matines cerca B; o com
aquell quel jorn de festa serca I. — 60. en la trona A;
en lo alcora I. — 67. es nostra carn cayguda I. — 68. m.
no esplich A. — 79. sen t. F; sentenen H. — 84. nol
entenen A. — 89-96 *faltan en* I. — 98. metens lur sperança B. — 112. es per xich mal d. A, D, H. — 129. per si
delit es bo res noy contrasta B. — 137. que la carn es
portada B. — 142. preuen F. — 145. en esser F. — 147.
c. vol rayms t. e. l. f. B. — 150. n. trob delit B. — 152.
n'atenyen plaents v. B. — 161-208 *faltan en* F. — 167. en
lo comens pot ser quel voler gire I. — 168. mal abit fet
sens deu prest nos pot raure B. — 117-184 *faltan en* I. —
182. mes amant si de aquest be s'aparta B. — 184. menjant
veri vol sa persona sana B. — 188. entre lo ver A. — 191.
lo mal delit B. — 223. asso quel plau sab per experiencia
I. — 224. façantendre D, F. — 232. l'enculpa D, F, G¹, I.

Traducciones: Romaní, Anónima.

Métrica: 29 octavas *croades-capcaudades*. Carece de tornada. Es forzada (v. 50) la cesura tras la sílaba IV.

CI. *Lo vizcaí que·s troba·n Alemanya*

Manuscritos: D, E, G².
Ediciones: II, III, IV, V.
Variantes: 1. viscahi D, II, III, IV, V; qui s D. — 5. hauria D, E, II, III. — 6. y entendra molt D, II, III, IV, V. — 50. deure v. G².
Traducciones: Montemayor, Riquer, Gimferrer.
Métrica: 6 octavas *croades-capcaudades* y 1 tornada.

CII. *¿Qual serà·quell que fora si mateix*

Manuscritos: B, D, E, F, G¹, H, K, N.
Ediciones: I, II, III, IV, V.
Variantes: 9-16. En B, D, II, III (siguiendo en texto de D, según Pagès):

> Yo so aquest e puch me dir mesqui:
> d'oy e d'amor me trob passionat,
> tan egualment e fort que so torbat
> Qual d'aquests dos ha major part en mi,
> dant-me assalt qualsevol passió
> ab tal dolor que n'estich alterat,
> e puix me trob d'aquella reposat,
> venint aprés de l'altra la sahó.

29. c. e. amor D, G¹, I, II, III, IV, V. — 36. despits F; e punt no m'en penit B, D, II, III, IV, V. — 41. molts B. — 51. honesta l'anulla B, D, E, K, H. — 54. t. scorrent B; t. es corrent D, E, G¹, H, I, II, III, IV, V. — 74. s. recort B, D, E, H. — 78. obre los hulls e tanch del tot l'ohir H. — 79. obrads del cors e tanch los del sentir B, D, II, III, IV, V. — 80. si contrafa amor en ell (en ell amor B) descreix B, D, II, III, IV, V; car tot quant hou en hira converteix H. — 82. si es enquest e vist (aiust B) los mals quey son B, D, II, III, IV, V. — 83. e sobre tot a l'amador confon B, D, II, III, IV, V. — 84. amant aquell qu'en estrem avorreix B, D, II, III, IV, V. — 85. e vol ensemps honest y deshonest B, D, II, III, IV, V. — 105-112 *faltan en* I. — 107. ses terribles errors D, E, H, II, III. — 119. m'arma'a trobat B, D, H, I; en m'arma trob

II, III, IV, V. — 124. mas mon oyr fora va d'aquest joch
I. — 125. tot quant ell hou y enyora es son retorn I. —
127. amor D, E, H, I, II, III, IV, V. — 161 *falta en* F. —
180. o tal senyal B, D, H, II, III, IV, V; o tals senyals
que descobren sos mals I. — 183. d'amor quem crida
mort I. — 184. llavos conech que d'amor no'stich vuyt
I. — 194. essent dolor com per so la vull mes I. — 199-
200 *se encuentran invertidos en* F. — 204. com ama e
(ne H I) a qui B, D, H, I, II, III, IV, V. — 207. ni de
asso pot ser certificat I. — 208. per cosa al mon fins que
la prova y cau I. — 211. nos ve B, D, F, H, II, III, V. —
218. que lo major delit queus donara B, D, II, III, IV,
V. — 220. e tan gran res contra vos no aureu I. — 225.
no es en asso t. a. e. I. — 228. e s. compas y pes I. —
232. que nos de seny complit I; lo qui d'amor com
besti'a sentit B, D, II, III; lo qui raho la fa ser ahunit H.

Traducciones: Romaní, Montemayor, Anónima.

Métrica: 29 octavas *croades-capcaudades.* Carece de tornada.

CIII.   *Aquell ateny tot quant atènyer vol*

Manuscritos: B, D, E, F, H, K.

Ediciones: II, III, IV, V.

Variantes: 2. qui l. v. B, D, E, H, II, III. — 11. quels
pusca sadollar B, D, E, II, III, IV, V. — 16. sotsmet l'om
a dolor B. — 22. les coses encareix B, D, E, II, III, IV,
V. — 25-32 *en otro texto de* B: al dret voler conçiliatiu
direm / l'enteniment sera dit volitiu / de l'apetit qui es dit
sensitiu / ab ells concort virtut moral traurem / cell no
es res si a ells no ha sguart / ells valen poch si nol tenen
restret / adretant sa no fartabla set / ladonchs sens fam e
fastitx sera fart. — 27-28. de la raho naix e del sensual /
aquests reglats en termens los (lo B, D, IV) metrem B,
D, II, III, IV, V. — 33. pot esser dit b. B, D, II, III. —
34-36 *en otro texto de* B: es produyt maravellosament / lo
finit fa ab l'infinit un ent / e sa virtut cascu ab l'altra
part. — 35. d'ells l'esser pren B, D, II, III. — 38 *en otro
texto de* B: quant es amich de f. — 39. perço los pechs
no conexent (saho II, III) raho B, D, II, III. — 40. han
per dolent qui de aquell se (retrau B) trau B, D, II, III;

en otro texto de B: quel rational fan que a brut retrau. —
42. donal dolor pels desigs no complir B, D, II, III, IV,
V. — 44. e pel costum no sentiu que passau B, D, II,
III, IV, V; *otro texto de* B: james a port atteny la sua
nau. — 45. *en otro texto de* B: ell port'ab si un altre quil
confon. — 48. sa fi no es en natura ne fon B, D, E, II,
III, IV, V. — 48-49. *Entre estos versos el otro texto de* B
intercala las tres siguientes octavas (*también en las ediciones* IV, V):

    Honor, dines, favor e fama son
coses per qui aquest voler s'sensen.
En lo ecçes que l seny del cos s'esten
se trobara, si es sercat pregon.
Qui aquests bens per sa fi vol amar,
ell es dels folls ab fama de volent (valent IV, V).
La voluntat e menys l'enteniment
son per sguart, no ·y poden encontrar (contrastar IV, V).

    Lo be del cos no s deu pus allongar,
si no en tant com la natura vol.
Honor, dines, favor que l'hom (lo mon IV, V) col,
instruments son per a nostre usar.
Follament es lur be per si amat,
e donchs quant mal en ells amar sta,
e lo del cos natura esser fa,
mas llur ecçes es molt bituperat.

    Axi com l'orp sens via va errat
e no veu com entra y surt cami,
nostr'apetit no pot fer, de per si,
be sens raho, e si l fa mal format,
e lo juy james jutjara be,
si l'apetit se troba corremput.
Qual de aquests primer a l'altra'ajut,
no per scrits, mas parlant ho dire.

54-56 (*el otro texto de* B) car lo be sta en dar e non
tenir; / aço no pot home avar sentir, / entendre si, e
creur'ab dolor gran.

Traducciones: ninguna.

Métrica: 7 octavas *croades-capcaudades* y 1 tornada.

CIV. *Qui ne per si ne per Déu virtuts usa*

Manuscritos: B, D, E, F, G¹, H, K.

Ediciones: I, II, III, IV, V.

Variantes: 2. que per lo mon ho tempte B, D, II, III, IV, V. — 12. D. si peque G¹. — 14. lo que deuen D, E, II, III, IV, V. — 16. temen les gents el amen per segona B, D, II, III. — 35. no dich molt be mas poch ne molt nou saben H. — 36. homens letrats e donchs quant mes lo poble H. — 40. gran dret sera qu'en ells tot be peresca E, H, IV. — 47. sens be E, F, I, IV, V. — 79. e tant en l'hom es l'appetit nohible H. — 80. com per aquell vol coses menys fartables H. — 87. e veuran la gran falta H, IV, V. — 88. que dins ells es e no pas en les coses H, IV, V. — 91. puys ha gastat lo cors e molt mes l'arma H, IV, V. — 92. qui mal en paga dona E, H, IV, V. — 93. son fet esta en oppinio flaça H. — 96. donchs per si no son bones H, IV. — 112-113 *están colocados entre estos versos los 225-272 en H y 233-272 en K.* — 135. pus tost d'honor s'alegra B, D, H, II, III. — 137. no tenen F; no tenten H. — 161. per treball just no s guanyen B, D, E, II, III, IV, V; no atény lo bon home H; no s'an pels bons sens vicis I. — 162. tant F. — 168. y van e plens d'espines B, D, II, III, IV, V. — 170. molts son al mon de abominables actes I. — 177. que honor lo desdeny B, D; que ab honor no s mescle H. — 186. pren vergonya G¹. — 197. dubtar no cal si. l'hom contra si peca B, D, E, II, III, IV, V. — 198. en tot quant fa B, D, II, III, IV, V. — 200. los termens de natura (d'home D, E, II, III, IV, V) passa B, D, E, II, III, IV, V. — 201-216 *faltan en* H. — 204. natura greujauen B, D, E, II, III, IV, V. — 207. en tu es tostemps e no la poden veure I. — 223. als fets honests H. — 226. proea F. — 249. als jutges mals los pobles no obeexen I. — 259. los diners (dines B, E) e la fama B, D, E, II, III, IV, V. — 263. aquest les gents per virtuos lo jutgen B, D, II, III, IV, V. — 264. donchs per bondat nos guanya bona fama B, D, II, III, IV, V. — 274. prenguen profit per als singulars actes B, D, II, III. — 275. no per aquells fora d'honesta vida B, D, II, III. — 276. mas per aquells qui fan vida contenta.

Traducciones: Romaní, Anónima.

Métrica: 36 octavas de rima libre, *stramps*. Carece de tornada. Hay rimas asonantes.

CV. *Puys que sens Tu algú a Tu no basta*

Manuscritos: B, D, E, F, G¹, G², H, K.
Ediciones: I, II, III, IV, V.

Variantes: al título: Orations B; Oratio a Deu K; Cantica spiritual I; Canto spiritual IV; Cant spiritual V. — 1-168 *faltan en* G². — 8. ni'ntendre puch mon voler qui l'empacha. — 12. quem v. B, D, E, G¹, I, II, III, IV, V. — 14. que de semblant mal a guarit molts altres I. — 16. se dolga de mes obres I. — 20. vols B, D; car tu mes vals aquell qii mes s'ajuda I. — 21. qui a tu señor se apleguen I. — 24. de mon sforç no m'ampre E, G¹. — 25. Perdonam deu E, G¹, IV, V. — 38. quin contra tu murmura B, D, II, III, IV, V. — 43. e puys so cert B, D, II, III, IV, V. — 47. perque la part menor quem es rebelle B, D, II, III, V. — 48. que tan fort B, D, II, III, V. — 52. tastar B. — 56. dolçam sera aquesta p. B. — 64. quant mes yo no tremole B, D, II, III, V. — 65. lo prenia B, II, III, IV, V; lo premia F. — 70. auorriment ha vers deu per sa colpa H. — 77. e della sens null terme E. — 85. falça s. H. — 90. conexença B, E, V, y coneisença D, II, III. — 100. si mos demerits guardes B, D, E, I, II, III, IV, V. — 103. mon voler nos farta B. — 124. se pot ben dir d'aquellas duas una B. — 151-152. tu est primer en tota bona obra / com sera donchs que primer de tu passe B, D, II, III, IV, V; a tus presenta y a mi causa venible, / daltre part tem en plau la ignorança H. — 158. per que dispost nom trobe. — 163. sens auorrir la vida B. — 170. tan que james B, E. — 171. l. l. quels abomine B, E. — 181. molts son estats señor que not seruiren G², I. — 183-184. yo nou merexch, mas tu pots fer me digne / y tornar bo de molt abominable G², I. — 202. a. b. d. l. dida B, IV, V. — 211. ma carn senyor castiga B, E.

Traducciones: Romaní, Anónima, Riquer, Icardo, Batlló, Badosa, Massip, Masoliver, Gimferrer. Quevedo lo tradujo muy parcialmente.

Métrica: 28 *coblas estrampas,* o sea, octavas de rima libre. Carece de tornada.

CVI. *Lo tot es poch ço per què treballam*

Manuscritos: B D, E, F, G¹, H, K, N.
Ediciones: I, II, III, IV, V.

Variantes: 1-16 *faltan en* H. — 7. b. lunyar B, D, II, III.— 15. son semblant be es un verdader mal I, IV, V. — 17. per delitar diversos delits son I, IV, V. — 26. b. del mon D, F. — 38. no mal (val III) honor car lo diner s. B, D, II, III. — 41. sin l'hom es be B, D, II, III; sin l'hom ha be I, IV, V. — 45. mostrant que vol ben (be I) fer B, D, I, II, III, IV, V. — 56. e lo mon vol diners (dines B) y h. B, D, II, III, IV, V. — 64. davant les gents I. — 87. e quant esten B, D, E, II, III, IV, V. — 99. tot aten l'om que delectatio mou B. — 113. per tots B, D, I, II, III, IV, V. — 114. tant (tot B) quant fa deu B, D, II, III, IV, V; quant deu ha fet I. — 129-176 *faltan en* K. — 131. y els fals juhi per ver estimara E, IV, V. — 139. seńs haver hom acort B, D, II, III, IV, V. — 140. e menys d'altrencenall B, D, II, III; e sens altrensenall H; e menys d'altren treball I, IV, V. — 141-147 *faltan en* B. — 141. escocians B, D, E, H, I, II, III, IV, V; estodians G¹. — 163. no ve F. — 175. sos propis (propris D, I, II, III) bens B, D, I, II, III, IV, V. — 180. muller D, D, E, G¹, H, I, II, III, IV, V. — 211. sens lo delit l'abit no es benifet I. — 112. donant senyal de ser l'acte perfect I; cors sens r. F. — 215. en obehir (obeyr B) defall B, D, II, III, IV, V. — 222. e l'act'es bo interes se far B, D, II, III, V. — 224. on es lo be alli delit se met B, D, II, III. — 237. darrer B, D, I, II, IV, V; derreren F. — 240. pel b. d. F. — 245. quant es almon B, D, II, III, V. — 246. fora de l'hom qui ha per Deu virtut B, D, II, III. — 247. que de per si propos e que (que may D, II, III) s'en mut B, D, II, III. — 248. eleccio solament es en nos B, D, II, III. — 261. p. passions B, D, H, I, II, III, IV, V. — 264. dolor veda r. E, F, G¹. — 277. sser F. — 280. fi sson v. F. — 286 *repite el v. 278* F. — 289. guastats F. — 300. qui te l'entendre tort I. — 306. recreu F. — 311. ell va pel mig e per cas pren l'estrem B, D, II, III. — 313. esser B, F. — 316. h. enten B, D, I, II, III, IV, V. — 362. quin motiu es lo qui de s. l. t. I. — 363. que de rey torna sclau I, IV, V. — 369. enclou F, G¹, H, I. — 373. de poch en poch m. señor B. — 377.

tan amor I. — 391. *falta* amich *en* F. — 394. per *falta en* F. — 402. prehant a si com se coneix per tal I. — 403. qui pora dir aquest hom esser mal I. — 404. Deu *falta en* F, G¹; si pobre es treaballa en joventut I. — 405-428 *faltan en* I. — 408. e lo senyor (señor D) sofir a (pobrejant B) pobrejar B, D, II, III. — 422. la *falta en* F, G¹. — 425. bo B, D, E, F, G¹, H, I, II, III, IV, V. — 430. que mor sercant favor en mobles bens I, IV, V. — 455. altres qu'esta en bestial plaher I, IV. — 485. dat B, D, F, H, II, III, IV, V.

Traducciones: Montemayor, Anónima.

Métrica: 61 octavas *croades-capcaudades*. Carece de tornada. Hay rima interna en algunas estrofas: vs. 85-87, 93-94, 97-98, 100-102, etc.

CVII.   *¡O quant és foll qui tem lo forçat cas*

Manuscritos: B, D, E, F, H, K, N.

Ediciones: II, III, IV, V.

Variantes: 5. amprat H. — 8. morir D, E, II, III, IV, V. — 10. causes E. — 20. mas pres B, D, E, II, III, IV, V. — 22. noms F. — 23. perdut B. — 25. Deu ha dos mons a tot hom establit D, E, II, III, IV, V. — 32. sabent B, D, E, H, II, III, IV, V. — 35. l'antr'en F. — 46. en p. B, F, H, K, N. — 56. gran be stimat B, D, E, H, II, III, IV, V. — 57. mal hom creu l'i. B. — 58. molt gran t. D, E, II, III, IV, V; del spirit la mort pus agre sent B. — 76. lo cos no s bo nol fa B; lo cors sa no l fara E, II, III, IV, V. — 81-84 *tienen por título* Tornada B, E, II, III, IV, V; Endressa K. — 83. morir F. — 85-88 *faltan en* E, II, III, IV, V. — *Tiene por título* Endreça B; Seguida D; Tornada K. — 85. ja no es B; ja es D.

Traducciones: ninguna.

Métrica: 10 octavas *croades-capcaudades* con 1 tornada y 1 *endreça* o envío.

CVIII. *No·m clam d'algú qu·en mon mal haja colpa*

Manuscritos: B, D, E, F.
Ediciones: II, III, IV, V.

Variantes: 5. ignor sim ve B, D, E, II, III, IV, V. — 6. per fals jutjar B, D, II, III, IV, V. — 8. fa que nom puch d'ignorança defendre B, D, II, III, IV, V. — 9. M. d. mester B, D, E, II, III, IV, V. — 12. sens poderne m. p. B, D, E, II, III, IV, V. — 14. on algun be no s troba B, D, E, II, III, IV, V. — 24. la cosa questa molt baixa e par alta B, D, E, II, III, IV, V. — 29. qui va tras l'i. B, D, E, II, III, IV, V. — 30. e creu de c. B, D, E, II, III, IV, V.; ben leuger d'atenyer B. — 31. ne (e E, IV) sab que son voler no pot e. B, D, E, II, III, IV, V. — 33. aquell sentir B, D, E, II, III, IV, V. — 34. ignorants ço queao voler abasta B, D, E, II, III, IV, V. — 35. foll es aquell que vol de molla pasta B, D, E, II, III, IV, V. — 36. fer un escut a tot colp invencible B, D, E, II, III, IV, V. — 38. mesclad'ab gran bonesa B, D, E, II, III, IV, V. — 41. no saben poch los qui molt amar solen B, D, E, II, III, IV, V. — 44. de don'amor e per deu aquell colen B, D, E, II, III, IV, V. — 46. quanta y qual la dona'n pot (conexer B) merexer B, D, II, III; e ignorant dones e llur mereixer E, IV, V. — 47. cuyda F. — 49. no te cura F. — 51. mas conexent B, D, E, II, III, IV, V; la moltes veus s'en plora II, III, IV, V. — 52. sent F. — 63. en loch tremolant ferma B, D, E, II, III, IV, V. — 65. tot lo darrer B, D, II, III, IV, V. — 68. e lexar vol D, E, II, III, IV, V. — 97-100 *tienen por título* Tornada B, F, IV, V. — 100. qui fuig del mon va per dreta carrera B, D, II, III, IV, V. — 101-104 *tienen por título* Endreça B; Seguida IV, V.

Traducciones: ninguna.

Métrica: 13 octavas *croades-capcaudades*. La última estrofa en algunos mss. y ediciones aparece dividida en dos partes: *Tornada* y *Endreça* o *Seguida,* división que tiene sentido. Bohigas no sigue esta distribución. Hay algunos versos con rima interior y algunas cesuras forzadas: vs. 24, 89, etc. Encabalgamiento en 57-58, 75-76. Rimas equívocas en la estrofa VIII.

CIX. *Dona, si·us am, no·m graescau amor*

Manuscritos: B, D, E, F.

Ediciones: II, III, IV, V.

Variantes: 3. format B, D, E, II, III, IV, V. — 6. qui F. — 8. plaentment (plasentment E, IV) l'ap. B, D, E, II, III, IV, V. — 14. com (que E) si per vos prench la mort a m. p. B, D, E, II, III, IV, V. — 15. car yo no mir E. — 16. de ser de vos content E. — 22. que de mi us recordeu E. — 24. per mal costum que tench E, IV, V. — 27. tanta e tal B, D, E, II, III, IV, V. — 29. no llunyar me de vos E, IV, V. — 30. amor en mi he mes E, IV, V. — 38. e tots aquells disposts per a venir B, D, E, II, III, IV, V.

Traducciones: Montemayor.

Métrica: 5 octavas *croades-capcaudades* y 1 tornada.

CX. *Llà só atès d'on só volgut fugir*

Manuscritos: B, D, E, F.

Ediciones: II, III, IV, V.

Variantes: 7. fugint F. — 10. e veig te axi com si foses present IV.

Traducciones: Montemayor.

Métrica: 5 octavas *croades-capcaudades* y 1 tornada.

CXI. *Axí com cell qui·s parteix de sa terra*

Manuscritos: B, D, E.

Ediciones: II, III, IV, V.

Variantes: 1. com es aquell B. — 2. tan ferm IV, V. — 7. ell es IV, V. — 8. dolors D, II, III, IV, V. — 14. es la dolor B, E, II, III. — 41. que no parle ab amor IV, V.

Traducciones: Montemayor, Icardo.

Métrica: 5 octavas *croades-capcaudades* y 1 tornada.

CXII. *Cobrir no pusch la dolor qui·n turmenta*

Manuscritos: B, D, E, G², H.
Ediciones: II, III, IV, V.

Variantes: 2. mor D. — 3. yo li graesch com s'antencio m'obre H. — 4. mas la negant la'm tol sens dar enpenta B; volent del mon traure·m s. H. — 11. tots vivents H. — 9. valençians B E; vallencians G². — 16-20. en G²: 19, 20, 18, 16, 17. — 21-40 *faltan en* B. — 40. quant ha mes bens tu li est pus esquiva B, H. — 53. morals virtuts essent en si j. E. — 67. n. sol honor B, H. — 69. La f. d. B, E, G², H, II, III, IV, V. — 77. fallint la c. B. — 95. faran a l'hom tembre E. — 147 *falta en* G². — 151-160 *de una segunda mano en* D; *faltan en* G². — 153. ffaent la f. torm en s. d. b. H. — 159. es avisada II, III, IV, V. — 163. tot hom q. m. E, IV, V. — 171-190 *faltan en* III. — 171. riquesa H. — 174. a. contra g. p. va s. fera E, II, IV, V; peresa H — 186. van a delits H. — 192. havent a D, E, II, III, IV, V. — 195-200. Pux altra fi sens virtut els han feta / en gran risch ve no peresque llur acte / o vacillant esta sens ferm contracte (coratge B) / lo qual no's ferm sens la carn be restreta (s. tenir c. secreta B) / ffenteli iaquir la por que la mort porta (qu'a m. aporta B) / per actes tantas fins abit (qu'a. B) ne reporte B, H. — 197. volar D. — 201. guanyen E. — 204. afanyen E. — 214. ser bo B, D, E, G², II, III, IV, V. — 228. mortifica D, E, II, III. — 229. que l'hom B, D, E, II, III, IV, V. — 237. l'animat c. D, E, G², II, III, IV, V. — 241. ymanginat D, E, G², II, III. — 323. natura molts a B, D, E, G², H, II, III, IV, V; promens B, D, E, G², V. — 324. se troben en l'om nades B; dins lom se troben nadas H. — 361-422 *faltan en* 301. — no vol E. — 421-422 *borrados por otra mano* D; *faltan en* II, III. — 422. que misericordiam sia B.

Traducciones: ninguna.

Métrica: 42 décimas y 1 tornada de 2 versos pareados: ABBA:CDDC:EE, EE. Todos los versos son de rima femenina. 127, forzada cesura. 411-114, rimas derivativas.

CXIII. *La vida ·s breu e l'art se mostra llonga*

Manuscritos: D, E, G².

Ediciones: I, II, III, IV, V.

Variantes: 1-120. *faltan en* G¹, I. — 10. no veu III, IV, V. — 12. no p. cami torcre IV. — 71. qu'acusa II, III. — 84. fetje IV, V. — 90. y en sa llaor E, IV. — 111. quant s. p. s. E, IV, V. — 125. lo mes f. D, E, II, III, IV, V. — 144. apartant se E. — 146. e no vehem hom IV. — 151. v. sols c. E. — 163. es o t. b. D, II, III. — 183. pleuersis D, II, III, IV; cor E, III, IV, V. — 190. destru D, E, II, III. — 221. si col malalt E. — 246. que no's ull que los veja E, G², I. — 251-252. *faltan en* E, IV, V. — 251-254. *borrados por otra mano en* D; *faltan en* G², I, II, III.

Traducciones: ninguna.

Métrica: 25 décimas: ABBA:CDDC:EE y 1 tirada que es cuarteto monorrimo: AAAA. Todas las rimas son femeninas.

CXIV. *Retinga·m Déu en mon trist pensament*

Manuscritos: B, D, E, G².

Ediciones: I, II, III, IV, V.

Variantes: 1-40. *faltan en* G², I. — 7. d'ella me sent venir B. — 17. menys de tristor B. — 18. que tristor m'a portat B. — 21. molts homs an p. III, IV, V. — 36. esser d'acer lo cor de carn compost B. — 37. qu'en tristor delit prench B. — 41. en altre vench G²; en un altre vench E. — 43. car veheent me ser D, II, III, IV, V; v. mi B. — 47. t. ha q. v. E, G², I. — 51. fa usament G², I. — 55. *falta en* B. — 62. adulaments D, E, G², I, II, III, IV. — 63. m. remenys E, G². — 65. procura G², I. — 68. desnatura G², I. — 78. que follament a fet a mi amar G², I. — 81. ne cosa d'ell nom val E, G², I. — 82. la causa de ser trist E, G², I. — 84. e d'als sentir mon sentiment nol cal B. — 85-88. *puestos después de* 89-92; *faltan en* G², I. — 86. desaborit mon gust E. — 89. torn pregar deu B. — 90. puis me rou tant aquest continu verm E, G², I. — 91. e meta'n mi aquest preposit ferm E, G², I.

Traducciones: Romaní, Montemayor, Anónima, Gimferrer.

Métrica: 11 octavas *croades-capcaudades* y 1 tornada. Es forzada la cesura del v. 46. V. 30, dislocación de acento en la cesura.

CXV. *Puix me penit, senyal és cert que baste*

Manuscritos: B, D, E, G².

Ediciones: I, II, III, IV, V.

Variantes: 4. yo t. D, E, G², I, II, III, IV, V. — 9. altra amor a sil tira G², I. — 11-122. *faltan en* G², I. — 12. se guia B. — 18. no inclina E, IV, V. — 20. trob B, IV, V. — 26. d'amor II, III. — 31. accepte B. — 37. ha tal poder que la fa rahonable B. — 60. tira la maior roca E. — 63. Quins B. — 66. desitxs que; dolors E. — 67. *falta en* B. — 71. Si co·l malalt E. — 79. axi amor B. — 82. señal D. — 84. si mala es B, E. — 88. arrear B. — 90. qual d'ells en mi retinga E. — 94. alongar B; allogar D; alojar E, IV; alotjar V. — 106. aquell desig E, IV, V. — 108. caygue B. — 109. tal curs f. E, II, III, IV, V. — 112. cosas novellas B. — 120. en les carns vellas crema B. — 121-122. *borrados por otra mano en* D.

Traducciones: Romaní, Montemayor, Anónima.

Métrica: 12 décimas y 1 tornada de 2 versos pareados: ABBA:CDDC:EE. Los versos son de rima femenina. Vs. 11-14, juego de rimas.

CXVI. *Cert és de mi que no me'n cal fer compte*

Manuscritos: B, D, E.

Ediciones: II, III, IV, V.

Variantes: 8. s. molt e. B. — 16. a mi ahire B. — 22. bastan B. — 23. contrastan B. — 24. bens d'amor D, E, II, III, IV, V. — 29. I. mor E, II, III, IV, V. — 41. ergulle B. — 44. despulle B. — 47. veig II, III. — 50. cor yrat E, II, III, IV, V. — 61-70. *faltan en* II, III. — 61-110. *En E siguen este orden*: 71-80, 81-90, 101-110, 91-100, 61-70; *anteriormente había tomado el siguiente*: 71-80, 81-90, 91-

100, 101-110, 61-70, *y se encuentra escrito al margen de las dos últimas estrofas*: "Esta copla y la seguent no son el la impressio y par no sien d'esta obra ny del autor". — 61. ampendre B; compendre IV, V. — 63. pau vol ell l'abraça B; por vol ell abraça D; ell la tem y l'abraça E, IV, V. — 101-110. *faltan en* IV, V. — 120. *mor* E, II, III, V. — 130. fama B. — 151-152. *faltan en II, III y aparecen borrados por otra mano en* D.

Traducciones: Montemayor.

Métrica: 15 décimas y 1 tornada de 2 versos pareados: ABBA:CDDC:EE. Todas las rimas son femeninas.

CXVII. *Lo cinquèn peu del moltó ab gran cura*

Manuscritos: B, D, E.

Ediciones: II, III, IV, V.

Variantes: 2. yo vats cercant e ne n B. — 7. semblants E. — 9. me romanguen E. — 21. pecant D, II, III. — 31. l'abandone B. — 40. q. dolor B. — 47. ne amat no p. e. E. — 48. n. abandona E. — 50. mi r. D, E, II, III. — 52. veig g. b. E, II, III, IV, V. — 56. si lin retria l deute E. — 57. pren m'en axi E. — 63. yo n'he delit E, II, III; yo he delit IV, V. — 64. m'agreugen B. — 71. e q. amar E. — 73. per l'ostal D, II, III, IV, V. — 80. ayço apar E; coarts E. — 86. ben r. D; bon r. E, II, III, IV, V; oblidan B. — 98. com es a. B. — 102. l'obrar E, IV, V. — 107. mas n. p. s. E, IV, V. — 111. e basta E. — 109. tingue B. — 115. sols D, II, III, IV, V; als angels E. — 119. d'aquell B. — 124. passe B. — 158. sentenen D, II, III, V. — 170. troba B. — 174. e apres viu E. — 187. lo meten E, IV, V. — 202. tant que no veu res que per ells d. E. — 213. mon pensament delita E, IV, V. — 217. planch B; plau E, II, III, IV, V. — 219. axi com çell B. — 224. que la B. — 241-244. *faltan en* B, D, E, II, III.

Traducciones: Montemayor.

Métrica: 30 octavas, *estramps* o versos libres. Hay algún encabalgamiento vs. 69-70, 99-100. Aliteración v. 165.

Todos los versos de rima femenina.

CXVIII. *No cal dubtar que sens ulls pot hom veure*

Manuscritos: B, D, E.

Ediciones: II, III, IV, V.

Variantes: 4. fa obra ques de creure E, II, III. — 6. nos força B. — 12. cobeja D, II, III, IV, V. — 13. jom bateie B. — 35. descobra B, D. — 49. m. c. no s. B. — 60. fallidas B. — 62. darrer B, II, III, IV, V. — 66. darrerament B. — 74. s'en lança B. — 75. amant D, E, II, III, IV, V. — 76. nons E, II, III, IV, V. — 77. quens D, E, II, III, IV, V. — 78. veurem E, II, III, IV, V. — 79. Q. mes a. E, II, III, IV, V. — 85. animaua B. — 87. veritat B; l'adorna E, II, III, IV.

Traducciones: Montemayor.

Métrica: 9 décimas y 1 tornada de dos versos pareados: ABBA:CDDC:EE. La tornada tiene las mismas rimas que el pareado de la última estrofa. Todos los versos de rima femenina.

CXIX. *Maleyt lo jorn que·n fon donada vida*

Manuscritos: B, D, E.

Ediciones: II, III, IV, V.

Variantes: 1. contraris B. — 8. que so B, II, III. — 26. fet B. — 37. ssil; sim D, E, II, III, IV, V. — 41-50. *faltan en* II, III. — 54. mi'n pens B. — 67. ne pren a mi E. — 71. si col malalt E. — 76. si que E, II, IV, V; 77. ne pren a mi E. — 79. no's en carn sol B. — 84. tal qual natura dona E, II, III, IV, V; tals D. — 88. esperança B, III; en mi s veu E.

Traducciones: Ninguna.

Métrica: 10 décimas y 1 tornada de dos versos pareados: ABBA:CDDC:EE. Todos los versos son de rima femenina.

CXX. *Si·n algun temps me clamí sens raó*

Manuscritos: B, D, E.
Ediciones: II, III, IV, V.

Variantes: 17. aço es clar que s pert veure y oyr B. — 32. mescle B. — 34. convench B. — 36. sentint D, E, II, III, IV, V; de que B. — 64. no per si, mas ginyat B. — 72. molt mes D. — 81. haver no puch ergull B. — 84. prech B. — 102. la terra m. B. — 111. de mon D; del mon E, II, III, IV, V. — 120. lo començar D, II, III, V. — 124. no plou D, E, II, III, IV, V. — 127. perque a si hom deu estar conferm B. — 128. lo perdre es molt guany E. — 129. Verge humil B.

Traducciones: Montemayor.

Métrica: 11 octavas *croades-capcaudades* y 1 tornada. Aliteración y juego de palabras en los vs. 90-91.

CXXI. *Molt me par me que pens de l'altre món*

Manuscritos: B, D, E.
Ediciones: II, III, IV, V.

Variantes: par bo E, II, III, IV, V. — 5. solt mon e. B. — 6. d. ser D, IV, V. — 8 costums B. — 9. Cell qui posques E. — 14. fos IV, V; señor B. — 27. desque naquell embronch E. — 37. Nostre S. D, E, II, III, IV, V; señor D. — 42. se troba gran spay B. — 47. aquells B. — 49. Dels habits qui B. — 61. per fer un cas tan fort B. — 62. un amich p. B. — 63. qu'a mes E, III, IV, V. — 64. e per qui v. B. — 79. siu pora clar jutjar D, E, II, III, IV, V. — *Entre los vs. 91-92* so es per que no desfasca mal B.

Traducciones: ninguna.

Métrica: 11 octavas *croades-capcaudades* y 1 tornada.

CXXII^a. *Tots los delits del cors he ja perduts*

Manuscritos: F.
Ediciones: ninguna.
Traducciones: ninguna.
Métrica: 5 octavas *croades-capcaudades* y 1 tornada o envío.

CXXII^b. *Mon bon senyor, puix que parlar en prosa*

Manuscritos: B, D, E.
Ediciones: II, III, IV, V.
Variantes: 1. señor D. — 4 mes tem me de la glosa B. — 6. p. veu B; p. feu E, IV, V. — 11. de la armal E. — 13. r. clos en B; sol D, E, IV, V. — 18. complaura B. — 27. d. d. hom B. — 28. hon será hom B; trobe B; trob ser E. — 29. ya no B. — 35. un rey II, III, IV, V. — 40. llur cos B. — 47. los finits B. — 48. fahen aquells dol acte produyr B. — 50. en lo mon B. — 52. sortir B. — 62. e fastitx veu B. — 68. dolors desitx, fattix, ne dol sentra B. — 73-76. *tienen por título* Tornada B, D, E, II, III, IV, V. — 73. mon senyor bo, sim conexeu errat B. — 74. per que no fiu de la caça parlar B. — 75. lo cor passat qu'e tengut en amar B. — 76. ha forçat mi que fos d'amor parlant B. — 77-80. *tienen por título* Seguida B, D, E, II, III, IV, V.

Traducciones: Montemayor.
Métrica: 9 octavas *croades-capcaudades* más 1 Tornada y 1 Seguida también con la misma distribución de rimas: ABBA:ACCA.

CXXIII. *Mentre d'Amor sentí sa passió*

Manuscritos: D, E.
Ediciones: II, III, IV, V.
Variantes: 14. altrament D, II, III; altr'amor IV, V. — 16. e plor IV. — 29. çell q. A. E. — 34. la arma'n E. —

38. la arma E. — 40. dels composts E. — 52. vent E. — 66. tinch E, III, IV, V. — 76. los t. E, II, III.

Traducciones: Montemayor, Gimferrer.

Métrica: 9 octavas *croades-capcaudades* y 1 tornada.

CXXIV. *Ab molta raó me desenamore*

Manuscritos: B, D, E.

Ediciones: no figura.

Variantes: 3. deleitable E. — 8. Prech vos me digau si cast o amable E.

Traducciones: ninguna.

Métrica: esparza o estrofa suelta sin tornada y de recuesta. Es una estrofa de arte mayor del tipo de las castellanas pero que presenta ciertas innovaciones.

CXXV. *Entre ·ls ulls y les orelles*

Manuscritos: D, E.

Ediciones: IV, V.

Variantes: señora *en el título del texto D, que es el que se ha transcrito.* — 2. yo trob E. — 3. jutges sans E; jutgesa os IV, V. — 5. val molt mes E, IV, V. — 7. ells no v. IV, V. — 9. qui de tots valeu molt mes E, V. — 10. dins IV, V.

Métrica: esparza o estrofa suelta en forma de recuesta y con tornada: abba:cddc:ceec. Los textos conservados de este poema presentan irregularidad silábica: versos heptasílabos y octosílabos, en la denominación catalana o octosílabos y eneasílabos en la castellana. Tal irregularidad no parece responder a ningún esquema. Por otra parte en la respuesta que da la poetisa, calcada en la forma de la de Ausias March, conservando las mismas rimas, los versos son eneasílabos.

CXXVI. *Quant més amau, tant més temor teniu*

Manuscritos: no figura.
Ediciones: IV, V.
Variantes: 8. calitat IV, V. — 9 tratant V.
Traducciones: ninguna.
Métrica: Dos estrofas, con las mismas rimas, *unisonans*: ABABBCCB, que corresponden a las octavas del *Laberinto de Fortuna* de Juan de Mena: "Al muy prepotente don Juan el Segundo..." (véase el capítulo dedicado a la métrica de Ausias March). La tornada, encadenada, repite las cuatro últimas rimas de la octava.

CXXVII. *A Déu siau, vós, mon delit*

Manuscritos: B, D. La letra de D es de segunda mano.
Ediciones: ninguna.
Variantes: 22. e mi. — 81. que'n D. — 91. señal D. — 106. d'aquests. — 115. no deju D. — 131. *falta en* B. — 176. s. que v. B, D. — 194. deus D. — 221. señor D. — 223-224. *Entre estos dos versos faltan otros, posiblemente más de dos ya que si sólo fueran dos la rima en* -ent *sería igual en las dos estrofas, cosa que no ocurre en la composición.* — 244. complanch B. — 265-266. *Entre estos dos versos faltan posiblemente dos en* -ar. — 280. yo se... tal b. B. — 285. d'un f. p. D. — 310-311. *faltan varios versos, por lo menos tres en* -an *si es que la rima, improbable, fuera idéntica en las dòs estrofas.* — 318. que'm B, D. — 331. potents D.
Traducciones: Masoliver (sólo 198 versos), Gimferrer.
Métrica: tercetos de pie quebrado. La composición comienza con un pareado: AA, bBB, cCC... Versos eneasílabos a la medida castellana y, los de pie quebrado, pentasílabos. En la medida provenzal: octosílabos y tetrasílabos.

CXXVIII. *A mi acorda un dictat*

Manuscritos: B, D. La escritura de D es de una segunda mano.

Ediciones: ninguna.

Variantes: 5. esperem D. — 15. lo be e mal D. — 18. ells B. — 20. stima B. — 27. mes B. — 56. parlar no vull B. — 58. vos p. B, D. — 95. s. o be o m. B. — 96. E primer B, D. — 108. se mostras contra (enemich D) inich B, D. — 120. mes B. — 169. pendre B. — 234. fer B. — 239. preuen D. — 293. que's D. — 298. ençenent B. — 337. studiant D. — 400. guarada B, D. — 426. ans nos D. — 447. lo dormir B, D. — 448. de la speçia li plau dormir B. — 461. car l'altra natura B, D. — 481. li força B. — 502 malvat B. — 543. darrer D. — 562. señoria D. — 591. qui f. B. — 626. de saber la passio l'apassionat B, D. — 630. acompañat D. — 631. ab a. B. — 657. nol treballas. — 678. mal fer D.

Traducciones: Gimferrer.

Métrica: 698 versos pareados o *noves rimades*. Falta un verso, el que debía ser 532, en *-esca*. Hay irregularidades métricas: versos eneasílabos, octosílabos y heptasílabos a la manera castellana o octosílabos, heptasílabos y hexasílabos a la provenzal.

ÍNDICE DE CANTOS

Tomo II

Págs.

LXXXIX.	Cervo ferit no desija la font	8
XC.	No·s maravell algú perquè·m enyor.	12
XCI.	En aquell temps sentí d'Amor delit.	16
XCII.	Aquelles mans que jamés perdonaren.	20
XCIII.	¿Qui serà aquell del món superior.	36
XCIV.	Puys me trob sol en amor, a mi sembla	42
XCV.	¿Què val delit puys no és conegut.	50
XCVI.	La gran dolor que llengua no pot dir	54
XCVII.	Si per null temps creguí ser amador.	58
XCVIII.	Per lo camí de mort he cercat vida.	62
XCIX.	Aquesta és perdurable dolor	66
C.	Entre Amor só portat e Fortuna ...	72
CI.	Lo vizcaí que·s troba ·n Alemanya ...	86
CII.	¿Qual serà ·quell que fora si mateix.	90
CIII.	Aquell ateny tot quant atènyer vol.	104
CIV.	Qui ni per si ne per Déu virtuts usa.	108
CV.	Puys que sens Tu algú a Tu no basta.	126
CVI.	Lo tot és poch ço per què treballam.	140
CVII.	¡O quant és foll qui tem lo forçat cas	170
CVIII.	No·m clam d'algú qu·en mon mal haja colpa	176
CIX.	Dona, si·us am, no·m graescau amor.	184
CX.	Llà só atès d'on só volgut fugir ...	186
CXI.	Axí com cell qui·s parteix de sa terra.	188
CXII.	Cobrir no pusch la dolor qui·m turmenta	192
CXIII.	La vida ·s breu e l'art se mostra llonga	216
CXIV.	Retinga'm Déu en mon trist pensament	232
CXV.	Puix me penit, senyal és cert que baste	238

ÍNDICE DE CANTOS

CXVI.	Cert és de mi que no me'n cal fer compte	244
CXVII.	Lo cinquèn peu del moltó ab gran cura	254
CXVIII.	No cal dubtar que sens ulls pot hom veure	270
CXIX.	Maleyt lo jorn que·m fon donada vida	274
CXX.	Si·n algun temps me clamí sens raó.	282
CXXI.	Molt me par be que pens de l'altre món	290
CXXII a.	Tots los delits del cors he ja perduts.	296
CXXII b.	Mon bon senyor, puix que parlar en prosa	298
CXXIII.	Mentre d'Amor sentí sa passió	304
CXXIV.	Demanda feta per mossen Ausias March a Joan Moreno: Ab molta raó me desenamore	310
CXXV.	Demanda feta per mossen Ausias March a la senyora Na Tecla, neboda del Pare Sant: Entre ·ls ulls y les orelles	312
CXXVI.	Resposta de Ausias March [a una demanda feta per mossen Fenollar]: Quant més amau, tant més temor teniu	314
CXXVII.	A Déu siau, vós, mon delit	316
CXXVIII.	A mi acorda un dictat	340

ÍNDICE DE PRIMEROS VERSOS

                                                                         Tomo Págs.

	Tomo	Págs.
A Déu siau, vós, mon delit CXXVII	II	316
A mal estrany és la pena estranya XLIX	I	294
A mi acorda un dictat CXXVIII	II	340
Ab molta raó me desenamore CXXIV	II	310
Ab tal dolor com l'esperit s'arranca LIII	I	308
Ab vós me pot Amor ben esmenar XLVIII	I	292
Algú no pot haver en si poder LXVI	I	348
Alguns passats donaren si a mort XX	I	200
Als fats coman tot quant serà de mi LXXIV ...	I	380
Alt e amor d'on gran desig s'engendra III	I	142
Amor se dol com breument yo no muyr IX	I	164
Aquell ateny tot quant atènyer vol CIII	II	104
Aquelles mans que jamés perdonaren XCII	II	20
Aquesta és perdurable dolor XCIX	II	66
Axí com cell qui desija vianda IV	I	144
Axí com cell qui·n lo somni ·s delita I	I	136
Axí com cell qui·s parteix de sa terra CXI	II	188
Axí com cell qui·s veu prop de la mort LXXXI.	I	402
Bé ·m maravell com l'ayre no s'altera XLVII ...	I	288
Callen aquells que d'Amor han parlat XXII	I	208
Cell qui d'altruy reb enug e plaer XL	I	262
Cert és de mi que no me·n cal fer compte CXVI.	II	244
Cervo ferit no desija la font LXXXIX	II	8
Clamar no·s deu qui mal cerca e troba LII	I	306
Clar és e molt a tots los amadors LXIX	I	358
Cobrir no pusch la dolor qui·m turmenta CXII.	II	192
Colguen les gents ab alegria festes XIII	I	176
Coratge meu a pendr' esforç molt tart XLIII ...	I	272
Dona, si·us am, no·m graescau amor CIX	II	184
En aquell temps sentí d'Amor delit XCI	II	16
Entre Amor só portat e Fortuna C	II	72
Entre ·ls ulls y les orelles CXXV	II	312
Fantasiant Amor a mi descobre XVIII	I	194

456 ÍNDICE DE PRIMEROS VERSOS

Ja de amor tèbeu jamés no sia LXVII		I	352
Ja no esper que si· amat XII		I	172
Ja tots mos cants me plau metr· en oblit VIII ...		I	160
Junt és lo temps que mon goig és complit XVI.		I	186
La gran dolor que llengua no pot dir XCVI		II	54
La mia por d'alguna causa mou XXXVII		I	252
La vida ·s breu e l'art se mostra llonga CXIII ...		II	216
Lo cinquèn peu del moltó ab gran cura CXVII ...		II	254
Lo jorn ha por de perdre sa claror XXVIII		I	228
L'home pel món no munta ·n gran valer XXXII.		I	236
Lo temps és tal que tot animal brut LXIV		I	344
Lo tot és poch ço per què treballam CVI		II	140
Lo vizcaí que·s troba ·n Alemanya CI		II	86
Los ignorants Amor e sos exemples XLV		I	278
Llà só atès d'on só volgut fugir CX		II	186
Llexant a part l'estil dels trobadors XXIII		I	210
Llexe la Sort lo seu variat torn LXXXV		I	410
Ma voluntat amant-vos se contenta LVI		I	318
Malventurós no deu cercar Ventura XIV		I	178
Malament viu qui delit pert de viure LXXXVIII.		I	434
Maleyt lo jorn que·m fon donada vida CXIX ...		II	274
Mentre d'Amor sentí sa passió CXXIII		II	304
Mes voluntats en gran part discordants LX		I	330
Molt he tardat en descobrir ma falta VI		I	152
Molt me par be que pens de l'altre món CXXI.		II	290
Molts hòmens oig clamar-se de Fortuna XXXI ...		I	234
Mon bon senyor, puix que parlar en prosa CXXII b.		II	298
No cal dubtar que sens ulls pot hom veure CXVIII.		II	270
No guart avant ne membre lo passat LXXVIII ...		I	394
No pens algú que·m' allarch en paraules LXXIII.		I	376
No pot mostrar lo món menys pietat LXXVII ...		I	392
No sech lo temps mon pensament inmoble XXIV.		I	214
No só gosat en demanar mercè LXV		I	346
No·m clam d'algú qu·en mon mal haja colpa CVIII.		II	176
No·m fall recort del temps tan delitós XXV		I	216
No·m pren axí com al petit vaylet LXVIII		I	356
No·s maravell algú perquè·m enyor XC		II	12

ÍNDICE DE PRIMEROS VERSOS

O fort Dolor yo·t prench que mi perdons LXI ...	I	332
O mort qui est de molts mals medecina XXXVI.	I	248
O quant és foll qui tem lo forçat cas CVII	II	170
O vós, mesquins, qui sots terra jaeu LXXIX ...	I	398
Oiu, oiu tots los qui bé amats XIX	I	198
On és lo lloch on ma penssa repose? LXXVI ...	I	390
Paor no·m sent que sobreslaus me vença LXXII.	I	372
Per lo camí de mort he cercat vida XCVIII	II	62
Per molt amar ma vida és en dupte LV	I	314
Per què m'és tolt poder dellibrar? LXX	I	362
Por de pijor a molts fa pendre mort LVII	I	320
Pren-m·enaxí com al patró qu·en platga II	I	138
Puix me penit, senyal és cert que baste CXV ...	II	238
Puys me trob sol en amor, a mi sembla XCIV ...	II	42
Puys que sens Tu algú a Tu no basta CV	II	126
Qual serà ·quell que fora si mateix CII	II	90
Quant més amau, tant més temor teniu CXXVI ...	II	314
Quant plau a Déu que la fusta peresca LXXXII.	I	404
Què·m ha calgut contemplar en Amor LXXI ...	I	366
Què val delit, puys no és conegut XCV	II	50
Qui és aquell qui en Amor contemple LXXV ...	I	384
Qui ne per si ne per Déu virtuts usa CIV	II	108
Qui no és trist de mos dictats no cur XXXIX ...	I	258
Qui serà aquell del món superior XCIII	II	36
Qui sinó foll demana si·m enyor LIV	I	312
Qui·m mostrarà la Fortuna lloar LXII	I	336
Qui·m tornarà lo temps de ma dolor LXIII	I	340
Quins tan segurs consells vas encercant XI	I	170
Retinga'm Déu en mon trist pensament CXIV ...	II	232
Sens lo desig de cosa deshonesta XXXIII	I	240
Si bé mostrau que mi no avorriu XXXVIII	I	256
Si co·l malalt que·l metge lo fa cert LIX	I	326
Si co·l malalt qui llonch temps ha que jau LXXXIII.	I	404
Sí com aquell qui per sa ·nfinitat L	I	298
Sí com un rey senyor de tres ciutats X	I	166
Sí com l'hom rich que per son fill treballa LVIII.	I	324
Sí com lo taur s'en va fuyt pel desert XXIX ...	I	228
Sí com rictat no porta béns ab si VII	I	156
Si Déu del cors la mi· arma sostrau XVII	I	190

Si per null temps creguí ser amador XCVII	II	58
Si prés grans mals un bé ·m serà guardat XV ...	I	182
Sia cascú per ben oir atent XXXV	I	246
Si·m demanau lo greu turment que pas LXXXVI.	I	414
Si·n algun temps me clamí sens raó CXX	II	282
Sobresdolor m'ha tolt l'imaginar XXVII	I	224
Tal só com cell qui penssa que morrà LI	I	300
Tant en Amor ma pens· ha consentit XXI	I	204
Tant he amat que mon grosser enginy V	I	148
Tant he amat que vinch en desamar LXXXIV ...	I	404
Tot entenent amador mi entenga LXXXVII	I	414
Tot llaurador és pagat del jornal LXXX	I	402
Tot metge pren càrrech de consciença XLIV ...	I	276
Tots los delits del cors he ja perduts CXXII a.	II	296
Tots los desigs escampats en lo món XXXIV ...	I	242
Veles e vents han mos desigs complir XLVI ...	I	284
Vengut és temps que serà conegut XXX	I	230
Volgra ser nat cent anys o pus atràs XLI	I	264
Vós qui sabeu de la tortra ·l costum XLII	I	268
Yo crit lo bé si·n algun lloch lo sé XXVI	I	220

ÍNDICE DE LÁMINAS

Tomo II

Entre págs.

San Sebastián, por Jacomart	96-97
Fragmento del testamento de Ausias March ...	96-97
Lauda sepulcral de Ausias March	194-195
Lápida situada en la calle de Cabillers	194-195
Portada de la traducción de Ausias March por Jorge de Montemayor (Zaragoza, 1562)	276-277
Portada de la traducción de Ausias March por Jorge de Montemayor (Madrid, 1579)	276-277

SE TERMINÓ DE IMPRIMIR EN LOS
TALLERES VALENCIANOS DE
ARTES GRÁFICAS SOLER, S. A.,
EL DÍA 9 DE OCTUBRE DE 1979

ÚLTIMOS TÍTULOS PUBLICADOS

40 / Juan de Arguijo
OBRA POÉTICA
Edición, introducción y notas de Stanko B. Vranich.

41 / Alonso Fernández de Avellaneda
EL INGENIOSO HIDALGO DON QUIJOTE DE LA MANCHA, que contiene su tercera salida y es la quinta parte de sus aventuras
Edición, introducción y notas de Fernando G. Salinero.

42 / Antonio Machado
JUAN DE MAIRENA (1936)
Edición, introducción y notas de José María Valverde.

43 / Vicente Aleixandre
ESPADAS COMO LABIOS. LA DESTRUCCIÓN O EL AMOR
Edición, introducción y notas de José Luis Cano.

44 / Agustín de Rojas Villandrando
EL VIAJE ENTRETENIDO
Edición, introducción y notas de Jean Pierre Ressot.

45 / Vicente Espinel
VIDA DEL ESCUDERO MARCOS DE OBREGÓN. Tomo I
Edición, introducción y notas de M.ª Soledad Carrasco Urgoiti.

46 / Vicente Espinel
VIDA DEL ESCUDERO MARCOS DE OBREGÓN. Tomo II
Edición, introducción y notas de M.ª Soledad Carrasco Urgoiti.

47 / Diego de Torres Villarroel
VIDA, ascendencia, nacimiento, crianza y aventuras
Edición, introducción y notas de Guy Mercadier.

48 / Rafael Alberti
MARINERO EN TIERRA. LA AMANTE. EL ALBA DEL ALHELÍ
Edición, introducción y notas de Robert Marrast.

49 / Gonzalo de Berceo
VIDA DE SANTO DOMINGO DE SILOS
Edición, introducción y notas de Teresa Labarta de Chaves.

50 / Francisco de Quevedo
SUEÑOS Y DISCURSOS
Edición, introducción y notas de Felipe C. R. Maldonado.

51 / Bartolomé de Torres Naharro
COMEDIAS
Edición, introducción y notas de D. W. McPheeters.

52 / Ramón Pérez de Ayala
TROTERAS Y DANZADERAS
Edición, introducción y notas de Andrés Amorós.

53 / Azorín
DOÑA INÉS
Edición, introducción y notas de Elena Catena.

54 / Diego de San Pedro
OBRAS COMPLETAS, I. TRACTADO DE AMORES DE ARNALTE Y LUCENDA. SERMON
Edición, introducción y notas de Keith Whinnom.

55 / Lope de Vega
EL PEREGRINO EN SU PATRIA
Edición, introducción y notas de Juan Bautista Avalle-Arce.

56 / Manuel Altolaguirre
LAS ISLAS INVITADAS
Edición, introducción y notas de Margarita Smerdou Altolaguirre.

57 / Miguel de Cervantes
VIAJE DEL PARNASO. POESÍAS COMPLETAS, I
Edición, introducción y notas de Vicente Gaos.

58 / LA VIDA DE LAZARILLO DE TORMES Y DE SUS FORTUNAS Y ADVERSIDADES
Edición, introducción y notas de Alberto Blecua.

59 / Azorín
LOS PUEBLOS. LA ANDALUCÍA TRÁGICA Y OTROS ARTÍCULOS (1904-1905)
Edición, introducción y notas de José María Valverde.

60 / Francisco de Quevedo
POEMAS ESCOGIDOS
Selección, introducción y notas de José Manuel Blecua.

61 / Alfonso Sastre
ESCUADRA HACIA LA MUERTE LA MORDAZA
Edición, introduccion y notas de Farris Anderson.

62 / Juan del Encina
POESÍA LÍRICA Y CANCIONERO MUSICAL
Edición, introducción y notas de R. O. Jones y Carolyn R. Lee.

63 / Lope de Vega
LA ARCADIA
Edición, introducción y notas de Edwin S. Morby.

64 / Marqués de Santillana
POESÍAS COMPLETAS, I. Serranillas, cantares y decires. Sonetos fechos al itálico modo
Edición, introducción y notas de Manuel Durán.

65 / POESÍA DEL SIGLO XVIII
Selección, introducción y notas de John H. R. Polt.

66 / Juan Rodríguez del Padrón
SIERVO LIBRE DE AMOR
Edición, introducción y notas de Antonio Prieto.

67 / Francisco de Quevedo
LA HORA DE TODOS
Edición, introducción y notas de Luisa López-Grigera.

68 / Lope de Vega
SERVIR A SEÑOR DISCRETO
Edición, introducción y notas de Frida Weber de Kurlat.

69 / Leopoldo Alas, Clarín
TERESA. AVECILLA. EL HOMBRE DE LOS ESTRENOS
Edición, introducción y notas de Leonardo Romero.

70 / Mariano José de Larra
ARTÍCULOS VARIOS
Edición, introducción y notas de Evaristo Correa Calderón.

71 / Vicente Aleixandre
SOMBRA DEL PARAÍSO
Edición, introducción y notas de Leopoldo de Luis.

72 / Lucas Fernández
FARSAS Y ÉGLOGAS
Edición, introducción y notas de M.ª Josefa Canellada.

73 / Dionisio Ridruejo
PRIMER LIBRO DE AMOR. POESÍA EN ARMAS. SONETOS
Edición, introducción y notas de Dionisio Ridruejo.

74 / Gustavo Adolfo Bécquer
RIMAS
Edición, introducción y notas de José Carlos de Torres.

75 / POEMA DE MIO CID
Edición, introducción y notas de Ian Michael.

76 / Guillén de Castro
LOS MAL CASADOS DE VALENCIA
Edición, introducción y notas de Luciano García Lorenzo.

77 / Miguel de Cervantes
DON QUIJOTE DE LA MANCHA, Parte I (1605)
Edición, introducción y notas de Luis Andrés Murillo.

78 / Miguel de Cervantes
DON QUIJOTE DE LA MANCHA, Parte II (1615)
Edición, introducción y notas de Luis Andrés Murillo.

79 / Luis Andrés Murillo
BIBLIOGRAFÍA FUNDAMENTAL SOBRE «DON QUIJOTE DE LA MANCHA» DE MIGUEL DE CERVANTES

80 / Miguel Mihura
TRES SOMBREROS DE COPA. MARIBEL Y LA EXTRAÑA FAMILIA
Edición, introducción y notas de Miguel Mihura.

81 / José de Espronceda
EL ESTUDIANTE DE SALAMANCA. EL DIABLO MUNDO
Edición, introducción y notas de Robert Marrast.

82 / Pedro Calderón de la Barca
EL ALCALDE DE ZALAMEA
Edición, introducción y notas de José M.ª Díez Borque.

83 / Tomás de Iriarte
EL SEÑORITO MIMADO. LA SEÑORITA MALCRIADA
Edición, introducción y notas de Russell P. Sebold.

84 / Tirso de Molina
EL BANDOLERO
Edición, introducción y notas de André Nougué.

85 / José Zorrilla
EL ZAPATERO Y EL REY
Edición, introducción y notas de Jean Louis Picoche.

86 / VIDA Y HECHOS DE ESTEBANILLO GONZÁLEZ. Tomo I
Edición, introducción y notas de N. Spadaccini y Anthony N. Zahareas.

87 / VIDA Y HECHOS DE ESTEBANILLO GONZÁLEZ. Tomo II
Edición, introducción y notas de N. Spadaccini y Anthony N. Zahareas.

88 / Fernán Caballero
LA FAMILIA DE ALVAREDA
Edición, introducción y notas de Julio Rodríguez Luis.

89 / Emilio Prados
LA PIEDRA ESCRITA
Edición, introducción y notas de José Sanchis-Banús.

90 / Rosalía de Castro
EN LAS ORILLAS DEL SAR
Edición, introducción y notas de Marina Mayoral Díaz.

91 / Alonso de Ercilla
LA ARAUCANA. Tomo I
Edición, introducción y notas de Marcos A. Morínigo e Isaías Lerner.

92 / Alonso de Ercilla
LA ARAUCANA. Tomo II
Edición, introducción y notas de Marcos A. Morínigo e Isaías Lerner.

93 / José María de Pereda
LA PUCHERA
Edición, introducción y notas de Laureano Bonet.

94 / Marqués de Santillana
POESÍAS COMPLETAS.
Tomo II
Edición, introducción y notas de Manuel Durán.

95 / Fernán Caballero
LA GAVIOTA
Edición, introducción y notas de Carmen Bravo-Villasante.

96 / Gonzalo de Berceo
SIGNOS QUE APARECERÁN ANTES DEL JUICIO FINAL. DUELO DE LA VIRGEN. MARTIRIO DE SAN LORENZO
Edición, introducción y notas de Arturo Ramoneda.

97 / Sebastián de Horozco
REPRESENTACIONES
Edición, introducción y notas de F. González Ollé.

98 / Diego de San Pedro
PASIÓN TROVADA. POESÍAS MENORES DESPRECIO DE LA FORTUNA
Edición, introducción y notas de Keith Whinnom y Dorothy S. Severin.

99 / Ausias March
OBRA POÉTICA. Tomo I
Edición, introducción y notas de Rafael Ferreres.

100 / Ausias March
OBRA POÉTICA. Tomo II
Edición, introducción y notas de Rafael Ferreres.